中国非洲研究评论

Annual Review of African Studies in China

“一带一路与一洲：中国与非洲新合作”
调研专辑

总第九辑

刘海方　何　峰　王进杰／主　编

社会科学文献出版社
SOCIAL SCIENCES ACADEMIC PRESS (CHINA)

北京大学非洲研究中心学术委员会

（按姓氏拼音排序）

北京大学非洲研究中心简介

北京大学非洲研究中心正式成立于1998年，是中国国内最早的高校非洲研究中心之一。北京大学的非洲研究的源起则可以回溯到1958年杨人楩先生的非洲历史研究和教学奠基工作。到了60年代初，季羡林先生领导的亚非所依托北京大学历史系的亚非拉教研室和东方语言文学系、西方语言文学系、政治学系、哲学宗教系、社会学系等学科的师资力量进一步推动了北京大学的非洲研究，发挥了重要的引领方向、输送人才的作用。1998年，当时国内的非洲研究处于低潮时期，陆庭恩、何芳川、郑家馨等老一辈学者，倡导集中全校各学科的优势，对非洲开展多学科综合研究。目前，中心挂靠在北京大学国际关系学院，现有校内专家20位，特邀研究员10位。

目前，中心比较有影响力的教学和科研工作包含以下四个方面。

第一，在教学方面，中心一直致力于整合全校的非洲教学资源，培养复合型的非洲研究人才。从2017年开始，中心与研究生院和国际关系学院合作启动了“北京大学非洲研究课程证书”项目，旨在向对非洲研究感兴趣的本科生和研究生提供优质的师资和课程，帮助学生系统地学习非洲和中非关系。中心试图通过这一课程证书项目进一步整合北大的非洲教学研究力量，推动非洲研究的学科建设，把非洲研究打造成北大国别区域研究的一个重要品牌。

第二，在科研出版方面，中心每年通过与社会科学文献出版社合作编辑出版《中国非洲研究评论》学术年刊，荟萃海内外研究非洲的众多名家作品。《中国非洲研究评论》在国内是第一本定位为综合性的、有关国际非洲研究动态的综合性学术期刊，每期都邀请国际知名学者撰写原创性论文，赢得了学界的肯定和认可。同时，中心前主任李安山教授出版的《非洲华人华侨史》和《非洲华人社会经济史》（三卷本）是国内外有关非洲华人华侨研究的代表性著作，具有广泛的学术影响。

第三，中心自主创办的电子周报《北大非洲电讯》是中心的一项重要学术品牌。自 2010 年创办以来，《北大非洲电讯》致力于及时为社会各界提供有关非洲和中非关系的最新资讯，并及时介绍国内外非洲研究进展的重要电子刊物。目前，《北大非洲电讯》通过邮件和微信订阅的用户达数千人。

第四，中心自 2014 年起创办了“博雅非洲论坛”。该论坛是中心最重要的学术年度论坛，在岁末年初邀请中非各界人士相聚博雅塔下，共同讨论非洲和中非关系的重大议题。

除了致力于非洲研究的学科发展和促进国内外的学术交流外，中心也承担了重要的智库功能，及时给国家相关部门提供涉非问题的政策咨询。

About the Peking University Center for African Studies

Peking University is one of China's foremost hubs of learning about Africa. Established in 1998, the Peking University Center for African Studies is the first university-based Africa research center in the country. African Studies at Peking University dates back to the 1950s when Professor Yang Renpian in the History Department started to teach and conduct research about Africa. In the following decade, the Peking University Institute of Asia and Africa, under the leadership of Professor Ji Xianlin, had become a renowned interdisciplinary body that brought together faculty members from linguistics, history, philosophy, politics, and other social sciences to broaden knowledge about Asia and Africa and nurture the next generation of scholars and experts. By the 1990s, African Studies had been relatively marginalized in academic research, receiving inadequate attention and support. During this time, Professors Lu Ting'en, He Fangchuan, and Zheng Jiaxin at Peking University decided to launch the Center to promote comprehensive African Studies and develop interdisciplinary programs and teaching that foster students and faculty engagement with the continent.

The Peking University Center for African Studies now has more than 20 faculty members and ten guest researchers. The Center prioritizes four areas of work. First, the Center collaborates with the Peking University Graduate School and the Peking University School of International Studies to offer graduate and undergraduate students the Peking University Certificate in African Studies – the first African Studies curriculum program in China. The program will promote African Studies as a core component of Area Studies at Peking University and help cultivate the next generation of Africanist scholars and experts, including future policymakers and applied practitioners. Second, the Center collaborates with the Social Sciences Academic Press (China) and publishes the *Annual Review of African Studies in China*. The Review is an edited volume that promotes original and evidence – based research by both Chinese and international Africanist scholars. Third, the Center also has an obligation to present timely and accurate information about the African continent to the public. Toward that end, the Center publishes the *PKU African Tele – Info*, a weekly newsletter to disseminate positive news and commentaries on Africa to the general public. Finally, in collaboration with African Student Association, the Center organizes its annual Boya Africa Forum at the end of each year. The Forum invites scholars, policymakers, and business leaders worldwide and functions as a crucial intellectual bridge that connects the Center with the larger world.

While the Center's primary mission is to create new knowledge and train future talents, it also has the obligation to apply the knowledge toward solving problems that confront the Africa continent and jeopardize China – Africa relations. Therefore, to achieve this goal, the Center periodically conducts research projects commissioned by and provides consultation for government agencies, non – governmental organizations, and private enterprises.

序　言

位于东非之角的埃塞俄比亚、吉布提两国，是中国“一带一路”倡议在南半球延展的重要节点，也是中国近年来继“中非合作论坛”机制以后与非洲大陆深化和升级经贸合作的重要试验田。2019 年暑期，得益于招商局集团对研究经费和研究组织实施的大力支持，北京大学研究生院第一次组织了“一带一路”研究生暑期国际调研团项目，为不同院系的北大师生提供了共同调研和跨学科合作研究的“实战”机会。来自经济学、国际关系、教育学、地理学、传播学的导师们和他们的博士生们，一起组成了“北京大学埃塞俄比亚、吉布提暑期调研团”，深入到两国企业、社区、高校考察调研，分析东道国的发展环境，研究其发展战略，特别深入探讨该国与中国在“一带一路”倡议框架之下的合作机会与挑战，为中资企业在两国开展投资经营提供意见建议。不同学科背景的师生共同“走进非洲”、观察研究中国与这块古老而又蒸腾着新鲜活力的大陆正在推进的合作，即“一带一路与一洲”，这既是当前社会科学急需探索实践的多学科交叉方式，也体现了北大“常为新、常为先”的文化传统和社会责任。

《中国非洲研究评论》是北京大学非洲研究中心的学术年刊，创刊以来一直积极探索促进学科交叉和实证调研基础上的中国非洲研究，并以拓展中国非洲研究学人的全球视野为己任。非洲研究中心学术委员会高度评价研究生院组织的这种多学科交叉联合“走进非洲”开展调研的学术活动组织方式和研究成果，愿以《中国非洲研究评论》年刊专辑的形式呈现学者们联合调研的作品，并且承担出版过程的设计、组织和编辑工作。专辑中呈现的作品，记录了北大面向新时代、组织不同学科学者们参与同一个课题调研的生动过程，也展示了学者们在此过程中切磋、琢磨，对中国在海外进行的前沿实践的跟踪与思考，既是北大学人整体学术风格和全球情怀的展现，也能够将中国学者“面向实践、面向问题”的新作品贡献给中国和国际学界。

这一组研学作品分成“从基建到投资经营：中国角色变迁”、“资本、教育与人力资源”、“文化碰撞与对话交流”和“探索创新”四个板块。学者们并没有停留在现象的描述和对一国情况的简单分析上，而是以小见大，从案例研究中探讨发展中国家经济发展模式、发展中国家城市化、中国与南方国家如何跨越文化藩篱深入合作、小型经济体如何实现人力资源与经济的协调发展等更具规律性和学理性的问题。专辑围绕师生们调研的非洲国家展开深度分析，所使用资料大部分来源于一手调研，能够为目前中国的非洲研究界深入到国别的实证研究提供示范；报告从不同的视角，提供了中国与吉布提和埃塞合作的远景、中观和近景的不同专业维度，为理解中非合作的长处、短板给出了丰富的分析层次，便于决策者进一步做顶层规划。从非洲国家之间的共性和关联性、中国与非洲的合作传统的视角来看，本书也一定能够为下一步中非合作决策提供重要参考，并启发广泛的读者思考中国如何提升与非洲大陆、甚至更广阔的南方国家的合作。

“一带一路”倡议提出 8 年以来，越来越深入人心，并推动着中国企业新一轮向全球南方的转向；但是企业和研究者都会发现，这种转向并非毫无挑战，而是一直交织、纠缠着各种复杂的历史线索，也受制于全球背景中时而清晰、时而晦涩的各种历史和现实的动力。这无形中要求中国的学人也更要“转向”——从对欧美发达国家发展过程的学习，转向中国今天在广大“一带一路”共建国家的开拓性实践，发扬北大人家国情怀和全球关切的精神传统，使得研究更好经世致用，助益中国今天在全球平台上能力的提升，也成就学人自身参与研究和书写新的全球历史的机会。实践出真知，中国今天在平等的国际关系基础上推动的这一如此深度和规模的全球合作前无古人，一定是一个“做中学”（learning by doing）的过程；学者们在扎实的一线调研和突破学科藩篱直面问题基础上获得的研究，也一定能够进一步反哺中国仍在不断探索着的实践。

北京大学研究生院组织的这次调研和学者们以调研为基础联合撰写的这本文集，正是一次对中国新型全球合作实践的观察和总结，并对这些已经和正在更多展开的南南合作实践给予的理论探讨与提炼。感谢招商局集团领导和在吉布提、埃塞俄比亚分支机构的同事们，感谢所有关心和帮助这次调研活动的热心人，也感谢我的北大同人和同学们的勇敢、热情和求真务实的精神。

姜国华

北京大学研究生院常务副院长

2021 年 1 月 19 日

目　录

文化碰撞与对话交流

探索创新

Abstracts

The Djibouti Port Project in the Context of The Belt－and－Road Initiative: Economic Geography, Urban Conditions, and the Transferability of the PPC Model

Yufeng Chen, Liyan Xu / 23

Abstract: China Merchants Group's Djibouti Port development project is viewed as an exemplary implementation of the "The Belt and Road" Initiative, and is also an experiment for transferring the Group's "Port－Park－City", or PPC development model which is proven successful at home to overseas. Currently, as the port construction has begun to take shape, the project has reached a point when identifying an appropriate path for the Free-trade Park and City development becomes the key to the success of the PPC model. In this paper, following the context of port construction－free-trade park formulation － city development, we first analyzes Djibouti's locational endowment from the economic geography perspective, and thereupon proposes two different scenarios for the future identity of Djibouti Port, which are based on two different understandings of its locational advantage: (1) a land－sea transshipment hub port, and (2) a regional and global shipping hub port. We then analyze the industrial introduction prospects for supporting the free trade park based on the two scenarios, respectively, taking Djibouti's economic development endowments as the main consideration. Next, we cover the city development issue. By focusing on the social stratification and the accompanying spatial segregation problem in Djibouti's urban conditions, we point out the possible risks and challenges that may be encountered in the effort for developing a fully－fledged city. Finally, we put forward general suggestions for the future development of the project. Overall, we argue that the analysis in this paper is not only applicable to the case of

Djibouti Port *per se*, but to wider contexts as well. Specifically, the discussion on the transferability of the PPC model, and the "Chinese Model" in a broader sense is expected to be of general value for similar international development projects in the context of the Belt – and – Road Initiative.

Keywords: The Belt and Road Initiative; Economic Geography; Urban Conditions; the PPC Model; Djibouti

Abstract: Ethiopia is the critical country in the region of East Africa. Since the 21st century, Ethiopia has achieved astonishingly high growth but also faced the challenges of political development, economic development, policy – making and social transformation. Our field study shows the biggest challenges Ethiopia faces are the ethnic politics, which has caused massive social conflicts and political instability in recent years, and government's control over its economy, which in turn leads to various distortions of policy – making and resource allocations. The challenges faced by Ethiopia are very stylized and common in African. Based on a field study, the paper analyzes the historical opportunities and challenges that Chinese firms investing in Ethiopia face and makes a further discussion on how to solve problems to meet the challenges.

Keywords: Ethiopia; Chinese Firms; Investing Africa; Ethnic Politics

Abstract: Djibouti is the critical country in the region of East Africa. Since the 21st century, Djibouti has achieved astonishingly high growth but also faced the challenges of political development, economic development, policy – making and socialtransformation. Our study shows that the biggest challenges Djibouti faces are the Resource Curse, resulted from strategic resources of sea ports, and the induced distortions of political system and economic system. The challenges faced by Djibouti are very stylized and common in Africa. Based on the field study, the paper analyzes the historical opportunities and challenges that Chinese firms investing in Djibouti face and makes a further discussion on how to solve problems to meet the challenges.

Keywords: Djibouti; Chinese Firms; Investing Africa; Resource Curse

From Djibouti – Ethiopia Interdependence to a Global Node: Research on the Development Strategy of the Logistics Industry in Djibout

Abstract: Located on a region with a heavily trafficked searoutes, Djibouti is central to the Horn of Africa. However, its economic and development strategies and vision come along with its interdependency with Ethiopia one of the biggest economies at the horn of Africa, and China, the country's key partner. Djibouti could thus find itself overwhelmed by its economic strategy strengthened by the so – called integrated infrastructures, which will bring a common destiny, a "forced marriage" with Ethiopia, as well as a reliance on foreign partners including China. In this article, we switch the perspective and analyze the strategy of local actors, and agencies. As Djibouti does not see itself as being subjected to an asymmetrical relationship with China or Ethiopia. On the contrary, the asymmetry is integrated, and even serves as a way for the local government to reaffirm its agency. Considering that Djibouti's national interests and foreign policy are mainly determined by its immediate environment as well as the military stakeholders present on its soil, it is also shown the value of the logistics, and their challenges for the horn of Africa, for Djibouti in its vision 2035 and with its cooperation with China.

Keywords: Djibouti; Ethiopia; China; African Motility; Logistics

From Building Farms to Investing and Operating: China's Agricultural Cooperation with Post - Civil War Angola

Shuchen He / 108

Abstract: Angolan government attempted to boost its post - civil war agricultural development and promote economic transition through Chinese agricultural cooperation programs, mainly to construct seven farms. These farms have made some achievements, and have paved road for subsequent Chinese agricultural investments in many ways. However, due to the lack of experience and an elaborated long - term plan, along with the change of Angolan political leadership, these farms did not completely meet initial goals, and after Chinese teams handed farms over to Angolan government, the farms were not able to be continued operating by the Angolan government. At the same time, since 2016, Chinese agricultural cooperation, shifted into direct commercial investments, and so far has been running very well. They established relations with local communities, providing job opportunities, and contributing to the solution of food security. Due to the rather limited scale, so far these Chinese investments in agriculture sector have not had significant impact on overall Angola economy, but they do have demonstrated a promising future. If their scale will be continuously enlarged, and the investors could actively cooperate with local small farmers by providing equipment, transferring technology, and making connections to markets, they can prompt the transformation from subsistence agriculture to commercialized farming, and thus benefiting Angolan economic development in general.

Keywords: Angola; Agricultural Cooperation; Economic Transition; China

China's New Capital Wave and African Demographic Dividend: Based on the Investigation of China – Africa Industrial Parks

Jinjie Wang / 129

Abstract: The African continent is becoming more and more popular with Chinese and global capital, and it has become the investment target of many enterprises. Its potential labor market and good business environment attract the inflow of capital. African countries, which are exploring the path of industrialization, take the establishment of industrial parks to attract foreign enterprises as one of the directions of national development plan. In recent years, a number of Sino – African cooperation industrial parks have been established in African countries. The industrial park not only provides better infrastructure and stable business environment for Chinese enterprises, but also absorbs a large number of local labors. The rapid population growth in Africa shows its huge demographic dividend potential, which means that African countries provide sufficient young labor force, and the broad consumer market is also attractive for Chinese enterprises entering industrial parks. However, the release of demographic dividend in Africa is facing many challenges, especially the low production efficiency caused by the lack of high – quality vocational and technical workers. Our team conducted research for almost a year on Chinese investment enterprises in 15 industrial parks from seven countries in Africa. Based on the field studies in industrial parks of different countries, this paper analyzes the opportunities and challenges faced by Chinese enterprises in the window period of African demographic dividend, and expounds the necessity of strengthening the cooperation of vocational education and skills training between China and Africa in order to improve the quality of human capital and to release the demographic dividend in Africa.

Keywords: Chinese Enterprises; Africa; Industrial Parks; Demographic Dividend; Vocational Education and Technical Training

Abstract: Located in the Horn of Africa, Djibouti is an important partner country of the "The Belt and Road" Initiative and also a key investment point of China Merchants Group and other Chinese enterprises. However, Djibouti's development is hampered by the shortage of qualified labor, while the extremely high youth unemployment rate presents to be a threat to social stability. This paper argues that this is caused by the failure of education and human resource policies to adapt to economic needs. Solution to this will not only benefit the future development of Djibouti, but also contributes to the human capital issue in implementing "The Belt and Road" Initiative in Africa. Referring to the development experience of Singapore, development endowment of which is similar to that of Djibouti. This paper conducts an in - depth analysis of the coordination of economic development, labor and education policy of Djibouti through visits and interviews. We argue that, in terms of education policy, primary education should be prioritized while vocational education and retraining of the unemployed should be emphasized. As for labor policies, the Djibouti government could adopt flexible foreign labor policies and relieve restrictions on certain types of foreign labor that are most needed. Generally speaking, the Djibouti government should exercise its autonomy to promote the coordinated development of education, human resource, and economic development.

Keywords: Human Resource; Youth Education; Singapore; Djibouti

An Analysis of Changing Patterns of Ethiopian and Djiboutian Transnational Migration Movement

Wei Sun / 188

Abstract: Based on the research trip to Djibouti and Ethiopia in the summer of 2019, this article studies the characteristics and trends of transnational migration movements in the Horn of Africa after 2000, with focus on Djibouti and Ethiopia; it explores how political, economic, security, social networks, and environmental factors affect transnational flow in this region. During the past seventy years, only less than 5% of Africans have been engaged in transnational migration movements, and most of them have never left the continent. The majority of African transnational migrants conduct their migration movement within the continent, this is the main feature of African migration movement. From this perspective, Djibouti is an atypical African country, its inward – outward migration features are different from those of most African countries. Djibouti is a net migrants recipient country. Immigrants from other countries in the region have long accounted for more than 10% of the country's total population, and these people often use Djibouti, country with special geographical location, as springboard heading for Europe. Recent years have seen a big change that more migrants of Horn of Africa heading for Gulf States instead of Europe, and some also started to stay in Djibouti for job. During the past two decades, Ethiopia's inward – outward migration pattern also has started to transform along with its booming economy and rapid economic development, while on one hand a large number of emigrants are moving out for job seeking, and on the other hand receiving a large number of immigrants from the Horn of Africa.

Keywords: International Migration; International Relations; Djibouti; Ethiopia; Horn of Africa

A Study of South Africa Vocational Education Development and China – South Africa Vocational Education Cooperation

Hai Si / 211

Abstract: South Africa government has identified vocational education as key measure topoverty, inequality, and youth unemployment, the three major social contradictions of its country. Current literature shows that those who are dealing with vocational education in South Africa have extensive connections with relative major developed countries and international organizations. The ideas of technical and vocational education and training (TVET) in South Africa are not lagging behind the popular and international counterparts, however practice of TVET in South Africa turns to be not ideal. China – South Africa vocational education cooperation is becoming a new bright spot and dimension of people to people exchange. "The Belt and Road" Initiative is pushing more and more Chinese investors to go overseas. Vocational education should also follow the pace. In order to better the cooperation, optimizing the cooperation module and improving the resource allocation become important subjects of debate of all stakeholders.

Keywords: Technical and Vocational Education and Training (TVET); South Africa; China; Youth Employment; Skills Development

Strategies, Challenges, and Approaches for Chinese Institutions of Higher Education's Cooperation with Africa Under the Background of China – Africa Community with a Shared Future

Xinhong Ren, *Jun Ren* / 238

Abstract: The development of Sino – African relations against the backdrop of the China – Africa CommunityWith a Shared Future provides opportunities for China's higher education institutions (HEIs) to cooperate with Africa. This article analyzes the cooperation with Africa in the internationalization of HEIs from the perspective of Jane Knight's framework on the internationalization of higher education. With their advantages, Chinese HEIs conduct cooperation with Africa, in various forms, such as international student education, student exchanges, academic exchanges, scientific research cooperation, collaborations among universities, university – enterprise collaboration, international training, customized training, etc. However, China's HEIs are facing competition among international community in conducting cooperation with Africa. Meanwhile, the political and social problems in African countries have negative impacts on China's HEIs' enthusiasm of conducting cooperation with Africa. To move forward, China's HEIs should seize the opportunities of Sino –African relations, improve the level of international students by enhancing education and management quality of international students education. At the same time, they should enhance their own overall quality. In such a process, focus should be placed on long –term development instead of individual programs. It is also a better approach for HEIs to integrate cooperation with Africa into their overall development planning, and enhance faculty and students' understanding about cultural diversity. Meanwhile, HEIs should develop cross –border education in various ways to export China's high –quality higher education resources. Finally, it is also vital to boost cooperation with other universities and enterprises, and pay close attention to local needs and strategic planning in Africa.

Keywords: China – Africa Cooperation; Community With a Shared Future; Higher Education

Make Djibouti More Like Djibouti—Building A Community of Common Destiny for All Mankind in Conversations

Zengzhi Shi, *Kun Li* / 257

Abstract: A community of common destiny for all mankind and the "Belt and Road" Initiative are Chinese solution of oriental wisdom designed to purse a new type of international order and system. The exchanges between governments, economies, and people – to – people have laid a good foundation of Sino – Djiboutian relations. Based on the development of Chinese companies in Djibouti, building a community of common destiny for all mankind including China – Africa requires mutual respect for discussion, joint development and sharing and with the empowerment of technology, the importance of candid conversations is elevated increasing.

Keywords: Conversations; Retribalization; A Community of Common Destiny for All Mankind; Djibouti; Chinese Companies

Abstract: Rooted in the Horn of Africa, Khat is a native cash crop that has been a catalyst for changes in local farmers' livelihoods and agricultural ecology in Ethiopia since the 1950s. The social life of khat is like a kaleidoscope. It serves as an "iron rice bowl" for the grassroots, a "social ill" in the eyes of the moral guardians, a "cash cow" of the national treasury, a "green gold" in the global market and a banned drug under the Eurocentric "scientific seeing". This article is concerd with the fluid and polyphonic social history of khat, from the local cultivation, the commodification to its global flows.

Keywords: Khat; Ethiopia; the Horn of Africa; the Commodity Chain; Global Flows

Abstract: Postcolonialism is a set of theory and methodology that aimed at explaining the hybrid postcoloniality. Definitely, its academic impact went beyond literature and cultural criticism, and further changed history studies fundamentally. Adopting the method of textual analysis, resistance and development as discourses were deconstructed and the historical agency of Subaltern was reconstructed in the modern history of Asia, Africa and Latin America. Along the thinking line of seeking for the "small voice" of the weak, environment became one of the actors of historic drama. Based on deconstructing some "degradation narratives" as "received wisdoms or acceptable knowledge" and reconstructing the "shifting environmental baseline", the environmental history studies in developing countries experienced a "cultural turn", in which sustainable futures or plural histories are predicted.

Keywords: Postcolonialism; Subaltern; Resistance and Development; Mutiple Sustainable futures

How to Learn about Africa? A Reflection on Harvard – Yenching African Studies Training Program *Nan Luo* / 314

Abstract: The relations of Asian countries with Africa have gained new prominence in the past decade. The significant developments have heightened the need and urgency for an intellectual engagement and understanding of Africa on its own terms. The Harvard – Yenching Institute's Training Program in African History and Cultures is designed for young Asian scholars researching on African – related topics. With the one – year experience, this paper reveals how the HYI training program has influenced my learning about Africa from three aspects: intellectual understanding, field research and knowledge production. It is argued that an appreciation of Africa's long history helps to understand the continent's current engagement with Asia.

Keywords: Harvard – Yenching Institute; African Studies; African History; Culture; Field Work

Participatory Assessment of Development in Development Research: Based on Practical Projects in China and Africa

Li Qiu, Ton Dietz, Nicky Pouw / 324

Abstract: This paper introduces a new participatory assessment of development (padev) method, which is based on many years of practical research in the development situation of remote areas. Padev method is based on the principle of holistic and local knowledge, which is different from other methods. It uses intersubjectivity to evaluate the different effects of development intervention on different sub groups in different communities. Padev method involves many stakeholders, including the expected beneficiaries and development leaders of development intervention. It will contribute to the writing of local development history, the sharing of local knowledge among multiple subjects, the capacity building of community development, and the optimization of action plans or strategies of relevant community organizations.

Keywords: Participatory Assessment of Development; Vulnerable Groups; Developmental Assessment; Intersubjectivity

导论："一带一路与一洲"新在哪里？

——非洲经济转型发展的视角

刘海方

任何好的政策设计都不是天生完美无瑕的，而是随着实践经验的积累和认知的逐步深入而调整并趋近完善的，这也是决策过程科学化的一种体现。"一带一路"倡议显然也是这样逐渐丰满起来的：最初的设计在美国"亚太再平衡"战略出台以及"零和格局"的战略思维在东亚地区遏制中国的背景下，是避开美国的对抗态势的需要；① 从最初的关注中国内部的平衡并"向西开放"，促进中国与这一带周边区域经济的整合，到2015年明确了与伙伴国家政策联通、生产部门与基础设施通盘设计以及促进民心相通等重点方向，直至今天成为我们耳熟能详的"五通"的概念。同样，"一带一路"倡议所涉及的地理范畴也存在着拓展延伸的过程，倡议公布后的很长时间里，非洲大陆（埃及除外）并不在其规划当中，甚至因占据红海而成为古海上丝绸之路重要节点、被认为是公元3世纪时候古代世界四大文明之一的阿克苏姆王国（今天的埃塞俄比亚）也没有被囊括在内。② 对此，国内国外观察家难免做各式各样的解读，非洲学者则不断出现忧虑非洲失去在中国的世界版图上的重要性的发声；其间中国多位非洲研究领域的学者先后表达了"一带一路"与"一洲"的相关性和对非洲发展的潜在影响的观点，林毅夫教授关于"一带一路"要加上"一洲"的声音在中国学者中间最响亮。林毅夫认为，非洲大陆是在经济转型升级中与中国匹

① 王缉思：《西进，是还中国以"中国"的地位》，2013－03－22，http：//www. iiss. pku. edu. cn/specialist/comment/2013/701. html，最后访问日期：2021年4月1日。

② 何芳川：《阿克苏姆古国初探》，《非洲史研究论文集》，生活·读书·新知三联书店，1983，第26～48页。

配度最高的地区，是转移出去的大量劳动力密集型产业的天然承接地。[①]中国政府首任非洲问题特使刘贵今大使同样积极看待非洲与“一带一路”倡议的关系。2016 年在北大举办的与来自全球近 50 位博士生的“对话大使论坛”上，刘大使说，中非合作论坛已经是先行先试的“一带一路”，因为两者的原理是一样的，都是通过政策协商和金融合作，将区域交通体系联通起来。[②]

一　非洲大陆联通之梦：从“把人送到乡村”到数字化跨越式发展

1969 年阿姆斯特朗登月，坦桑尼亚总统尼雷尔感慨地说：“发达国家忙着把人送到月球上去，而我们着急如何把人送到乡村去。”为什么要把人送到乡村去？在我的非洲课上，来自全球各个国家的学生经常给出五花八门的猜想，但是大家经常是猜了一大圈之后才终于有同学小心翼翼地“大胆假设”，“难道是没有道路吗”？显然，包括中国同学在内，生活在相对发达世界的人们已经很难想象没有交通基础设施的状况，而这是大部分非洲国家独立以来长期面临的困境。100 多年前，殖民统治制造了一个二元的世界——城市和交通基础设施都是围绕殖民者活动的核心地区而建，现代交通手段并不是为大多数人设计的，广大乡村地区只在为殖民者提供原料和劳动力蓄水池意义上存在。苦于没有强大的投资能力解决城市和乡村的联通问题，独立以来的非洲国家的经济发展、向现代经济转型并从全球价值链中受益（而不仅仅是作为原料供应国）一直都受制于此。正像吉布提的国家规划提到的，非洲 2063 议程、非洲国家的规划已经设计了各种大陆联通的蓝图，例如非盟下面的基础设施发展计划（Program for Infrastructure Development in Africa，PIDA）等，然而，投入从哪里来？非洲大陆实现经济转型，像包括中国在内的亚洲国家一样，需要看好其经济发展潜力的外来者的合作。我自己的一个肯尼亚学生在课上讨论的时候说，“一带一路”倡议作为推力也作为机会被格外珍惜，因为它使得非洲人终

---

① 林毅夫：《“一带一路”需要加上“一洲”》，《社会科学报》，2015 年 3 月 12 日第 3 版。
② 刘贵今：《与大使对话：中非关系的现在与未来》，《中国非洲研究评论 2015》，社会科学文献出版社，2016，第 30 ~ 62 页。

于敢于梦想（dare to dream）非洲大陆的联通之梦。

非洲开发银行受非盟委托成立的智库平台“非洲 50”（Africa 50），专门研究如何解决非洲的基础设施问题，并网罗和汇聚各种开发者和投资者，共同促进非洲基础设施的发展。2017 年年末，“非洲 50”发表了报告《向着智慧、整合的基础设施努力：数字化、低碳化和流动性的议程》①。根据报告的数据，死于道路交通事故的非洲人占到全世界总数的 1/5，但实际上非洲只拥有全球 2% 的车辆，道路的缺乏和路况差是事故高发的主要原因，当然对民众生产生活造成的损失是惨重的；50% 以上的非洲道路都是没有铺砌的；非洲的航空交通只占到全球 2% 的份额，而海上交通也只占到 5% 。

《向着智慧、整合的基础设施努力：数字化、低碳化和流动性的议程》这份蓝图给出的规划，并不只是针对补足道路、海上和航空基础设施不足的短板，而且特别拥抱科技创新、低碳绿色、数字化和可持续发展这些概念，高度不输给亚洲或者其他发达国家。这是因为，非洲拥有了拥抱“第四次工业革命”、实现跨越式发展的信心。也就是说，这个联通，不仅仅是常规基础设施的联通，也包括了信息的联通。回溯 20 年前的世纪之交，人类社会开始普遍使用微机，大规模的数字化开始让“信息社会”“知识经济”的概念越来越在全球成为现实的时候，很多关注非洲的学者都悲观非洲的未来，非洲伟大的学者萨米尔·阿明教授就曾经说，“非洲将有可能沦为第四世界”，因为数字鸿沟会将非洲与其他第三世界国家拉开距离。在当时看来，“数字化”，似乎一劳永逸地与非洲绝缘。然而从 20 世纪 90 年代中后期，非洲国家领导人在集体和国别层面上开始严肃地讨论“数字鸿沟”的问题，并纷纷将信息通信技术（ICT）的发展作为各国发展规划中的重要方向，如南非的“2030 年国家发展计划”中，信息通信技术被列为重要组成，因为它将“支撑一个充满活力的互联信息社会的发展”和“充满活力的知识经济”，而且“ICT 基础设施将满足公民、商业和公共部门的需要”。

显然，当全球的目光都习惯性地盯着非洲的负面形象，只关注战乱、

① Africa 50, *Toward Smart and Integrated Infrastructure for Africa: An Agenda for Digitalisation, Decarbonisation and Mobility*, 2017, p. 14, Online available: = https://www.africa50.com/fileadmin/up, accessed 2021 - 04 - 04.

贫穷、疾病、饥荒等，就很难看到非洲国家自身的努力和积极的变化。在我的非洲课上，经常有同学不敢相信非洲（特别是东非地区）是全球实现移动支付比例最高的地区，更有同学听说卢旺达居然是领先全球实现5G网络覆盖的国家，而且早在2015年就开始用无人机来配送药品而大跌眼镜。当然也有学了我的课程之后趁假期跑去卢旺达的学生——他要亲身体会和拥抱这个“无人机友好”国家。很多国家近年来在数字化基础设施方面都取得了快速发展。比如，吸引全球各种传统投资者的肯尼亚，同时还吸引了来自包括中国在内的众多电商服务平台，各种创意产业层出不穷，很多在非洲大陆以外学习工作的优秀学生也乐于回去加入欣欣向荣的数字化和创意产业中。

肯尼亚的近邻坦桑尼亚，一直被认为相对缺少商业气氛而对市场和外界的变化反应落后。然而2016年，我们采访调查发现，随着无线光纤网络覆盖到全国，电信部门迅速成长，相比市场已经被基本抢占的肯尼亚，很多的本土和外国投资者更看好该国更大的商业潜力，而信息通信技术显然也在推动坦桑从政府管理（税收和医疗）、生活支付（比如所有的水电杂费都可以手机支付）到旅游、教育等全方位的变化；制造业也许对于新技术反应比较慢，当然小制造业者协会已经开始使用各种信息平台销售本土生产的日用品甚至自制的烤面包机；农业部门更不例外，很多先进的生产技术、管理经验、小农互相组织的形式以及与市场相连接的手段，都在逐渐利用网络的技术，只是变化发生的更缓慢一些。特别是乡村地区，在与马拉维一湖相隔的一个坦桑尼亚的小村庄，我们看到的还是制作古朴的老式陶罐的小作坊，一整天等不到一个游客来买他们那些精美的作品；十几岁的打鱼人家的兄弟，一大清早5点，一个一个把鱼饵装在自家做的网上，然后驾着独木小舟向着尼扬加湖（马拉维湖在坦桑尼亚的叫法）一次又一次地张网过去，一桶桶的鱼儿捕获之后却往往一整天待在湖边等着主顾光顾。这里与外面更大城镇之间有几十公里的距离，都是没有铺砌的土路——持续几个月的雨季来临时，土路变成泥，根本就不能通行了。当然，这里也没有电，村里的人都是隔几天骑车到村公所的太阳能电池板上来给自己的非智能手机充电，他们显然对已经覆盖到这里的网络还不懂得使用。作为外来人，我们容易面对着美丽的湖水感慨这里“桃花源”般的美好宁静，但是换一下视角就能够体会村民们生活的不易。好在，远处，我们看到一家中国人的公司正在修建新的道路，期待小村庄的手工艺人、渔人们很快能够有道路与更大市场联通，让他们的辛苦劳作所得到达更多消费者手上；也希望很快有电网架设起来，他们也可以学会利用电商平台，让他们的美味鱼品和古老的手工艺品走出乡村，名扬天下。

二　非洲经济的转型发展：外来资本福兮祸兮？

政治独立为非洲各国带来了经济自力更生的希望，二战后主导的发展经济学主张新独立国家应该通过国家计划实现工业化，以改变它们的经济结构，提升福利水平。很多国家采取的典型发展路线就是进口替代型工业战略，也就是国家组织制造业工厂，生产国民生活所需产品以减少国内市场对于外来进口的依赖。1965～1973 年，非洲国家的工业发展增长速度是国民生产总值的 2 倍，仍然以矿业为主。因为很多国家几乎是从零做起，1960～1980 年这一阶段的工业水平整体增长近 7%，一些国家的制造业有显著进展，尽管新的产业主要集中在纺织业和食品加工业。[①]石油危机发生后，国际大宗商品价格随之下降，非洲工业的增长迅速减慢。农业方面，因为汇率高估和市场委员会控制着产品价格，大大抑制了农业出口，黑市和走私兴起，很多国家更是忽略了鼓励和提升农民进行农业生产的积极性。在出口减少的同时，政府因为对进口替代工业发展战略信念的支持而继续对生产部门大量投入，不得不更多依赖外国贷款来购买进口器具和技术，支持很多新公司和农业机械化的需要。到了 80 年代初，大部分非洲国家已经陷入了经济危机，巨额的贸易和财政赤字以及债务偿还的压力，都使得面临破产境地的非洲国家不断转向国际货币基金组织（IMF）寻求帮助；而接受 IMF 和世界银行经济结构调整方案的直接后果是非洲国家实施财政紧缩，公共和私有部门的投入减少，新生的工业体系迅速遭遇去工业化，同时为了支撑财政赤字而不得不严重依赖西方援助。

中国被普遍认为是 21 世纪以来影响非洲发展的最重要的机遇，首先是

① Fredrick Cooper, “What Is the Concept of Globalization Good for? An African Historian's Perspective,” *African Affairs* 100, 399 (2001), pp. 189－213.

中国本身的快速工业化带动国际大宗商品的需求和价格走高，很多非洲国家出现了 10 年的高速增长，而且在低利率和对于非洲政府债券高需求的推动下，非洲国家得以进入全球资本市场。这种变化引发非洲国际地位的上升，在国际金融危机已经发生的 2009 年，中国金融机构推动中资公司在非洲进行“反周期的投资”，形成了南非学者所说的中国与非洲的发展耦合（coupling），这也使得非洲开始摆脱西方国家用援助等手段进行的控制，实际上与前宗主国形成“去耦合”（decoupling）趋势，即依赖性降低。① 正是因为 21 世纪以来中国对促进非洲发展的重要杠杆意义，国际上有学者认为，这是非洲对于中国资本形成了“新的依赖”的表现，因为随着中国出口导向的经济在 21 世纪第二个十年中期放缓，大宗商品价格下跌使得非洲国家的经济增长降速；而且随着投资人对非洲经济应对金融危机能力的信心大减，国际资本市场上借贷的成本走高，非洲国家财政收入和外汇收入缩水，加纳、安哥拉、莫桑比克等国又转而回头寻求国际货币基金组织的紧急救助。②

显然，这些表象的深层本质，仍然是非洲国家就范于新自由政策开出的药方以来陷入的结构性困境：结构调整和良政改革并没有达到增加就业和提高收入的目标，相反，很多国家出现了大规模的非正式经济、脆弱的农业和严重依赖粮食进口的局面；因为没有新的出口产业，国际上大宗商品价格的变化引发整体经济持续显现出脆弱性；随着全球经济的变化引发的外部震荡，与汇率和贸易赤字相关的宏观经济问题成为影响非洲发展的核心问题——非洲因为经济结构的狭窄和脆弱，相比世界其他地区受到金融危机的影响更加严重。相较 20 世纪 80 年代，非洲大陆当前整体经济体系虽然已经强健很多，但服务性行业如信息和银行领域仍无力帮助国家克服外汇兑换的局限，因为很多国家的经济还依赖少数几种自然资源的出口，而且需要进口制成品和城市消费的主要粮食产品（大米、小麦等）。因此尽管 20 世纪 90 年代后期和 21 世纪第一个十年非洲经济整体增长显著，但结构性转型尚不明显。显然，只有那些已经成功地进行了更大程度

① Martyn Davies，“The New Coupling,” *Global Capital*，https：//www. globalcapital. com/article/yvy6h7cfkm20/the - new - coupling，accessed 2021 - 04 - 01.

② Lindsay Whitfield，*The Politics of African Industrial Policy*，Cambridge：Cambridge University Press，2015，pp. 57 - 58.

上的结构调整，增加了新的出口产品并且有效地自给自足生产国内市场所需的国家，才能够承受世界金融危机的压力。

正是这样的发展经历，重新激发了非洲关于发展需要经济转型，激发内生性增长和收入的提高，实现自给自足的新一轮讨论。新的讨论从对于国际发展援助有效性的质疑开始，比如《援助的死亡》等引发广泛讨论的作品以及联合国非洲经济委员会前总干事卡洛斯·洛佩兹教授的《非洲在转型中：怀疑时代的经济发展》①。重要的是，非洲内部的讨论不再是以援助国为中心，而是从非洲本身视角出发，反思非洲国家已经实施二十年的政策议程，即大体是官方发展援助支持的社会服务供给的利弊得失——人道主义目标固然重要，但同时偏离了如何刺激经济转型，以便在没有外援的情况下也能够取得全方位的发展。2010 年以来，国际捐助者和非洲国家政府都认识到这一现实并开始了新的方向调整，世界银行前任首席经济学家斯蒂格利茨甚至公开谴责结构调整政策开出的药方是失败的，因为从一开始就没有考虑到必须支持本土公司和农业的生产及组织能力。②在此背景下，一度长期作为首要目标的减贫政策让位给经济转型和工业政策，国际金融体制和非洲政府都纷纷倡导支持。埃塞俄比亚人民革命民主阵线政府一直是呼声最为响亮的。③与之相伴随的，是论争需要什么样的政治条件来支持工业政策，在非洲这样的政治如何实施，国家与商业界应该是什么样的关系模式等；外来投资是福是祸，当下在非洲转型发展中能够发挥什么作用的讨论，无疑成为一大焦点。④

20 世纪 70 年代，学者们已经开始讨论非洲国家为什么没有能够出现独立以来乐观预期的快速经济发展，反而不同程度地出现不景气甚至衰败。依附理论学派的文献一直将外来资本视为非洲不发展和欠发达的主要

---

① Carlos Lopes, *Africa in Transformation: Economic Development in Age of Doubt*, Switzerland: Palgrave Macmillan, 2019.

② Joseph Stiglitz, "Is there a Post – Washington Consensus Consensus?" in Narcis Serra and Joseph Stiglitz (eds), *The Washington Consensus Reconsidered: Towards a New Global Governance*, Oxford University Press, 2008, pp. 41 – 56.

③ Arkebe Oqubay, *Made in Africa: Industrial Policy in Ethiopia*, Oxford: Oxford University Press, 2015.

④ Lindsay Whitfield, Ole Therkildsen, Lars Buur and Anne Mette Kjaer, *The Politics of African Industrial Policy: A Comparative Perspective*, Cambridge University Press, 2015.

原因，很多学者直到现在依然坚持这一学说，比如强调非洲的不发展不仅仅是前殖民地宗主国的罪责，而且是全球资本主义和殖民主义共同（co－produced）制造出来的；[①]解决问题的关键应该是像1974年第三世界国家在联合国提出的“国际新经济秩序倡议”（New International Economic Order Initiative）中指出的，大幅度提升原材料产品的价格，同时在发展中国家实施工业化。[②]

美国中非关系研究专家黛博拉认为，不能延续依附理论一概否定外来资本对于非洲转型发展的作用，因为全球化进入新的发展阶段以来，跨国网络为非洲本土企业提供了获得资金、信用和出口市场的可能，而这些原本都是非洲国家难以企及的。正如毛里求斯的案例显示，新的出口部类往往是由侨民资本或者外来投资者带来的；比较而言，同样受益于外来商业网络的尼日利亚的汽车零部件生产，因中国台湾企业家没有在尼日利亚进行直接投资，本土企业并没有向中国台湾同行学到太多技术。总之，外来投资一方面固然可能会对于东道国经济发展带来负面作用，因为跨国公司主导的生产部类会对于实力不足的本土公司形成挤出效应；另一方面，外来投资也是学习如何形成新的产业部门、提升生产能力的最好办法之一。为了达成这样的效果，非洲政府必须积极地推进外来企业和本土企业之间的技术转让和学习，如此本土企业才有可能提升竞争力并进入到全球价值链。[③]

就当前中国的投资迅速进入非洲，不断招致传统玩家“酸葡萄”心理，甚至公开用“债务陷阱”等舆论战的方式污名化中国的全球语境而言，黛博拉教授这样的实证研究，可以平衡一直以来占主导地位的视非洲为“无能”“被动消极”，而外来者一定与非洲形成不对称的“新殖民主义”关系的舆论导向，也有力消解了对中国的恶意抹黑和攻击，为研究中国与非洲的不同于老殖民逻辑的新型国际发展合作开辟了理论空间，特别

① Fredrick Cooper, “What Is the Concept of Globalization Good for? An African Historian's Perspective,” *African Affairs* 100, 399 (2001), pp. 189－213.

② Craford Young, “The End of the Post－Colonial State in Africa? Reflections on Changing African Political Dynamics,” *African Affairs* 103, 410 (2004), pp. 23－49.

③ Deborau Brautigam, “Close Encounters: Chinese Business Networks as Industrial Catalysts in Sub－Saharan Africa,” *African Affairs* 102, 408 (2003), pp. 447－467.

是在“一带一路”倡议提出加速中非合作的背景下有助于在去政治化、去意识形态化的背景下客观地讨论中国的投资在非洲工业化和实现经济转型过程中的作用。

三 “一带一路与一洲”的实践与研究

在中国提出“一带一路”倡议后，非洲各界精英在各种场合明确表达了对于非洲加入“一带一路”倡议的期待和要求——了解非洲国家在冷战后被边缘化的国际处境，就会非常理解为何非洲人如此看重以中国为代表的新兴市场国家在新世纪带来的替代性国际合作机会——不仅仅是可供选择的机会增加了，而且因为拥有了与前殖民宗主国和美国谈判的筹码从而获得更加平等的国际地位和自由选择的权利。[①]笔者在跟踪观察非洲方面对于“一带一路”倡议的反应时，也经常会被非洲政府、学者、社会组织等的富于想象力的“蓝图规划”所感动，例如一个叫作“创意人居”的组织（InnoHabitat），宣布自己是中国政府提出的“一带一路”倡议的延伸，是“非洲一带一路”[②]，是借助中国通过蒙巴萨港口将非洲与世界经海路和陆路连接起来之后的“创意可持续城市模型”。再如，国家层面的设计规划中，吉布提这个宣称打造“非洲的新加坡”的重要海港国家令人印象深刻，吉布提早就有了一整套“两步走”的国家发展规划：第一步成为东非和中东的转口贸易港，第二步要建设联通大陆东端和西端的高速公路，并与在建中的自贸区、天然气终端等连起来谋求在东非地区的发展。这正解释了非洲本土的民意调查机构非洲晴雨表（Afrobarometer）2015 年和 2020 年两度发表的关于“非洲人对中国认知”的入户民意调查，数据显示中国在非洲的形象和受欢迎程度近年来大幅度提升——非洲国家民众整体上对中国的积极认知首先来源于中国在非洲基础设施领域和经济生产领域的巨

① 刘海方：《非洲重回世界中心还是大国在非洲博弈？——从全球对非峰会外交说起》，《中国国际战略评论 2019（上）》，世界知识出版社，2019，第 142～165 页。另外，关于非洲国家对于来自中国新的合作机会的重视可以从很多外交姿态中反映出来，比如正在整理中非合作论坛档案文献的前驻非洲国家大使舒展先生告诉笔者，对于正在筹备的第一届中非合作论坛，南非方面就先后发来他们起草的两个版本的会议文件，每一本都特别厚！

② African Belt and Road，可以参考网址 http：//africanbeltandroad. com/about－us，最后访问日期：2021 年 4 月 1 日。

大贡献。

人们曾经纠结于古代海上丝绸之路到底是怎样伸展的，哪个非洲国家称得上所谓“正宗性”的丝路沿线国家。随着更多对古代海上丝绸之路的考古发现，西非地区的学者因此提出过郑和曾经航行至此的猜想，津巴布韦和南非的学者更因为境内多处发现的中国瓷片和钱币等史迹而提出猜想：郑和曾经到访南部非洲，而且东南部非洲沿海应该有更早于郑和时代的中非文明交往。更重要的，借用这个古代海上丝绸之路的符号联系起来的国家，愿意在去政治化、求同存异的倡议下共谋发展，更有敢于梦想和敢于有勇气、有创意地去携手迎接人类前所未有的挑战的实际行动。2017 年 5 月，肯尼亚总统和埃塞俄比亚总理参加了在北京举行的“一带一路”高峰论坛，很多非洲朋友长舒了一口气，欣慰于“非洲没有被遗落在‘一带一路’之外”。继以上几国签约加入之后，非洲国家加速加入“一带一路”倡议，马达加斯加、摩洛哥、塞内加尔、卢旺达以及跟着 2018 年 9 月中非合作论坛北京峰会传来的喀麦隆等多国签约加入的消息。2021 年国务委员兼外长王毅的新年首访，更促成了刚果（金）和博茨瓦纳分别成为非洲国家中签约“一带一路”倡议第 45 个和第 46 个共建国家。

按照林毅夫教授的设想，落实“一带一路与一洲”，既可以为非洲经济发展造血，同时有利于中国自身；在非洲，可以产业转移为主，基础设施建设为辅。就像车子的两轮，成为对外发展合作的支撑点。①尼日利亚阿布贾中国研究中心主任奥努奈举先生（Onunaiju）给出了更高的评价，即认为“一带一路”倡议的国际合作框架不是简单的偶然事件，而是面对国家行为体把持的难以撼动的民族国家主权利益与人类日益俱增的跨越边界的需求之两难困境中，探索创新解决思路的科学努力，是为了从当下人们跨越彼界的愿望、走向梦想的共同体。②时至今日，这种发展合作是否如预期那样展开并为亟待经济转型发展的非洲大陆带来了实际的收益呢？

关于“一带一路”倡议向何处发展，以及如何影响他国和全球，国际

---

① 林毅夫：《“一带一路一洲”：边输血边造血》，《领导文萃》2015 年第 13 期。

② Charles Onunaiju, “Africa and China’s Belt and Road Strategy,” https：// www. sunnewsonline. com/ africa - and - chinas - belt - and - road - strategy/, accessed 2021 - 04 - 09.

学界虽然难免存在争议，但大体上学者们都认为它会促进跨区域性合作、包容性参与并且带来新的全球化动力。[①]中国学者、决策层和一线实施者都倾向认为，"一带一路"是以中国为中心的努力，通过向外延伸到其他有潜能的市场探索新时期的合作共赢。目前中国学者的已有作品明显是政策述评性质为主，是围绕"一带一路"倡议实际展开过程中的机会与挑战以及具体的解决建议展开的，政策决策参考意义比较明显。[②] 国外学者往往倾向于中观的视角，倾向于从外围视角把"一带一路"倡议解读为中国从新兴市场成长为全球大国过程中的战略需求。[③] 也有欧洲学者从深层的视角提出，"一带一路"倡议的实质是建立多方行为体的共同合作平台，中国、欧洲和双方都有合作的第三方国家（特别是非洲国家），有望形成长期的区域间共生关系。[④]

一位瑞士学者认为，自美国退出全球治理体系以来，在全球化逆流和世界贸易停滞的时刻，"一带一路"倡议作为一个实用的替代选择，坚持和倡导多边合作，而且最大贡献可能正是通过建立自贸区（FTA）的公共产品的形式来保持世界贸易的持续，因为这种制度建设的贡献，不同于物资提供的方式，具备提供全球公共产品的属性和长远意义。该作者援引《财新》2017 年的数据，指出 2/3 的"一带一路"项目是由亚投行与西方主导的多边银行共同投资的，比如欧洲复兴开发银行、亚洲开发银行、世

① Wenxian Zhang, Ilan Alon, Christoph Lattemann eds., *China's Belt and Road Initiative: Changing the Rules of Globalization*, London: Palgrave, 2018.

② 杨宝荣：《"一带一路"倡议与中非产能合作》，中国社会科学出版社，2018。

③ Francis Schortgen, "China and the Twenty - First - Century Silk Roads: A New Era of Global Economic Leadership?" *China's Belt and Road Initiative: Changing the Rules of Globalization*, Wenxian Zhang et al., eds., London: Palgrave, 2018, pp. 17 - 34.

④ Wenxian Zhang, Ilan Alon, Christoph Lattemann eds., *China's Belt and Road Initiative: Changing the Rules of Globalization*, London: Palgrave, 2018, Forward, pp. viiii - x. 该序言提出，长期来看，这个全球共生系统形成有三个发展阶段，第一阶段是中欧作为"一带一路"倡议的两端达成战略合作，在欧洲帮助下，中国能够从中等制造业基地转型升级为世界级别的制造业领导大国。中国通过兼并和收购（M&A）欧洲那些隐形冠军（小而强的公司）而实现无缝对接，在治理结构上融合，提升企业机能和文化结盟，由此实现中国的供给侧改革。第二阶段，随着中欧战略伙伴携手走进中亚、中东、南亚、东南亚和非洲，"一带一路"倡议开始在第三方建立多种工业园区，展开三方合作。第三阶段，"一带一路"倡议拓展到其他发达国家地区，如大洋洲、北美和拉丁美洲，帮助形成 G3（美中欧）而不是 G2，形成最为稳定的、最具建设性的全球地缘政治和地缘经济体系，既竞争又合作的长期共生关系形成。

界银行等。这就意味着“一带一路”倡议在学习和吸收既有的贸易和投资规范标准，也正是在这个意义上，“一带一路”倡议是在提供全球公共品和公共福祉。①如果说互联互通和项目建设还只是提供物质帮助，建立自由贸易协定的框架，则具备了公共品的属性。很长时间以来，海外学者的中国研究倾向于把中国的任何作为单纯解释为国内政治的外化，这无疑助长了对中国的神秘化甚至妖魔化。然而，当下的“一带一路”倡议显然是中国政策决策者同时对于国内和国际条件做出的反应，正如图 1 所示，不管是物质性项目还是机制性项目，成败与否的关键在于对等性关注中国利益与合作方的利益。

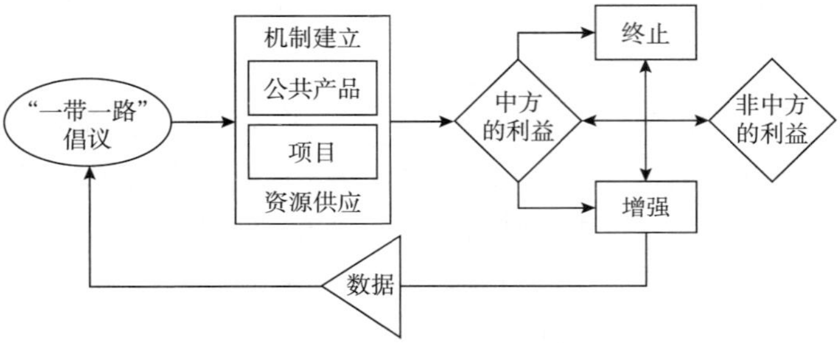

图 1　“一带一路”倡议运行示意图②

“源于中国、贡献世界”——因为有相关金融机制的激励，中国企业在“一带一路”倡议中获得了巨大的发展机会，因而跟随项目和具体硬件流入到包括非洲在内的其他地区，其间必然跟随着大量相应的软硬机制、规范和制度等公共品性质的贡献。当然也有学者预测，世界其他地区可能会利用中国对于全球化和负责任大国的承诺要挟中国承担过重的责任。③

① Tomas Casas i Klett and Omar Ramon Serrano Oswald, “Free Trade Agreements as BRI's Stepping – Stone to Multilateralism: Is the Sino – Swiss FTA the Gold Standard?” *China's Belt and Road Initiative: Changing the Rules of Globalization*, Wenxian Zhang et al., eds., London: Palgrave, 2018, p. 77.

② Tomas Casasi Klett and Omar Ramon Serrano Oswald, “Free Trade Agreements as BRI's Stepping – Stone to Multilateralism: Is the Sino – Swiss FTA the Gold Standard?” *China's Belt and Road Initiative: Changing the Rules of Globalization*, Wenxian Zhang et al., eds., London: Palgrave, 2018, p. 79.

③ Elizabeth Economy, *The Third Revolution: Xi Jinpi and the New Chinese State*, Oxford: Oxford University Press, 2018, p. 33.

在非洲出生、现供职于美国大学的学者寇茨（Emmanuel Kodzi）认为，就非洲被纳入“一带一路”倡议而言，实际上2015年在约翰内斯堡举行的中非峰会上，双边关系提升至全面战略合作伙伴地位已经具有极强的象征意义，意味着中国在该地区的投资将增加；而非洲终将成为“一带一路”倡议上的主要合作方，因为中非之间制度距离短（shorter institutional distance），参与者对于非洲市场具有更积极的风险评估认知。[①]当然，寇茨也提出，中国与非洲国家的经济存在明显的不对称关系是毋庸讳言的，中国企业大量进入，尽管与本土力量成为共同生产的合作关系，但是对于一国经济最为重要的工业化能力而言，非方能否获得技术转让和人员的技能培训就成为合作协商达成过程中至关重要的内容。[②]

综合以上学者的研究，“一带一路”倡议确实是不同于以往的国际合作。在民族国家疆界强化、全球贸易和投资协议断裂或者被破坏的全球背景下，非洲大陆能够受益的方向既来自通过“一带一路”协议得到替代性外来贸易投资的延续甚至某种新生，也来源于中观层面“一带一路”协议的不同合作范式、咨询方式和共识建立过程。中国政府激励企业界走向世界进行基础设施和项目合作的过程，实际上也在建立新的全球公共产品，这是世界各地学者们乐观预期中最为重要最为持久的贡献，比如瑞士学者认为，自贸区（FTAs）类性质的合作方式是“一带一路”倡议实现新的全球多边合作的晋身之阶，有可能成为各国和地区长期使用的机制性手段。[③] 微观层面，非洲国家从中获益、助力自身经济转型发展的机会正来自中国企业与非洲伙伴的彼此进入，把技术转让给对方和对于非洲人力资源的培养作为合作的题中应有之义。

---

① Emmanuel Kodzi, “Live and Let Live: Africa's Response Options to China's BRI,” *China's Belt and Road Initiative: Changing the Rules of Globalization*, Wenxian Zhang et al., eds., London: Palgrave, 2018, p. 155.

② Emmanuel Kodzi, “Live and Let Live: Africa's Response Options to China's BRI,” *China's Belt and Road Initiative: Changing the Rules of Globalization*, Wenxian Zhang et al., eds., London: Palgrave, 2018, p. 162.

③ Tomas Casasi Klett and Omar Ramon Serrano Oswald, “Free Trade Agreements as BRI's Stepping – Stone to Multilateralism: Is the Sino – Swiss FTA the Gold Standard?” *China's Belt and Road Initiative: Changing the Rules of Globalization*, Wenxian Zhang et al., eds., London: Palgrave, 2018, p. 77.

四　区域一体的转型发展路径——吉布提案例的启示

大多数非洲国家实际上原生于1884年欧洲人生硬地在非洲划分势力范围、完成实际占领，并且未经历革命斗争而是简单继承统治大半个世纪的殖民国家机器而来。这意味着新生的多数民族独立国家并非非洲人自主的选择，也很难说代表了非洲大多数底层民众的利益，尽管20世纪90年代以来非洲集体捍卫共同发展利益的呼声和努力明显在增强①，但是政权维护其运转和稳定性的要求经常以牺牲本土经济发展、对外继续媾和为代价，殖民统治造就的国家的另一个重大缺陷则是大部分国家只有较小的市场和人口，这一缺陷随着全球化市场日益紧密连接而更加明显，非洲国家的发展除了走泛非大陆一体化（以及次区域范围内的合作）的道路外几乎没有其他替代选项。这正是当前非洲国家讨论经济转型发展的同时，达成建立大陆自贸区（AfCFTA）共识的基础。每个国家如何找到自己的比较优势，与大陆上的其他伙伴共同发展并将利益最大化，则是需要天时地利人和的各种要素齐备。

从面积上来看，不管是按照非洲标准还是世界标准，吉布提并不是特别小；然而近百万的人口（在非洲国家中排倒数第五），加之尚未发现重大储量的矿产资源，这个东非之角的小国从1977年独立到90年代末的时间里都显得无足轻重，不为人知。吉布提获得第一次发展的机会，是厄立特里亚在1991年成功地从埃塞俄比亚分离，双方于1998年陷入战争并切断一切联系——作为内陆国的埃塞曾经长期依赖厄立特里亚的港口，此后不得不将其所有与外界的贸易往来都转向吉布提港口，包括商业船队也转向吉布提港口驻扎——这个印度洋小国的地缘优势终于得以显现，获得了平衡其近邻大国埃塞俄比亚的杠杆，而不至于像很多其他非洲小国完全被动地被前殖民宗主国所控制。

大部分国境线与印度洋和红海沿岸重合的吉布提，使它登临世界重要舞台的事件是2001年的“9·11”事件，美国此后把国家安全的大旗指向全球反恐战争，第二年开始租用吉布提的军事基地，并且与在非洲派驻军

① 参见 Claude Ake, *Democracy& Development*, Washington: Brookings Institution, 1996。

队最多的法国（吉布提的前宗主国）形成在情报、反恐等多领域里互相合作的局势。联合国倡导、北约领衔的国际多边反海盗行动以来，吉布提的国际重要性又实现了第三次跃升——各国纷纷租用军事基地，吉布提俨然成为欧美大国在东非地区和阿拉伯半岛一带的同盟国——美国通过新建大规模豪华使馆的方式高调宣布了将从吉布提向整个非洲之角和东非地区投射更大的军事影响，而日本借此机会也实现了第一次国民自卫队在海外的驻防。

从成为非洲之角大国埃塞的出海口以来的二十年间，三次外来局势变化带来发展机遇，这在当代全球地缘政治史上并不多见，对于吉布提本身而言也可谓意义非凡——独立以来，并没有加入非洲法郎区、没有通过"法非联盟"与其他法国前殖民地有多少联系的吉布提，如今国际地位实现三次大的跃升，这显然让吉布提的国际影响力"异军突起"，一举成为"反恐""反海盗"等全球治理重大议题能得以解决的具有"四两拨千斤"的重要战略性"节点国家"：这不仅意味着逐渐摆脱单向度对法国依附地位的开始，而且显然在大国之间增加的多元选择性，给了吉布提开始获得独立自主决策的可能（虽然能力的提升不可能一蹴而就）；同时大量军事基地租金意味着在财政上更大的自主空间，经济上可以进行自主的建设和发展。

其实，吉布提从来不是仰仗法国鼻息在自家田地无所作为的依附者。复杂的历史渊源造成族群版图交错纵横，吉布提与东非地区的近邻埃塞俄比亚、索马里和厄立特里亚都形成某种爱恨交织的关系。20 世纪 80 年代末，地区大国埃塞俄比亚遭逢大旱灾，同时不得不面对战事正酣、急于一逞独立之志的厄立特里亚和索马里的双重压力，吉布提出面组织了"应对旱灾和发展政府间组织"，[①] 调和埃塞俄比亚与索马里的矛盾——时至今日，这个仍然以吉布提作为总部所在地的次区域组织与时俱进，逐渐成为非洲大陆发展比较好的地区组织，近年来南苏丹问题的解决正是得益于该组织长期的努力，中国政府非洲事务特别代表也表示通过参与该组织的协调来间接促进南苏丹和平。根据非洲开发银行测评报告（2019 年春季），

① 即 Inter – Governmental Agency for Drought and Development，IGAD，后来旱灾不再急迫时就在名称里面移除了旱灾这个字眼。

该组织是非洲实现交通基础设施联通最好的区域，这背后都离不开吉布提的筹谋，即20世纪90年代末接棒厄立特里亚成为埃塞俄比亚进出口贸易主要港口和西方大国在地区驻军的后勤通道的努力。

如果说今天关于吉布提的众多国际报道，都离不开中国的后勤保障基地和吉布提自贸区，那么十年前跟吉布提的名字绑在一起的是迪拜——吉布提总统当年已经与迪拜政界商界精英建立了深厚的联系，开始高调宣扬用“迪拜模式”实现吉布提的经济转型。阿联酋从20世纪90年代末开始就意图积极向非洲大陆市场布局进发，在美国的反恐行动推高了红海地区的航运价格后，阿联酋与吉布提的伙伴关系一拍即合，实践上形成了抗衡另一个红海地区海运强国——阿曼的优势。2002年双方签订了长达20年的吉布提国际航空商业特许经营权，从2005年开始建设多哈雷油码头，包揽了进进出出所有的相关业务。2006年，迪拜环球港口公司（DWP）参照迪拜的杰贝阿里自贸区（Dubai’s Jebel Ali Free Zone），发布了金额为4亿美元的建设多哈雷多功能自贸区（Djibouti Free Zones and Port Authority，DFZPA）的计划，与吉布提成立的合资公司共同经营。迪拜的计划是，多哈雷建成为唯一的可以运作15000吨级以上集装箱货船的深水码头，就可以开设从远东地区、途径吉布提、最终抵达欧洲的新运输航线，不必经过本国杰贝阿里这条昂贵的航线。然而，2008年以来的全球经济危机让西方世界元气大损、消费能力锐减，目标瞄准老欧洲市场的迪拜环球港口公司航运市场开始大幅缩水。吉布提总统长期依赖的索马里商人阿卜杜拉赫曼·博热（Abdourahman Boreh）是与迪拜建立联系、开始这一密切合作的操盘手，2010年开始因为反对修改宪法与总统出现龃龉，他被缺席审判为贪污罪，在港口业务中有数额惊人的舞弊行为。也门局势的长期不稳定引发途经亚丁湾线路日益困难，迪拜的航运公司尽管急需增加吉布提港口的货运量，然而“成也萧何败也萧何”，博热去职，吉布提任命了新的管理团队，双方的信任很难在短时间内重建，多哈雷合资公司也从此一蹶不振。

吉布提的筹谋能力更特别体现在与埃塞关系的把握、充分利用契机促进一体化发展上。1998年埃塞的对外合作开始主要依赖吉布提港口（甚至包括联合国粮食计划署提供的人道主义救援物资），固然为吉布提提供了平衡这个周边大国的杠杆，但吉布提一直谨慎地维护着自己的主权，并力图扩大自己的利益和发展机会。埃塞俄比亚的最大私营部门投资者来自沙特大商人谢赫阿拉毛迪集团（Sheikh Alamoudi’s Midroc Corporation），该集团出资运作老港口的散装运输，向埃塞俄比亚的商人和国际合作者们提供包括卸货、打包和发送食品、肥料及其他大宗货物的所有业务。但是对于埃塞方面获得港口设施权益股份的要求，吉布提却坚决拒绝。吉布提自己的老火力发电昂贵且不稳定，经与埃塞积极谈判，获取了优惠的水力发电价格，建筑电网输送便宜的电力，对于民生和工业发展都可谓重大利好。吉布提也与埃塞达成协议，架设70公里的水管从埃塞向吉布提城市提供饮用水。双边还达成协议，建设几条干线和支线铁路网联通埃塞与多哈雷港口，包括2011年委托中土集团（CCECC）承建的途径德雷达瓦的铁路。吉布提愿意与埃塞俄比亚共同发展，既保持着自己的经济主权，同时还在这些基础设施建设过程中实现了重建北方塔朱拉港口的心愿——该项目获得了阿拉伯经济和社会发展基金（Arab Fund for Economic and Social Development，总部在科威特）的支持，吉布提广泛交好各方的外交能力可见一斑。

吉布提现任总统盖莱早在1999年当选后就希望尽早访问中国，近年来与中国的合作更多是把中国作为一个新的发展机遇。怎样利用好中国这个发展机遇，特别是“一带一路”倡议如何与吉布提的2035年远景实现完美对接，是吉布提政府重点考虑的事情。吉布提2035年远景提出的目标，首先是强调了青年人和广泛的政党、社会各界共同参与的发展。大多数人尚没有从本国的经济增长中分得红利，缺乏包容性的教育设施，青年人即便读书获得学位也缺少就业机会等，这些都是摆在吉布提政府面前最急迫的问题——全球化传媒造就的信息自由让吉布提的青年人要求与其他非洲青年人甚至全球的青年人有一样的发展机会和消费能力，而对于现实的不满则迫使他们走上街头，不管是修改宪法还是2013年和2016年的大选都可以看出来社会不公平激发的巨大反弹。

相比其他合作方，中国目前与非洲各国已经开展的合作显示，中非经贸合作有可能有效地提供工作机会、实现大规模减贫和包容性的增长，但这还是要求一线的企业家、工作者对于吉布提乃至非洲各国的社会民众最关心的民生、就业和青年发展有高度敏感性，并从各个环节提供满足民众的“中国方案”。“一带一路”倡议推动着中国企业人新一轮向全球南方的转向，但不难发现，这种转向是在各种历史线索交织、纠缠，各种历史和现实的动力时而清晰时而晦涩的全球背景中展开的，这既是对中国的挑战，但也可能是中国带着自身实验的发展动力、在全球平台上迅速提升工作能力并参与书写新的全球历史的机遇，特别是当此非洲国家集体谋求区域（含次区域）合作发展之路的时机点。

这本论文集收录的15篇论文，主要基于北京大学来自不同学科背景的学者们对于目前正在发生的中国通过“一带一路”倡议与非洲大陆深化和升级的经贸合作实践进行的一手调研，并且主要是对位于东非之角的埃塞俄比亚、吉布提两个重要节点国家开展的，也包括一篇对于安哥拉农业合作的研究作品——与前两国的情况一样，中国在这个国家的农业领域推进的合作，其实也在经历从之前“交钥匙”性质的“基础设施建设者”转向经营“百年老店”性质的投资经营者。不管是在埃塞俄比亚、吉布提还是安哥拉，中国的合作者都正在经历与非洲合作伙伴更加深层次的经济合作与交融，正如本书的“从基建到投资经营：中国角色变迁”、“资本、教育与人力资源”和“文化碰撞与对话交流”三个板块所显示的，这一阶段的合作经历的调整和适应是全方位的，企业之前的定位、发展战略（比如极具挑战的工业园区、自贸区）和对非洲的关注（从传统的政治经济，到自然条件、经济地理、城市、物流、移民与劳动力以及经济发展的各种参照系等不一而足）都在发生彻底的调整，并且亟待获得相应的能力建设；非洲大陆迅猛增长的青年人口，作为最大的结构性自变量既可能给各国带来发展红利，也可能因为不能得到国家政策的有效回应而成为新的“街头革命”的溯源——如本书作者们分析的，该命题也前所未有地纳入了中国各方利益相关者的视野，作为教育提供者的高校、职业院校和作为用人需求方的企业，如何与国家政策层更好地相互协调、共同致力于非洲人力资源的发展，已经成为当下的一盘大棋局。

总之，就在国际上新一轮“外来资本福祸论”的舆论环境形成重重阻滞的同时，中国各方已经在“一带一路”加“一洲”的大趋势下扬帆远航，积极参与非洲当前正在经历的巨大社会经济发展变迁，而且已有成果显示，中国新一轮投资合作不乏对于非洲转型发展的正面贡献和积极意义。与此同时，前所未有的挑战之一就是在非洲一线与当地人直接交往的中国团队，要面对语言和文化交流准备不足前提下此起彼伏的文化碰撞；如何深入了解非洲文化传统，在彼此尊重的前提下进行有效的对话交流互动成为中国企业界在非洲长期发展的题中应有之义和各方行为体必修之功课，而这个过程刚好是双方学者可以发挥更多作用的所在。

文集中最后一个板块"探索创新"，也是出于对学人的研究更好促进中非对话交流与长期可持续发展合作的真实期待。为中国的环境史做出开拓性贡献的包茂红教授，为本文集撰写的重磅文章《后殖民主义与亚非拉环境史研究》，从学理深度为中国各界从业者深入理解后殖民地国家普遍面临的制约可持续发展的环境恶化困局提供了一把"创造性介入"的好钥匙；博士生罗楠在哈佛－燕京学社宝贵经历的基础上完成的《如何学习非洲》，呼吁青年学人从理解和尊重非洲历史文化开始，在扎实的田野观察基础上理解全球性的变动不居和探索实践中的非洲；更为难得的是，长期研究探索改变西方传统对非合作模式的莱顿大学非洲研究中心前主任唐·迪茨教授，也带领他的团队，欣然将多年在中国和非洲研究国际发展合作调研经历基础上总结的新方法《发展研究中的参与式评估》写成中文，分享给中国读者，期待间接促进中国在非洲大地上更好的国际发展合作实践。

既有的主流传统国际关系研究更多关注的是现实主义学派视阈下的冲突解决和权力政治，今天随着"一带一路"倡议成为国际关系实践和国际关系研究的热门话题，旧的理论范式正在显示出明显的局限性，特别是民族国家为中心的视角已经很难阐释今天国际社会的复杂现象，比如"一带一路"巡回法庭（又称国际商事法庭），意味着中国的法律作为投资国调解和仲裁的依据，很可能产生跨国界的影响，如何研究潜在的法律领域的冲突等重大问题是给法学研究者提出的新要求。[①]正像尼日利亚学者奥努奈举所言，既然"一带一路"倡议本身就是尝试解决人类面临着民族国家主权与日益交织在一起的跨越国界的利益与梦想之间矛盾的努力，对于"一带一路"倡议的研究无疑要求回归到地面，做"贴着地皮"的观察[②]，同时超越以往学科的藩篱，以政治学、国际关系、地理学、法学、经济学、传播学和文化研究等学科在面向问题导向的研究中，开放式地交叉进行。

① Peter J Buckley, "Book Review China's Belt and Road Initiative: Changing the Rules of Globalization, Wenxian Zhang, Ilan Alon and Christoph Lattemann (Editors), Palgrave, London, 2018," *Journal of International Business Studies* (2019), https://doi.org/10.1057/s41267-019-00283-z.

② 项飚：《贴着地皮看世界》，《南风窗》2015 年第 10 期。

北大的学人们，直面中非如何提升新型国际经济合作实践及其机会与挑战，特别是如何促进非洲转型发展等问题，突破学科疆界，以开放对话研讨的方式，在集体扎扎实实的一线调研基础上形成了这本书。希望呈现到读者手中的研究成果，能够反哺中国仍在不断探索着的实践，同时也为当下学界正在进行的跨学科研究带来启发裨益。

CHINA

从基建到投资经营：中国角色变迁

中 国 非 洲 研 究 评 论

（2019）

AFRICA

“一带一路”背景下的吉布提港发展：经济地理条件、城市状况与 PPC 模式的可移植性

陈宇枫　许立言*

摘要： 由招商局集团主导的吉布提港是“一带一路”倡议的重要项目，也是“前港－中区－后城”的 PPC 开发模式在海外的一次重大实验。在当前港口建设已初具规模的条件下，根据吉布提的经济发展禀赋和城市状况明确中区的建设和后城的发展路径，是 PPC 模式能否成功的关键，因而吉布提港成为吉布提项目乃至吉布提落实“2035 愿景”计划（Djibouti Vision 2035）亟须讨论的问题。从经济地理学角度分析吉布提的区位条件，吉布提港未来发展的基本定位存在两种不同认识：一是陆海转运枢纽港，二是全球及区域海运枢纽港。从港口产业配套的角度看，吉布提的经济发展禀赋可以根据两种不同的港口定位进行不同的自贸区的产业配套引入。从吉布提城市中的社会分层和空间分化视角来看，“后城”建设可能遇到很多问题与挑战。本文从吉布提港未来建设的建议入手，在分析吉布提港这一案例的同时，试图探讨“一带一路”背景下更广泛意义上“中国模式”的可移植性问题，比如 PPC 模式。

关键词：“一带一路”　经济地理　城市状况　PPC 模式　吉布提

引　言

为促进经济要素有序自由流动、资源高效配置和市场深度融合，推动

---

* 陈宇枫，北京大学建筑与景观设计学院硕士研究生；许立言（通讯作者），北京大学建筑与景观设计学院研究员，博士生导师。

开展更大范围、更高水平、更深层次的区域合作，共同打造开放、包容、均衡、普惠的区域经济合作架构，中国提出了“一带一路”的国际区域经济合作新模式。[①] 2015 年 3 月，国家发改委、外交部和商务部联合发布了《推动共建丝绸之路经济带和 21 世纪海上丝绸之路的愿景与行动》，标志着“一带一路”倡议进入全面推进建设阶段。在此背景下，中国企业加快了“走出去”的步伐，积极同各国展开友好合作，由招商局集团主导的吉布提港开发运营项目即为其中具有代表性的一项。早在 2013 年 2 月，招商局集团即通过入股的形式开始参与吉布提港有限公司（PDSA）的经营管理。2018 年 7 月 5 日，由招商局集团、大连港集团及吉布提港口与自贸区管理局共同投资运营的吉布提国际自贸区举行了盛大的开园仪式，不仅标志着招商局集团吉布提港项目在“一带一路”背景下的纵深推进，而且意味着作为其长期港口开发运营经验的“PPC 模式”在非洲大陆的一次重要尝试。

PPC 模式即“前港－中区－后城”（Port－Park－City）模式，最初源于招商局集团在深圳蛇口片区长期的运营经验所总结的港口开发运营战略，因此又被称为“蛇口模式”。在该模式中，港口、园区、城市被视为“三位一体”发展的整体生态圈，以港口先行、产业园区跟进、配套城市功能开发的形式顺次推进，形成港产城一体化的开发。有研究认为，PPC 模式是典型的政企合作的城市开发模式，其以市场化的方式实现上述生态圈的整体联动发展，将政府、企业和各类资源协同起来，成为城市转型升级的重要战略。[②] 目前，PPC 模式在斯里兰卡、多哥等国家也进行了实践，总结出了一套规划先行、港口导入、联动开发、综合运营（PIDO）的宝贵经验。[③] 当前，我国在“一带一路”共建国家的城市建设项目多以基础设施建设为主，主要的建设模式包括 BOT（建设－运营－移交）、PPP（公私合营）等，这些项目在解决了东道国基础设施建设瓶颈的同时，还开拓了企业的市场，实现了共赢。但是，类似的项目难以深层次地影响城市的建

① 刘卫东：《“一带一路”战略的科学内涵与科学问题》，《地理科学进展》2015 年第 5 期，第 538 页。

② 刘伟：《招商蛇口“前港－中区－后城”开发模式》，《建设科技》2017 年第 2 期，第 25 页。

③ 吕姁婧、赵旭：《从蛇口模式谈太平湾港区的“前港－中区－后城”建设》，《中国水运》（下半月）2019 年第 3 期，第 47 页。

设发展，双方互惠互利的关系并不深远。[①] 相比而言，PPC 模式给予了企业更大的空间，全方位地深入产业布局和城市建设，从顶层设计层面将城市打造成为集贸易往来、商品集散、金融服务、资源调度为一体的产业发展综合体。PPC 模式的实践，可以系统解决制约东道国产业升级的短板问题，同时全方位地实现两国的共享融合，打造与东道国真正的“利益共同体”[②]，契合“一带一路”建设的价值观。

与常见的政策主导或技术导向的传统城市规划建设不同，PPC 模式的执行逻辑是围绕市场经济建立起来的，其核心是产业升级。[③] 因此，一方面，PPC 模式的运行首先应服从基本的经济发展规律；另一方面，PPC 模式最终将延伸到城市建设领域，虽然在推动城市建设、完善公共事业、提高社会福利等配套建设方面，企业被认为拥有强烈的动机[④]，但显然这些事项已经不仅限于经济开发范畴，相关的政治、社会、文化等因素也将影响 PPC 的成败。在对经济开发规律的认识上，近年来，新经济地理学、新结构经济学等在解释工业集聚、地区间差距和经济开发路径等方面获得了巨大的成功。[⑤] 产业在全球范围内的转移有规律可循，新经济地理学关于产业转移机制的解释已经有成熟的理论。[⑥] 简言之，产业会选择成本低的地方落地，这个成本不仅包括生产要素成本，还包括制度成本，如政治环境、区位条件、社会结构、政策制度等因素。在实际开发的项目中，这些因素会对成本起决定性的作用。例如，港口开发和自贸区与出口加工区建设的潜力显然依赖项目的经济地理和资源禀赋条件。这在产业结构升级的过程中是至关重要的。新结构经济学认为，经济结构内生决定于要素禀赋结构，这些要素禀赋同时包含制度、规则等无形的基础设置，而经济体的要素禀赋及其结构在时间上是不

① 吕星赢、周建、凌雁：《“一带一路”背景下中国海外基础设施建设投融资模式探究》，《现代管理科学》2017 年第 7 期，第 21 页。

② 侯彦全、侯雪、康萌越、乔标：《“丝路驿站”PPC 模式实践与启示》，《中国经济时报》2017 年 8 月 21 日，第 5 版。

③ 刘伟：《招商蛇口“前港 – 中区 – 后城”开发模式》，《建设科技》2017 年第 2 期，第 26 页。

④ 孔晓青：《招商港口发展“蛇口模式”的形成》，《国家航海》2017 年第 2 期，第 46 页。

⑤ 金煜、陈钊、陆铭：《中国的地区工业集聚：经济地理、新经济地理与经济政策》，《经济研究》2006 年第 4 期，第 79 页。

⑥ 丁建军：《产业转移的新经济地理学解释》，《财经科学》2011 年第 1 期，第 36 页。

断变化的。[①] 另外，从城市发展的角度考虑，上述因素同样有着重要的影响。显然，城市建设一方面与区域经济大背景相关，另一方面也受到城市地理和社会、文化条件的制约。总之，上述分析凸显了各项“非经济”因素的重要意义。鉴于我国与“一带一路”共建国家在这些因素上有着明显和巨大差异，PPC 模式能否成功移植的关键，即在于其在我国所赖以成功的诸项前提条件在移植目的地是否同样得以满足，因而评估上述因素就显得尤为重要。迄今为止，虽然关于 PPC 模式的经济学研究成果已经较为丰富，但结合具体项目，详细分析各项非经济条件与 PPC 模式可移植性关系的研究仍较为匮乏。

2013 年，吉布提政府正式出台了“2035 愿景”计划（Djibouti Vision 2035，以下简称《愿景》）。《愿景》提出：在 2035 年将吉布提建设成为“红海灯塔”，步入中等收入国家之列。其主要发展目标包括两个方面：一是通过结构性经济转型，实现强大而稳定的可持续增长，使人均收入翻三番，创造超过 20 万个工作岗位，将失业率减少到 10% 左右，减少三分之一的贫困人口；二是提升人类发展指数，包括缩小贫富差距，提供较为公平的能源、饮用水和基本医疗服务机会。[②] 为了更好地实现发展目标，吉布提提出了五大支柱战略。其中，发展重心是通过经济自由化、对外开放、促进私有经济发展和吸引外资，将吉布提建设成为东非地区的物流中心、信息中心、金融中心。招商局项目便是吉布提围绕港口物流业完善产业链条、提供就业机会、完成经济结构转型、实现经济增长，乃至实现部分“2035 年愿景”计划最重要的实践。

目前，吉布提港的 PPC 实践正处在产业引入的关键阶段，而城市建设工作也在蓄势待发。吉布提的资源禀赋、地理区位、城市建设、社会结构、文化心理等条件能否满足 PPC 模式的需求，从而吸引足够的产业落地，并支撑配套的城市建设，成为项目成败的核心问题。本文试从经济地理学和城市研究的视角，按 P－P－C 的逻辑，对这一问题进行分析，具体

① 林毅夫：《新结构经济学——重构发展经济学的框架》，《经济学》（季刊）2011 年第 1 期，第 1 页；林毅夫：《新结构经济学的理论基础和发展方向》，《经济评论》2017 年第 3 期，第 5 页。

② Republic of Djibouti, “Djibouti: 2035 Vision,” https://djiboutiembassykuwait.net/en/p/index/14, accessed 2020－11－10.

研究内容包括：①从区域经济角度，分析吉布提港口开发的区位条件与自身禀赋，讨论其路径选择与前景；②基于前述分析，讨论与港口开发定位相配套的自贸区建设策略；③引入城市研究视角，讨论吉布提城市建设（即招商局项目框架内的“后城”）的挑战与机遇，以期对吉布提项目的发展定位、相应前景及实施路径做出判断和建议。最后，作为延伸讨论和规律性认识，试结合 PPC 模式与“一带一路”共建国家现实的适应性，探讨我国对外经济开发合作的策略和路径选择问题，以期为“一带一路”框架下的类似开发项目提供可参考的思路。

一　“前港”：吉布提的经济地理条件与港口经济发展的两种定位

吉布提地处非洲东北部亚丁湾西岸，其自然地理与经济地理（区位）条件存在令人印象深刻的巨大反差。

自然地理方面，其沿海地区以平原和高原为主，属热带沙漠气候，终年炎热少雨；内地以高原和山地为主，属热带草原气候。全国分为凉、热两季。4 月至 10 月为热季，平均气温 37°C，最高气温达 45°C 以上；11 月至次年 3 月为凉季，平均气温为 27°C。年平均降雨量为 150 毫米左右，其中西北部地区为 50 毫米，塔朱拉西部山林地区为 300 毫米左右。总的来说，自然环境相当恶劣，很难支撑农牧业及相关产业的发展。

经济地理方面，吉布提则有着优越的区位条件。吉布提位于东非之角的咽喉地区，扼红海进入印度洋的南大门曼德海峡，地处欧、亚、非三地交通要冲，是全球贸易航线的重要节点；同时，吉布提是埃塞俄比亚目前唯一的出海口，背靠埃塞俄比亚这一东非最大的经济体，是东非最主要的对外交流窗口之一；另外，在“一带一路”倡议下，吉布提更是联系亚非大洲、带动海上丝绸之路沿线经济发展的重要环节。

由此，吉布提的经济发展呈现出鲜明的双重特征。一方面，由于资源匮乏，自然条件差，吉布提是联合国认定的最不发达国家之一。20 世纪 90 年代，吉布提的年均经济增长率仅为 2.2%。吉布提工农业基础薄弱。2019 年，吉布提 GDP 中的工业和制造业占比仅为 17.1%，农业占比不到 2%；95% 以上的农产品和工业品依靠进口，90% 以上的建设资金依靠外援。① 另一方面，吉布提的港口服务业相对发达。受益于相对稳定的政治环境、外汇自由的货币政策、埃塞俄比亚经济的高速发展以及海外投资，自 2003 年以来吉布提的经济迅速增长，2000 ~ 2010 年年均 GDP 增长率为 4.8%，2011 年以来的年均 GDP 增长率接近 8%。② 2019 年，吉布提 GDP 为 5898.02 亿吉布提法郎，约合 33.19 亿美元，人均 GDP 约为 3408.85 美元。从与部分东非国家的 GDP 增长率变化的对比来看，吉布提的经济增长速度较快，与整个非洲大陆之间存在正相关关系（见表 1）。从某种程度而言，埃塞俄比亚推动了东部非洲的经济增长，尤其是吉布提的经济增长。③ 然而，港口依赖型的经济模式也是一种"资源诅咒"，其他产业长期停滞，基础生活物资绝大部分依赖进口，以致企业经营成本和居民生活成本高企，这也成为经济进一步发展的制约。

表 1　部分东非国家近 6 年来的 GDP 增长率

（单位：%）

国家	2014	2015	2016	2017	2018	2019
吉布提	7.1	7.7	6.7	5.4	8.4	7.5
苏丹	2.7	4.9	4.7	4.3	-2.3	-2.6
埃塞俄比亚	10.3	10.4	9.4	9.6	6.8	8.3
肯尼亚	5.4	5.7	5.9	4.8	6.3	5.4
莫桑比克	7.4	6.7	3.8	3.7	3.4	2.2
南苏丹	3.4	-10.8	—	—	—	—
坦桑尼亚	6.7	6.2	6.9	6.8	5.4	5.8
乌干达	5.1	5.2	4.8	3.9	6.2	6.5

资料来源：WDI，"GDP growth (annual%)，" https://data.worldbank.org.cn/indicator/NY.GDP.MKTP.KD.ZG，accessed 2020 - 08 - 25。

可以预见，在未来很长的一段时间内，吉布提的经济发展仍会依赖于港口这一资源优势。因此，港口经济的发展路径很大程度上决定了吉布提

① FAO Country Profiles，"Djibouti，" http://www.fao.org/countryprofiles/index/en/? iso3 = DJI，accessed 2020 - 08 - 25.

② WDI，"GDP Growth (annual%)，" https://data.worldbank.org.cn/indicator/NY.GDP.MKTP.KD.ZG，accessed 2020 - 08 - 25.

③ Republic of Djibouti，"Djibouti: 2035 vision，" https://djiboutiembassykuwait.net/en/p/index/14，accessed 2020 - 11 - 10.

未来的产业布局和城市建设方向。因此，基于对吉布提宏观区位条件的两种不同视角，结合《愿景》中对吉布提“东非物流、信息、金融中心”的定位，研究提出了吉布提港口的两种可能的发展定位。

（1）作为东非陆海转运枢纽，以服务埃塞俄比亚乃至整个东非地区为发展定位。通过与东非乃至更大区域范围内的其他大港竞争，获得更多的经济腹地，成为区域的陆海转运枢纽港，最终辐射整个东非。由于物流产业是生产性服务业，需要大量生产要素的支持，所以从长远来看，物流业的发展会推动各种要素成本价格降低至一个较为合理的水平，推动其他相关产业发展，并提供大量的就业机会，使城市逐步走向工业化。

（2）作为全球和区域的航运枢纽节点，以服务欧亚、亚非航线的船只为发展定位。依赖吉布提在全球及区域海运航线中的地位，大力发展餐饮、商贸、金融、娱乐等第三产业，充分发挥其地理优势，从而不断提高其吸引力，吸引红海航线上的往来船只停靠，成为区域乃至全球航运网络的重要节点，成为区域经济文化中心。

（一）作为东非陆海转运枢纽的吉布提港：经济腹地分析

港口的腹地可以分为海向腹地和陆向腹地，前者指通过船舶海上运输从而与港口相联系的某一个或几个国家的地区，后者指通过某种运输方式，为港口提供货物或消耗通过港口进口的物品的内陆地区，本节所述的经济腹地是陆向腹地。

转运港口的建设开发步骤应当与腹地发展水平相协同。其原因在于，转运港口与经济腹地之间存在相互支撑和互为基础的关系，港口的建设能够带动区域货物的输入和输出，而腹地又很大程度上决定了港口经济未来的发展规模，拉动一系列劳动密集型产业和港口服务业的发展，助力港口所在城市吸引外资、改善就业、提高收入、增加税收。[①] 因此，判断港口潜在的经济腹地范围是判断港口未来发展定位的关键。

目前，除了本国之外，吉布提拥有东非最重要的陆向经济腹地——埃塞俄比亚，吉布提是埃塞俄比亚唯一的出海口。那么，在更大的范围内，

---

① 郎宇、黎鹏：《论港口与腹地经济一体化的几个理论问题》，《经济地理》2005年第6期，第767页。

吉布提港口竞争腹地的能力就决定了吉布提港未来的发展定位。目前，与吉布提港存在腹地竞争关系的港口有肯尼亚的蒙巴萨港、坦桑尼亚的达累斯萨拉姆港、苏丹的苏丹港、厄立特里亚的马萨瓦港和索马里的柏贝拉港等。前三者是东非较大的港口，均拥有不同的较为稳定的陆向腹地。蒙巴萨港是东非最大的港口，肯尼亚、乌干达的大部分外贸物资及卢旺达、坦桑尼亚以至刚果（金）东部、苏丹南部的一部分货物在此中转；苏丹港服务于本国腹地市场和南苏丹、中非、乍得等内陆腹地；达累斯萨拉姆港集散全国三分之二的进出口物资，同时为刚果（金）部分地区和卢旺达、布隆迪等国家提供出海通道。宏观市场的总体情况将决定吉布提港口吞吐量可能达到的最大规模，对于腹地判断具有重要影响；此外，经济腹地的范围受交通条件、港口区位和港口吞吐量、运量、操作量以及运输成本等多因素的影响。结合吉布提港目前的运营现状，下文从宏观市场的变化入手，分析吉布提的腹地未来可能的变化情况。

吉布提港的宏观市场大体可以分为两个部分，一部分是存量市场，另一部分是增量市场。在未来较长一段时间内，吉布提的市场环境较为乐观，具体表现在以下几个方面。

存量市场部分，吉布提的吉布提港的潜在竞争者是厄立特里亚的马萨瓦港和索马里的柏贝拉港。在三者中，吉布提的竞争优势明显，在较长的一段时间内都将保持稳定的存量市场。首先，吉布提拥有优越的港口条件，港口软硬件设施远远优于后两者。吉布提拥有全新的多哈雷多功能港（Doraleh Multi－Purpose Port，DMP），其设计吞吐能力为708万吨散杂货、20万标准箱（TEU）集装箱，拥有10万吨级泊位。多哈雷新港在处理能力、吞吐能力和大船吃水深度方面在东非都处于领先地位，同时港口配备了高度自动化和现代化的机械设备，大大提高了港口的作业效率。[①] 2017年，吉布提港口的吞吐量已经接近100万标准箱，总吞吐量接近苏丹港的两倍，接近东非最大的港口之一蒙巴萨港的吞吐量（见图1）。[②] 其次，吉布提实行开放自由的贸易政策，外汇自由进出，汇率稳定，关税较低。厄

① 孙德刚、白鑫沂：《中国参与吉布提港口建设的现状与前景》，《当代世界》2018年第4期，第70页。

② WDI，“Container Port Traffic（TEU：20 foot equivalent units），” https：//data. worldbank. org. cn/indicator/IS. SHP. GOOD. TU？ view＝chart，accessed 2020－09－10.

立特里亚和索马里相对封闭，国际贸易协作存在着许多制度障碍，同时国内政局不稳定，种族冲突和边境摩擦事件还时有发生，不利于与埃塞俄比亚形成稳定的贸易关系。最后，吉埃通道拥有较为完善的交通系统，这对于物流产业至关重要。从吉布提到埃塞，有平缓的 1 号公路和亚吉铁路及其场站建设，保证了港口直通铁路，在吉布提港口形成海陆联运的立体物流结构。相比吉埃通道，马萨瓦—埃塞通道多山路，落差大且路况极差；柏贝拉—埃塞通道距离过远，路面状况也欠佳，交通成本过高。因此，与厄立特里亚和索马里相比，吉布提在竞争埃塞俄比亚这一经济腹地的时候有比较大的优势。但是迫于高成本的压力，埃塞已经在积极同厄立特里亚、索马里等国家达成和解，希望能够开放出海口岸，以此来破解吉布提目前的垄断局面。

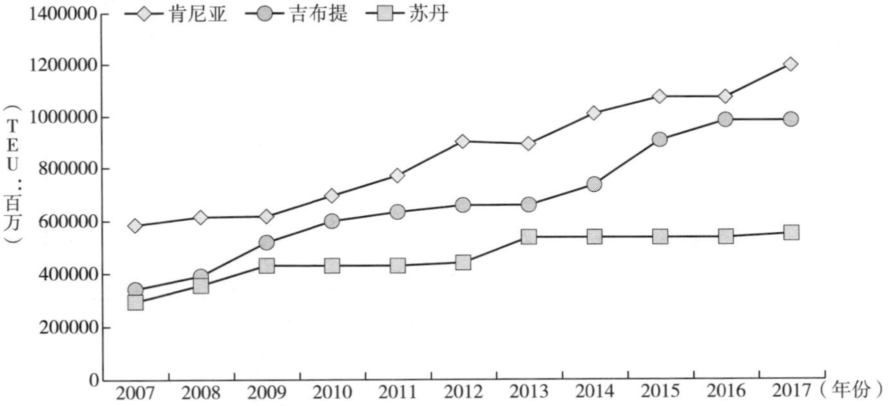

图 1　吉布提、肯尼亚、苏丹港口的年吞吐量（TEU）变化

资料来源：WDI，"Container Port Traffic（TEU：20 foot equivalent units），" https：//data. worldbank. org. cn/indicator/IS. SHP. GOOD. TU？ view = chart，accessed 2020 - 09 - 10。

增量市场部分，在未来很长的一段时间内，吉布提还是会主要服务于埃塞俄比亚和本国腹地，腹地扩张速度不会太快。最主要的原因是埃塞俄比亚巨大的国内需求及其较高的增速。一方面，埃塞的进出口贸易存在很大的潜力。以成品油为例，埃塞俄比亚每年进口成品油约 400 万吨，占成品油消费量的 85%，每年成品油消费量约为 470 万吨，人均成品油消耗量为 0. 04 吨，中国的人均成品油消耗量约为 0. 23 吨，接近埃塞俄比亚的 6 倍，因此埃塞国内市场需求还有很大的提升空间。另一方面，根据国际货币基金组织（IMF）的数据，埃塞俄比亚的名义 GDP 增长率已经连续 10 年保持在 10% 左右，其实际 GDP 增长率也远远高于撒哈拉以南非洲地区的 GDP 增速，整体经济发展仍具有很大的潜力（见图 2）。因此，如不考虑地缘政治等因素，从中短期来看，吉布提港总体的存量市场应当比较稳定，增量市场还是以埃塞俄比亚国内的需求为主。而长期来看，吉埃通道的优势依旧存在。另外，由于埃塞推行的工业化战略、出口导向和进口替代型经济的发展战略，以及外汇短缺的长期存在，埃塞未来出口货量的增速将显著高于进口货量，以此达到双向平衡。

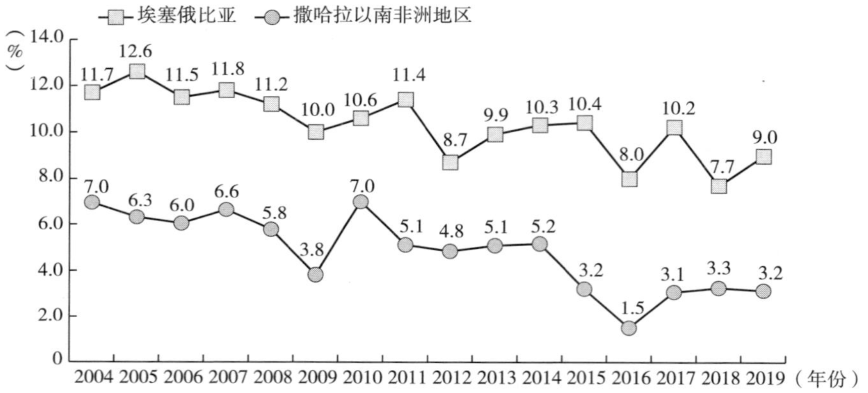

图 2　2004～2019 年埃塞俄比亚和撒哈拉以南非洲地区的实际 GDP 增长率

资料来源：IMF："regional Economic Outlook：Sub－Saharan Africa，" https：//data. imf. org/?sk＝c4aecd64－34a1－4e7e－8845－c14c6677d9b5&hide_uv＝1，accessed 2020－11－04。

在满足埃塞俄比亚进出口需求的基础上，能否将腹地扩大到更大范围的决定性因素之一是陆上交通条件。目前东非的交通网络仍以公路运输为主，铁路运输正在逐步发展。由于地理条件的限制，吉布提的大部分边界线与埃塞俄比亚接壤，结合吉布提的交通网络来看，若要连接更广阔的腹地，极可能需要通过埃塞俄比亚进行跨境交通运输。因此，吉布提港口的腹地连接能力很大程度上取决于埃塞俄比亚的交通发展状况。近年来，埃塞俄比亚的交通设施快速发展，2013 年，道路密度（$km/1000km^2$）已经达到了 78.2%；2018 年，埃塞俄比亚已经完成了 121171 公里的道路建设，并且，计划于第二个增长与转型计划（Growth and Transformation Plan II，GTP II，2015/16－2019/20）结束前完成 20 万公里道路建设，以及未来的国道网络和快速路的建设。① 从基础设施水平看来，埃塞的路网完全可以满足跨境运输的需求。但是另一方面，长距离的跨境运输受制度限制更大，同时会大幅提高成本，增加运输风险。

综上所述，吉布提在中短期内仍会以服务本国和埃塞俄比亚市场为主，陆向腹地扩张的潜力有限。从另一个层面来讲，目前埃塞俄比亚经济体量对于物流的需求还不是很大，因此，吉布提也可以向南苏丹、卢旺达等国家提供出海通道，扩大出口腹地。从长远来看，吉布提的港口竞争力强、基础设施完善，有望与蒙巴萨港、达累斯萨拉姆港竞争索马里及南苏丹等广大的腹地。但是，制约吉布提扩大腹地的因素还有以下几个方面。

（1）除了吉埃之外，东非其他地区的交通运输网络较为落后。从吉布提到苏丹、索马里的运输目前只能以跨境公路为主，距离远、运费高，实际可达性差。

（2）成本问题。吉布提所有生产部门的成本居高不下，这一点同样体现在物流产业中。以一个集装箱计，从吉布提运到埃塞的成本将近4000美元，远距离则更甚，这个成本在世界其他一些沿海城市可以降低到1000美元。

（3）制度障碍。制度障碍指两方面的障碍，分别是内源性制度障碍和外源性制度障碍。内源性制度障碍指的是吉布提本国存在的基本行业受家族垄断导致的各种经济问题；外源性障碍主要指跨境国家本身的政策问题。吉布提的货物在运输过程中需要依赖埃塞俄比亚的交通网络，因此，运输过程需要受到埃塞俄比亚的政策约束。目前，埃塞俄比亚的货物运输主要由埃塞俄比亚船公司垄断；同时，埃塞俄比亚实行外汇管制、强制结汇的政策。这两方面的制度障碍会影响市场提供服务的能力，从而对腹地扩张产生影响。

（二）作为全球及区域海运枢纽的吉布提港：航运网络辐射范围分析

作为全球和区域航运网络的枢纽节点，吉布提港口主要为往来欧亚、

---

① Federal Democratic Republic of Ethiopia, “Growth and Transformation Plan II (GTP II) (2015/16 - 2019/20),” https://europa.eu/capacity4dev/resilience_ethiopia/documents/growth-and-transformation-plan-ii-gtp-ii-201516-201920, p. 37, accessed 2020-09-15.

亚非航线的船只提供船只补给、维护等服务，同时提供相应的金融、海事、住宿、餐饮、娱乐等配套服务。

从全球航运网络来看，吉布提位于欧亚、亚非航线的必经之路，紧邻世界上最繁忙的航道，是苏伊士运河的门户。作为一个区域性的海运枢纽港，吉布提港的竞争对手除了蒙巴萨港、达累斯萨拉姆港等东非大港之外，还有也门的亚丁港、阿曼的塞拉莱港和阿联酋的迪拜港等——前两者对往来于欧亚、亚非航线的船只吸引力较小，亚丁港由于战乱原因暂时失去了竞争力，后两个港口都在中东波斯湾附近，主要服务于波斯湾的产油国。相比之下，吉布提港在欧亚通道的中点，战略位置更加明显。

首先，吉布提地理区位优势得天独厚，潜力有待释放。从东亚的中国、日本运出来的商品货物经苏伊士运河运往欧洲，如果走最短的线路，可供补给的线路是依次经过新加坡港、斯里兰卡科伦坡港、吉布提港和埃及的亚历山大港。但目前前往非洲40%的船只绕道港口条件优越得多的迪拜中转，在路途上约比行经吉布提的“直线”路线多走1600～2000海里。其次，吉布提政局稳定，经济持续发展，外汇自由，这对于发展以服务业为主导产业的路径而言是一大重要优势。最后，吉布提已经具有一定的相关产业基础。吉布提的经济结构以物流、港口服务业为主导，已经形成了船只补给、商贸服务、金融贸易等一系列基础的服务业，适合继续发展高端服务业。

可以认为，如果吉布提的港口条件、商贸环境足够优越，相关配套设施和服务业发展到较高的水平，那么大部分经过曼德海峡（欧亚航线，亚非航线，经由迪拜、塞拉莱港中转）的船只都可以在此停靠补给，产生服务需求。

二 “中区”：城市化和经济发展禀赋视角下吉布提的自贸区发展前景

吉布提港口的两种定位各有优劣，通过上述分析，可认为两种定位的外部条件均大体具备。因此，二者是否构成可行的发展路径，很大程度上取决于本地的经济发展禀赋；同时，在招商局已经推进PPC模式建设的背景下，前期港口建设已经初见成效，当前的关键在于自贸区的建设。由于自贸区总规划面积多达40余平方千米，仅仅依靠当前规模的商贸物流企业远远无法满足自贸区盈利的需求，自贸区建设的主要挑战是产业引入问题。鉴于人口城市化率高达77.8%，且高度集中于首都，吉布提国家基本可以认为是一个城市经济体。作为承载产业的城市，吉布提的城市状况与自贸区的发展息息相关，从城市研究的视角分析吉布提的城市化状况及经济发展禀赋，将有助于理解不同的发展路径下，吉布提的产业选择和产业培育步调。

一言以蔽之，按照传统的城市化与经济发展水平关系的三分法，[①] 吉布提的城市发展状况属于典型的过度城市化，即城市化水平明显超过工业化和经济发展水平。具体表现在城市化率“虚高”，人口城市化水平与经济发展水平不匹配，城市建设和管理水平低下，土地利用效率不高等方面。从社会地理学角度来看，过度城市化所导致的重要问题是以空间隔离形式固化的社会阶层隔离问题。

毋庸置疑，吉布提的社会阶层分化严重。受限于整体经济发展水平的低下，特别是第一、第二产业的不发达状态，吉布提虽然人口总量稀少（2018年全国约有968920人）、劳动力缺乏，但是失业率奇高。根据国际劳工组织（ILO）的估算，2019年吉布提失业率约为42.7%。[②] 高企的失业率反映了劳动力市场供需的高度不平衡，主要体现在劳动力素质的供需不匹配。吉布提人口整体受教育水平落后，初等教育率约为61%，高中教育率仅有25%。高等教育和职业教育率更低，各类人才，尤其是专业技术、技能型人才十分短缺。另外，近几年吉布提吸纳了大量的索马里、也门等邻国的难民，上述问题进一步被恶化了。在城市发展整体水平低的条件下，大量失业或半失业人口聚居在基础设施和居住条件极度恶劣的城市贫民窟中，其粮食安全、水安全等基本生存条件仍尚未解决，毒品泛滥、青年流民增加等问题随之伴生。相比之下，少量在港口及相关服务部门就

① N. V. Sovani, “The Analysis of ‘Over - Urbanization’,” *Economic Development and Cultural Change*, Vol. 12, No. 2, 1964, pp. 113 - 122.

② ILO, “ILO Modelled Estimates and Projections (ILOEST),” https://www.ilo.org/shinyapps/bulkexplorer46/?lang=en&segment=&id=EMP_2TRU_SEX_AGE_NB_A, accessed 2020 - 08 - 25.

业的“高素质”劳动力及外国技术劳动力则有着“国际化”水平的收入，城市中也有极小一片半封闭地域为其提供生活服务。这些地区具备不逊色于发达国家的基础建设和生活条件，不乏高端购物中心、丽思卡尔顿酒店等高端的城市设施。

城市空间隔离的现象，一定程度上可以说是符合资本主义逻辑下城市空间的自然演进规律。① 在与城市化伴随的经济发展进程中，一定时期（可能是漫长的时期）之内，由于规模经济和范围经济效应，② 大量的资本、劳动力、知识都会集聚到一个很小的空间范围内，即“增长极”，从而大大提高劳动生产率和创新的可能性，这也就直接导致了一段时间内的贫富差距和阶层分化，投射到空间上便是极化和隔离的现象。此时，必要且不可避免的空间分异为大城市提供了廉价的基础服务，在促进城市经济生活多元化、提升城市活力、增强城市吸引力方面都有积极影响。在城市发展达到一定水平之后，区域经济动态的趋势由集中转变为分散，而过度集聚导致的空间隔离问题也将逐渐消解——虽然在无外力（公共政策）干预的条件下往往不会彻底消失。发达国家的城市化历史普遍展现了上述规律，而东亚的新兴经济体似乎也走在同样的轨道上。然而，与低增长和高失业伴生的过度城市化将粗暴地斩断这一自我调整的进程，将城市发展锁死在高度分化和空间区隔的阶段。事实上，类似吉布提的过度城市化和城市空间隔离现象在拉美、非洲、南亚、东南亚等第三世界普遍存在，是国际开发事业中难以避免的顽疾。

具体到吉布提，其空间隔离现象，与过度城市化、国家政治经济文化体制、地缘政治等因素均存在着密切的关系。首先，就政治和经济结构而言，政商一体的体制使全国 80% 的经济命脉掌握在极小部分人手中，全社会贫富差距过大，底层的绝对经济社会资源过少。其次，从文化和教育角度看，教育资源基本为中产以上的阶层服务，财富积累使家族成员能够赴海外留学，接受良好的高等教育，学成归来的家族成员投身或继承国内高利润产业，继续掌控与管理吉布提社会的金字塔顶端，吉布提平民则很难

① D. Harvey, “The Political Economy of Public Space,” in Setha Low and Neil Smith, *The Politics of Public Space*, London: Routledge, 2006, p. 200.

② V. Henderson, “The Urbanization Process and Economic Growth: The So - What Question,” *Journal of Economic Growth*, Vol. 8, No. 1, 2003, pp. 47 - 71.

得到上述机会。如此循环往复，不断拉大阶层间的生活与收入水平，两极分化明显。最后，物质保障与精神腐化确保了阶层固化下的社会安定。国家为人民提供三种基础的物资以满足人民的需求，一美分的法棍面包，免费的少量淡水，还有一把几乎全民咀嚼的卡特草——这一软性毒品价格在 10 美元至 100 美元间不等，吉布提民众在花费大量金钱的同时，变得萎靡不振，而这一部分社会财富却因此回流到掌握销售渠道的高层手中，使社会发展与阶层固化成为恶性循环。

此种阶层固化的社会反映到空间分布上，首先就是土地利用的病态、无序。土地利用制度的缺陷使土地要素无法依照市场规律流转，最后在城市空间上形成了风貌、生活条件、经济水平、社会形态差异巨大的隔离。虽然吉布提市凭借区位优势和近年来大大提高的港口竞争力，成为东非地区的一个小增长极，但增长背后的社会分化和空间隔离问题是长期的，甚至有增无已。

吉布提的社会分化和城市空间隔离问题并非本文重点，但是对 PPC 发展存在潜在影响。综合吉布提的城市化现状，从国内总体环境、经济发展总体情况、自然禀赋、劳动力禀赋、基础设施条件、产业等方面对吉布提市的经济发展禀赋进行态势分析（SWOT）（见表 2），可以发现，在前港的两种定位前提下，吉布提城市发展的经济禀赋表现不同，因此中区的发展路径也是大不相同的（见表 3）。

总体来说，第一种路径的发展过程较为稳健，核心在于通过吉布提的港口物流业，将吉布提建设成为东非的商品集散中心，以此抵消其他生产要素成本过高的问题，从而吸引企业入驻，并逐步走向工业化，其可能遇到的威胁在于吉布提竞争腹地的能力需要依赖别国的交通运输，难以占据主导地位。

第二种发展路径是将吉布提与迪拜对标，在已有的服务链条下，改善城市风貌，完善基础设施，继续发展高端服务业，将吉布提建设成为区域的经济文化中心。其优势在于，在周边国家存在冲突甚至战乱、制度障碍、发展瓶颈等问题困扰的窗口期，招商局集团强大的资金、人才和技术的投入使吉布提有能力将城市与产业建设结合并完善起来，从而放大其区位优势。除了投资风险之外，必须要注意的重大隐患是高端服务业不能解决大量的就业。因此，本地人很难大量地参与到发展中来。吉布提已经

表 2 吉布提经济地理条件的态势分析（SWOT）

	吉布提			
	优势（Strength）	劣势（Weakness）	机会（Opportunities）	威胁（Threats）
国内总体环境 政治 民族 宗教	政局稳定，总统已经多次连任，同时有多国驻军保护； 自身民族组成并不复杂，民族矛盾并不突出； 大部分国民宗教信仰较为一致	外交关系复杂，一定程度上会互相制约，影响发展； 垄断和腐败问题比较严重	与中美等多国交好，国际援助给予很大支持	总统年事已高，未来政局不可知； 垄断腐败问题； 受索马里、也门等周边国家的移民影响，宗教、民族问题逐渐复杂
经济总体发展情况 发展驱动力 政策和制度	经济增长水平较快，领先于东非平均水平； 目前经济增长驱动力来自埃塞的进出口需求； 开放自由的贸易政策	经济体量较小，发展水平较低； 内部经济驱动力不足，本地市场小； 政商不分，许多重要的公共部门和经济部门处于垄断地位，市场总体价格虚高	背靠埃塞俄比亚这一巨大的经济体； 埃塞对外窗口目前还未完全打开，对吉布提存在着高度依赖	制度障碍造成的各种成本居高不下； 典型的“资源诅咒”国家，国民收入与发展水平不匹配
自然禀赋 地理区位 自然资源	地理区位极佳； 自然资源种类不多，但是拥有丰富的海洋资源	领土面积较小，地缘关系复杂； 气候极其恶劣，不宜居，不适合农业发展； 自然资源总体不丰富	—	—

续表

	吉布提			
	优势（Strength）	劣势（Weakness）	机会（Opportunities）	威胁（Threats）
劳动力禀赋 人口 教育 劳动力和失业率 生活标准和物价水平	人口较为集中，大多居住在首都及周边地区； 人口结构较为年轻； 劳动人员工资高、福利好； 教育、生活方面有其他国家的援助	人口总量较少； 贫富分化严重； 总体教育水平低下； 物价水平虚高	外国难民涌入，考虑开放一定的外籍劳工政策，可以填充劳动力市场，增加竞争，降低劳动力成本	失业率奇高，青年流民已经呈现规模化、组织化的趋势，对于社会安定造成了一定的威胁； 贫富差距导致了一定程度上的空间隔离，贫民窟已经呈现蔓延趋势，对于城市建设和社会发展极为不利
基础设施条件 市政基础设施 区域间交通和物流	已经有了初步的立体交通网络，区内外的总体交通状况在东非地区较为良好	基础设施匮乏，水、电、网等基础设施的覆盖率极低	“一带一路”背景下，中国等国家对基础设施建设的支持； 埃塞的财政情况和外交关系带来的窗口期； 招商局前港中区后城的开发规划和建设	历史遗留造成的城市基础设施建设问题； 区域间交通联系较为单一，而且并不掌握主动权
产业 产业结构 新型产业 企业	船舶、物流、运输业都具有较为良好的基础； 渔业资源极其丰富，可供开发的潜力大； 尚有矿产、未探测的资源待发现； 国家对外来企业的优惠力度大	产业结构极其不平衡，制造业基础几乎为零； 第三产业在国民经济中所占比例大，但是专业程度不高； 企业生产、运营成本高	—	国家的制度障碍和垄断腐败问题

表3 吉布提港的两种发展路径

	发展定位	
发展路径	作为陆海转运枢纽港口	作为全球和区域航运枢纽港口
初期发展路径	利用自身的区位、交通、港口优势，通过完善通关环境、加快基础设施建设、降低生产成本，争取更为广阔的腹地，培育出以完备的海事、船舶、车辆、运输为主的港口物流业	利用自身的区位优势，通过改善城市风貌，完善基础设施，大力发展海事、船舶、金融、餐饮、住宿、娱乐、会展、旅游等第三产业，培育出较为完整的港口服务产业链
中期发展路径	在拥有完备的港口物流业的基础上，建立商品集散中心，利用商品运输距离成本优势及自贸区的政策优势，围绕商品吸引上下游企业入驻自贸区，产生集聚效应，完善产业链，打开劳动力市场，逐步走上工业化、外向替代型经济的道路	在继续发展港口服务业的同时，开发当地的海洋资源，培育渔业、食品加工业等服务于第三产业以及出口的当地产业，打造较为高端的港口服务产业链条
远期发展路径	凭借已有的工业化基础，大力发展餐饮、金融、商贸、住宿、娱乐、旅游等附加值高的第三产业，从而形成完善的产业结构，最终实现以港带产、产城融合的前港中区后城的开发模式	牢牢把握区位这一天然优势，将吉布提打造成区域乃至全球航运网络的一个枢纽节点、区域的经济文化交流中心；吸引要素集聚，并以此培育高端的新型制造产业，稳定产业结构，从而实现以港带产、产城融合的前港中区后城的开发模式

存在十分严重的社会分层和空间分化现象，这可能导致原本就固化的阶层流动更加困难，空间隔离更加严重，贫富差距持续扩大，从而产生新的社会问题。

三　“后城”：适应港口及自贸区发展定位的城市发展路径选择

如果说“中区”的发展与吉布提的城市状况仅有间接的关系，“后城”则深深嵌入了吉布提的城市肌理本身，其建设发展与吉布提的城市状况有着千丝万缕的直接联系。本文从吉布提的城市化历史角度切入，试讨论“后城”建设的可能路径。

吉布提的城市发展历史并不长。殖民入侵之前，吉布提境内由豪萨（Hausa）、塔朱拉（Tadjourah）和奥博克（Obock）三个苏丹王统治。1883年法国开始殖民入侵，1897年同埃塞俄比亚国王签订协定划定了法属索马里的边界，至此，法国完成了对吉布提的完全殖民。法国强行使吉布提城市化的进程偏离传统的分散且低效的路径，为吉布提带来了第一次的快速城市化。在殖民时期，吉布提的城市化率年均增长率约为 8% ~9%，在法国统治的末期达到了一个高潮。这种殖民式的城市化快速地扩大了城市规模，并且将分散的资源全都集中起来；同时，这种城市化也是低质量的，遗留了许多的问题，如前所述。

殖民与抗争一直延续到 1977 年 6 月 27 日的民族独立。自吉布提独立以来，其城市化进程开始在一定的波动范围内快速增长。吉布提的第三个城市化阶段始于 20 世纪末，城市化率增长率较为平稳，大约保持在每年 1% ~2%。除了经济发展和城市建设的因素之外，还有移民因素。仅 2017 年，便有约十万人（主要是埃塞俄比亚人和一些索马里人），穿越吉布提，通常到达奥博克港口，试图穿越危险的海道前往也门。随着也门冲突升级，也门人于 2015 年 3 月开始逃往吉布提，截至 2017 年 8 月，约 20000 人抵达吉布提。[①] 在这种背景下，外来移民压力、失业率居高不下等问题更加凸显，社会的不稳定因素增加。

吉布提特殊的城市化历史决定了未来吉布提城市化的路径极为复杂，因此需要通过多维度的视角去看待吉布提的城市化问题。

从人口角度看，吉布提国内将近 70% 的人口集中在首都和阿尔塔地区，剩下的人口大多也分布在塔朱拉、奥博克地区的主要城市。从城市化人口的比重来看，吉布提城市化水平已经很高，人口已经大量集聚，剩余未进行流动的人口存量较少，未来本国人口流动所带来的城市化贡献不会很大。相应地，由于吉布提港口的竞争力、投资的吸引力越来越高，来吉的移民将越来越多。所以，吉布提未来城市化的一大动力将会是移民。

从城市建设角度看，在不同的港口发展定位下，吉布提的城市功能和空间的定位也会有所不同。但无论是哪种定位，城市建设的一大重要内容是不断改善存量，以基本能够提供各种各样的城市服务功能。

从制度角度看，土地管理制度、社会福利保障制度以及人口流动管理制度将对吉布提的城市化进程产生重大影响。首先，吉布提的土地管理制度不够完善，没有相应的法律法规能够保证土地的有效利用。一个典型的例子是有大量外国的企业购买或者租赁吉布提的土地，但是并没有进行有

① CIA, “Demographic Profile,” https://www.cia.gov/library/publications/the - world - factbook/geos/dj.html, accessed 2020 - 08 - 25.

效的开发利用。其次，吉布提较为严格的社会福利保障制度和劳工保障制度，导致企业经营成本过高、物价太高、人民劳动生产积极性降低，不利于吉布提的产业发展。最后，人口流动管理制度的问题。目前，吉布提为保障本地劳工就业，对外籍劳务人员有较高的限制。外籍劳务人员须获得吉布提就业及职业培训局（ANEFIP）的批准才可办理工作证明等文件。ANEFIP 规定，只有高级技术人员以上的职位才可获批。然而，吉布提的大量外来人口普遍并不具备这种劳动力素质。因此，目前到吉布提的难民、移民大部分是失业人群，这在一定程度上不仅没有补充劳动力市场，降低劳动力成本，反而带来了更多的社会隐患。

最后，吉布提的城市发展受到因阶层分化、空间隔离而导致的贫民窟问题的威胁。法国殖民时期所带来的城市建设是十分粗糙的，它留下了大量的基础设施建设空白，吉布提目前的社会分化和空间隔离现象也与之息息相关。空间的分异现象在资本、人口大量集聚的城市化过程中很难避免。但是如何对待空间分异中代表底层民众的社区，这是在城市建设中必须要考虑的问题。

如前所述，类似的底层社区的发展路径一般有两种，一种类似某些东亚国家那样，脏乱差的“城中村”的规模被稳定下来，随着不断治理，人们的就业问题逐步得到解决，“城中村”逐渐成为一个经济多元、环境良好、经济活动丰富的流动人口的“落脚城市”①，并最终融化于城市整体的肌理中。另一种则类似第三世界国家普遍存在的贫民窟。在城市发展阶段，这些社区没有得到妥善的治理；在前述“锁死”逻辑下，其规模不断扩大，人口越来越密集，环境日益恶化，贫困问题日益突出，最终社区形成了半独立于“外部”城市社会的自我运行机制。从最表面看，这种社区滋生了一系列矛盾、冲突和犯罪，甚至社会不安定。

第三世界的贫民窟之所以野蛮生长，其最重要的原因有两点。一是农业模式的偏差及土地制度改革不彻底。这导致土地无法按照应有的规律流动，贫富差距巨大，阶级固化的格局无法被打破。二是工业化政策的误导导致过度城市化。一方面是政府在推进工业化和农业现代化的过程中，把农村人口向城市的移民过程看作是缓解农村社会冲突的途径，对自发的移民潮不加调控；另一方

① D. Sanders, *Arrival City: How the Largest Migration in History Is Reshaping Our World*, New York: Vintage, 2012.

面是在工业化进程之初，人们对许多事物的规律认识不足，城市的就业机会、完善的基础设施及健全的社会化服务对农村剩余劳动力形成了美好的“心理预期”。这两个原因直接加速了农村人口的城市化进程，造成城市人口爆炸，而相应的住房、就业条件等远远不能满足人们的需要。①

因此，对于吉布提而言，为解决贫民窟问题，除短期内难以改变的制度结构，治理能力，以及社会文化等因素外，短期内重要的是需要引入或者培育能够解决大规模就业的产业。而从长远来看，只有解决吉布提阶层流动无望的问题，才能够从根本上解决贫民窟的问题。考虑到吉布提港的建设合同期限长达 99 年，也只有解决了这一问题，依托吉布提整体城市发展的“后城”建设才具有可持续发展的可能。

因此，在具体的规划建设方面，后城的发展需要配合港口和自贸区的需求，在城市功能上对二者进行补充，同时照顾到目前的城市化现实，讲究必要的开发策略和时序（见表 4）。

表 4　后城的发展路径选择

	吉布提港	
	作为陆海转运枢纽港口	作为全球和区域航运枢纽港口
短期	在初期发展阶段，应当在城市布置能够满足港口物流业所需的一系列城市功能，如居住需求，中低端的餐饮、娱乐、商贸等建设需求，配套建设完善的公路、铁路网络	在此发展定位下，后城应当以发展完善的服务业链条、改善城市风貌、完善设施条件为主。需要巨大的基础设施投入，包括住宿、供水、供电、网络、通信、道路等，同时还需要发展金融、保险、海事、办公、餐饮、娱乐、商贸产业。最终发展成为一个中高端消费定位的高端城市综合体。在上述过程中，重视底层人群的需求，创造多样化的就业方式
中期	中期，建设商品集散中心，工业化和外向型经济发展出大量的办公、餐饮、娱乐、商贸需求，适当布局较为高端的服务功能。在这个阶段，增加中等收入人群的数量，提供大量就业，解决社会问题	
远期	远期，城市工业化程度较高，居民整体收入较高，产生更多的高端需求，城市产业需要升级，城市建设方面如基础设施、相关的城市功能也需要进行适当的升级更新	

① 李凤梅：《拉美贫民窟问题分析及其警示》，《人民论坛》2014 年第 11 期，第 244～246 页。

结　语

吉布提项目的经验，可望延伸到“一带一路”共建国家类似的城市建设，特别是采用 PPC 模式的一体化产业城市开发项目中。究其本质，PPC 模式的核心是以港口开发为原动力，通过引入产业带动城市发展，再通过城市反哺产业，从而逐步实现产业升级和城市转型。本文的分析表明，除应遵循一般的经济发展法则，如各产业的比较优势及其在世界范围内的转移规律等之外，对拥有突出全球和区域优势的港口区位选择是 PPC 成功的起点，而所在地的经济发展禀赋和城市状况在很大程度上决定了港口—自贸区—城市的升级链条能否打通。因此，对后者的评估有着至关重要的地位，是判断 PPC 模式可移植性的关键。

本文也从一个侧面参与了关于中国经验可移植性的讨论。众所周知，作为科学方法论的常识，任何一种理论或“模式”的成立都是有前提的。问题在于，长期“身处此山中”的观察和实践者往往会展现出视这些前提为理所当然的倾向。就经济发展而言，中国改革开放以来的成功故事所依赖的前提包括稳定的政治环境和具有连续性的政策脉络，积极有为的政府管理和有力有效的行政执行，与时俱进且步调上拿捏得当的渐进式改革，妥善平衡的中央管制和地方试验之关系，高质量的劳动力储备和其他经济发展禀赋，以及稳定而有活力的城市状况等。所有这些前提条件在很大程度上在全世界特别是“一带一路”所重点关注的第三世界是相当罕见的。前文所述对过度城市化及持久性城市阶层空间隔离（贫民窟）问题的避免即为其中突出的例子。因此，在考虑中国经验的海外移植时，客观分析目的地的各项前提条件与所计划移植的“模式”的适应性，积极利用有利条件，因势利导改造不利条件，避免生搬硬套、盲目行动，对真正成功地移植中国经验，进而以实际成绩讲好“中国故事”，具有重要的意义。

中资企业对埃塞俄比亚投资的机遇和挑战：基于政治经济发展视角的分析

王　敏　李晨阳　林雪芬　张丹丹*

摘要：地处东非的埃塞俄比亚是地区重要大国。21世纪以来，埃塞俄比亚虽实现了令世人瞩目的高速增长，但也面临政治、经济、政策及社会转型等问题。调研发现，埃塞俄比亚面临的最大发展问题是族群政治引发的社会冲突和政局不稳，以及经济发展过于强调顶层设计和政府主导，导致发展战略偏离实际，进而形成政策制定和资源配置的诸多扭曲。埃塞俄比亚所面临的发展问题在非洲国家中极具典型性和普遍性。本文旨在基于对埃塞俄比亚的实地调研，分析我国企业在非洲国家投资所面临的历史机遇及所遭遇的问题与挑战，并对解决问题的思路和办法进行讨论。

关键词：埃塞俄比亚　中资企业　对非投资　族群政治

引　言

自党的十一届三中全会以来，我国经济持续40年高速增长，经济建设

---

* 王敏（通讯作者），北京大学国家发展研究院、南南合作与发展学院副教授；李晨阳，北京大学政府管理学院博士研究生；林雪芬，北京大学经济学院博士研究生；张丹丹，北京大学国家发展研究院副教授。感谢北京大学研究生院“一带一路”调研项目对本研究的支持。本文完成于2019年年底，但埃塞俄比亚的国内政治形势在2020年急剧变化。由于新冠肺炎疫情引发的全国大选延期问题，本文所讨论的提格雷州和联邦政府对峙关系在2020年进一步加剧。2020年11月，双方军队发生军事冲突和人员伤亡；联邦政府宣布提格雷州进入为期6个月的紧急状态，全面切断提格雷州的网络和电话信号；大量提格雷州人外逃至苏丹以寻求安全庇护。国际社会普遍担心埃塞俄比亚处于内战边缘并有发生人道主义灾难的可能。

取得前所未有的成就。但是，中国经济也面临新的挑战，尤为突出的是遭遇要素成本瓶颈。2012 年以来，我国 16～59 岁适龄劳动力人口持续加速下滑，劳动力成本不断上升；为解决历史欠账并进而扭转高投入、高消耗、高污染的粗放型经济发展方式，我国政府亦不断加强环保、安全生产和消防等生产领域的管制和执法，企业合规成本急剧攀升。

本文认为，中国经济发展面临向上和向下两头“突围”摆脱要素成本桎梏的战略机遇：资本和技术密集型产业及高端劳动密集产业不断通过产品创新和品质提升“向上突围”，有效实现我国经济结构高质量的转型升级；中低端劳动密集型产业则“向下突围”，在东南亚和非洲等尚具备相当劳动力成本优势的“一带一路”地区进行产业转移，寻求生产资源在全球范围内的重新配置和优化。

在“向下突围”的路径上，由于地理和文化上的优势，东南亚国家长期以来是我国劳动密集型企业进行跨国转移的首选之地。但是，随着东南亚地区劳动密集型产业的不断集聚，该地区的劳动力成本、土地成本出现不断上升的趋势。2017 年，越南劳动力人均月工资收入 292 美元；相比之下，作为非洲过去 20 年经济高速增长的领头羊——埃塞俄比亚城镇居民的人均月工资约为 100 美元。非洲大陆有 12 多亿人口，其庞大的人口总量和较为年轻的人口结构不但形成发展劳动密集型产业的重要人口红利，也是未来巨大的商品需求市场。2000 年以来，随着非洲地区政局趋于稳定、经济持续增长以及美国《非洲增长与机遇法案》、欧盟《除武器外一切都行》、东南非共同市场等一系列推动非洲经济发展与鼓励在非投资的举措，非洲地区已成为我国企业对外投资的重要目的地。我国早期的对非投资以基础设施为主，但近年来，受国内要素成本上升的倒逼，越来越多的劳动密集型制造业企业开始投资非洲。

但是，调研发现，中国企业投资非洲也面临深层次的风险和挑战。政治上，非洲各国普遍存在部落政治，民众对国家缺乏认同感。部落和民族矛盾不但威胁政局稳定，而且导致政权在不同族群和派系之间进行更迭时政策缺乏一致性。同一国家或同一城市内部，社会阶层分化严重，贫民窟随处可见并成为深层次社会问题的隐忧。经济上，极其落后的基础设施严重制约劳动力比较优势的发挥。各国普遍缺乏充裕且稳定的水电供应；非洲大陆被国界线频繁分割，国与国之间交通困难，国内交通基础设施落后；产业单一、配套薄弱使企业面临原材料供应紧缺、设备维修难等问题。政策上，政府不当管制挫伤外资企业投资意愿。其中尤为突出的是，为应对外汇短缺，部分国家对汇率价格和外汇使用实施严格管制，致使外资企业投资所得难以汇出。此外，政府财政高度紧张，大举借债形成西方国家所谓“债务陷阱”，导致国家债务违约风险以及对外资企业工程款项支付违约风险增加；能源、交通、港口、物流、商贸和金融等行业或存在较高进入壁垒，或易被政府及相关利益集团垄断。

地处东非的埃塞俄比亚是非洲第二人口大国。2004 年以来，埃塞俄比亚经济高速腾飞，GDP 年均增长率为 10.1%（2004～2018 年），位居全球第一（中国 GDP 同期年均增长率为 9.2%），被公认为非洲大陆经济发展的奇迹。[①] 本文旨在以埃塞俄比亚为研究案例，分析我国企业在非洲投资所面临的历史机遇以及所遭遇的问题与挑战，并对解决问题的思路和办法进行讨论。

一 埃塞俄比亚基本概况

埃塞俄比亚地处东非，是非洲之角中心国家，国土面积 110.36 万平方公里，全国人口 1.09 亿，是非洲仅次于尼日利亚的人口第二大国。[②] 1993 年厄立特里亚独立，埃塞俄比亚自此失去出海口，成为内陆国家。埃塞俄比亚是非洲联盟、东非政府间发展组织、东部和南部非洲共同市场等区域组织的重要成员。[③] 尽管埃塞俄比亚目前还不是世贸组织成员，[④] 但享受美国《非洲增长与机遇法案》和欧盟《除武器外一切都行》政策，同时也是

① 各国 GDP 增速是根据世界银行 World Development Indicators 数据库所提供的按 2010 年固定美元价格（constant 2010 US $）计算的各国各年 GDP 计算得出。

② 数据来源：世界银行 World Development Indicators 数据库。此处为 2018 年埃塞俄比亚人口数据。

③《埃塞俄比亚国家概况》，中华人民共和国外交部网站，https://www.fmprc.gov.cn/web/gjhdq_676201/gj_676203/fz_677316/1206_677366/1206x0_677368/，最后访问日期：2020 年 11 月 13 日。

④ WTO，“Accessions: Ethiopia,” https://www.wto.org/english/thewto_e/acc_e/a1_ethiopia_e.htm，最后访问日期：2020 年 11 月 13 日。

欧盟提供关税优惠的普惠制第一类国家。① 来自欧美国家的关税优惠政策是埃塞俄比亚吸引外商投资出口加工企业的重要因素。

2018 年，埃塞俄比亚人口增长率为 2.62%，15～64 岁年龄人口占比 55.7%，均远高于世界平均水平。② 预计到 2050 年，埃塞俄比亚人口规模将达到 2.78 亿人，是目前的 2.55 倍。庞大的人口总量和年轻的人口结构，不但形成发展劳动密集型产业的潜在人口红利，也构成潜力巨大的消费市场。此外，埃塞俄比亚在政治和经济发展上的表现在非洲大陆也颇具典型性。

1. 埃塞俄比亚政治

在撒哈拉以南非洲诸国中，埃塞俄比亚以文明教化历史长（阿克苏姆古国有近 3000 年文明历史）、政治上较为独立（非洲唯一没有被殖民的国家）著称，但因 1974～1991 年门格斯图军政府独裁专制和长期内战，埃塞俄比亚成为世界上最不发达国家之一。由 4 个主要民族（提格雷族、阿姆哈拉族、奥罗莫族和南方各族）党派组成的“埃塞俄比亚人民革命民主阵线”（简称埃革阵）在 1991 年推翻军政府统治，并在 1995 年成立埃塞俄比亚联邦民主共和国，实施议会民主制。在历次选举中，埃革阵均取得压倒性优势，是事实上的单一执政党。

埃塞俄比亚有近 80 个民族，人口占比最多的 5 个族群分别是奥罗莫人（40%）、阿姆哈拉人（30%）、提格雷人（8%）、索马里人（6%）和锡达莫人（4%）。③ 在过去 3000 年的历史中，埃塞俄比亚主要由地处北方阿克苏姆文明中心的提格雷族和阿姆哈拉族统治，阿姆哈拉语亦成为该国官方语

---

① 商务部国际贸易经济合作研究院、中国驻埃塞俄比亚大使馆经济商务处、商务部对外投资和经济合作司：《对外投资合作国别（地区）指南：埃塞俄比亚（2019 年版）》，http：//www. mofcom. gov. cn/dl/gbdqzn/upload/aisaiebiya. pdf，最后访问日期：2020 年 11 月 13 日。

② 数据来源：世界银行 World Development Indicators 数据库。

③ 《埃塞俄比亚国家概况》，中华人民共和国外交部网站，https：//www. fmprc. gov. cn/web/gjhdq_676201/gj_676203/fz_677316/1206_677366/1206x0_677368/，最后访问日期：2020 年 11 月 13 日；《埃塞俄比亚国家概况》，中国驻埃塞俄比亚大使馆网站，http：//et. china－embassy. org/chn/asebyxx/，最后访问日期：2020 年 11 月 13 日。关于主要民族人口占比的具体数字，不同统计有所差异。例如，在苏黎世理工大学国际冲突研究项目组提供的地理族群权力关系数据最近一个统计覆盖时期（2013～2017 年）中，奥罗莫人占比为 34.39%，阿姆哈拉人为 26.95%，索马里人为 6.22%，提格雷人为 6.08%。参见 *GROW*^{up} – Geographical Research On War，Unified Platform，“Ethiopia，” https：//growup. ethz. ch/atlas/Ethiopia，最后访问日期：2020 年 11 月 19 日。

言。而由于提格雷族在内战中的主力领导作用，该族政党提格雷人民解放阵线自1995年以来一直实际控制埃革阵和联邦政府。但2018年，来自奥罗莫族的阿比·艾哈迈德·阿里当选为埃革阵主席和国家总理，成为奥罗莫族人有史以来掌握国家政权的第一人。国家领导人族群身份的变化，导致提格雷族在埃革阵和联邦政府中的力量被大幅度削弱，大量提格雷人和官员从首都亚的斯亚贝巴回撤到提格雷州。与此同时，政治资源的重新洗牌和分配，也引发了族群之间大量的冲突。近些年，埃塞俄比亚国内政治动荡频繁，领导人暗杀事件时有发生，数百万人流离失所，成为外商投资埃塞俄比亚的最大障碍。

2. 埃塞俄比亚经济

1991年内战结束后，新政府以经济建设为中心，实施农业引领发展的工业化（Agricultural Development - Led Industrialization）战略，优先发展农业的同时，也努力促进市场化经济转型。1993～1997年，埃塞俄比亚实际GDP年均增长率为7.6%，[①] 咖啡、鲜花是主要出口创汇产品。1998年，埃塞俄比亚与厄立特里亚边界爆发严重武装冲突，经济发展受挫。吉布提港也因此成为埃塞俄比亚海上货物进出口的唯一通道。2000年埃厄边境战争结束，埃塞俄比亚却因旱灾遭遇饥荒，经济再次衰退，2003年GDP增长率为-2.16%。

2003年饥荒结束后，埃塞俄比亚政府再次将工作重心转向经济建设，积极学习中国和东南亚的发展经验，奉行发展型国家（Development State）和出口导向的工业化发展战略。[②] 其间，埃塞俄比亚经济开始高速腾飞，

---

① 数据来源：世界银行 World Development Indicators 数据库。此处及本文其他地方 GDP、人均 GDP 数据来源相同，不再进行备注。

② 在发展型国家研究的经典著作《通产省与日本奇迹》中，查莫斯·约翰逊（Chalmers Johnson）基于战后日本经济的成长经验将发展型国家模式的要素概括为：具备管理才能的精英官僚队伍，官僚被赋予足够机会来采取行动和有效工作的政治制度，国家对经济采取顺应市场的干预，以及类似于通产省的领航组织/机构，详见 Chalmers A. Johnson, *MITI and the Japanese Miracle: The Growth of Industrial Policy, 1925 - 1975*, Stanford, Calif: Stanford University Press, 1982, pp. 315 - 320。相比上述特征，埃塞俄比亚的“发展型国家”有自身的若干独特之处，详见 Alex de Waal, “The Theory and Practice of Meles Zenawi,” *African Affairs*, Vol. 112, No. 446, 2012, pp. 148 - 155; René Lefort, “The Theory and Practice of Meleszenawi: A Response to Alex de Waal,” *African Affairs*, Vol. 112, No. 448, 2013, pp. 460 - 470; Christopher Clapham, “The Ethiopian Developmental State,” *Third World Quarterly*, Vol. 39, No. 6, 2018, pp. 1151 - 1165; Melisew Dejene and Logan Cochrane, “Ethiopia's Developmental State: A Building Stability Framework Assessment,” *Development Policy Review*, Vol. 37, No. S2, 2019, pp. 161 - 178。

被誉为非洲发展的奇迹。2004～2018 年，埃塞俄比亚实际 GDP 年均增长率为 10.4%，位居全球第一，实际人均 GDP 年均增长率为 7.4%。相比之下，同期撒哈拉以南非洲国家的实际 GDP 增长率和人均 GDP 年均增长率分别仅为 4.4% 和 1.7%。但同时也应看到，2018 年埃塞俄比亚人均 GDP 仅为 772 美元，为撒哈拉以南非洲地区平均水平的二分之一，尚处于最低收入国家行列。经济高速增长显著改善了民众的贫困状况和人均寿命。2004 年至今，埃塞俄比亚贫困人口占比由 38.7% 下降至 23.5%，人均寿命从 55.2 岁上升至 65.9 岁。①

2018 年，埃塞俄比亚农业、工业（含建筑业）和服务业 GDP 占比分别为 31.19%、27.26% 和 36.52%。其中尤为瞩目的是，工业（含建筑业）自 2013 年以来高速增长，其 GDP 占比从 2013 年的 10.94% 快速增长到 2018 年的 27.26%。但是同期制造业 GDP 占比仅从 3.7% 增长到 5.82%。②这也恰恰表明，埃塞俄比亚近年来超高速的工业发展主要还是由联邦政府积极发展干预政策下所形成的大规模基础设施和建筑投资建设所推动的。根据相关资料和课题组实地调研发现，2003 年以来，埃塞俄比亚政府在经济发展上强调顶层设计和发展干预，呈现出强调出口导向、重视外资、大规模推动基础设施建设等显著特征。

二　中资企业在埃塞俄比亚投资现状

《2019 年世界投资报告》显示，尽管全球外商直接投资（FDI）呈现下降趋势，但 2018 年流入非洲大陆的资金仍增加到 460 亿美元。其中，东非地区 FDI 稳定在 90 亿美元，埃塞俄比亚在该地区名列第一，FDI 高达 33 亿美元，在整个非洲大陆中排名第五（前四名分别是埃及、南非、刚果共和国和摩洛哥）。③ 相比安哥拉、尼日利亚和南非等其他非洲国家主要依靠

---

① 数据来源：世界银行 World Development Indicators 数据库。贫困人口比例数据更新至 2015 年，人均寿命数据更新至 2017 年。

② 数据来源：世界银行 World Development Indicators 数据库。

③ 数据来源：United Nations Conference on Trade and Development，"World Investment Report 2019：Special Economic Zones，" https：//www.un－ilibrary.org/economic－and－social－development/world－investment－report－2019_8a8d05f9－en，最后访问日期：2020 年 11 月 13 日。

资源出口拉动经济增长，埃塞俄比亚自然资源有限，但埃塞俄比亚在劳动力成本，以及水、电、土地等其他要素成本方面具有优势。埃塞俄比亚制造业普通工人的工资水平为每月 100 美元左右，工业电力价格约为 3 美分/千瓦时，每月用水 0 ~30 立方米梯水量的水价仅为 0.16 美元/立方米。这些要素成本优势以及快速成长的国内市场是吸引外商投资的重要因素。近年来，埃塞俄比亚持续快速的经济增长、潜在的市场规模、较低的要素成本、联邦政府强烈的发展意愿与积极的外资促进政策吸引了众多中国企业来此开展直接投资与生产运营活动。此外，埃塞俄比亚政府大规模的基础设施投资建设也为中资企业承揽工程建设项目和开展信贷融资合作提供了机会。

1. 中资企业在埃塞俄比亚的直接投资

2018 年，我国对埃塞俄比亚的直接投资约占我国对非直接投资总额的 6.3%，累计投资金额占对非累计投资总额的 5.6%，分别位居非洲各目的地国第 5 和第 4 位。目前，中资企业在埃塞俄比亚的投资项目数量和已投产项目的累计资本额居各投资国之首。根据埃塞俄比亚投资委员会统计，截至 2018 年年底，中资企业在埃塞俄比亚投资委员会注册的直接投资项目数量高达 1357 项，占该国全部已注册外商直接投资项目总数的四分之一；中资企业在埃塞俄比亚已注册项目累计资本额达 1099 亿比尔（约合 39.2 亿美元），其中已投产项目累计资本额达 370.7 亿比尔（约合 13.2 亿美元），占所有在埃塞俄比亚已投产项目累计资本额的 30%。埃塞俄比亚已成为中国在非洲的重要投资目的地市场，而中国也已成为埃塞俄比亚的最大投资国。但在 2018 年，随着埃塞俄比亚国内政治局势的恶化以及债务风险积累问题日益突出，中国对埃塞俄比亚新增直接投资总额仅为 1.83 亿美元，同比下降 39.8%。

与中资企业在非洲其他国家投资以能源矿产为主不同的是，中资企业在埃塞俄比亚的投资涉及众多行业领域，如皮革、服装纺织、钢铁、水泥、陶瓷建材、化工、电气设备、机械装备、物流、矿产开发等。根据埃塞俄比亚投资委员会网站显示，2008 ~2017 年的十年，中国在埃塞完成的投资项目主要分布在制造业、房地产、施工、酒店和旅游业务。其中，制造业项目数量占比为 68.8%，房地产和施工类各占约 11%。[①] 埃塞俄比亚

① 埃塞俄比亚投资委员会（Ethiopia Investment Commission），《中国和埃塞俄比亚》，http://cn.investethiopia.gov.et/zh/%e8%82%af%e5%b0%bc%e4%ba%9a/%e （转下页注）

已成为中国制造业企业投资非洲的最重要国家。而遍布埃塞俄比亚境内的工业园区则为众多中资制造企业的落地生产提供了重要载体。

由于本国工业基础和基础设施异常薄弱，依托工业园区发展制造业成为埃塞俄比亚政府的国家发展战略。基于中国丰富的工业园建设和运营管理经验，中资企业也积极参与了工业园区的投资、建设与运营各环节。在全国24家已投入运营、在建和规划中的工业园中，中资企业参与投资运营并持有的园区有6家，其中2家已建成，4家尚在规划和兴建中。

2. 中资企业在埃塞俄比亚的工程项目承包

埃塞俄比亚政府对基础设施建设的大规模投入也为我国企业承揽工程建设项目提供了广阔的市场与机会。中资企业目前占有埃塞俄比亚工程承包市场最大的份额。根据商务部提供的数据，中资企业在埃塞俄比亚的承包工程完成营业额从2004年的2.05亿美元跨越式增长到2014年的最高峰68.32亿美元，之后逐年下降至2018年的40.02亿美元。① 根据我国商务部统计，截至2018年年底，我国在埃塞俄比亚承包工程累计合同额和完成营业额分别已达到497.83亿美元和402.27亿美元。

中资企业在埃塞俄比亚工程承包涉及领域广泛，包括公路、铁路、电力、供水、建筑营造等。由中资企业承建的交通和电力等领域的基础设施建设对推动埃塞俄比亚工业化发展以及居民生活持续改善起到了重要作用。随着埃塞俄比亚工程承包市场需求下降和竞争加剧，近年来中国部分工程承包企业开始将业务领域由原有工程承包扩大到相关项目的直接投资运营。例如，中国土木工程集团自2015年6月至今，先后中标负责设计并承建埃塞俄比亚国有工业园发展公司（Industrial Parks Development Corporation）投资的5家国有工业园，之后则开始涉足投资建设德雷达瓦工业园。

(接上页注①) 4%b8%ad%e5%9b%bd%e5%92%8c%e5%9f%83%e5%a1%9e%e4%bf%84%e6%af%94%e4%ba%9a，最后访问日期：2020年11月13日。

① 2018年，我国对外承包工程业务完成营业额1.12万亿元人民币，同比下降1.7%（折合1690.4亿美元，同比增长0.3%），新签合同额1.6万亿元人民币，同比下降10.7%（折合2418亿美元，同比下降8.8%）。2018年，我国企业与“一带一路”共建国家新签对外承包工程项目合同7721份，新签合同额1257.8亿美元，占同期我国对外承包工程新签合同额的52%，同比下降12.8%；完成营业额893.3亿美元，占同期总额的52.8%，同比增长4.4%。数据来源：商务部对外投资和经济合作司：《2018年1~12月我国对外承包工程业务简明统计》，https://www.chinca.org/CICA/info/19012412323311，最后访问日期：2020年11月13日。

但2018年以来，我国企业在埃塞俄比亚的工程承包活动呈下降趋势。根据我国商务部统计，2018年，我国在埃塞俄比亚工程承包的新签合同额22.14亿美元，同比下降68.7%；完成营业额40.02亿美元，同比下降27.5%。其原因主要是市场风险提升和市场竞争加剧。[①] 在外汇储备短缺和外债风险压力下，埃塞俄比亚政府应世界银行的要求，暂停借入非优惠性质贷款，并停止政府主导的大型基建项目上马；同时，工程承包市场面临着更为激烈的内外部竞争。另外，亚吉铁路等多个使用中国资金的项目的回报率并未达到预期也是导致中国出口信用保险公司对使用中国贷款建设项目的担保意愿下降。

3. **相关文献研究**

鉴于中国对埃塞俄比亚的大规模投资，已有不少文献研究对此展开讨论。基于新结构经济学视角，林毅夫认为，中国逐步丧失比较优势的劳动密集型产业，应逐步向具备该产业要素比较优势的国家和地区转移，而埃塞俄比亚由于劳动力资源丰富，加之国情与中国改革早期阶段相似，适合中国相关产业转移。[②] 区别于非洲早期以资源交换为主的对外开放，中国和埃塞俄比亚的合作更注重于后者劳动资源优势、利好投资的政治经济环境，以及埃塞在非洲独特的政治影响力。[③] 查卡拉巴提（Chakrabarty）认为中国和埃塞俄比亚的经贸合作有力推进了埃塞俄比亚国内经济建设、社会发展及两国友好关系。[④]

此外，也有研究从贸易、投资、对外援助及产业政策等合作领域进行了相关分析。Gebre－Egzlabher研究发现，传统上中国和埃塞俄比亚贸易存在的较大逆差显著提升了埃塞俄比亚国内产品竞争压力，但埃塞俄比亚

---

① 非洲债务违约风险提升对中资企业在非投资影响较大（辛灵：《国际工程承包市场新特点及前景》，《国际经济合作》2019年第1期，第38～43页）。由于市场拓展空间有限，对外工程承包市场面临着更为激烈的价格竞争（刘青海：《非洲工程承包市场分析》，《中国外汇》2015年第19期，第60～62页）。

② 林毅夫：《中国未来发展及中国—埃塞俄比亚产能合作》，《开发性金融研究》2015年第4期，第5～7页；林毅夫：《产业政策与我国经济的发展：新结构经济学的视角》，《复旦学报（社会科学版）》2017年第2期，第148～153页。

③ Seifudein Adem, "China in Ethiopia: Diplomacy and Economics of Sino－optimism," *African Studies Review*, Vol. 55, No. 1, 2012, pp. 143－160.

④ Malancha Chakrabarty, "Ethiopia－China Economic Relations: A Classic Win－win Situation?" *World Review of Political Economy*, Vol. 7, No. 2, 2016, pp. 226－248.

本国企业可以通过模仿战略改进产品设计和质量，从而提高生产率及利润。① Seyouma 和 Negash 的研究发现，中国对外直接投资对埃塞俄比亚经济发展和企业进步有较强的溢出效应，但对于吸收能力不同的企业，影响存在差异。② Brautigam 和 Fei and Liao 则发现尽管工业园建设等对埃塞俄比亚工业产业链发展起到推动作用，但仍存在阻碍其可持续发展的诸多问题。③ 随着中资企业对埃塞俄比亚投资的不断增长，也有不少研究对相关中资企业投资（例如华坚集团和东方工业园等）进行了案例分析。④

相比已有文献讨论以经验事实的描述为主，本文基于实地调研和数据分析，从经济学视角，对中国在埃塞俄比亚投资所遭遇的问题和挑战，以及引发这些问题的埃塞俄比亚国内政治经济发展因素进行了系统性分析，并就其背后的发展逻辑、问题形成的原因和应对策略展开进一步探讨。

三　埃塞俄比亚吸引外来投资的制约因素

埃塞俄比亚较大的国内市场和较低的要素成本吸引了大量中资企业前来投资。但是，中资企业在埃塞俄比亚的投资和工程承包也面临政局不稳、外汇管制、电力供应不稳、物流垄断和政府行政服务效率低下等多方面的挑战。根据世界银行《2019 年营商环境报告》，埃塞俄比亚营商环境

---

① Tegegne Gebre - Egzlabher, "Impacts of Chinese Imports and Coping Strategies of Local Producers: the Case of Small - scale Foot Wear Enterprises in Ethiopia," *The Journal of Modern African Studies*, Vol. 45, No. 4, 2007, pp. 647 - 679.

② Mebratu Seyouma, Renshui Wu, and Li Yang, "Technology Spillovers from Chinese Outward Direct Investment: The Case of Ethiopia," *China Economic Review*, Vol. 33, 2015, pp. 35 - 49; Engidaw Sisay Negash et al., "Does Chinese Inward Foreign Direct Investment Improve the Productivity of Domestic Firms? Horizontal Linkages and Absorptive Capacities: Firm - level Evidence from Ethiopia," *Sustainability*, Vol. 12, No. 7, 2020, pp. 3023.

③ Deborah Brautigam, Toni Weis, and Xiaoyang Tang, "Latent Advantage, Complex Challenges: Industrial Policy and Chinese Linkages in Ethiopia's Leather Sector," *China Economic Review*, Vol. 48, 2018, pp. 158 - 169; Ding Fei and Chuan Liao, "Chinese Eastern Industrial Zone in Ethiopia: Unpacking the Enclave," *Third World Quarterly*, Vol. 41, No. 4, 2020, pp. 623 - 644.

④ 李智彪：《对中国企业投资非洲的实证分析与思考——以埃塞俄比亚中资企业为研究案例》，《西亚非洲》2010 年第 5 期，第 5 ~ 11，79 页；曹佳洁、邹东：《华坚集团在埃塞俄比亚打造“一带一路”倡议的非洲样板》，《中国企业全球化报告（2017）》，社会科学文献出版社，2017，第 275 ~ 281 页；周春龙：《埃塞俄比亚东方工业园的发展现状与问题》，《非洲发展报告 No. 19（2016 ~ 2017）》，社会科学文献出版社，2017，第 62 ~ 73 页。

的便利程度在所有参与排名的 190 个国家及地区经济体中排名第 159 位，在撒哈拉以南非洲有记录的 48 个经济体中排名第 29 位。

1. 近年来的动荡政局

长期以来，政局相对稳定一直是埃塞俄比亚吸引外国直接投资的主要优势之一。但是，1991 年以来一直担任埃革阵主席并实际掌握国家最高权力的提格雷族政治强人梅莱斯·泽纳维于 2012 年去世后，埃塞俄比亚长期被压制的政治和族群矛盾、民众对征地拆迁及官员腐败等政治和经济发展问题的不满情绪开始爆发。示威抗议、劫掠骚乱与暴力活动等形式的冲突事件时有发生。课题组根据相关数据计算，2015～2019 年，埃塞俄比亚共发生 3277 起冲突事件。其中，2015 年 11 月至 2016 年 11 月、2017 年 10 月至 2018 年 12 月和 2019 年 9 月至 2019 年 11 月出现三个集中爆发时段，平均每月发生冲突事件 116 起、85 起和 44 起。[①]

2015 年 11 月至 2016 年 6 月，奥罗莫人和阿姆哈拉人分别在奥罗米亚州和阿姆哈拉州因征地拆迁问题爆发示威活动。联邦政府被迫在 2016 年 11 月宣布进入国家紧急状态。2018 年年初，奥罗米亚州和阿姆哈拉州的示威活动再次爆发。时任总理海尔马里亚姆于 2018 年 2 月宣布辞职，联邦政府再次宣布进入国家紧急状态。2018 年 4 月，来自奥罗莫族的阿比·艾哈迈德·阿里被选为新一届埃革阵主席和国家总理，成为埃塞俄比亚历史上第一位掌握国家政权的奥罗莫族人。阿比执政后，积极推行政治民主化和经济自由化改革。对外，阿比加强与邻国合作，积极推动地区和平进程。2018 年，阿比无条件接受 2002 年国际边界委员会对埃厄边境的仲裁裁决，与厄立特里亚签署和平协议，正式结束持续数十年的埃厄冲突，本人也因此获得 2019 年诺贝尔和平奖。对内，阿比在经济上积极推动私有化改革，在政治上强势重组埃革阵，并希望通过赦免数千名政治犯、将反对派团体

① 数据来源：武装冲突位置与事件数据库（The Armed Conflict Location & Event Data Project）。本文有关埃塞俄比亚冲突事件次数与位置的数据均来源于此，不再一一标注。该数据库将冲突相关事件分为暴力事件（violent events）、游行示威（demonstrations）和非暴力行动（non－violent actions）三个大类。暴力事件被分为战斗类、爆炸/远程暴力类和针对平民的暴力类三个子类。游行示威被分为抗议类和骚乱类两个子类。非暴力行动则指的是暴力组织可能导致未来事件或政治变化的行动。有关数据库介绍参见 Clionadh Raleigh et al.，"Introducing ACLED—Armed Conflict Location and Event Data，" *Journal of Peace Research*，Vol. 47，No. 5，2010，pp. 651－660。

合法化等做法实现国内政治和解。

但是，阿比在国内过于激进和理想化的政治改革在短期内也导致各族群的地方民族主义情绪抬头，国内政局进一步紧张。获释的政治犯和武装组织成为国内局势新的不稳定来源，并导致暗杀、兵变等极端事件发生。2019 年 6 月，阿姆哈拉州安全部队准将发动兵变，该州州长与国防部部队参谋长在此次兵变中身亡。此外，族群冲突激增，占人口多数的族群将其他族群人口赶出本地。截至 2019 年 4 月，全国已经有约 320 万人流离失所。2019 年 9 月，埃塞俄比亚境内抗议和骚乱事件再次大幅度上升。2019 年 9 ~ 12 月，冲突事件主要发生在奥罗米亚州、阿姆哈拉州、德雷达瓦市、亚的斯亚贝巴市和阿法尔州，数量占比分别为 50%、11%、10%、5.8% 和 5.8%。族群矛盾是各类冲突事件的主要原因。

2. 外汇市场的高度管制

埃塞俄比亚政府对外汇市场的高度管制是除政局不稳外最受外资企业诟病的投资困局。埃塞俄比亚政府在外汇市场上对价格和数量实施双重管制。官方汇率价格由政府计划制定，且远高于市场均衡价格。课题组调研期间，官方汇率价格是 1 美元兑 29 比尔，而黑市汇率价格则已接近 1 美元兑 40 比尔。这就意味着埃塞俄比亚本币存在逐年贬值的巨大风险。事实上，早在 2008 年之前，埃塞俄比亚官方汇率价格还比较稳定。但是在之后的十年，官方汇率价格快速下跌，从 2008 年的 1 美元兑 9.6 比尔下跌至目前价格（2021 年 5 月报价约为 42 美元）。[①] 考虑到当前官方汇率与黑市汇率巨大的价格差，未来官方汇率还将进一步下调。这就意味着外资企业在埃塞俄比亚投资所得将承受巨大的汇率贬值损失。

由于官方汇率价格定价过高，必然导致外汇市场美元供不应求，政府对外汇数量使用亦进行高度管制。埃塞俄比亚政府要求所有企业的出口创汇收入必须强制结汇，且所有企业使用外汇必须向政府申请。其中，内销的外资投资企业很难获得外汇使用申请许可。严格的外汇管制，一方面使大部分外商投资所得无法汇回本国，挫伤外商投资积极性；另一方面在埃塞俄比亚工业基础薄弱、大多数工业中间品尚需从国外进口的约束下，企业无法及时获得生产所需中间品，生产受到了极大影响。

① 数据来源：世界银行 World Development Indicators 数据库。

3. 电力和物流等基础设施供应不足

对于制造业企业的生产经营而言，稳定的电力保障及高效的物流服务至关重要。在电力供应方面，埃塞俄比亚将近100%的电力供应来自水电和其他可再生能源发电。虽然在过去20年，埃塞俄比亚大规模兴建多个水电站，发电能力提升较快，但尚不足以赶上电力需求的更快速增长。根据埃塞俄比亚国家银行年报，2017/2018财年，全国用电人口不到一半，全国发电量为139亿千瓦时，仅相当于同期北京全市1.5个月的用电量。由于国内电力覆盖程度较低、新建工业园区地理位置偏离市区，电力配套难以及时到位，严重影响园区内企业建设进度。此外，输配电网老化严重，配电箱易出故障，甚至下雨都可能引发停电，电力不稳定问题亦饱受诟病。① 课题组在提格雷州首府默克莱的国有工业园区内参访一家来自孟加拉国的服装企业生产时，半个小时内停电次数高达3次之多，严重影响生产线作业的效率和产出。

埃塞俄比亚90%以上的进出口货物途经吉布提港口。但是，吉布提－埃塞俄比亚通道（简称“吉埃通道”）上的物流服务不但成本高，而且效率低，物流基础设施落后和政府管制是主要原因。吉埃通道主要使用两种运输方式：一条主干道公路（N1公路）和亚吉铁路。N1公路宽度有限且不封闭，每个方向仅有两个车道宽度（无应急车道）。亚吉铁路将亚的斯亚贝巴至吉布提的运输时间从1周缩短到10多个小时，但由于车皮不足、电力供应不稳和民族冲突导致铁路屡被拦截等，铁路运输尚不能满负荷运行。此外，吉埃物流通道的信息基础设施不够完善，信息沟通效率低下且易出错误，各环节组织主体之间缺乏有效协同，通关便利化程度低，形成灰色空间。埃塞俄比亚政府对埃塞俄比亚航运公司（简称“埃航运”）垄断性保护和政府采购粮食化肥的征车政策进一步加剧物流矛盾。埃塞俄比

① 根据埃塞俄比亚第二个《增长与转型计划》，2014/2015财年，国内电力覆盖度仅有60%，同财年输电线路长度仅为16018千米，未能达到第一个《增长与转型计划》计划目标，配电线路长度仅为166967千米。National Planning Commission，“Growth and Transformation Plan II（GTP II）（2015/16 – 2019/20）Volume I：Main Text，” https：//ethiopia.un.org/sites/default/files/2019 – 08/GTPII%20%20English%20Translation%20%20Final%20%20June%2021%202016.pdf，最后访问日期：2020年11月13日。而根据世界银行的统计，截至2017年，埃塞俄比亚电力接入仅能覆盖全国44.3%的人口，其中城镇可以达到96.6%，但农村仅为31%。

亚政府采购通常会使用埃航运的物流服务。这就导致所有使用信用证做结算的客户按规定必须使用埃航运的物流服务，除非能够通过有关部门获得要求埃航运放弃运输的契函。此外，政府通常在每年一定时期对公路运输车辆进行征用，专用于粮食和化肥的进口运输。征车季的存在导致吉埃物流通道运力出现季节性紧张。①

4. 融资贷款和工程款资金的高度紧张

在埃塞俄比亚调研期间，中资民营企业一致表示，制约它们投资“一带一路”国家的最大挑战和困难，是中国当前的金融市场难以解决民营企业对外投资的信贷融资问题。虽然中国进出口银行等金融机构向“一带一路”国家政府提供大量贷款，但是这些贷款主要面向基础设施工程类项目，且债务人主要是所在国的国有企业或政府，并由所在国政府提供相关担保。但中资企业对外投资所形成的境外资产却无法用于向中国境内的金融机构进行抵押融资。这是因为境外资产涉及跨主权国家产权问题，一旦中资企业贷款违约，中国境内金融机构难以通过司法手段处置该类抵押物。此外，埃塞俄比亚经济发展水平尚低，国内储蓄有限，本地金融机构资金本就紧张，外国企业很难获得贷款。因此，中国企业对外投资不得不高度依赖自有资金，包括“内保外贷”通过国内资产抵押获得贷款。课题组调研期间走访的东方工业园和华坚国际轻工业城均是由我国民营企业投资、占地若干平方公里的工业园区。即便这些工业园已经形成巨大的资产价值，也无法获得我国境内银行或埃塞俄比亚本地银行的贷款。

对于在埃塞俄比亚承包工程的中资企业（国有企业为主），也同样遭遇资金紧张的挑战。企业承包工程项目施工虽不是投资，但也需事先垫付项目施工费用。项目委托方能否及时支付工程款项对于企业至关重要。由于长期的基础设施投资扩张，埃塞俄比亚政府财政愈趋紧张，对基础设施项目工程款项支付违约风险大幅度增加。不少中资企业承建的基础设施项目因项目款不能及时到账导致项目延期，无法及时验收、交付。同时也存在项目建设已完工并交付但政府项目款仍一直拖欠的情况。

以上是中资企业赴埃塞俄比亚投资所面临的最主要困难和挑战。此外，中资企业通常还面临劳工和环保制度成本高、地方政府行政效率低、

① 一般而言是每年的4~6月征车运化肥，7~9月征车运粮食，但是会依照具体情况进行调整。

劳动力技能低等其他问题和挑战。非洲各国在劳工和环保方面普遍沿袭西方国家的制度和标准，而中资企业跨国投资和管理经验相对较弱，缺少对投资国法律法规和不成文规定的了解，经常因劳工合同、福利待遇、资源使用和污染排放不符合当地标准和规定而产生纠纷。此外，埃塞俄比亚地方政府由于缺少外资引入决策权和相关领域税收分配权，服务企业的激励不足，缺少对外资企业产权保护、破产办理等方面的基本保障。在世界银行《营商环境报告》得分中，埃塞俄比亚近几年企业获得电力的便利程度有所提升，但在少数投资者保护、破产办理等项目上的便利程度得分则有所降低。

四　问题产生的原因

本文认为，埃塞俄比亚国内特殊的政治制度安排，以及政府积极主导但偏离实际的经济发展战略是形成当前各种问题的关键所在。

1. 族群政治与民主制度的结构性矛盾

埃塞俄比亚近年来的动荡局势是中资企业投资的最大障碍。埃塞俄比亚境内有近 80 个民族。埃革阵在 1995 年执政时以族群为基础将全国划分为 9 个民族州、亚的斯亚贝巴与德雷达瓦 2 个自治行政区，采取联邦制作为国家结构形式。这就在客观上形成了以族群为基础的联邦制民主国家，该族群联邦制是基于内战历史政治妥协的结果。[①] 在实际央地关系中，地方民族州拥有较强政治自治权，不但在不与宪法冲突的前提下拥有起草、通过和修订本州宪法的权，还依据宪法享有民族自决权。族群政治是非洲各国普遍存在的政治现实，却因国家领导人倾向本族群配置更多政治和经济资源、民众缺乏国家认同、族群融合和国家统一遭

① Jon Abbink, "Breaking and Making the State: The Dynamics of Ethnic Democracy in Ethiopia," *Journal of Contemporary African Studies*, Vol. 13, No. 2, 1995, pp. 149 - 163; Jon Abbink, "Ethnic - based Federalism and Ethnicity in Ethiopia: Reassessing the Experiment after 20 Years," *Journal of Eastern African Studies*, Vol. 5, No. 4, pp. 596 - 618; Asebe Regassa Debelo, "Emerging Ethnic Identities and Inter - Ethnic Conflict: The Guji - Burji Conflict in South Ethiopia," *Studies in Ethnicity and Nationalism*, Vol. 12, No. 3, 2012, pp. 517 - 533; Aaron Tesfaye, *State and Economic Development in Africa: The Case of Ethiopia*, Cham, Springer International Publishing AG, 2017, p. 41, p. 160.

遇较大困难等问题，与民主政治天然存在冲突。基于族群政治的联邦民主政治结构为埃塞俄比亚以及其他类似的多民族非洲国家的长期稳定和发展埋下隐忧。[①]

由于在推翻门格斯图政权过程中占据主导地位，人口占少数的提格雷族在联邦政府中长期享有最高地位。人口占最多数的奥罗莫人和历史上长期占有统治地位的阿姆哈拉人则拥有相对有限的权力。[②] 少数族群则被边缘化。在长达 17 年（1995 ~2012 年）的执政时期，梅莱斯尽管在经济发展方面取得显著成就，但也长期忽视官员腐败、族群矛盾和冲突等问题的解决。梅莱斯去世后，民众对政治和经济发展问题的长期不满开始显现，并在 2015 年后演变成前文所述的持续至今的大规模冲突事件。2018 年 4 月来自奥罗莫族的阿比就任总理后，联邦政府内大量包括建国元老在内的提格雷族高级官员被更换并回撤到提格雷州。埃塞俄比亚整个政治版图就此改变。在政治上，阿比打破埃革阵 4 大政党联盟的执政基础，基于原埃革阵（提格雷人民解放阵线以外）3 大政党和 5 个联盟党建立了单一的全国性政党——繁荣党；在经济上，与提格雷族执政期间学习东亚强调发展型国家的经济战略有所不同，阿比更倾向于自由化和私有化的改革，并聘请大量美国顾问。这些都加剧了联邦政府与提格雷州和提格雷人民解放阵线的矛盾与冲突。最后，如前文所述，阿比在推动族群间关系缓和中过于激进和部分失当的政策手段也加剧了族群间矛盾和冲突。

埃塞俄比亚的族群政治问题在导致选举、土地开发使用、基础设施投资、招商引资等政经问题“族群政治化”的同时，也引发了执政党埃革阵

---

① 已有研究表明，强大的族群 - 区域身份非但不利于现代公民身份的形成，其本身也内生于“持续不断的国家失败”（continuous state failures）。参见 Jean - Philippe Platteau，“Institutional Obstacles to African Economic Development：State，Ethnicity，and Custom，” *Journal of Economic Behavior & Organization*，Vol. 71，No. 3，2009，pp. 669 -689。

② 理论上，一国占统治地位的族群进行有关与其他竞争对手族群进行权力分享的选择时，出于巩固统治的考虑将可能面临如下的权衡取舍：分享权力有助于为统治获取更多本族群外的支持，但增加了竞争对手族群在未来通过政变夺取政权的可能性；对竞争对手族群实施排斥固然有助于降低夺取政权可能性，却会增加内战的风险，这被研究者称为“政变 - 内战困境”（the coup - civil war trap）。参见 Philip Roessler，*Ethnic Politics and State Power in Africa*：*The Logic of the Coup - Civil War Trap*，Cambridge University Press，2016，pp. 5 -6。

的分裂和国内族群间冲突的升级。各方瞩目的全国大选终于在 2021 年举行，可以预期埃塞必将面临族群政治的影响，甚至整体选举会变成以族群为基础的选举。

2. 偏离实际的经济发展战略

埃塞俄比亚自 2004 年以来的增长奇迹，离不开联邦政府的发展理念和战略实践，但是偏离实际过于强调经济发展的顶层设计和政府主导也是形成当前诸多发展问题的主要成因。

（1）规模过大的基础设施投资。对于发展中国家而言，良好的基础设施是吸引外商投资、发展工业的先决条件。埃塞俄比亚政府不遗余力地推进国内基础设施的建设以促进工业化发展应值得肯定，但是过于激进和雄心勃勃的投资建设也带来了短期内投资规模过大、建设标准过度超前、缺乏地理空间和优先顺序的战略考虑等一系列问题。

首先，埃塞俄比亚属最不发达国家行列，但年均基础设施建设投入超过 10 亿美元，[①] 在非洲名列前茅。而决策者一旦决意要投资某项战略性基础设施，就会在较短时间内全面推动相关建设。联邦政府在 2014 年前后将建设工业园区作为重要的发展战略。但是，在工业园的投资建设上，联邦政府并没有遵循中国改革先试点积累经验，再由点到面逐步推广的成功做法，而是在短短数年时间内便通过埃塞俄比亚工业园区发展公司在全国各地投资兴建 14 个国有工业园。在具体工业园建设上，也是追求全面铺开，一次性完成所有或大部分地块和厂房建设，而不是根据园区招商引资节奏逐步滚动开发。在埃塞俄比亚工业园区发展公司尚不具备园区经营管理和招商引资经验的条件下贸然进行如此大规模工业园建设值得商榷。

其次，埃塞俄比亚国内基础设施的建设标准普遍过度超前。中土集团在投标承建亚吉铁路时本按内燃机方案进行了设计，但是联邦政府要求将亚吉铁路建成非洲第一条高标准的电气化铁路，这就使亚吉铁路的投资成本大幅度提升。从课题组走访的由埃塞俄比亚工业园区发展公司投资建设的德雷达瓦工业园和默克莱工业园来看，园区厂房建设标准不但远高于中

---

① 中国出口信用保险公司资信评估中心：《国别投资经营便利化状况报告（2018）》，http：//www. sinosure. com. cn/images/khfw/wytb/tzhzcj/2019/06/06/06165525BF91BF93F37A21F51C30C58BF3DF5574. pdf，最后访问日期：2020 年 11 月 13 日。

国在同等发展阶段时期的工业园区，即便跟中国当前大多数工业园区的建设标准相比也是毫不逊色。基础设施的投资建设应遵循成本收益的核算准则。如果缺乏未来需求支撑，短期内不切实际的追求基础设施一步到位，大规模、高标准建设只会形成浪费。事实上，只要预留足够空间，基础设施建设是可以跟随发展节奏通过追加投资不断升级。

再次，基础设施投资缺乏地理空间上的策略考虑。工业化国家的发展历史表明，随着经济发展，人口和资本等要素资源在地理空间上会不断向区域增长极集聚，而且呈现越增长越集聚的规律。在过去近 20 年的高速增长阶段，首都亚的斯亚贝巴便成为快速集聚全国人口和经济资源的最重要增长极。在财政资源有限的条件下，基础设施投资的空间分布也当顺应集聚规律并面向市场需求进行决策选择。但是受族群政治的掣肘，埃塞联邦政府在基础设施的投资建设上会较多考虑各民族地区的利益平衡。这就使基础设施投资决策的政治考虑凌驾于经济规律之上。埃塞俄比亚目前共有 24 个已建成和在建的工业园，分布在亚的斯亚贝巴市、奥罗米亚州、阿姆哈拉州、阿法尔州等全国各地。但从实际招商引资的情况来看，超过 75% 的企业集中分布在亚的斯亚贝巴市及其周围地区。[①] 工业园“摊大饼”式的发展路径与现实经济背道而驰，导致大部分工业园招商引资极其困难。

包括埃塞俄比亚在内的不少非洲国家学习东亚和中国的发展经验，把工业园建设作为国家发展战略。它们以为建设了工业园，便能吸引外资企业投资，但往往被忽略的是：在东亚和中国发展的进程中，工业园更多的是经济发展的“果”，而不是“因”。经济高速增长背景下特定地理位置具备集聚人口和经济资源的优势，市场对该地理位置形成较大的产业用地需求，因此才需要投资建设工业园，便利产业项目落地，进而抓住经济集聚的战略机遇。偏离需求不切实际地追求工业园建设，只会带来浪费。

最后，埃塞俄比亚的基础设施投资也缺乏优先发展顺序的考虑。为建设亚吉铁路，埃塞俄比亚联邦政府投入近 28 亿美元。建成后，亚吉铁路不

---

① 张宏明主编《非洲发展报告 No. 20（2017 ~ 2018）：非洲形势：新情况、新特点和新趋势》，社会科学文献出版社，2018，第 213 页。

但运能利用率较低，而且主要运输粮食化肥等大宗政府采购物资。而对于埃塞俄比亚境内大多数出口制造业企业而言，由于体量小，货物进出口主要还是经公路物流在吉布提—埃塞俄比亚之间进行运输。埃塞俄比亚政府大规模推进基础设施建设是为发展工业提供基础。但是，对于当前的制造业企业而言，需求最为紧迫的基础设施恰恰是电力的稳定供应，而不是铁路物流。由前所述，埃塞俄比亚境内电力难以稳定供应的重要原因是电厂建设的严重滞后和输配电网的严重老化。但在电源建设上，由于国内缺乏煤炭等化石能源以及政府过于强调绿色发展理念，埃塞俄比亚不曾在境内兴建供电稳定的火电厂。这就使埃塞俄比亚的电力供应完全依赖水电，缺乏经常性旱灾下水电供应不足的预备措施。在输配电网建设上，目前联邦政府正与中国国家电网公司洽谈合作，欲投资18亿美元交由中国国家电网公司将全国输配电网进行统一改造。从制造业企业的需求角度来看，埃塞俄比亚政府若能先投资火电建设和输配电网改造，待条件成熟后再投资建设亚吉铁路可能是更优的选择。

（2）出口导向发展战略的偏误。长期以来，进口替代被认为是失败的发展战略，而出口导向发展战略则是东亚经济高速增长的核心经验。埃塞俄比亚政府也因此积极奉行出口导向发展战略，在大规模进行基础设施投资的基础上，利用土地、税收和外汇优惠政策，鼓励外商投资面向出口的加工制造。相比面向国内市场的内销型企业，埃塞俄比亚政府不但给予出口型外商投资企业更多税收优惠和外汇额度配给，而且也只允许出口制造企业入驻埃塞俄比亚工业园区发展公司投资的国有工业园区。

一个不可忽略的事实是，出口制造需面临全球市场竞争，对产品品质有较高要求。埃塞俄比亚的劳动力、土地和水电等生产要素是全球价格洼地，但埃塞俄比亚的工业基础、产业工人和商业网络严重缺乏和落后。普通工人大多来自农村部落，对现代工厂制度一无所知，短期内更谈不上技能经验的积累。任何一个产业的制造能力都是逐步积累和升级的。在产业基础极度匮乏和落后的条件下，低收入国家很难一开始就发展出能参与全球竞争的出口制造。中资企业华坚鞋业在埃塞俄比亚投资的出口鞋厂也只主打低端型号的鞋类产品。相比之下，对于大多数低收入国家而言，由于工业基础薄弱，国内市场工业品普遍短缺，且价格较高，对产品品质要求也相对较低。在经济高速增长、国内产品市场大幅度扩张的背景下，相比投资出口制造企业，外商投资内销型制造企业反而能获得更高利润。从实际调研情况来看，中资企业前往包括埃塞俄比亚在内的非洲各国投资，主要看中的还是当地市场，而非利用低要素成本进行参与全球竞争的出口制造。埃塞俄比亚政府鼓励出口的产业政策跟市场投资需求反向而行。

纵观全球工业化历史，对于缺乏产业基础的低收入国家而言，其工业化进程可能客观上先需要借助国内市场夯实工业基础和积累技能经验，而后才能推动出口制造参与全球竞争。事实上，无论是英美等发达国家，还是东亚新兴国家，在工业化发展早期和实施出口导向战略之前，都实施过较长一段时间的进口替代战略。进口替代发展战略利用贸易保护政策形成与国际竞争相隔离的国内市场，并以此来促进国内制造企业发展和产业能力的积累。18 世纪初，欧洲大陆棉纺工业远落后于印度，但英国、法国、西班牙和当时的奥斯曼帝国等欧洲国家不断通过立法将进口印度棉布定为非法行为，鼓励本国企业生产棉纺织品以替代国外进口。英国进口替代的努力建立了国内纺织产业基础，进而在 18 世纪 80 年代促发纺织机器的创新与发明，产生人类历史上第一次工业革命。英国也因此成为全球第一大纺织品出口国。从中可以看到，进口替代和出口导向并非互斥的战略选项，进口替代所积累的相关产业发展和制造能力恰恰为出口导向发展提供了基础。

埃塞俄比亚当前经济发展战略的一个偏误，是过于强调出口导向发展战略，忽视利用进口替代建设国内相关产业基础。尤其考虑到目前外商投资内销型企业的强劲需求，只要放开内销型企业投资或对进口产品施加适量关税，埃塞俄比亚就能通过这些外商投资的内销型企业实现一定程度的进口替代。进口替代战略成功与否与国内市场规模大小也高度相关。经济理论表明，市场规模越大越有可能通过规模经济效应促进发明创新和企业固定资本投资。同理，国内市场规模越大，通过实施一定程度的贸易保护政策越有可能为积累产业基础提供空间。试想在人口规模不到 100 万的吉布提，很难利用国内封闭市场培育出坚实的制造业基础和产业能力，而埃塞俄比亚近 1 亿的人口规模和高速增长的经济规模无疑是发展国内制造能力的重要砝码。

综上讨论，尽管埃塞俄比亚政府试图学习中国和东亚成功发展的经验，但是偏离实际的政策制定使得大规模基础设施投资和出口导向发展战略均遭遇一定困难和挑战，且进一步引发债务和外汇市场的问题。

3. 发展战略引发债务问题和外汇市场扭曲

埃塞俄比亚雄心勃勃的基础设施建设需要庞大的资金支持。在人均收入尚低、国内融资能力有限、财税收入亦有限的约束下，埃塞俄比亚政府只能向其他主权国家和国际组织寻求外部融资贷款。这就不可避免地形成了较高的政府公共外债。中国已成为埃塞俄比亚的最大债权国。事实上，埃塞俄比亚政府将大量基建项目委托给中资企业承建的同时，也向中国金融机构寻求融资支持。中资企业在埃塞俄比亚承建的工程项目多由中国进出口银行提供贷款。据相关研究，中国目前占新兴市场银行贷款总额的1/4，超过 IMF 和世界银行，成为全球最大官方债权人。[①] 据统计，2004～2017 年，中国向非洲的贷款总额达到 1404.5 亿美元，其中埃塞俄比亚累积获得 137.4 亿美元的贷款，约占总金额的 10%，是除安哥拉以外获得中国贷款最多的非洲国家。[②] 中国对埃塞俄比亚的贷款主要集中在交通、通信、电力和工业四大领域，贷款金额占比分别为 33.5%、24.2%、19.5% 和 15.5%。其中，中国进出口银行、供应商信贷、国家开发银行和其他中国金融机构贷款金额占比分别约 55%、32%、5% 和 8%。[③]

在埃塞俄比亚联邦政府的战略设想中，先举债大规模投资基础设施，再通过引进出口导向的外商制造业企业投资，实现工业化的同时，也通过出口创汇所得偿还外债。但是，前文指出，大量基础设施和建筑投资所驱动的超高速增长，在短期内并没有推动制造业形成同等体量的增速。在 2013～2017 年工业增长最快阶段，制造业虽也快速增长，GDP 占比从 3.7% 增长到 5.82%，但占工业 GDP 比重从 33.4% 下降至 25.3%。[④] 2016

---

① Sebastian Horn, Carmen M. Reinhart and Christoph Trebesch, "China's Overseas Lending," No. w26050, National Bureau of Economic Research, 2019.

② 由于缺少官方数据统计，数据来源是 Cari Loan Data，作者机构为 Johns Hopkins SAIS China－Africa Research Initiative，最新数据官网更新到 2018 年 9 月。

③ 主要贷款领域为 2000～2017 年数据，贷款机构为 2000～2015 年数据。

④ 数据来源：National Bank of Ethiopia, "2017/18 Annual Report, National Bank of Ethiopia," https://nbebank.com/wp-content/uploads/pdf/annualbulletin/Annual%20Report%202017-2018/2017-18%20annual%20report.pdf?x49341，最后访问日期：2020 年 11 月 13 日。

年，制造业部门出口份额占比约为 12.5%，与政府改革目标差距甚远。[①]这就在短期内造成经济结构失衡的巨大压力：埃塞俄比亚政府在大量举债并大规模进口原材料和装备进行基础设施建设的同时，却无法依靠出口加工制造获得足够的外汇收入。这种经济结构的内部失衡导致埃塞俄比亚进口远大于出口，经常项目长期逆差，外汇短缺问题和外债负担问题日益严重。埃塞俄比亚经常项目逆差总额从 2004 年的 23.3 亿美元增长至 2017 年的 144.2 亿美元，GDP 占比长期保持在 20% 左右。[②] IMF 最新数据显示，截至 2017/2018 财年末，埃塞俄比亚公共债务（含公共担保债务）余额为 496.7 亿美元，占 GDP 比重为 61.8%。其中，公共外债（含联邦政府外债和国企外债）余额为 270.5 亿美元，占 GDP 比重为 33.3%。在高债务、低出口的现状下，埃塞俄比亚偿债率在 2017 年达到 21.3%，首次超过 20% 的偿债率警戒线。该偿债率虽低于同期非洲国家平均偿债率（24.1%），但明显高于尼日利亚、坦桑尼亚、赞比亚等具备较强出口创汇能力的国家（同期偿债率分别为 0.9%、5.7% 和 7.6%）。[③]

高额的贸易逆差和庞大的外债导致外汇市场本币贬值的巨大压力，这就迫使埃塞俄比亚政府不但对微观企业的出口提出指令性要求，而且在外汇市场上对汇率价格和外汇使用进行严格管制。自 2016 年 9 月起，联邦政府要求外资企业必须或多或少进行出口。例如，东方工业园纺织企业出口额必须达到 60%，国有阿瓦萨工业园纺织企业出口额则要达到 80% 以上。若企业没有达到出口指标，政府将不再提供免税优惠和用汇许可，甚至不予以更新营业执照。在外汇市场上，埃塞俄比亚政府制定了远高于市场均衡水平的官方（本币）汇率。课题组调研期间（2019 年 8 月），官方汇率是 1 美元兑 29 比尔，而黑市汇率价格则已接近 1 美元兑 40 比尔。此外，政府要求所有企业的出口创汇收入必须强制结汇，所

① National Planning Commission, "Growth and Transformation Plan II (GTP II) (2015/16 – 2019/20) Volume I: Main Text," https://ethiopia.un.org/sites/default/files/2019-08/GTPII%20%20English%20Translation%20%20Final%20%20June%2021%202016.pdf，最后访问日期：2020 年 11 月 13 日。

② 数据来源：世界银行 World Development Indicators 数据库。

③ 数据来源：United Nations Economic Commission for Africa, "African Statistical Yearbook 2018," https://www.uneca.org/sites/default/files/PublicationFiles/asyb_2018_final_16may.pdf，最后访问日期：2020 年 11 月 13 日。

有企业要使用外汇必须向政府申请，而从事内销的外资投资企业则不得获得外汇使用申请许可。这就使得大部分外商投资所得无法汇回本国。在资本和金融项目管理方面，埃塞俄比亚政府禁止居民在国外投资，外商直接投资电信和国防工业须与政府合作，且所有投资（服务业、发电和输电业除外）须经埃塞俄比亚投资局的批准和认证，资本回国亦须投资局授权。这些较为严格的对外经济政策大幅提升了企业在埃塞俄比亚投资经营的交易成本。

外汇市场人为高估本币价格，导致出口产业竞争力下降、外债负担短期难有明显改善的同时，也形成持续的通胀压力。① 近十年来，埃塞俄比亚平均通胀水平保持在10%左右。自2016年比尔贬值以来，居民生活成本上涨较快。课题组调研发现，居民主食产品英吉拉（Injera）2016年价格为19～21比尔/公斤，至2019年则高达25～32比尔/公斤。而本币估值过高导致出口创汇部门竞争力下降，进一步加剧外汇短缺，从而加大本币贬值和国内通胀压力。此外，埃塞俄比亚政府的外汇市场干预也催生寻租行为，诱发大量围绕获取外汇产生的“非法”经济活动。伴随着私营部门经常账户交易、货币替换以及转移等需求的增加，自20世纪80年代开始，埃塞俄比亚平行外汇市场对官方外汇影响越来越大。自2008年以来，比尔平行溢价开始扩大，官方汇率与平行汇率差值不断增加。尽管政府严令禁止黑市交易，但由于外汇短缺持续存在，黑市交易难以禁绝。透明国际2018年9月发布的研究报告《埃塞俄比亚非法金融流动》估计，2005～2014年，平均每年有13亿～32亿美元的资金以非法金融流动的形式流出埃塞俄比亚，占埃塞俄比亚国际贸易总额的29%和援助总流入量的97%。②

以上情况说明，经济规律往往以“事与愿违”的方式来彰显它的存

① 埃塞俄比亚实行的是针对美元的有管理的爬行盯住汇率机制。在这种汇率机制下，比尔长期与美元保持较为稳定的兑换比例。然而2016年以来，美元升值幅度较大，导致比尔实际汇率上涨。尽管埃塞央行于2017年10月宣布本币比尔兑美元汇率一次性贬值15%，但在2017/2018财年，实际汇率仅下降了5.9%，官方汇率的贬值并未对调整实际汇率和外汇供给产生有效影响。

② 数据来源：Roberto Martinez，B. Kukutschka，“Illicit Financial Flows in Ethiopia,” 2018，https://knowledgehub.transparency.org/assets/uploads/helpdesk/illicit-financial-flows-in-ethiopia_2018.pdf，最后访问日期：2020年11月13日。

在：政府希望通过顶层设计实施大规模基础设施投资和发展出口导向工业的战略，发展本国工业和经济，却不曾料想，偏离实际的做法不但成本极其昂贵，而且催生意想不到的基础设施和债务的“大跃进”，使得政府财政捉襟见肘、难以承受；更难以预料的是，“大跃进”造成的基础设施建设和债务引发外汇市场的高度管制，致使众多外商投资企业陷入发展困局。

五　发展前景

埃塞俄比亚的发展面临政治和经济上的诸多问题和挑战。但是，这些问题并非是无解的难题。只要联邦政府采取从实际出发、用正确的市场化改革思路去直面和解决当下问题，在新一轮制造业全球转移的背景下，埃塞俄比亚一定能抓住机会实现长远发展。在这个过程中，中国政府和中资企业也应改进自身做法，更好助推埃塞俄比亚的发展。

1. 埃塞俄比亚的发展前景

近年来，埃塞俄比亚政局动荡、政治冲突不断，成为吸引外商投资的最大障碍。但也应看到，过去5年，政治冲突事件的发生频次总体呈下降趋势。2019年9月以后，大规模冲突事件的数量也开始下降。阿比短期内推进民族和解以及解散埃革阵、重建繁荣党的做法，与宪法存在一定抵触的同时，也改变了埃塞俄比亚的政治权力格局，造成国内政局紧张。客观上，重组繁荣党有利于一党专政的埃革阵摆脱以族群为基础的政治联盟，打破族群化政治，逐渐成为统一政党。从长远来看，这些政治改革有利于民众建立国家认同感。但当前埃塞俄比亚存在的最大政治风险是阿比执政后，长期执政的提格雷族在政治上备受打压，导致该族政党与繁荣党严重分裂和对立，有进一步引发提格雷州与联邦政府冲突的风险。从课题组实地调研来看，目前联邦政府和提格雷族在政治和经济改革上的主张背道而驰，互相指责，各说各话。如何解决种族和政治之间剪不断理还乱的关系，如何打破根深蒂固的族群理念、建立国家认同，是埃塞俄比亚政治精英需要长期思考和解决的问题。

经济上，短期内规模过大的基础设施投资和过度强调依赖出口导向发展战略，导致债务过高和汇率市场扭曲等问题。埃塞俄比亚政府目前已开始通过各项改革和努力，化解这些问题。

（1）努力降低政府债务。从长远看，只要经济能保持持续增长，适当超前的基础设施投资在未来都能被消化掉而不至于成为浪费。短期内过大规模的基础设施投资使得埃塞俄比亚政府过早背负了过高的债务，从而导致外商投资和汇率等其他领域的扭曲。难能可贵的是，2018 年以来，阿比政府开始通过三方面的努力进行“开源节流”：下调基础设施投资的规模；加强税务执法以增加税收收入；出售国有电信企业和工业园等国有企业资产。其中，国有企业私有化改革不仅可以帮助联邦政府获取更多财政收入、减少政府外债压力，而且有助于发挥市场机制的积极作用。如何通过公开透明的市场化方式对国有资产进行合理定价是埃塞俄比亚当前国有企业改革需要努力的方向。此外，国有企业私有化改革也要考虑保证电力、交通等公共事业行业的基本收益，以及对民众提供基本公共服务。若不能妥善处理民生和收入分配问题，将产生类似 2019 年智利因地铁涨价导致政治动荡的潜在风险。

（2）完善基础设施投资融资方式。埃塞俄比亚虽因短期内大规模基础设施投资背负较高债务，但是国内基础设施整体还比较薄弱。如何在应对当下债务危机的同时改善国内基础设施，是埃塞俄比亚政府需要解决的难题。基础设施投资的最大特点是投资金额高、回报周期长，大规模投资建设在当下一次性完成，回报收益却长达数十年。这就导致基础设施投资的成本和收益存在非常大的时限不对称问题。因此，基础设施投资建设应慎用利率相对偏高、贷款期限偏短的商业类贷款，否则不但导致项目回报无法支付利息，而且也使政府难以在短期内筹措资金偿还贷款，不得不走向“借新还旧”、债务负担不断累加的困局。

在应对办法上，可考虑通过发行超长期限且利率较低的政府债券为新建基础设施项目融资，从而使债务偿还期限与项目回报周期相匹配，避免“借新还旧”和债务的无序累积；或采用由市场主体进行基础设施投资建设、政府向市场保障购买服务的政府与社会资本合作（Public - Private Partnership，PPP）的办法。一般而言，包括基础设施在内的公共品有较强的社会外部性，需政府提供。但这并不意味着一定要由政府进行投资和生产，完全可以采取由市场投资生产、政府购买服务的形式为社会提供公共品。这既提高了公共品的投资和生产效率，也减少了政府的财政支出和债务负担。在高债务压力下，基础设施投资的 PPP 模式已成为埃塞俄比亚政府的重要选项。

（3）放开汇率市场管制，调整经济发展战略。倘若埃塞俄比亚政府在若干年内持续上述努力，相信其高债务问题将得到缓解。届时，联邦政府应可择机推动汇率市场改革。

1993 年，美元兑人民币官方汇率为 1∶5.7，远高于外汇调剂市场价格（曾一度高达 1∶10）。官方和市场汇率巨大的价格差导致官方市场外汇交易占比不到 20%，官方外汇储备不足且增长乏力。1994 年年初，中国政府启动汇率并轨改革，实施强制结售汇制度，将官方汇率价格一次性大幅度贬值至 1∶8.7，实现与市场汇率价格并轨，建立了全国统一的银行间外汇市场。中国 1993 年 1 月和 12 月的官方外汇储备分别为 201 亿和 212 亿美元，汇改后一年则快速增长至 1994 年 12 月的 561 亿美元。而后在 1996 年，中国实行了经常项目下人民币可自由兑换。中国汇改的经验表明，放开外汇市场价格管制，虽然会在短期内导致本币贬值增加外债压力，但也会增加产品出口竞争力和外商投资意愿。市场化的汇率价格在提高外汇配置效率和消除寻租空间的同时，对经济长期发展也有积极促进作用。

前文指出，在经济发展策略上，埃塞俄比亚联邦政府过于强调出口导向发展战略，忽视利用进口替代发展国内相关产业基础。尽管出口导向产业可以帮助背负巨大外债压力的埃塞俄比亚政府创汇，但不应忽视的是发展进口替代产业可以在很大程度上减少外汇花销从而起到节约外汇的作用。埃塞俄比亚若能顺利实施汇率的市场化改革，相信会进一步放松外汇市场的管控，实现经常项目本币的可自由兑换。届时，联邦政府就不需要通过外汇配给鼓励出口加工投资和抑制内销型外商投资。

（4）处理好埃塞俄比亚联邦政府和（代表各族群利益的）地方政府的关系。长期以来，埃塞俄比亚的经济发展政策由联邦政府顶层设计并主导，地方政府的发展激励被忽略。埃塞俄比亚工业园区发展公司投资的国有工业园隶属联邦政府，各园区的招商引资也是由联邦层面统一规定和分配。国有工业园区的税收收入也主要上缴联邦政府。地方政府招商引资发展工业仅存的激励政策是有限的土地出让收入和本地就业。因此，联邦政府制定的发展政策存在与地方政府激励政策不相容的问题。中国的发展经验证明，以分税制为核心的财税联邦制是激励地方政府和促进央地关系协调的一个重要手段。[①] 相关财税改革需要平衡好两层关系：提供给地方合理比例的税收分成以增加发展激励的同时，也要保证联邦政府留存足够税收，以便通过转移支付平衡各州利益分配。合理的财税制度安排将使地方政府在本地经济发展问题上也能积极作为。这一方面激励地方政府根据本地实际情况，发展跟本地禀赋相适宜并具备比较优势的产业；另一方面也能形成地方政府竞争的格局，通过竞争约束地方政府的不当行为，同时也进一步激励地方发展经济。

2. 中国政府的应对策略

雄心勃勃的基础设施建设导致埃塞俄比亚出现巨大的外债压力以及各种派生问题，更被西方诟病为“债务陷阱”。债务形成的主要责任是积极举债的埃塞俄比亚政府，但是作为埃塞俄比亚以及全球发展中国家的最大债权人，中国政府面对日益复杂的国际投资环境，应建立和完善海外贷款信用管理体系，进一步发挥出口信用保险对出口和海外投资的政策支持作用，逐步向一般商业保险机构有条件开放，提高出口信用保险市场化运营，提升海外放贷风险评估质量和风险防控能力。基于严格金融纪律的市场化风险评估和借贷决定不但可以规避债务国潜在的还贷风险，而且是为债务国经济发展负责的态度，客观上也有利于树立我国良好的国际形象。

由于中资企业海外投资风险高且涉及跨主权国家产权，利用中国境内银行直接贷款这一间接融资的方式解决中资企业海外投资融资难问题几无可能。事实上，早在17世纪，以东印度公司为代表的英国公司在进行海外投资时，也是通过发行股票、短期债券等方式进行海外投资的融资，进而

---

① 20世纪80~90年代，中国两轮财税体制改革——包干制和分税制的推行显著影响了央地关系。前者调动了地方政府的积极性，后者加强了中央政府的宏观调控能力和再分配能力。1980年，在当时中央政府财政的压力下，我国开始打破原有“统收统支”财政制度，实施“分灶吃饭”改革，各级地方政府在确保财政收入上缴中央数额之后自求平衡，多收多支，少收少支。地方政府拥有更大的财政支配权，增收节支和发展经济动力显著提高。然而，这一轮改革也造成了财政收入/GDP和中央财政收入/全部财政收入这两个比重的下降，中央财政更为困难。1994年旨在解决相关问题的分税制改革正式实施。分税制改革确立了央地政府之间的收支划分安排和财政转移支付制度，中央政府财政收入大幅提升，宏观调控能力与再分配能力显著增强。这两轮改革的经验表明，央地间财税制度安排的改革有助于央地关系的协调发展。

做大公司规模和海外投资。东印度公司也成为人类历史上最早的股份公司。英国政府在公司债发行中扮演直接或者间接保障公司信用的角色。此外，公司债也可以依赖政府债而存在，确保投资者更放心地进入市场。因此，长远来看，解决中资企业海外投资融资问题可能也需要依靠发行股票和债券等直接融资方式，而非银行贷款。中国政府可考虑建立海外投资的股票和债券交易市场，以方便风险定价和市场融资。

最后，中国长期以来对外援助以工程项目的硬件建设为主，少有智力方面的援助和建设。在包括埃塞俄比亚在内的绝大多数发展中国家，劳动力整体技能水平低，成为掣肘外商投资的一大障碍。课题组在吉布提调研的“鲁班工坊”项目曾在多个国家落地，提供轨道交通和商贸物流等技能培训项目，受到当地年轻人的好评。相比工程援助，智力援助的成本较低且影响长远。我们建议，中国政府可考虑将援外资金更多配置到为发展中国家劳动力提供技能培训的用途上。此外，埃塞俄比亚当前面临的基础设施投资超前过大、外债过高、外汇市场扭曲、国有企业改革、工业园发展、央地关系、土地产权改革等各种发展问题，中国在早期的发展过程中也同样经历过，并积累了大量的解决问题的经验和办法。中国政府亦可考虑建立专门研究“一带一路”国家经济产业发展的智库机构，在总结中国改革开放40多年各个经济领域成功发展经验的基础上，为包括埃塞俄比亚在内的广大低收入国家在进行相关经济改革时提供智力支持。

3. **中资企业的应对策略**

埃塞俄比亚是撒哈拉以南非洲（南非除外）最有条件实现工业化的大国，当前遭遇的各种政治和经济问题也非其所特有，不少工业化国家在发展早期也曾经历过并最终得以解决。中资企业是联结中埃商贸关系的中间点、关键点。我们认为，当下对于投资埃塞俄比亚的中资企业而言，更需要的是看清形势，坚定未来发展并与埃塞俄比亚经济共同成长的信心。

在当前政局不稳和经济下行的背景下，中资企业可考虑适当放缓投资与工程承包的节奏。只要应对得当，外汇管制也不会构成中资企业在埃塞俄比亚投资发展的障碍。首先，给定埃塞俄比亚国内市场的高额利润，中资企业应实事求是基于汇率“黑市”市场价格而非官方价格进行成本收益核算和投资决策。如此就能保障企业投资能有效对冲汇率贬值风险。其次，对于强制结汇和难以换汇的问题，给定埃塞俄比亚快速成长的国内市场和蕴含的众多投资机会，企业可考虑将经营所得再投资于埃塞俄比亚，在实现经营收益的同时，也与当地经济共同成长。最后，不少中资企业因对埃塞俄比亚当地劳动和税收等法规不熟悉导致造成负面影响或蒙受损失的情况。我们建议，中资企业应当重视并熟悉当地劳动税收法律法规，密切关注税收执行中可能出现的地方性差异和时间性变化。此外，中资企业在投资和运营过程中，也要充分尊重当地的文化习俗，以规避由于文化和理念差异引起的纠纷。我们建议企业成立或聘用专业海外投资法务团队，利用有偿商业服务化解与当地员工和政府沟通过程中所产生的冲突。

结　语

在过去 20 年，以中国投资为代表的海外资本在非洲国家的大规模投资和工程建设，极大地改变了广大低收入国家的经济面貌和人民福利。历史经验表明，发展产业是解决贫困问题的最主要手段。随着中国经济持续增长所带来的各项要素成本的提升，全球再次面临新一轮劳动密集型制造产业的转移。放眼未来，中国在非洲国家的投资和经贸往来还将加大，且将更多地从过去的工程项目承包建设向产业投资运营转变。本文以埃塞俄比亚为例，剖析了非洲国家的经济发展以及当地中资企业投资所面临的一系列典型性问题，并对产生问题的原因及各方理应采取的策略应对进行了深度分析。

1995 年以来，埃塞俄比亚国家领导人主动学习全球各国成功发展的经验，并实现了经济的超高速增长。但是，由于族群政治和民众国家认同问题长期未得到正视和解决，且在经济发展战略的制定上过于雄心勃勃和偏离实际，埃塞俄比亚当前的政治和经济发展面临各种困难和挑战。中国企业在埃塞俄比亚的投资和未来发展也都面临一定的挑战。但是，自 18 世纪工业革命以来，商业和经济的力量已成为塑造今天世界各地社会和政治格局的主导力量。我们相信，随着新一轮全球产业转移的加速和外商投资的不断进入，埃塞俄比亚将进一步集聚经济资源，发展出具有比较优势的产业。埃塞俄比亚经济的长期持续发展最终将推动国内政治形态和社会结构的变化，为未来进一步发展成东非乃至非洲大陆重要的经济力量夯实基础。

中资企业对吉布提投资的机遇和挑战：基于政治经济发展视角的分析

王　敏　尚双鹤　杜雨帆*

摘要： 地处东非的吉布提是“一带一路”在该地区的重要节点国家。21世纪以来，吉布提虽实现了令世人瞩目的高速增长，但也面临政治、经济、政策及社会转型等问题。课题组调研发现，吉布提发展面临的最大问题是，战略性港口资源形成的“资源诅咒”，以及由此引发的政治和经济领域的一系列扭曲。吉布提所面临的发展问题在非洲国家中极具典型性和普遍性。本文旨在基于对吉布提的实地调研，分析我国企业在非洲国家投资所面临的历史机遇及所遭遇的问题与挑战，并对解决问题的思路和办法进行讨论。

关键词： 吉布提　中资企业　对非投资　资源诅咒

引　言

地处东非的吉布提是“一带一路”倡议的重要节点国家。吉布提位于红海入海口，是亚欧非三大洲十字路口、欧亚贸易航线必经之地。吉布提港因此成为全球重要的战略性港口，也是非洲第二大人口大国——埃塞俄比亚当前唯一出海口。同时，埃塞俄比亚也为吉布提港口设施和商贸物流

* 王敏（通讯作者），北京大学国家发展研究院、南南合作与发展学院副教授；尚双鹤，北京大学国家发展研究院博士研究生；杜雨帆，香港中文大学地理与资源管理系博士研究生。感谢北京大学研究生院“一带一路”倡议的调研项目对本研究的支持。

产业提供了经济腹地和市场需求。2004 年以来，埃塞俄比亚经济高速腾飞，GDP 年均增长率为 10.1%（2004～2018 年），位居全球第一，被公认为是非洲大陆经济发展的奇迹。① 在埃塞俄比亚经济高速增长的驱动下，吉布提 GDP 同期年均增速也近 8%。作为非洲的重要门户，吉布提以其独特的港口资源成为中资企业到非洲投资的桥头堡。以招商局集团为代表的中资企业在当地的投资也给吉布提经济带来了翻天覆地的变化。

吉布提在过去 15 年间虽实现了令世人瞩目的高速增长，但也面临政治、经济、政策及社会转型复杂等一系列问题。课题组调研发现，吉布提发展面临的最大问题是，重要港口资源形成的“资源诅咒”，以及由此引发的政治和经济领域的一系列扭曲。吉布提所面临的发展问题在非洲国家中极具典型性和普遍性。处理好这些问题对促进非洲国家发展和中资企业投资至关重要。本文旨在基于对吉布提的实地调研，分析中国企业在非洲国家投资所面临的历史机遇及所遭遇的问题与挑战，并对解决问题的思路和办法进行讨论。

一　吉布提概况与中资企业的投资

1. 吉布提基本概况

吉布提曾是法国殖民地，于 1977 年独立。吉布提国土面积 2.32 万平方公里，全国人口近 100 万，其中首都吉布提市人口约 65 万，聚集了全国的主要经济活动和港口资源。② 吉布提常年高温少雨，年平均温度 35℃以上，自然条件恶劣，但因地处红海入海口，是欧亚主航线必经之地、全球贸易航线重要节点，也是战略要地。③ 由于背靠东非腹地，吉布提也是非洲重要门户，还是非洲第二大人口大国、非洲第八大经济体——埃塞俄比亚目前的唯一出海口。吉布提港近 90% 吞吐货量为埃塞

① 各国 GDP 增速是根据世界银行 World Development Indicators 数据库所提供的按 2010 年固定美元价格（constant 2010 US $）计算的各国各年 GDP 计算。该数据库没有提供吉布提按固定美元计算的 GDP，其 GDP 增速是根据现价美元（current US $）GDP 计算。但由于吉布提的汇率跟美元固定挂钩，因此差别不大。

② 数据来源：《对外投资合作国别（地区）指南：吉布提》，http://www.mofcom.gov.cn/dl/gbdqzn/upload/jibuti.pdf。

③ 美国、法国、日本等多个国家在吉布提建立军事基地。

俄比亚进出口货物。

得益于独特地理位置的禀赋优势，吉布提围绕丰富的港口资源发展出以港口服务、商贸物流为核心的服务产业。吉布提市目前有吉布提老港、多哈雷集装箱港（2008 年建成）、多哈雷多功能港（2017 年建成）和多哈雷油码头（2005 年建成）4 个独立港口。2018 年，吉布提 GDP 为 19.6 亿美元，人均 GDP 约 2050 美元。[①] 其中，服务业占 GDP 比例为 72%；第二产业 GDP 占比 16%（含建筑业），制造业 GDP 占比 4.45%，工业基础几乎为零；由于自然条件恶劣，农畜牧业生产亦有限，农业 GDP 占比仅为 2.28%。[②] 该国粮食、蔬菜、水果及居民日常生活用品的供应基本依赖进口，物价高居非洲各国前列。吉布提与埃塞俄比亚之间存在紧密、互利的贸易联系，并且建立起以贸易与基础设施建设为基础的、相互促进发展与进步的伙伴关系。[③] 受益于 2004 年以来埃塞俄比亚经济高速发展所形成的对基础设施投资和国际贸易的巨大需求，埃塞俄比亚对吉布提港这唯一出海口的物流需求也日趋增长。[④] 吉布提经济因此步入快速增长通道，2004 年以来年均 GDP 增长率接近 8%。[⑤] 但吉布提发展也长期受到贫困和失业问题困扰，2017 年失业率高达 39.4%。[⑥]

经济政策上较为瞩目的是，吉布提政府实行本国货币与美元挂钩的固定汇率体制，外汇和金融市场自由开放。多年来，吉布提货币汇率稳定，在进出口自由、外汇自由汇兑的同时，也保持了国内物价和通胀率的稳定。相比大多数非洲国家，尤其是相比于埃塞俄比亚对金融和外汇市场的高度管制，吉布提金融优势明显。在政治环境上，吉布提对外商投资的限

① 数据来源：世界银行 World Development Indicators 数据库。

② 根据《对外投资合作国别（地区）指南：吉布提》介绍，吉布提全国仅有两家小型水泥厂、一家火力发电厂及为数不多的简单的食品加工厂等小型工业企业。数据来源：世界银行 World Development Indicators 数据库。

③ Tegegne Teka, Alemayehu Azeze, "Cross - Border Livestock Trade and Food Security in the Ethiopia - Djibouti and Ethiopia - Somalia Borderlands," OSSREA (Organization for Social Science Research in Easter and Southern Africa) *Development Research Report Series No. 4*, 2002, http: //crsps. net/wp - content/downloads/BASIS/Inventoried% 2010. 19/13 - 2002 - 7 - 384. pdf

④ 张威、祁欣：《吉布提投资环境与重点领域：中国企业的决策选择》，《国际经济合作》2014 年第 7 期，第 81 ~ 84 页。

⑤ 数据来源：世界银行 World Development Indicators 数据库。

⑥ 数据来源：《对外投资合作国别（地区）指南：吉布提》。

制较为宽松；在法律环境上，吉布提近年来制定了《投资法》《免税区法》等法律法规，为外商投资创造了优惠条件，并提供了法律规范。① 吉布提是目前东非－红海亚丁湾地区仅有的政局稳定、民族矛盾也不尖锐的国家，再加上多国驻军的安全保障，是公认的外商投资的理想之地。

2. 中资企业投资概况

自2004年以来，受益于埃塞俄比亚经济腾飞所形成的对吉布提港口货物进出口需求的快速增长，吉布提外商直接投资（FDI）出现跳跃式增长并成为经济增长的重要引擎。吉布提FDI占GDP比重，在2004～2018年年均高达11.1%，相比之下，1991～2003年年均仅为0.67%。②

早在20世纪80年代初，中国土木工程集团有限公司（简称“中土”）就开始进入吉布提承建学校、道路等基础设施的建设。长期以来，中国企业在吉布提的经济活动以工程建设承包为主，少有投资运营项目。近些年，随着2012年亚吉铁路（埃塞俄比亚首都亚的斯亚贝巴至吉布提市）的开工建设，中资企业投资成为吉布提FDI的主力军。2017年，吉布提共吸引外商直接投资1.65亿美元，其中1.05亿美元来自中国。③ 目前，在吉布提，中资企业的数量也由原来的数家发展到现在近30家，主要从事基础设施建设、物流运输、投资、能源开发等。④

尤为瞩目的是，招商局集团下属公司招商国际在2013年出资1.85亿美元入股吉布提政府所持有的吉布提港有限公司（简称PSDA），意欲借鉴早年招商局通过“前港＋中区＋后城”模式发展蛇口工业区的成功经验，在吉布提打造占地48平方公里的“新港＋自贸区＋新城”产城运营项目，成为中国对吉布提的最主要投资。其中，多哈雷多功能新港（简称DMP）一期项目已于2017年5月正式投入使用。吉布提国际自贸区规划占地48

---

① 张威、祁欣：《吉布提投资环境与重点领域：中国企业的决策选择》，《国际经济合作》2014年第7期，第81～84页。

② 数据来源：世界银行World Development Indicators数据库。

③ 数据分别来自世界银行World Development Indicators数据库和我国商务部。

④ 根据《对外投资合作国别（地区）指南：吉布提》介绍，目前在吉布提由中资企业实施的重点投融资合作项目有：非洲第一条电气化铁路——亚吉铁路吉布提段项目、延绵358.5公里的吉埃跨境引水项目、多哈雷多功能码头建设项目、阿萨尔盐湖码头建设项目、新自贸区首发区开发建设项目、盐化工工业园开发建设项目、吉埃石油天然气跨境输送液化项目、塔朱拉港口建设项目（当地中标承建）等。

平方公里（含吉布提所有主要港口），建成后将成为非洲最大的自贸区。始建于2017年占地2.4平方公里的自贸区一期首发区已建成运营。根据规划，国际自贸区未来将集聚四大产业：物流产业集群、商务配套集群、商贸产业集群、加工制造业集群。① 将占地1.2平方公里、区位优越的旧港改造为临海高密度的现代化新城则尚在规划中。

成立于1979年的深圳蛇口工业区占地10.85平方公里，是中国第一个外向型经济开发区。在当时劳动密集型产业在世界范围内从东亚地区向中国东部沿海转移的背景下，蛇口工业区率先抓住机遇，将一偏僻荒芜的小渔村，通过吸纳"三来一补"劳动密集型企业发展成出口加工制造基地。经过40年不断的产业和城市形态的更新，今日的蛇口工业区已发展成以现代金融、信息科技、文化创意和贸易服务产业为主导的高密度现代化新城。蛇口工业区是中国少有的由市场主体——企业（招商局集团）——而非地方政府主导建设规划和开发运营的产业新城。"前港 + 中区 + 后城"是对蛇口工业区40年成功发展的经验总结，其内在逻辑是：依托港口资源，建立临港工业园区集聚产业，进而开发建设新城为园区产业和港口配套。其中，港口为园区提供产品运输通道，园区则为港口提供货运需求、为城市发展提供产业和人口支撑。港口、工业园区和城市三者之间互相依托支撑，形成一套市场化方式发展产业新城的模式。但是，在吉布提"新港 + 自贸区 + 新城"项目的推进过程中，招商局集团也碰到了要素成本高、招商引资困难等挑战。下文将通过该项目展开分析中资企业在吉布提投资及吉布提自身发展所面临的问题和挑战，剖析产生问题的原因，并对解决问题的策略思路进行讨论。

二　重塑吉布提经济的"前港 + 中区 + 后城"规划

吉布提首都吉布提市是"先有港口、后有城市"发展起来的港口城市。2012年，中土集团成功签约亚吉铁路项目建设。在实施项目规划过程

① 根据招商局集团提供的资料，物流产业集群包括运输、保税仓储、物流配送等产业；商务配套集群包括金融服务、信息服务、酒店、办公楼、培训、中介服务等产业；商贸产业集群包括大宗保税商品交易、商品展示、免税商品零售业等产业；加工制造业集群包括包装生产、来料轻加工、食品加工、海洋产品、汽车配件组装等产业。

中，中土集团发现，虽然亚吉铁路可以成为埃塞俄比亚货物进出口的重要通道，但是吉布提港口服务却难以满足亚吉铁路的运力需求。吉布提市在当时有两大港区：设计年吞吐能力分别为620万吨和150万TEU的老港区和多哈雷集装箱码头（简称DCT）。吉布提老港紧邻市区，区位优势较好，但设施陈旧，最大泊位仅5万吨级，无法满足现代航运发展需求，同时也因紧邻市区导致用地有限、交通拥堵，港口与城市发展矛盾突出。为与亚吉铁路的运力配套，有必要对吉布提港口进行升级改造。

1. “前港”先行

在中土的力主邀请下，招商局集团于2012年到吉布提进行投资考察，并向吉布提政府提议在老港以西的郊区建设新港，老港则改造成新城。该投资提议很快获得吉布提总统首肯。对于吉布提而言，虽拥有极其优越的地理位置和港口资源，但自身缺乏建设与运营现代化港口的能力，急需有丰富经验并可长期信赖和合作的港口建设与运营合作方。招商局集团在全球20个国家建立运营56个码头及港口，货物总吞吐量7.3亿吨，世界排名第二［仅次于迪拜世界港口公司（DP World）］，且与吉布提港不存在竞争关系，无疑是吉布提政府的最佳选择。

2013年，招商局集团出资入股吉布提政府所持有的PDSA，并通过PDSA间接持有吉布提老港、DCT港和吉布提旱港的部分股份。2014年，PDSA投资新建吉布提市的第三个港口——DMP一期项目，总投资5.8亿美元，并于2017年5月正式投入使用。DMP是招商局集团在海外第一个落地的港口项目。DMP一期项目设计年吞吐能力708万吨+20万TEU，拥有10万吨级泊位，码头设施配套先进。同时，亚吉铁路的场站和连接线建设保证了港口直通铁路，在吉布提港口形成海陆联运的立体物流结构。

2. “中区”谋划

基于DMP建设和运营的成功，招商局集团开始以蛇口工业区“前港+中区+后城”模式为蓝图谋划在新港附近兴建“中区”——吉布提国际自贸区，以集聚产业资源。该想法得到吉布提政府的积极响应和支持。吉布提市城内老港附近有配套自贸区供商贸物流企业仓储，但占地有限且无法扩张。吉布提政府亦希望通过新自贸区发展加工制造业，解决高失业率的同时，也摆脱国内产业过度单一的问题。招商局集团与吉布提政府合资成立自贸区资产和运营两家公司，负责国际自贸区的实际运营管理。资产公司负责园区内土地的开发建设和出让，通过土地增值获得主要利润。运营公司则通过资产公司拨付的运营费用负责园区日常运营管理，为园区内企业提供园区公共服务、通关物流一体化服务和政务服务。

吉布提国际自贸区位于吉布提市西面郊区，距离城市中心约15公里、城市边界约6公里，紧邻吉埃公路（目前吉布提通往埃塞俄比亚的唯一公路）。国际自贸区规划占地42.5平方公里（含吉布提所有主要港口），建成后将成为非洲最大的自贸区。剔除港口以及规划区内现有业主占地，合资公司在自贸区内实际可开发产业用地18平方公里。为支持国际自贸区发展，吉布提政府为入驻园区企业提供税收和外劳雇用比例的优惠政策：园区内企业可以享受5项税种零税率的优惠，并可以在入驻5年内雇用超过70%的外籍劳工。①

2017年1月，占地2.4平方公里的国际自贸区一期首发区开始建设，总投资约3.4亿美元。2018年7月，吉布提国际自贸区正式开始封关试运营；11月，第一家客户入驻园区。截至2019年7月课题组调研期间，已有28家企业进驻国际自贸区。

3. “后城”更新

在招商局集团的投资规划中，随着未来港口与国际自贸区的发展，来自埃塞、中东及中国的企业和商人将陆续进入吉布提，并对高品质的居住、办公、餐饮、酒店等城市服务产生需求。将占地1.2平方公里、区位优越的旧港适时更新为临海高密度的现代化新城是应有之义。2019年4月，招商港口、招商蛇口已就老港改造项目跟吉布提自贸区管理局签订合作框架协议，将根据市场需求分期、分步推进项目开发。

三　投资吉布提的挑战

招商局集团在吉布提所投资布局的“前港+中区+后城”，不仅是中资企业在吉布提的最大投资，也是吉布提迄今为止所吸引的最重要投资。

---

① 园区内企业无须缴纳企业所得税、外籍员工个人所得税、增值税、分红税、房产税。相比之下，园区外企业在这5项税种上所需缴纳的税率分别为25%、18%～30%、10%、5%和25%。为保护国内劳工的就业，吉布提政府不允许国内企业雇佣超过30%的外籍劳工。按照当前的优惠政策，企业入驻园区5年后也不能雇佣超过30%的外籍劳工。

“港口”已盈利。“后城”面积小、区位佳，在吉布提经济高速增长背景下，只要逐步滚动开发并合理规划设计，土地需求上升及地租上涨亦足以支撑该项目的商业价值和盈利前景。但是，“中区”的发展面临挑战。

根据规划，吉布提国际自贸区全部建成后将产生超 40 亿美元的 GDP（相当于当下吉布提 GDP 的两倍），创造就业岗位逾 10 万个，约占吉布提当前劳动力人口的四分之一。[①] 若实现规划目标，国际自贸区将重塑吉布提整个国家的经济形态和产业结构。吉布提政府亦对通过国际自贸区大力发展加工制造业进而解决国内高达 40% 的失业率寄予厚望。但是，与难以跨地区流动的商贸物流服务业部门所不同的是，加工制造业对要素成本高度敏感，极具流动性。自 18 世纪英国工业革命以来，加工制造业便不断在全球范围内寻找要素成本洼地进行产业转移流动。吉布提能否在零基础上发展出面向埃塞俄比亚或非洲市场的出口加工制造业，面临周边地区甚至全球竞争的挑战。相比周边东非地区，尤其是埃塞俄比亚，吉布提以地理位置和港口资源优越、政局稳定、外汇和金融市场自由三大优势为投资者所称道。但是，吉布提国际自贸区的发展，也直面埃塞俄比亚低要素成本的挑战：近 1 亿的庞大人口、极低的劳动力和水电等要素成本构成了埃塞俄比亚发展劳动密集型制造业的天然优势；埃塞俄比亚政府自 2014 年以来亦在全国范围内规划兴建了近 24 个工业园区，以期促进加工制造业的大规模发展。更为严峻的是，吉布提发展出口加工制造业还受到国内生产要素成本和社会政治架构的制约。

1. 高昂的要素成本

发展加工制造业，劳动力的数量供给和低成本优势是关键。根据吉布提官方统计，吉布提失业率高达 39.4%，近 17% 的人口生活在贫困线以下。[②] 高失业率意味着该经济体存在一定量的剩余劳动力。但是，相比其经济发展水平，吉布提工资却非常高，呈现出高工资和高失业率并存的劳动力市场均衡。根据我国驻吉布提大使馆经商处提供的 2016 年数据，吉布提的主要工种保安、司机、普通工人、技工、工长和工程师的工资分别在每月 180 美元、330 美元、220 美元、370 美元、480 美元和 730 美元左右。

① 根据世界银行 World Development Indicators 数据，2019 年吉布提劳动力人口为 43 万。

② 贫困线标准为按 2011 年购买力平价计算的 1.9 美元/天。

根据从课题组调研入驻的国际自贸区的物流公司 MARILL 得到的数据，该公司在自贸区的仓库雇用员工 10 人左右，其中非技能工人的工资每月 300～400 美元左右，技能工人（例如叉车司机）的工资每月高达 800 美元。相比之下，埃塞俄比亚制造业普通工人的工资水平在每月 100 美元左右，低于吉布提的最低工资水平（约为每月 113 美元），仅为吉布提类似工种工资的三分之一。

此外，吉布提也面临较高的水、电和土地等其他生产要素成本。水、电力和电信等行业由国有企业垄断经营，不准外资参股，缺乏有效竞争和经营。[①] 吉布提沿海人口聚集区是热带沙漠气候，极度干旱缺水，淡水资源主要从埃塞调配；吉布提也有海水淡化设备，但水费较高，水质较差。吉布提对用水实施阶梯定价，起步挡（每月用水 0～30 立方米）用水价格高达 0.45 美元/立方米。[②] 由于经济体量小，用电需求有限，在吉布提建立小型燃煤电厂缺乏规模效益。因此，吉布提的电力主要从埃塞俄比亚进口。进口电价约为 7 美分/千瓦时，但吉布提国内销售电价约为 42 美分/千瓦时，位居全球前列。巨大的价格差形成电力公司的巨额利润，也成为用电企业的高额负担。相比之下，埃塞俄比亚的水电价格远低于吉布提：全国平均低压工业用电价格仅为 3 美分/千瓦时；在首都亚的斯亚贝巴，同等阶梯水量（每月用水 0～30 立方米）的水价仅为 0.16 美元/立方米。[③]

吉布提产业用地价格也较埃塞俄比亚高。根据吉布提物流公司 MARILL 提供的数据，该公司租用吉布提国际自贸区已建成仓库的租金价格将近每年 70 美元/平方米。位于首都亚的斯亚贝郊区的东方工业园是埃塞俄比亚发展较早且较为成熟的工业园区，其已建成厂房租金价格约为每年 43 美元/平方米。

2. 产生问题的原因

过高的要素成本使吉布提吸引和发展加工制造业困难重重。调研发现，吉布提独特的港口资源和社会政治结构恰恰是形成要素成本问题的根本原因。21 世纪以来，由于地处重要战略位置、拥有突出港口资源，吉布

① 孙德刚、白鑫沂：《中国参与吉布提港口建设的现状与前景》，《当代世界》2018 年第 4 期，第 70～74 页。

② 数据来源：《对外投资合作国别（地区）指南：吉布提》。

③ 根据《对外投资合作国别（地区）指南：埃塞俄比亚》提供数据计算。

提经济得以快速增长。但与此同时，也带来类似拥有丰富矿产资源的经济体在发展过程中所面临的“资源诅咒”问题（或称“荷兰病”）。

所有难以替代的有用且供给量有限固定的资源将形成一定量的经济租金（或者说超额利润），即资源市场价格对资源供给成本的超额溢价。① 对该资源的市场需求越大，其内含的经济租值越高。具有全球战略意义的吉布提港口，尤其是其所拥有的对埃塞俄比亚进出口通道的垄断地位，无疑属于此类资源。2003 年以来，埃塞俄比亚经济高速增长，形成利用吉布提港口进行货物进出口的巨大需求。庞大的进出口需求，在创造吉布提港口经济租的同时，也使吉布提围绕并依托港口形成一个单一且不断扩张的“港口 + 商贸物流”产业。当劳动和资本不断转向“港口 + 商贸物流”部门，高额港口经济租的外溢使整个产业链形成一个较高的劳动力价格溢价。另外，从前宗主国法国沿袭下来的劳动法律条文，如解雇员工限制、带薪休假等规定，客观上也提高了劳动力成本。② 高劳动力成本的直接后果是，吉布提的制造业部门在全球范围内丧失竞争优势，无从发展，居民消费所需的食品和生活制成品不得不高度依赖进口。而由于整个经济产业结构单一，且“港口 - 商贸物流”部门吸纳劳动力就业能力有限，劳动力市场因此形成高工资和高失业率并存的均衡。

---

① 当某个生产要素的供给数量在长期是可以灵活调整的（或者说在长期不存在稀缺性），那么一般而言，在完全竞争市场条件下，该要素就不存在经济租，且要素价格由其边际生产成本决定。反之，如果某个要素长期而言供给数量相对固定稀缺且难以被替代，那么该要素就存在经济租。此时，该要素的价格就不遵从边际成本定价原则，而是由生产成本和经济租加总组成。某个要素的经济租等于该要素市场价格与生产成本之差。因此，经济租有时也被称作超额经济利润。经济学中的经济租理论，最早起源于地租。在一个农业社会中，土地由大自然供应，土地生产成本几乎为零，因此，土地价格主要由经济租组成。市场对土地的需求和支付意愿越高，地租就越高。同理，吉布提港口在地理位置上的重要性天然给定且不可替代，该港口就会天然产生一定经济租。该经济租等于市场支付给吉布提港口服务的价格减去吉布提港口建设、运营等各项港口服务的生产成本。此外，下文讨论到的利用政治权力垄断某些行业的经营权也是高度稀缺的资源且无法被替代，也产生经济租。自然资源（例如，港口、土地、矿产等资源）或经济资源（例如，特性经营权）稀缺性产生的经济租，本质上是一种超额经济利润，会引发市场各方主体进行各种“寻租活动”。但是，“寻租”不涉及生产过程，只是单纯的财富转移，而且还会引发腐败等活动，对于社会而言是无谓损失。

② 孙德刚、白鑫沂：《中国参与吉布提港口建设的现状与前景》，《当代世界》2018 年第 4 期，第 70 ~ 74 页；葛自丽：《浅谈吉布提当地雇员管理中的因地制宜》，《国际工程与劳务》2019 年第 9 期，第 68 ~ 70 页。

“资源诅咒”问题更为严峻的后果是，庞大的资源经济租会进一步诱发各方寻租，催生两极分化且缺乏流动性的社会和政治架构。当一经济体存在数量可观的经济租，必然引发社会各方竞争攫取。其中，吉布提的政治权力主要由执政党垄断并固化，而垄断政治权力的政府及个体官员在寻租竞争中拥有绝对优势。[①] 在吉布提，水、电力和电信等资源型行业由政府独家垄断。由于缺乏建设能力，吉布提政府虽然向外资（招商局集团和 DP World）开放港口和自贸区建设，但亦通过一股独大的股权安排维系政府对港口和自贸区土地资源的垄断。除政府层面的正式安排外，个体官员在从事政治活动的同时，也普遍参与商业活动。调研发现，吉布提大量的房地产开发建设活动由不同政府官员及其家属控制；乳制品和卡特草等民生消费必需品的进口也被个别官员家族通过行政力量所垄断。显然，吉布提社会精英阶层在垄断政治权力的同时，也垄断了大量的经济资源。其直接后果是，在经济上，各项垄断性生产要素及消费品的成本因缺乏有效市场竞争，居高不下；在政治上，精英阶层和平民阶层两极分化，社会缺乏流动性。

上述两极分化的社会形态更是存在长期固化的趋势。调研发现，吉布提国内教育体系落后且教育资源匮乏，师资、课本和其他学习材料等严重不足。[②] 尽管政府在教育领域公共投资的增加使更多普通家庭的青少年获得受教育的机会，但教育质量与学生学习成果并未随之提升。[③] 与此同时，社会精英阶层积极支持后代子女留学海外，并安排其在学成归来后进入国内高收入的垄断性行业。相比之下，普通平民阶层难以获得高质量教育，无特殊关系亦难以谋得就业，整个社会阶层流动性较低。尽管吉布提国内存在类似“高考”的制度，但由于社会经济

① Mesfin Berouk, “Elections, Politics and External Involvement in Djibouti,” *Institute for Security Studies Situation Report*, April 2011, https://issafrica.s3.amazonaws.com/site/uploads/SitRep2011_15AprDjibouti.pdf.

② World Bank, “Republic of Djibouti: Education Strategy Note,” *World Bank Other Operational Studies*, World Bank Human Development Sector Middle East and North Africa Region, June 2002, https://openknowledge.worldbank.org/bitstream/handle/10986/15392/multi0page.pdf?sequence=1&isAllowed=y.

③ 塞德（Said Ahmed Mohamed）:《教育改进中的公民参与研究：吉布提和布基纳法索的案例分析》，北京大学硕士学位论文，2010 年。

资源被精英阶层所垄断，例如，国家对于海外留学的经济补贴严重向精英阶层的子女倾斜，① 通过知识改变命运的途径也很难使平民得到“阶级间跃升”（inter - class promotion）的机会，最多只是在平民阶级内部的“阶级内跃升”（intra - class promotion）。调研期间，吉布提不同阶层受访者均表示，“关系”是寻到工作的最主要因素。以一中资企业员工招聘为例，该企业在当地招聘300名员工，但不得不接受近100名通过政府关系安排而来的员工。这就在制度层面导致平民阶层缺乏人力资本积累的内在动力，进而致使在宏观层面上形成专业技能型人才极度匮乏（且工资价格较高）、难以满足企业发展需要的局面。如此循环往复，吉布提两极分化的社会架构被不断固化。

实地调研也发现，吉布提社会精英对平民阶层了解甚少，两类人群彼此各说各话，且对社会认知相左。受访的精英人群对国家未来发展普遍高度乐观，甚至夸夸其谈，而受访平民则对社会诸多问题抱怨，对未来深感无望。课题组走访的吉布提市巴尔巴拉区是集聚了该市近一半人口的贫民窟，卫生条件极差，道路、水电、医疗卫生、治安等基础设施和公共产品极度欠缺，居民收入来源也极不稳定。② “脏、乱、差”的巴尔巴拉贫民窟和集聚精英阶层居住的井然有序的老港附近城区俨然是两个世界。

以上由“资源诅咒”所引发的经济、政治和社会问题为吉布提未来稳定和发展埋下了隐忧。但应该看到，吉布提所面临的问题在资源型国家普遍存在。同时也应看到，世界上也有诸多经济体成功摆脱“资源诅咒”并有效实现经济转型和腾飞。其中，作为同样地处区域航道节点并依托港口发展而成的现代化城市——迪拜的发展经验，尤其值得吉布提学习和借鉴。

---

① World Bank, “Republic of Djibouti: Education Strategy Note,” *World Bank Other Operational Studies*, World Bank Human Development Sector Middle East and North Africa Region, June 2002, https://openknowledge.worldbank.org/bitstream/handle/10986/15392/multi0page.pdf?sequence=1&isAllowed=y.

② Sandrine Mesplé - Somps, Laure Pasquier Doumer, Charlotte Guénard, “Do Slum Upgrading Programmes Improve Living Standards? Evidence from Djibouti,” *Working Papers* DT/2016/09, DIAL (Développement, Institutions et Mondialisation), 2016, https://ideas.repec.org/p/dia/wpaper/dt201609.html.

4. 迪拜成功发展的启示

迪拜与吉布提在区域上临近，而且常年高温，降雨稀少，与吉布提最具可比性。在发展初期，迪拜的农业与工业基础也是非常薄弱，城市产业高度依赖港口贸易和海洋捕捞；迪拜乃至整个阿联酋的政治权力都掌握在酋长手中，政治上接近家族制；迪拜还拥有石油资源，“资源诅咒”的潜在风险同样存在。但与吉布提精英阶层垄断国内政治和经济资源所不同的是，迪拜政治家主动选择“商业治国”的发展战略，将城市作为企业进行筹划和经营，利用港口资源和区位优势努力发展多元产业结构，主动摆脱对石油产业的依赖。

20 世纪 80 年代以来，迪拜政府致力于吸引贸易、旅游、物流、金融服务和房地产等非石油行业的国外直接投资，并积极打造“两港一区”（航空港 + 海港 + 杰贝阿里自贸区），形成类似蛇口“前港 + 中区 + 后城”的产城发展模式，成为中东地区重要的经济增长极和节点城市。占地 48 平方公里、临港（航空港和海港）发展而成的迪拜杰贝阿里自贸区成立于 1985 年，是由迪拜政府投资兴建的中东地区最大的自贸区，也是整个中东和非洲地区的重要市场门户，非洲近 40% 的物资采购来自该自贸区的加工生产或转运。① 迪拜杰贝阿里自贸区集聚了来自 100 个国家的近 8600 家企业以及近 13.5 万的劳动力，贡献了迪拜 GDP 的 23.8%、阿联酋全境国外直接投资的 23.9%。② 2018 年，自贸区贸易总额 930 亿美元，其中与亚太地区、中东地区、欧洲、美洲和非洲的贸易额分别是 324 亿美元（中国占到 113 亿美元）、272 亿美元、99 亿美元、55 亿美元和 50 亿美元。这些贸易数字表明，迪拜自贸区也是亚太地区与欧洲、美洲东海岸货物贸易往来和中转的重要枢纽。

可以看到，政治家的远见和决心、自由开放的市场环境及积极的发展政策，是迪拜能依托港口成功发展产业和经济，进而成为区域内重要增长极并跻身世界级城市的重要经验。其中，积极开放的劳动力市场政策令人瞩目。2018 年，在迪拜 320 万的总人口中，约 92% 为外籍人口。③ 自由开放的劳工政策，为迪拜提供了大量的劳动力资源，并在客观上创造出内外

① 文中“40%”的数字是 2019 年 8 月在吉布提调研时由中外运吉布提公司提供。
② 数据来源：http://dpworld.ae/our-portfolio/jebel-ali-free-zone/，2019。
③ 数据来源：迪拜统计中心（Dubai Statistics Center）。

籍二元有别的劳动力市场，使外籍劳工能以相对较低的工资水平从事本国在劳动力成本上缺乏竞争优势的产业。这就为在国内高劳动力成本条件下，成功发展加工制造业提供了解决方案。

四　吉布提的经济发展机遇

吉布提是非洲少有的具备地理位置和港口资源优越、政局稳定、外汇和金融市场自由这三大优势的经济体。而综观全球工业化、后工业化与城市化大势，核心经验就是经济活动、人口与资源在空间上的持续集聚，带动经济密度的提升，从而在区域层面上形成若干个增长极中心城市。在埃塞俄比亚乃至整个非洲的经济有望在未来实现持续增长的条件下，吉布提有成为地区重要经济节点的潜在机会。但吉布提发展出口加工制造业面临埃塞俄比亚的直面竞争。尤其是在亚吉铁路建成后，在埃塞俄比亚境内铁路沿线新建发展的工业园区和旱港（例如德雷达瓦），都将对吉布提国际自贸区形成压力。

前文指出，埃塞俄比亚在劳动力、水、电、土地等直接生产要素成本方面对吉布提形成全方位压倒性的优势。但是，课题组调研也发现，埃塞俄比亚在外汇市场、商贸物流市场和政局稳定等制度建设方面面临压力。①埃塞俄比亚政府对外汇市场实施价格和数量的双重管制，致使外汇市场长期难以出清。价格上，政府人为扭曲并抬高官方汇率价格（1 美元兑换 30 比尔），不但使官方汇率远高于反映真实市场价格的黑市汇率（1 美元兑换 40 比尔），而且逐年下调汇率导致本币不断贬值。更为糟糕的是，由于汇率价格扭曲所形成的外汇短缺，埃塞俄比亚政府不得不对企业的外汇使用进行高度管制，导致外资企业投资所得无法换成美元汇回母国。②埃塞俄比亚境内的商品批发和零售贸易尚未对外开放，政府亦将信用证独家授权给国有企业——埃塞俄比亚航运公司，致使埃塞俄比亚进出口货物的物流被该公司高度垄断，形成较高物流成本。③2018 年以来，埃塞俄比亚政局出现较大动荡和冲突，投资环境的不确定性大大提高，外资流入减缓。相比之下，吉布提允许资本自由流动，不限制外资企业将投资所得汇回母国。同时，吉布提法郎与美元间汇率固定，使得吉布提法郎成为“非洲之角”国家中最为稳定的货币。[①] 外汇和物流市场自由开放以及政局稳定，大大降低了企业进入市场活动的交易成本，一定程度上弥补了其要素成本的劣势。

应该看到，埃塞俄比亚所面临的上述发展问题并非无解难题。中国自20世纪80年代改革开放以来，经济也曾遭遇并解决过诸多类似发展问题。我们有理由相信，埃塞俄比亚政府有能力在未来10年或20年内摆脱这些问题的桎梏。此外，埃塞俄比亚历史上的主要出海口在厄立特利亚，但由于两国长期的战争和冲突，吉布提港才在过去20年成为埃塞俄比亚唯一出海口。随着埃塞俄比亚和厄立特利亚两国关系的改善，埃塞利用厄立特利亚港口重启埃厄物流通道指日可待。因此，当埃塞俄比亚成功突破这内外两重问题的桎梏，吉布提在发展加工制造业上的低交易成本优势也将失去。这就要求在这10年或20年有限的窗口期内，吉布提政治家下定决心，积极借鉴迪拜成功发展的经验，通过主动改革，有效破除政治利益集团对经济资源的垄断以及政商不分的政治生态。唯有此，才有可能化解当下较为固化的二元社会结构，并在更多领域建立自由开放的市场环境。这在降低要素生产成本的同时，也为国家的长治久安提供了保障。否则，吉布提将错过发展加工制造业、形成多元产业结构的历史机遇。

如果埃塞俄比亚和吉布提都能顺利推进改革，在可期的未来，我们有理由相信两国将发挥各自的比较优势，错位并互补发展相关产业，亚的斯亚贝巴与吉布提市也有望成为东非地区的两座增长极城市。但是，也应看到，吉布提上述改革是涉及社会体制深层并大范围触动政治精英群体利益的改革。结合吉布提当前的政治体制、社会两极分化现状和经济发展态势，没有一定社会问题的凸显和倒逼，政治家难有动力在短期内主动推进改革。此外，在短期内推进市场投资主体寄予厚望的放松外籍劳工管制政策也有相当困难。

前文指出，“资源诅咒”问题严重扭曲吉布提劳动力市场。而吉布提政府对劳动力市场的干预和管制则进一步加剧市场失衡。吉布提继承法国的劳动保护法，在最低工资、休假权利、员工解聘等方面，对劳动力实施

---

① 张威、祁欣：《吉布提投资环境与重点领域：中国企业的决策选择》，《国际经济合作》2014年第7期，第81~84页。

了与经济发展阶段不相符的过度保护。吉布提政府对企业雇用外籍员工设置较高门槛：只批准外籍高级技术人员的工作申请，一般工种则不允许外籍劳工从事；境内所有企业使用外籍劳工不得超过用工总数的 30%，入驻国际自贸区的企业则允许在 5 年内使用不超过 70% 的外籍劳工。课题组调研发现，由于吉布提与周边国家存在较大劳动力价格差，事实上已有不少来自埃塞俄比亚和索马里的"非法"跨境劳工集聚在吉布提市内（尤其是巴尔巴拉区）工作和生活。但由于没有合法手续，这些"非法"外籍劳工无法在正规部门获得就业机会。这就客观上形成了正规和非正规二元分离的劳动力市场。

放开外籍劳工是解决吉布提在劳动力成本虚高条件下发展产业的必要途径。但不同于迪拜主动大规模引进外籍劳工的做法，吉布提政府在该问题上持谨慎态度。吉布提主要民族为伊萨族和阿法尔族，分别占总人口的 60% 和 35%，但均为跨境民族。伊萨族是居住在邻国索马里和埃塞俄比亚索马里州的索马里族的分支，阿法尔族则与埃塞俄比亚阿法尔州的阿法尔族同宗同源，拥有相同文化和语言。在历史上，吉布提境内两族关系相对紧张。[①] 如果吉布提政府放开外籍劳工管制，埃塞俄比亚和索马里两国的索马里族和阿法尔族，势必更大规模合法地进入吉布提。在失业率和贫困率居高不下、底层平民存在诸多积怨的形势下，该政策必然引发民众不满，在政治上形成较大压力。这就在客观上形成桎梏该国发展的循环僵局："资源诅咒"问题导致国内劳动力市场高失业率和高工资并存，并诱发政治寻租；高失业率和政治寻租所带来的民众不满，形成对引进外籍劳工的政治压力；不能大规模引进外籍劳工将使加工制造业无从发展，最终导致高失业率问题难以解决。

20 世纪 90 年代，中国亿万农村劳动力进城务工，形成人类历史上最大规模的人口迁移，并对当时的城市就业和政府管理造成巨大压力，引发较多讨论。但事后来看，农村劳动力进城不但最终与城市本地劳动力有效融合，在就业上形成互补分工的态势，而且通过扩张城市经济活动，增加了城市本地劳动力的就业机会。因此，打破吉布提发展僵局的正确做法恰

---

① Peter J. Schraeder, "Ethnic Politics in Djibouti: From 'Eye of the Hurricane' to 'Boiling Cauldron'," *African Affairs*, 92 (367), 1993, pp. 203 - 221; Mohamed Kadamy, "Djibouti: Between War and Peace," *Review of African Political Economy*, 23 (70), 1996, pp. 511 - 521.

恰是要下定决心，先破除国内政商不分的寻租政治，消解部分政治压力，再主动大规模引入外籍劳工，让更多资本和劳动集聚到吉布提市这个有限的城市空间上；经济集聚所产生的规模经济最终将创造出更多经济活动，为本地劳动力提供更多就业机会。试想，如果吉布提与埃塞俄比亚没有国界，资本和劳动力等经济资源在两地自由互流，两地公民也可自由往来居住，那么从全球城市发展的规律来看，埃塞俄比亚的资本和劳动力必然向吉布提这唯一的沿海城市高度集聚。吉布提市很有可能成为一个具备相当人口规模，而且经济高度发达、产业多元交融的沿海发达城市。

结　语

以招商局集团为代表的中国企业对吉布提的投资给当地带来了巨大的变化。但吉布提的进一步发展也面临存在于大多数非洲历史上被殖民国家的一般性问题。从发展经验与现状上看，非洲许多被殖民过的国家的典型通病是政治不独立，国家发展政策很大程度上受到原宗主国的后续影响；社会两极分化严重，精英阶层与平民阶层分离，社会人力资本流动性差；缺乏长远规划与远见，容易陷入“资源诅咒”，对经济多样化发展缺少进取心。中国企业在吉布提的投资和未来发展都面临一定挑战。但是，我们相信，随着新一轮全球产业转移的加速以及外商投资不断进入非洲，作为非洲门户和全球战略性港口，吉布提有进一步集聚经济资源、发展出有比较优势产业的潜能。吉布提的长期持续发展最终将推动国内政治形态和社会架构的变化，为未来进一步发展成东非乃至非洲重要港口枢纽夯实基础。

从吉埃相依到全球节点：吉布提物流业发展战略研究

〔喀麦隆〕门　杜*

摘要： 吉布提位于一个繁忙的海路节点，是非洲之角的中心。20 世纪 90 年代以来吉布提经济的增长离不开与埃塞俄比亚的密切合作，其中长期的发展战略与愿景也很大程度上依赖于这个非洲之角最大经济体的发展合作需求。中国作为另一个重要经济合作伙伴也越来越为吉布提的发展所倚重。因此，国际观察家给出了很多"警告"，预言吉布提可能会被投资大量基础设施的经济战略所压倒，而且因为与埃塞俄比亚的发展捆绑过多，这种"强迫婚姻"也包括对其他合作伙伴的依赖。本文从非洲自主能动性视角出发，分析吉布提政府的国际合作视野和策略：吉布提并不认为自己受到与中国或埃塞俄比亚不对称关系的影响；相反，吉布提将这种不对称关系综合起来，甚至作为获得能动性的一种手段。考虑到吉布提的国家利益和外交政策主要取决于其当前的环境以及在其领土上的军事利益相关者，本文尝试分析物流业对非洲之角的局势、对吉布提实现其"2035 愿景"计划以及对与中国的合作价值和挑战。

关键词： 吉布提　埃塞俄比亚　中国　非洲能动性　物流业

引　言

吉布提位于非洲东北部亚丁湾西岸，东南与索马里接壤，北接厄立特

---

* 〔喀麦隆〕门杜，北京大学国际关系学院博士研究生。

里亚，西部、西南和南部同埃塞俄比亚毗连。吉布提经济发展主要依赖港口服务业，受世界经济影响大，而且将随着经济全球化和非洲经济一体化进程的加快而加深。尽管吉布提是非洲之角的一个小国，但其重要性不可小觑。其中一个原因是它与该地区面积最大的国家埃塞俄比亚密切的贸易和政治关系。两国的政治经济关系影响着整个非洲之角的局势，在某些方面可以看作是稳定的源泉，是非洲国家间合作的典范。正在计划（或正在建设中）的新基础设施投资，似乎证实了吉布提在该区域的作用及其对埃塞俄比亚的重要性。然而，吉布提还有一系列问题必须解决，以避免局势进一步的紧张，如2014年的水权交易以及吉布提公民权问题。在面临多重困境的情况下，吉布提政府加速推进港口现代化建设，由中国招商局物流集团参与，共同制定了新港口建设发展计划，目前新港口已经在多哈雷地区完成前期建设，开放了部分泊位，可供散货船、滚装船、集装箱船舶靠泊，进行卸货作业。新港口的投入使用将直接解决一大部分依靠港口操作作业生活的劳动人群就业，另外新港口正在招商局的计划下，培养新型现代化装备所需的劳动力。

一　吉布提中长期发展战略：“2035 愿景”计划

2014 年 3 月 30 日，吉布提部长理事会和国民议会通过了一项中长期发展愿景，即吉布提“2035 愿景”计划。它是新的国家规划体系的基础，该计划基于五大支柱：和平与民族团结；善政；人力资本的巩固；经济多样化；区域一体化。该愿景有以下几个重点：其一，吉布提“2035 愿景”计划将制定该国发展的规划；其二，国家法令通过了五年计划，这些法令通过了中期战略方向，并确定了为实现所述中期目标而应采取的主要行动，也就是 2015～2019 年的加速增长与促进就业战略（SCAPE），作为吉布提发展计划的长期愿景的一部分，是实施吉布提“2035 愿景”计划的第一个步骤。SCAPE 战略整合发展政策和方案（包括女性、人口、环境和气候变化、青年、就业、人权等问题），将所有现有的标准统一起来。

在吉布提独立 37 年后，吉布提“2035 愿景”计划是该国提出的第一个长期战略，即通过吉布提社会所有利益攸关方之间的广泛对话，为该国的未来确定一个愿景；其目的是为了应对已显现出来的挑战、人民的愿望和需要。如图1所示，在三个多边伙伴（联合国非洲经济委员会、联合国开发计划署和世界银行）的技术和财政资助下，这一设想是在参与性办法的基础上制定的，反映了各国围绕一个目标达成的共识：使吉布提成为“红海的灯塔并打造地区性的航运商业中心”。①

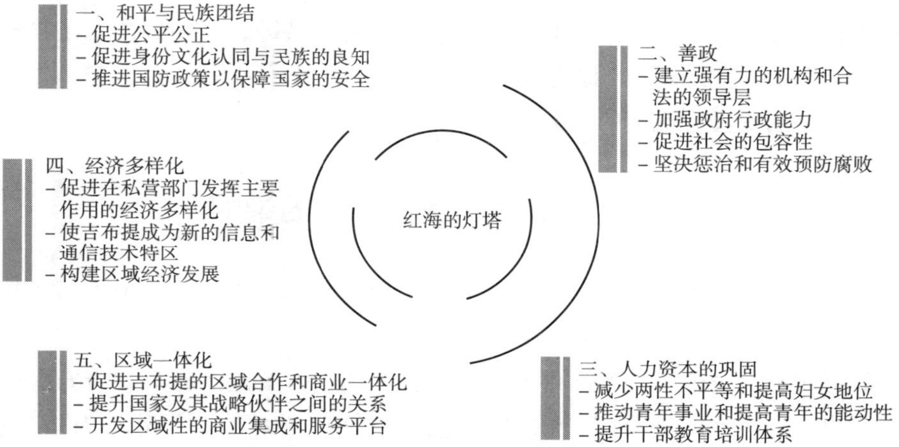
一、和平与民族团结
–促进公平公正
–促进身份文化认同与民族的良知
–推进国防政策以保障国家的安全
二、善政
–建立强有力的机构和合法的领导层
–加强政府行政能力
–促进社会的包容性
–坚决惩治和有效预防腐败
四、经济多样化
–促进在私营部门发挥主要作用的经济多样化
–使吉布提成为新的信息和通信技术特区
–构建区域经济发展
红海的灯塔
五、区域一体化
–促进吉布提的区域合作和商业一体化
–提升国家及其战略伙伴之间的关系
–开发区域性的商业集成和服务平台
三、人力资本的巩固
–减少两性不平等和提高妇女地位
–推动青年事业和提高青年的能动性
–提升干部教育培训体系

图1　吉布提“2035愿景”计划的五大支柱

资料来源：Djibouti Ministry of Economics and Finances，《Vision Djibouti 2035》，December 2014，http：//www. ccd. dj/w2017/wp – content/ uploads/2016/01/Vision – Nationale. pdf，accessed 2020 – 11 – 20。

吉布提将拥有一个港口国功能，其目标是成为“非洲的新加坡”；②这一功能正逐渐地在加强。“项目，更多的项目，总是项目。这是席卷全国的新一轮热潮。……是的，就在这里，在非洲的这个角落，看起来像是一个遥远的美国西部的缩影，”吉布提作家阿布多拉曼·A. 瓦波利（Abdourahman A. Waberi）在书里写道。如今，吉布提政府已经从传统合作伙伴转向更多与中国的合作，因为中国在吉布提投入巨资，特别是资助建设

① Republic of Djibouti，“High – level Development Exchange Launch of ‘Vision Djibouti 2035’，” Outcome Note，World Bank，Djibouti，June 20 – 23，2014，http：//documents. worldbank. org/curated/en/870641468246040913/pdf/916950WP0DJIBO0x385342B00300PUBLIC0. pdf，accessed 2020 – 08 – 10.

② Abdallah Abdillahi Miguil，“Aiming to Be ‘Singapore of Africa’：Djibouti Ambassador to China，” *Global Times*，November 22，2017，http：//www. globaltimes. cn/content/1076737. shtml，accessed 2020 – 06 – 25.

必要的主要基础设施，以实现“2035 愿景”计划，帮助吉布提实现成为“红海灯塔”的目标。[①]中国企业在承担该计划的 14 个主要项目，所需资金达到 89 亿美元。吉布提总统盖莱也赞同中国提出的经济合作提议，因为尽管他想让自己的国家成为“非洲的新加坡”，但他明显缺乏更多选择——没有其他国家愿意为吉布提和亚的斯亚贝巴之间的一条新铁路或一个多用途港口提供资金，或在港口旁边建立一个自由贸易区。正如这位总统自己所说：“只有中国向吉布提提出了长期伙伴关系。”[②] 换句话说，吉布提抓住了其他国家没有给予的机会。

二　吉埃相依关系：强迫的婚姻

埃塞俄比亚仍然是吉布提所有港口设施的主要客户，两国关于多哈雷港口的使用在成本和税收方面频繁争吵。2012 年，埃塞俄比亚调整了行政和管理规章，导致了一场严重的危机——集装箱码头陷入僵局，吉布提为此付出了相当大的代价。[③] 吉布提拒绝埃塞俄比亚对港口设施拥有股权；然而，埃塞最大的外资私人投资集团（MIDROC Corporation）旗下的富豪谢赫·阿拉穆迪（Sheikh Al Amoudi）为老港口大宗装卸设施融资并负责运营。该集团的成立背景是在 1998 年厄立特里亚危机后，埃塞俄比亚需要迅速提高处理能力，即成立该集团来承担世界粮食计划署（World Food Program）等国际伙伴的援助项目的落地，从卸载、包装到发送食品等，特别是通过吉布提为索马里北部和埃塞俄比亚东部的大部分粮食援助需求提供物资，后来该集团也承担埃塞俄比亚其他国际商业伙伴进口化肥和其他大宗货物的服务。

---

① Djibouti Ministry of Economics and Finances, “Vision Djibouti 2035,” 2014, http://www.ccd.dj/w2017/wp-content/uploads/2016/01/Vision-Nationale.pdf, accessed 2020-08-10.

② Francois Soudan, “No One but China Offers a Long-term Partnership in Djibouti: President Guelleh,” Tesfanews, April 11, 2017, https://www.tesfanews.net/president-guelleh-only-china-offers-long-term-partnership-djibouti/, accessed 2020-07-11.

③ United Nations Conference on Trade and Development Report, “The Djibouti City-Addis Ababa Transit and Transport Corridor: Turning Diagnostics into Actions,” UNCTAD, ALDC, June 2018, https://unctad.org/system/files/official-document/aldc2018d6_en.pdf, accessed 2020-06-25.

尽管埃塞俄比亚和吉布提缺乏合资企业，但当埃塞俄比亚开始向吉布提提供水电时，两国经济的相互依赖性发生了变化。迄今为止，吉布提的电力一直是由老化和不可靠的燃油发电机生产的。随着空调对办公室、家庭和工业的运转变得日益重要，电力成本一直是阻碍经济增长的主要障碍。2011 年，吉布提接入埃塞俄比亚电网，缓解了家庭和企业预算压力。虽然水电进口加剧了在经济和政治上对邻国的依赖，但吉布提认为这是值得付出的代价。这对埃塞俄比亚也有多种好处，包括增加出口收入和大幅降低港口的能源成本，其水力发电丰富，会提高埃塞在非洲之角和东部非洲的地位。① 2013 年 1 月，两国签署了一份合同，建设一条从埃塞俄比亚境内 70 公里的水源向吉布提供应饮用水的管道，这是双边基础设施一体化的又一项内容。该项目计划每天运送 10 万立方米的饮用水。

2015 年，埃塞俄比亚货物的运输量占吉布提港口货物吞吐总量的 83%，其中碳氢化合物运输量占 77%，其余的吞吐量才是吉布提市场的进口量。② 因此，吉布提的国家收入与埃塞俄比亚的经济健康状况直接相关，或者至少与后者对出海通道的持续依赖直接相关。同时，吉布提是埃塞俄比亚的脐带，埃塞快速发展的经济所需要的油气能源产品和其他商品都需通过吉布提传递。埃塞俄比亚近 90% 的进出口货物是通过吉布提港中转，虽然这一比例预计在短期内保持稳定，但随着埃塞消费的增长和出口预期的增长，运量预计会增加。然而，吉布提可能会发现自己被这一经济战略压垮。因为这些投资并没有拓宽其国内各领域的发展，相反，吉布提被迫与埃塞俄比亚的命运紧密地捆绑在一起，即所谓“强迫婚姻”。③ 随着吉埃一体化基础设施（integrated infrastructures）的发展，这种相互依存关系进一步强化，并呈现出新的形式：最具象征意义的无疑是吉布提市和亚的斯

---

① Harry Verhoeven, “Black Gold for Blue Gold? Sudan's Oil, Ethiopia's Water and Regional Integration,” Chatham House, June, 2011 http://www.chathamhouse.org/publications/papers/view/175835, accessed 2020-06-25.

② Djibouti Central Bank Annual Report, 2015 Article IV Consultation - Press Release and Staff Report, IMF Country Report No. 16/248, https://www.imf.org/en/Publications/CR/Issues/2016/12/31/Djibouti-2015-Article-IV-Consultation-Press-Release-and-Staff-Report-44123, accessed 2020-06-25.

③ Mahdi Ahmed, “À la Demande en Mariage…Nous Répondons ‘Non Merci’!” Human Village, 2015, https://human-village.org/spip.php/?article157, accessed 2020-08-10.

亚贝巴之间的铁路，这是非洲第一条完全电气化和标准轨距的铁路；另一个具有象征意义的项目是前文提到的2011年开通的电力互联系统，埃塞俄比亚能够向吉布提提供50%的电力；另外，在埃塞俄比亚的德雷达瓦（Dire Dawa）和吉布提市之间修建了一条供水系统，埃塞俄比亚每天免费向吉布提提供10万立方米的水，这更显示了两国今天团结在一起的特别牢固的关系。这些项目都是中国（进出口银行）融资的对象，由中国公司实施。

三　吉布提在国际合作中的能动性

法国里尔天主教大学法学院索尼娅教授（Sonia Le Gouriellec）是长期研究吉布提的专家，她最新关于中国、埃塞俄比亚和吉布提之间建立在经济和政治伙伴关系的研究认为，吉布提并不认为自己受到了与中国不对称关系的影响，反而认为自己是作为项目所在的东道国政府掌握了项目主动权的。① 索尼娅教授认为，这可以从许多方面观察到，比如，盖莱总统利用中国来扩大其活动范围和能力，如针对迪拜的种种举措；同时，还从2019年起积极致力于减少中国对吉布提的影响。② 换言之，虽然暂时表面上看起来是吉布提对中国的依赖增加了，但盖莱总统自2018年以来做出的许多政策表明，他正在努力纠正这种局面：首先，吉布提已与中国重新谈判其金融业务；其次，吉布提与国际货币基金组织密切合作，以更好地管理其债务负担；再次，该国已取消或推迟若干重大基础设施项目；最后，对外伙伴关系更加多元，更积极地吸引沙特等国的资金，与法国、美国一直保持着密切的关系。

2017年和2019年，吉布提曾两次与中国进出口银行重新谈判铁路贷款（金额为4.9亿美元）的条款。2017年11月，其商业贷款转为优惠贷款，宽限期从5年延长至7年（至2020年），偿还期为20年（而不是之

① Sonia Le Gouriellec, "Chine, Éthiopie, Djibouti : Un Triumvirat pour la Corne de l' Afrique?" *Études Internationales*, 49 (3), 2018, pp. 523 – 546.

② Vertin Zach, "Great Power Rivalry in the Red Sea : China Experiment in Djibouti and Implications for the United States," Brooking Doha Center, June 2020, https: //www. brookings. edu/wp – content/uploads/2020/06/FP_20200615_china_djibouti_vertin. pdf, accessed 2020 – 09 – 09.

前的 15 年）。[①] 两年后，吉布提签署了一份谅解备忘录，内容是重组供水管道和铁路项目的贷款（约为 8.14 亿美元）。为了缓解吉布提的债务负担，中国进出口银行同意延长铁路贷款的宽限期和期限（分别从 2020 年延长至 2025 年，从 20 年延长至 30 年），再次降低利率（降至伦敦同业拆借利率 +210 个基点），并调整谈判期间到期的利息。因此，这笔贷款现在占吉布提国内生产总值的 12%，而以前是占吉布提 GDP 的 16%。[②]

这项协议是在突如其来的新冠肺炎疫情之前达成的。虽然目前的全球卫生危机导致二十国集团在 2020 年 4 月达成协议，冻结发展中国家的贷款利息支出至少到 2020 年年底前，但中国政府很可能同意对吉布提债务进行额外重组。

吉布提政府推迟甚至放弃了一些中国准备资助和实施的基础设施项目。例如，2015 年，中国国有企业中国土木工程集团公司（China Civil Engineering Construction Corporation）中标建造新机场，该机场位于吉布提市以南 25 公里的阿里萨比耶区（Ali Sabieh），每年可实现旅客吞吐量 150 万人次和货物吞吐量 10 万吨；另一座机场位于首都北部，靠近奥博克区（Obock），设计每年可实现旅客吞吐量达 77 万人次。这些机场耗资 6 亿美元，预计原本分别于 2018 年和 2016 年建成。[③] 由于吉布提已经债台高筑，这些项目没能实现。2017 年 10 月，政府决定重新招标中国资助的基础设施项目，[④] 2019 年 4 月，由德国开发银行（German Development Bank）牵头的一家欧洲银行财团开始谈判并承接该项目，向吉布提提供 4.2 亿美元

① Jean – Pierre Cabestan, "China's Military Base in Djibouti: A Microcosm of China's Growing Competition with the United States and New Bipolarity," *Journal of Contemporary China*, 29: 125, pp. 731 – 747, DOI: 10.1080/10670564.2019.1704994, accessed 2020 – 08 – 10.

② IMF, "Djibouti 2019 Article IV Consultation – Press Release, Staff Report and Statement by the Executive Director for Djibouti," 2019, https://www.imf.org/en/Publications/CR/Issues/2019/10/23/Djibouti – 2019 – Article – IV – Consultation – Press – Release – Staff – Report – and – Statement – by – the – 48743, accessed 2020 – 08 – 10.

③ Randy Woods, "Two Djibouti Airports Planned, with Chinese Funding," Air Cargo World, January 23, 2015, https://aircargoworld.com/news/two – djibouti – airports – planned – with – chinese – funding – 10237/, accessed 2020 – 07 – 15.

④ Nizar Manek, "Djibouti Re – Tendering Airport Contracts Given to Chinese Company," Bloomberg, October 19, 2017, https://www.bloomberg.com/news/articles/2017 – 10 – 19/djibouti – re – tendering – airport – contracts – given – to – chinese – company, accessed 2020 – 07 – 15.

的优惠贷款。① 迄今该项目尚未达成任何协议。

吉布提政府正试图使经济伙伴关系多样化，以减少对中国的依赖。例如，2017 年 8 月，欧洲第六大建筑集团法国埃法日集团（Eiffage）和西班牙海淡公司（Tedagua）签署了一份合同，在多哈雷多功能码头（DMP）海军基地旁边建造一座海水淡化厂。② 在经济和安全领域，吉布提的主要伙伴之一是沙特阿拉伯。自 2017 年以来，两国之间的战略联盟和安全合作不断加强，但沙特并没有在吉布提开设军事基地。③ 2020 年 1 月，非洲之角包括吉布提在内的国家在沙特首都利雅得签署了旨在加强红海走廊沿线贸易和外交关系的《红海公约》，沙特阿拉伯在该地区的地位得到了巩固。④ 沙特阿拉伯也在吉布提和厄立特里亚的谈判中做出了贡献。沙特阿拉伯通过沙特发展基金向吉布提提供了更多优惠贷款，为基础设施建设提供资金。⑤ 值得一提的是，中东其他国家如科威特、卡塔尔和阿联酋，也通过海湾开发基金向吉布提提供官方发展援助（2000～2017 年为 13.6 亿美元）。⑥ 2019 年 3 月，法国总统马克龙正式访问吉布提，也说明吉布提愿意在伙伴之间保持平衡。马克龙的这次访问显然是为了平衡中国日益增长的影响力，但并没有直接提升法国企业在吉布提的影响力。然而，它确实表明了法国打算重新提升其在吉布提的影响力，以及吉布提与其前殖民宗

---

① Nizar Manek, "European Banks May Fund Djibouti Airport after China Deal Nixed," Bloomberg, April 11, 2019, https://www.bloomberg.com/news/articles/2019-04-11/european-banks-may-fund-djibouti-airport-after-china-deal-nixed, accessed 2020-07-15.

② IDAWater Desalination and Reuse, "Eiffage and Tedagua Clinch Djibouti Desalination Contract," August 30, 2015, https://www.desalination.biz/news/0/Eiffage-and-Tedagua-clinch-Djibouti-desalination-contract/8828/, accessed 2020-07-15.

③ Shaul Shay, "The Strategic Relations between Saudi Arabia and Djibouti," *Israel Defense*, May 9, 2017, https://www.israeldefense.co.il/en/node/29542, accessed 2020-08-10.

④ Ilan Berman and Jacob McCarty, "Here Comes Saudi Arabia's African Offensive," *The National Interest*, March 29, 2020, http://www.ilanberman.com/23992/here-comes-saudi-arabia-african-offensive, accessed 2020-08-12.

⑤ "SFD to Finance Djibouti Infrastructure Projects," *Saudi Gazette*, December 3, 2019, https://saudigazette.com.sa/article/584044, accessed 2020-09-09.

⑥ Jos Meester, Willem van der Berg and Harry Verhoeven, "Mapping the Extent of Gulf Investments and ODA in the Horn of Africa," *Riyal Politik: The Political Economy of Gulf Investments in the Horn of Africa*, CRU Report, April, 2018, https://www.clingendael.org/pub/2018/riyal-politik/4-mapping-the-extent-of-gulf-investments-and-oda-in-the-horn-of-africa/, accessed 2020-08-15.

主国密切的战略、政治和教育联系。这些案例表明吉布提对多种伙伴关系持开放的态度。[①] 同样，吉布提也表现出与美国保持良好关系的明确意图，这得益于美国在其领土上大量的驻军带来的各种安全和经济优势。尽管吉布提与美国关系集中在安全、卫生和教育领域，但也有助于维持吉布提主要外部伙伴之间的平衡。[②]因此，吉布提的国家利益和外交政策主要取决于其紧邻地区的环境，即非洲之角，特别是埃塞俄比亚和阿拉伯半岛，以及在其领土上的军事利益攸关方。

四　从东非之角向大陆纵深发展的愿景：吉埃物流业大通道上的机遇

由于埃塞没有自己的海港，只有内陆港，所以绝大多数货物进出口都需要从吉布提中转，埃塞俄比亚作为东非唯一没有被殖民的国家，发展潜力巨大，从 2014 年以来，中国政府明确与几个非洲国家建立产能合作基本架构，埃塞成为国际产能合作先行重点国家之一。

吉布提主要以港口为主要经济来源。2011 年南苏丹的独立及其对石油出口的依赖，是吉布提和其他地区政治经济精英们提出新的地区愿景的基础。早在 2012 年 2 月，埃塞俄比亚、吉布提和南苏丹就在亚的斯亚贝巴签署了三方谅解备忘录，备忘录概述了在三国间建立一条物流走廊的计划，包括石油管道和平行光缆以及埃塞俄比亚的新铁路网。此后，三方又在吉布提和亚的斯亚贝巴举行了跟进会议，宣布了一个投资 30 亿美元的管道项目。[③] 迄今该项目的细节仍不清楚，除了宣布筹备工作外，项目在政治、财政和后勤方面仍存在一些障碍。埃塞和吉布提签署此项愿景计划，在一

---

① Marc Semo, “Emmanuel Macron en Visite à Djibouti, où l' Influence de la France Recule Face à la Chine,” *Le Monde*, March 12, 2019, https: //www. lemonde. fr/afrique/ article/2019/03/12/emmanuel – macron – en – visite – a – djibouti – ou – l – influence – de – la – france – recule – face – a – la – chine_5434898_3212. html, accessed 2020 – 07 – 15.

② US Embassy in Djibouti, “US – Djibouti Relations,” https: //dj. usembassy. gov/our – relationship/, accessed 2020 – 08 – 14.

③ “Oily Alliance,” *Capital Ethiopia Newspaper*, October 8, 2012, http: //www. capitalethiopia. com/index. php? option = com_content&view = article&id = 1763: oily – alliance – &catid = 35: capital&Itemid = 27, accessed 2020 – 09 – 17.

定程度上反映了对南苏丹油田竞争路线的担忧，因为朱巴—肯尼亚走廊（Juba - Kenya Corridor）已经在拟议当中，终点站是肯尼亚海岸拉穆（Lamu）的一个新深水港。① 鉴于巨大的融资需求，这些项目在短期内难以施行或产生直接的效益。如果得以建设和经营该项目，吉布提—埃塞俄比亚—南苏丹轴线将强化吉布提与埃塞俄比亚的互相依存关系，也同样将更加广泛地促进区域一体化。它还将提高近期在双边石油供应、水电基础设施和拟议的埃塞俄比亚北部至吉布提的铁路和基础设施方面的投资。②因此，南苏丹的石油管道是最终与肯尼亚合作（朱巴—拉穆），还是由埃塞和吉布提获得机会来建成朱巴—吉布提管线，是东北部非洲区域国家之间的竞争，而埃塞和吉布提更紧密的一体化则成为胜出的一个关键因素。埃塞俄比亚和吉布提也签署了谅解备忘录，建设将埃塞俄比亚天然气输送至红海州运输终端的管道，吉布提投资40亿美元修建天然气管道。该谅解备忘录还包括在靠近索马里边境的大马角（Damerjog）建造一个液化厂和一个出口码头。

2015年3月之前，吉布提当地注册的清关公司共计有150家左右；2015年3月，吉布提发布新的经济法，不允许外资成立清关公司，且船代公司需与清关公司分离，不可使用同一家公司注册名称。该法律颁布后，吉布提关闭了外来66家清关公司，并终止了其清关服务。目前吉布提的清关公司约150家，很多清关公司规模非常小。吉布提的清关公司有三种，第一种是实力相对雄厚的清关公司，占比为10%左右，主要为原来船代公司中剥离出的清关公司，业务量稳定，业务熟练；第二种是运输公司或某些企业设立的清关公司，占比为20%～30%，这类公司业务能力一般，效率一般，业务量相对较少；第三种公司为个人成立的清关公司，占比较大，这类公司的法人一般都是以前在第一或者第二种公司内任职的清关人员，接零散活较多，不能承接大型项目的清关工作，但是在小问题的处理上比第一、第二种公司要尽心尽职，灵活多变，与

① Tesfa - Alem Tekle, "African Development Bank Finances Lamu Road Corridor Project," *Sudan Tribune*, 2012, http://www.sudantribune.com/African - Development - Bank - finances, 42520, accessed 2020-08-19.

② Neil Ford, "Djibouti's Massive Boom in Transport Infrastructure," *New African Magazine*, April 22, 2020.

此类公司合作需要严格把控风险。

吉布提和埃塞俄比亚同其他非洲国家一样积极参与“一带一路”倡议，与中国政府合作签订并实施了关于基础设施建设、能源、医疗、交通等各方面的项目。截至2018年年底，中国对埃塞直接投资流量达到3.41亿美元，直接投资存量为25.68亿美元，已连续多年成为埃塞最大贸易伙伴和最主要的外资来源地。中国在吉布提投资的项目主要涉及港口、交通、电力、通信、金融等，其中吉埃铁路总投资超过40亿美元（由吉埃两国拥有铁路的所有权），新港口的建设投资超过5亿美元，天然气项目投资25亿美元。目前正在实施的大型项目有吉布提新港项目、埃吉输水工程、吉布提最大能源项目——天然气工程、吉布提自贸区项目等。

目前，越来越多的中资单位倾向通过第三方物流公司实现物流过程的有效管理控制。物流的发展与工程项目的发展息息相关，通过招投标的形式，越来越多的第三方物流企业取代了企业内部自己承担的物流工作。工程项目主导方选定物流合作企业，通过建立自己的物流管理部门，直接管理第三方物流公司，控制整个物流流程，了解货物实时流通动态，高效管理物流过程，以达到控制整个项目进度的目的。吉布提本身作为一个港口国家，物流资源正在不断增加：交通网不断完善、运输方式多样化、物流装备更加先进、运输能力不断提升，这些优势将越来越明显，为工程项目提供的物流服务发挥越来越大的作用。

五　吉埃物流行业本身的结构性问题与挑战

物流资源不足是首要问题。如上文所说，吉埃物流主要依赖公路运输，而埃塞至吉布提段的公路运输主力在埃塞，埃塞车辆供给受政府物资的发运影响，在政府物资集中到港的情况下，这一区域的运输车辆远远不能满足市场需求；现场装卸货所需机械缺乏，导致车辆集中到达目的地不能及时卸货，产生压车费；同时，港口装车设备不足，设备落后，也会产生压车费，且容易产生货损。

第二个问题是收付款方式不便利。吉布提工程项目的结算大多使用美金结算，主要原因是吉布提法郎兑美元的汇率10年来一直保持稳定，不会存在太多问题；但是埃塞俄比亚的工程项目一般采用美元和比尔按照比例付款，甲方的支付方式直接影响到物流企业的结算方式，通常项目结算的美元和比尔的付款比例为1∶1，所以很多物流企业在消化比尔的问题上很难找到突破口。目前有一些工程项目在招投标的标书中明确规定了比尔和美元的付款比，并规定必须能接受此方式的公司才可投标。

当地员工素质不高是第三个问题。为了降低操作成本，海外物流最好是使用当地人员，为此，外国公司必须本土化、落地生根。但是吉布提目前港口工作人员总体素质低，没有良好的业务能力，在物流操作的各个环节极易产生各种各样的问题。相信随着新港培训制度的建立，这个问题会逐步得到改善。

六　影响物流业发展的区域政治及吉布提国内因素

过去15年来，吉布提战略选择的变化受到四个因素的推动：1998～2000年埃塞俄比亚与厄立特里亚战争，埃塞俄比亚经济快速转型，“9·11”事件以来美国在非洲和阿拉伯半岛战略的转变，亚丁湾和索马里沿海海盗活动的激增。

20世纪90年代开始，吉布提政府与法国都担心吉布提北部阿法尔人发生叛乱。2001年，反叛阵线的一些成员与当时的执政党——争取进步人民联盟（Rassemblement Populaire Pour le Progrés，RPP）联手成为总统多数派联盟（Union pour la Majorité Présidentielle，UMP）。埃塞俄比亚境内亚的斯亚贝巴—吉布提公路（或称“亚吉公路”）沿线的阿法尔州（Afar）境内，当地阿法尔部落与相邻索马里州伊萨（Issa ）部落间多次发生暴力冲突，阿法尔州官员指控邻国吉布提政府、“伊萨－古古拉解放阵线”（Issa－Gurgura Liberation Front）及“提格雷人民解放阵线”（TPLF）等组织煽动冲突，导致阿法尔州当局宣布关闭本州境内的亚吉公路。2019年，埃塞俄比亚东北部阿法尔地区的抗议者封堵了本国通往海洋的主要通道，目的是抗议不断升级的国家暴力。这直接导致连接埃塞俄比亚和吉布提的高速公路被封锁，物流大道停止运营。

吉埃合作也加剧了一些区域紧张局势。例如，2008年厄立特里亚和吉布提在杜梅拉（Ras Doumeira）边界发生冲突。吉布提和埃塞俄比亚经常被视为独裁政权（埃塞俄比亚的奥罗莫问题、吉布提“阿拉伯之春”引发的两次抗议），① 因此也有人评论吉埃合作实际是对两国国内问题的视线转移，是处理民众对局势不满的一种方法。两国之间仍有一些悬而未决的问题，将来可能引发一些严重的紧张局势。吉埃之间“水政治”被认为可能也是隐患之一。吉布提急需的水资源可能成为当前两国关系中最大的分歧之一。2014 年，埃塞俄比亚与吉布提签署了一项为期 30 年的协议，使吉布提能够从埃塞俄比亚—索马里地区（距离吉布提边界约 100 公里）免费抽取地下水资源中的淡水——吉布提每天可获得 10.3 万立方米的供水。然而，双方对于该项目本身如何影响双边关系的认知却出现了很多分歧。有人指出，协议没有公开讨论，在正式宣布之前一直保密，埃塞俄比亚貌似不会从中获得任何经济利益；另一些评论认为，尽管埃塞俄比亚为了确保长期可靠的港口服务而签订该协议，但这些服务并不是免费的，吉布提从中获益良多，因此“任何一方都不希望得到免费服务或礼物”。

殖民地时期以来，吉布提国内政治面临的主要问题是社会现实与正式制度不匹配，即表面上的民主选举制度并不真正代表广大民众的利益。直至 21 世纪 20 年代，阿法尔人和伊萨人之间的冲突仍然是殖民统治时期问题的延续，国家财富依然被少数人占领。享有社会、经济和政治特权的阿法尔族和伊萨族之间存在的差距，成为影响两个部族之间甚至整个国家稳定的关键因素。族群冲突是因为无法在族群之间取得权力平衡，导致更严重的冲突爆发，两个族群就此陷入无法解决的僵局。

关于爆发种族冲突的相关理论中，比较有说服力的是相对剥夺理论（relative deprivation theory）及水平不平等理论（horizontal inequality theory）。② 前者的前提是对两个族群之间的财富和资产分配明显存在着可比性。它是一种通过相互比较来衡量个人、群体、社区、国家等的社会经济地位的方法。通过比较可知，在国内生产总值（GDP）增长和冲突爆发之

① Mesfin Berouk, “Elections, Politics and External Involvement in Djibouti,” Institute for Security Studies, April 2011, https://www.files.ethz.ch/isn/140558/15Apr11Djibouti.pdf, accessed 2020-09-25.

② Gudrun Ostby, “Polarization, Horizontal Inequality and Violent Civil Conflict,” *Journal of Peace Research*, 2008, Vol. 45, No. 2, pp. 143-162.

间具有正相关关系，原因是 GDP 增长越快，内在不平衡越明显，民族冲突就越有可能爆发。[①] 水平不平等理论主要的论点是，阶级的贫富不平等难以成为引发族群冲突的一个重要因素，除非这种不平等与个人认同的民族界限普遍吻合。因此，不平等如果与族群界限相一致，冲突可能会增加，也就是说暴力是族群冲突而非个人之间的冲突。[②]

吉布提当前的政治局势困境，还有三个主要因素。其一，除了传统的阿法尔与伊萨部落矛盾，又出现了新的问题，即来自索马里的人口中除了伊萨族以外，还有伊萨克族（Issak）、加达布西族（Gardabursi）和达鲁德族（Darod）等，他们一直对目前的政治制度不满。不满的主要原因是认为政府对阿法尔族和伊萨族之间的关系存在偏见，而且缺乏敏感度。卡达姆（Mohamed Kadamy）认为，如果阿法尔族和伊萨族之间的紧张关系趋于平缓，那么宗族内部的问题将是吉布提即将面临的主要问题之一。[③] 这显然是索马里国内问题的外溢，随之而来的不稳定与不同背景的难民成为对吉布提局势的影响因素。

其二，作为一个西方大国打击恐怖主义和海盗活动的离岸地，吉布提的国际重要性日益增加，同时吉布提还是埃塞俄比亚对外经贸联系休戚与共的国家。所有这些因素都为吉布提提供了巨大的机会。然而，吉布提近年来为适应区域和国际双重发展机遇进行的重要战略和经济变革，尚未与吉布提的政治改革相匹配。高度个人化、以政治庇护制度为基础的政体反映了这个国家的社会和经济现实状况。精英（包括受过良好教育和高薪的公务员），加上小企业阶层主要靠外贸维持生计。

失业和通胀率以及再分配问题都有可能引发吉布提国内更多的冲突。各族群在生活资料分配上的差异，已经导致了各族之间的经济不平等和弱

① Gudrun Ostby, "Polarization, Horizontal Inequality and Violent Civil Conflict," *Journal of Peace Research*, 2008, Vol. 45, No. 2, p. 156.

② Duclos Jean-Yves, eds., "Polarization: Concepts, Measurement, Estimation," *Econometrica*, 72 (6), 2004, pp. 1737 – 1772; Ted Robert Gurr, *Peoples Versus States: Minorities at Risk in the New Century*, Washington DC: United States Institute of Peace Press, 2000; Murshed, S. Mansoob and Scott Gates, "Spatial – Horizontal Inequality and the Maoist Insurgency in Nepal," *Review of Development Economics* 9 (1), 2005, pp. 121 – 134.

③ Mohamed Kadamy, "Djibouti: Between War and Peace," *Review of African Political Economy*, Vol. 23, No. 70, December 1996, pp. 511 – 521.

小族群的相对剥夺感。①

其三，吉布提2010年4月以议会宪法修正案的方式，取消了总统连任次数限制，规定总统由直选产生，参选年龄上限为75岁，每届任期五年。这项修正案的通过，使盖莱总统于2011年在没有竞争对手的情况下第三次当选，挫败了反对党的预期。此时刚好赶上“阿拉伯之春”，吉布提人纷纷走上街头抗议政府，发泄对于政府幻想破灭的不满。吉布提政府对抗议活动采取了激烈的反制措施，矛盾被压制下来，但是吉政府必须意识到重新爆发族群冲突的可能性很高，然而执政者似乎一直认为这些冲突在消退。正如卡达姆认为，只有实现各族群的民主竞争，才能够恢复族群的平衡。②

扩大国家政治合法性和促进经济发展与解决尖锐的社会经济不平等的努力密不可分。虽然公务员和商界精英享有高收入，但吉布提经济增长的同时却伴随着非常低程度的经济多样化，主要原因在于对港口的高度依赖性和外国军事基地不断飙升的租金未能创造更多新的就业机会，普罗大众受益微乎其微。教育水平仍然很低，国际货币基金组织（IMF）最新的吉布提国家报告指出，尽管经济有所增长，但少数精英独享高收入的增长红利现象严重，二元经济的负面影响加剧。③ 绝大多数吉布提人维持着不稳定、边缘化的生活。大多数吉布提人依赖非正规部门（informal sector）即非注册的小型或微型的生产、服务型企业，而正规部门的增长在很大程度上与港口活动密切相关，但也同样受制于埃塞俄比亚的经济发展趋势和政策稳定。三分之二的吉布提人仍然生活在相对贫困中。④ 普通吉布提人生活成本持续增高，特别是电力、进口食品和其他商品的生活成本高，包括卡特草都从埃塞俄比亚进口，是消费支出的关键组成部分。

---

① Gudrun Ostby, “Polarization, Horizontal Inequality and Violent Civil Conflict,” *Journal of Peace Research*, Vol. 45, No. 2, 2008.

② Gudrun Ostby, “Polarization, Horizontal Inequality and Violent Civil Conflict,” *Journal of Peace Research*, Vol. 45, No. 2, 2008.

③ IMF Country Report, “Djibouti: Poverty Reduction Strategy Paper – Annual Progress Report,” No. 12/131, http://www.imf.org/external/pubs/ft/scr/2012/cr12131.pdf, accessed 2020 – 10 – 22.

④ Economist Intelligence Unit, “Djibouti Country Report,” various issues, https://store.eiu.com/product/country – report/djibouti, accessed 2020 – 10 – 22.

结论：　吉布提物流业发展前景与中国企业的策略

在非洲之角区域内，与埃塞俄比亚更紧密的基础设施建设和经济发展上的整合似乎为吉布提的经济增长提供了相对安全的基础。由于厄立特里亚仍处于孤立状态，通过埃塞的德雷达瓦（Dire Dawa）升级现有的铁路连接，再加上吉布提北部港口塔朱拉港（Tadjourah）的发展，未来多哈雷集装箱压力和石油码头拥挤的道路走廊的压力将减轻。塔朱拉港（Tadjourah）的发展也会在吉布提北部创造就业。对于已经开辟了吉埃物流走廊的中资企业而言，充分考虑学习和吸收次区域非洲国家自己的发展规划，建立一个更广泛的“次区域走廊”，也就是吉布提通过管道经由埃塞俄比亚与南苏丹相连，是值得考虑的发展思路——长远目标甚至应该对准由吉布提向西部非洲直接建立互联互通通道。

这是因为，在未来几十年里，吉布提很可能面临重建后的厄立特里亚港口和索马里的伯培拉港口之间日益激烈的竞争。然而，考虑到最近在港口设施和与埃塞俄比亚相关的基础设施方面的投资，吉布提已经建立了比这些区域竞争对手更大的成本和能力优势。假如埃塞俄比亚北部的经济增长加快，厄立特里亚的政策最终会转变并逐步融入东非区域经济中；吉布提在未来10年左右仍将是埃塞俄比亚对外贸易的主要渠道。吉布提作为区域物流中心，已经显示出吸引了海湾阿拉伯国家大量外来投资的区位优势；这反过来加强了其作为非洲－阿拉伯贸易联系渠道的作用，尤其是对于迪拜和索马里企业家，包括埃塞俄比亚东南部的企业家。金融部门的改革，可以加强其作为次区域组织东非政府间发展组织（Inter Governmental Authority on Development，IGAD，译为“伊加特”）内部贸易中心和东部与南部非洲共同市场以及通往阿拉伯半岛的通道的作用，平衡对埃塞俄比亚贸易的依赖。总之，巩固吉布提作为整个非洲之角地区枢纽的节点位置，由此向外半径式建设更稳定、更加支撑生产企业与基础设施联系在一起的物流走廊，应该是立足于吉布提发展的中资企业百年事业的重要基石。

国际物流企业进入当地物流市场往往是跟随工程项目进入的。绝大多数物流公司在海外发展过程中很难在同一地区或国家长期稳定发展，这跟国际工程物流的属性相关。如何在一个地区或国家长期扎根，稳步增长物流业务量，成为未来物流企业需要思考的问题。所以，尽可能本土化发展是未来国际物流发展的一个基本战略思想。

国际工程物流在海外运营管理时往往需要考虑人员派遣和成本控制的问题，本土化发展战略可以解决这一问题。物流企业通过培训和培养所在国本土的劳动力，使其了解本企业物流经营模式，增长相关运营操作经验，以期完成企业在海外工程物流方面的操作，甚至可以进行海外物流独立的管理和开发工作，有效控制成本，从而实现利润最大化。吉布提拥有314 公里的海岸线，吉布提的重要性是通过其港口活动来衡量的，这恰恰是法国在 19 世纪末建立吉布提港口的原因。今天，中国在吉布提投入资金，特别是资助建设必要的基础设施，帮助吉布提 2035 年实现成为“红海灯塔”的目标。

参与吉布提物流基础设施的建设对中国来说有两个好处：满足其获取资源（主要是南苏丹石油）和市场的需要，① 以及寻找其财政储备的目的地，但最重要的是巩固与吉布提的战略伙伴关系。通过对吉布提物流业发展历史和战略以及影响因素的分析，本文认为，目前在吉布提运作的中国物流企业多数只是参与整个物流环节里面的一段，对物流整个过程的管理集中在自己所负责的区段内，对本企业责任范围外的物流过程不能有效管理，这导致货物安全性无法保障，物流在途时间拉长的现象时有发生。目前在吉—埃区域工程物流领域，很难有哪一家公司能消化所有大型工程物流项目，往往需要多方合作，物流企业的横向一体化发展显得尤为重要。随着国际工程物流发展日趋成熟，一体化发展将凸显其重要性。一体化发展的战略思想要求企业的发展要兼顾纵向一体化和横向一体化。纵向一体化能实现物流企业对上游和下游的控制，综合制定最精准的物流计划，实现门到门物流把控，节省物流时间和成本；横向一体化通过联合或合并同行竞争企业，更出色高效地完成自己的物流服务，也能增加企业的竞争力，在当地市场占据主导地位。

① Arduino Alessandro, *China's Private Army: Protecting the New Silk Road*, Palgrave Macmillan, 2018.

从建设农场到投资经营：内战后中安农业合作研究*

何书忱**

摘要：2002 年安哥拉内战结束后，安哥拉政府利用中方提供的贷款和中国企业以总承包方式建设的 7 个大型综合性农场项目，对促进安哥拉农业发展、助力其经济多元化转型，取得了一定效果，并为后续中国企业投资安哥拉农业奠定了基础。然而，由于双方缺乏农业合作经验和对农场长远发展的规划，加之安哥拉政权的更迭，这些农场未能完全达到最初预期，中方团队移交项目后，安方未能继续经营。2016 年以后，中国与安哥拉农业合作转向以中国企业的商业化投资为主，并积极融入当地社区、提供工作岗位、助力安哥拉粮食安全。由于农场规模比较有限，尚无法对安哥拉经济转型产生重大影响，但这种合作方式前景良好，如果能扩大规模并积极与当地小农户开展合作，则有望通过技术培训与合作、设备提供、市场接轨等方式，促进安哥拉维生农业的商业化，进而让农业对安哥拉整体经济转型做出贡献。

关键词：安哥拉　农业合作　经济转型　中国

---

* 本文从选题、文献阅读、采访、论文写作等方面都得益于北京大学非洲研究中心刘海方老师的悉心指导。感谢相关农场的管理者与技术人员的支持，并感谢王克全先生、陈望远先生、张建强先生、徐俊先生、刘文路女士的帮助。感谢安哥拉学者 Carine Kiala 女士和中国农垦集团有限公司管善远先生的指导，使笔者从不同视角加深了对安哥拉乃至整个非洲农业发展的认识。

** 何书忱，普林斯顿大学国际与公共事务专业本科生。

引　言

安哥拉土地肥沃，河流密布，发展农业的自然条件良好。全国可开垦土地面积约为 3500 万公顷，目前耕地面积约为 350 万公顷，牧场面积 5400 万公顷。海岸线长，渔业资源丰富。葡萄牙殖民时期农业发达，不仅自给自足，还可出口，咖啡产量居世界第 4 位，被誉为“非洲粮仓”。殖民统治结束后，安哥拉内战持续 27 年，农业基础设施和生产遭受严重破坏，人均粮食产量从 20 世纪 60 年代的 100 公斤左右下降到 90 年代的 20 多公斤，2002 年内战结束后农业生产有所恢复，但到 2009 年也只恢复到 40 公斤左右，到 2017 年才勉强恢复到独立前水平。①

安哥拉是世界上最依赖石油的国家之一。石油产业占 GDP 的比重在 2002 年内战结束时占到五成左右，② 在 2018 年也占到三成。③ 很多学者认为安哥拉的经济是受到了“资源诅咒”，出售自然资源获得的巨大收益并未带动经济的整体发展，大多数民众没能享受到福利，扶贫、教育、医疗等社会公共项目进展缓慢；巨额收益流入了精英阶层的腰包，腐败滋生，阻碍了民主化的进程。④ 单纯地依赖石油、钻石等初级产品出口导致经济发展愈发不健康，“荷兰病”、国内上下游产业联系不密切等问题更加难以摆脱。⑤ 在财政收入方面，虽然表面上非油收入在逐渐增加，但实际上石油税收占 GDP 的比重仍维持高位，意味着自 2011 年以来政府主导的多元化经济政策尚未取得实质性成效，因而不会表现出经济多元化在税收改革

---

① World Bank，World Bank Open Data，“Agricultural and Rural Development Angola，” https：//data. worldbank. org/topic/agriculture – and – rural – development? locations = AO，accessed 2020 – 09 – 22.

② 刘海方编著《安哥拉》，社会科学文献出版社，2006，第 205 页。

③ 中国驻安哥拉大使馆商务经济参赞处编《2018 安哥拉营商环境指南》，2018 年，http：//images. mofcom. gov. cn/ao/201808/20180821031118551. pdf，最后访问日期：2020 年 9 月 15 日。

④ M. Ross，“Does Oil Hinder Democracy?” *World Politics*，53（3），pp. 325 – 361，quoted from Odd – Helge Fjeldstad et al.，“The Non – oil Tax Reform in Angola：Escaping from Petroleum Dependency?” *The Extractive Industries and Society*，2020，p. 3，http：//www. elsevier. com/locate/exis，accessed 2020 – 10 – 21.

⑤ 〔几内亚比绍〕卡洛斯 · 洛佩斯：《农业在非洲经济转型中的作用》，刘均译，刘海方等主编《非洲农业的转型与南南合作》，社会科学文献出版社，2018，第 17 页。

方面的成果。[①] 要打破安哥拉的“资源诅咒”，让资源财富惠及人民群众，有些人提出要让政府变得透明、高效，从而迫使其将收益用于公共事业；另有学者认为这是不够的，只有进行彻底的社会变革才能让透明、高效的政府服务于大众利益。[②] 从长远角度来讲，唯有真正摆脱单一的经济结构，实现经济多元化转型，才能根治这一问题。[③] 为此，很多人将目光转向农业，提出“把农业作为经济转型的工具”，即利用农业生产力提高的收益促进经济增长方式的转变。

中国与安哥拉开展经济合作始于2002年安哥拉内战结束，以“石油担保贷款”的模式在安哥拉建设大量基础设施项目。内战后的中安农业合作则晚至2009年，依托国家开发银行和中国进出口银行为安哥拉农业部提供的贷款，该贷款不以石油为担保，建设分布于安哥拉全国7个省份的7个大型综合农场。[④] 中方负责开垦土地，建设粮食加工和存储设施，开展人员培训、试种等“一条龙服务”，之后将农场移交给安方。负责建设、管理的主要是中国的国有企业。那时安哥拉内战结束不久、百废待兴，交通不便，卫生、医疗条件落后，疟疾等传染病肆虐，治安环境恶劣，营商环境差，鲜有民营企业主导参与。

自2002年以来，大量国内外学者开始追踪中安经贸合作和外交关系等，特别是“石油换基础设施”的合作模式（有人称其为“安哥拉模式”）。有研究认为与许多其他资源型国家相比，安哥拉通过这种合作模式将自己的利益最大化，并“把劲儿使在刀刃上”，利用大量石油收益来重建经济，[⑤] 树立了地区大国的信心。但也有学者指出，安哥拉方面并不满

① Odd - Helge Fjeldstad et al. , “The Non - oil Tax Reform in Angola: Escaping from Petroleum Dependency?” *The Extractive Industries and Society*, 2020, p. 1.

② Odd - Helge Fjeldstad et al. , “The Non - oil Tax Reform in Angola: Escaping from Petroleum Dependency?” *The Extractive Industries and Society*, 2020, p. 3.

③ 刘海方：《非洲农业的转型发展与南南合作序言》，刘海方等主编《非洲农业的转型与南南合作》，社会科学文献出版社，2018，第4页。

④ 周瑾艳：《安哥拉的农业发展和中国的角色》，刘海方等主编《非洲农业的转型与南南合作》，社会科学文献出版社，2018，第163页。

⑤ Alex Vines, et al. , *Thirst for African Oil Asian National Oil Companies in Nigeria and Angola*, Chatham House, 2009, p. 31, www. chathamhouse. org. uk, accessed 2020 - 10 - 21.

足于这种贷款模式，[①] 后来双方合作的环境和方式发生了彻底改变，2007年以后双方签订的新贷款协议不再以石油为抵押。

国际上将中安双边合作视为热门课题，相关研究成果如雨后春笋般出现；相比之下，国内的相关研究开展比较晚，而且没有单纯从“安哥拉模式”涉及的巨额资金入手，反而颇多关注中安合作对于安哥拉内战后的重建和恢复发展的促进作用，比如，中安农业合作虽然起步比较晚却吸引了很多学者倾注研究力量，并且认为2009年15亿美元非石油担保贷款协议的签署是中安合作的新亮点。[②] 总体而言，中国学者的相关研究成果主要有三类：一是从安哥拉战后重建的视角，系统分析安哥拉以农业发展作为政府核心战略来促进本国经济多元化，并作为主要国际合作领域的政策选择等，比如，刘海方的《从因资源“被诅咒”到以资源求繁荣：新世纪增速最快国家安哥拉发展研究》[③]、刘海方和马婕的《“你们不是我们唯一的朋友”：安哥拉视角看“安哥拉模式”》[④]、周效国和刘海方的《中国与安哥拉经贸合作：进展、现状与前景》[⑤]，等等；二是根据实践经验，介绍安哥拉的农业、气象、土壤特点，以及当地基础设施、农业机械、人员素质的状况，提出筛选种植品种、种子培育、播种技术、解决水源等许多农术，以及遇到的困难问题和对策建议，比如，周继军的《安哥拉马兰热黑石农场农业综合开发存在的问题及对策》[⑥]、李磊的《安哥拉马兰热黑石农场玉米种植密度研究》[⑦]；三是聚焦中国建设的七大农场，分析中安农业合作的优势与机遇、面临的困难与挑战，并展望中安农业合作的未来与方

① 刘海方、马婕：《“你们不是我们唯一的朋友”：安哥拉视角看“安哥拉模式”》，《中国非洲研究评论（2014/总第四辑）》，社会科学文献出版社，2015，第153页。

② 周瑾艳：《安哥拉的农业发展和中国的角色》，刘海方等主编《非洲农业的转型与南南合作》，社会科学文献出版社，2018，第163页。

③ 刘海方：《从因资源“被诅咒”到以资源求繁荣：新世纪增速最快国家安哥拉发展研究》，李安山等著《非洲梦：探索现代化之路》，江苏人民出版社，2013，第720页。

④ 刘海方、马婕：《“你们不是我们唯一的朋友”：安哥拉视角看“安哥拉模式”》，《中国非洲研究评论（2014/总第四辑）》，社会科学文献出版社，2015，第153～167页。

⑤ 周效国、刘海方：《中国与安哥拉经贸合作：进展、现状与前景》，顾学明主编《中国与葡语国家经贸合作发展报告（2017～2018）》，社会科学文献出版社，2018，第78页。

⑥ 周继军：《安哥拉马兰热黑石农场农业综合开发存在的问题及对策》，《现代农业科技》2014年第19期，第329、331页。

⑦ 李磊：《安哥拉马兰热黑石农场玉米种植密度研究》，《现代农业科技》2014年第22期，第26、29页。

向，比如，周瑾艳的《安哥拉的农业发展和中国角色》①、《中国在安哥拉：不仅仅是石油——以中安农业合作为例》② 两篇文章，陈燕娟、秦路、邓岩的《中国对安哥拉农业投资的现状、问题与对策》③，等等，但因为农场总承包项目尚未完全交付，这些成果大多是一些关于农场总体布局的分析，对于农场的具体情况和发展现状鲜有提及。总之，迄今关于中安农业合作的学术成果尚未跟进研究上文提到的农场项目，甚至新闻报道都付之阙如。本文希望填补这个空白，收集中国与安哥拉最新的农业合作实践进展方面的资料，对这几个农场进行跟踪研究，由此观察当前渐成规模的中国农业新投资，并试图对安哥拉内战结束以来中国对安哥拉进行的农业合作效果，及其对农业本身和对宏观经济发展的总体贡献做出研究评价。

受新冠肺炎疫情影响，笔者未能前往安哥拉实地考察，文献研究法是笔者优先使用的方法，即通过联合国粮农组织、世界银行、国际货币基金组织、非洲开发银行、安哥拉农业部和财政部等组织机构的网站，收集梳理相关数据作为分析中国在安哥拉农业介入的基础数据支撑；同时，笔者通过远程视频或者电话采访了曾经和现在负责安哥拉农场总承包项目的国企负责人、农垦专家、在安中国农业民营企业家、农场经理以及安哥拉当地学者等共 10 人，获取了大量一手数据和信息，深入讨论 2016 年以来中国在安哥拉农业发展中发挥的作用。

一　内战后安哥拉的经济发展与转型

2002 ~ 2014 年，国际石油价格稳步提升，从 35.6 美元/桶上升到 106.8 美元/桶，为内战后安哥拉经济重建提供了极佳的客观条件，安哥拉 GDP 同期从 152 亿美元飙升到 1457 亿美元。但是 2015 年至今，随着油价

① 周瑾艳：《安哥拉的农业发展和中国的角色》，刘海方等主编《非洲农业的转型与南南合作》，社会科学文献出版社，2018，第 158 ~ 171 页。

② 周瑾艳：《中国在安哥拉：不仅仅是石油——以中安农业合作为例》，《亚非纵横》2014 年第 5 期，第 30 ~ 45、124、128 页。

③ 陈燕娟等：《中国对安哥拉农业投资的现状、问题与对策》，《对外经贸实务》2012 年第 12 期，第 82 ~ 85 页。

大幅下跌，安哥拉经济亦呈大幅下降趋势，2019 年 GDP 跌至 946 亿美元，人均 GDP 从 2014 年的 5408 美元下降到 2019 年的 2713 美元，降幅约达 50%。2002～2019 年安哥拉 GDP 与世界油价市场之间有极强的正相关关系，图 1 显示出二者的相关系数高达 0.741。正如弗耶尔斯塔德（Fjeldstad）等人的研究，安哥拉政府财政收入仍然严重依赖石油出口，虽然表面上非油产业收入增加，但石油税收占 GDP 比重并未发生太大变化。① 这都反映出安哥拉经济对石油的高度依赖，经济严重单一化，畸形发展，缺乏应对世界石油市场价格动荡的弹性空间。

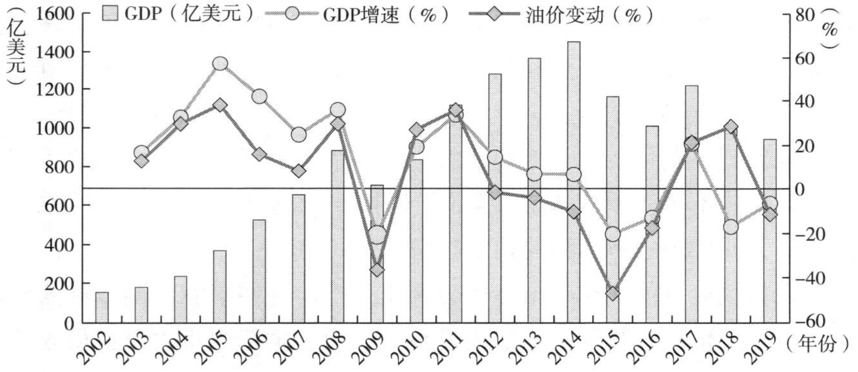

图 1　2002～2019 年安哥拉 GDP 与原油价格变动关系

数据来源：作者根据世界银行《BP 世界能源统计年鉴》（2020）数据自行绘制。

一直以来，实行国家工业化、经济多元化从而实现可持续快速发展的国家，都有赖于农业生产力的提升。近些年新兴市场国家如中国、印度和巴西都是如此，而更早的发达国家如英国也是如此。因此，很多学者认为，安哥拉乃至整个南部非洲要实现经济转型，就要从提高农业生产力开始。联合国非洲经济委员会前任总干事卡洛斯·洛佩斯就指出，要利用提高农业生产率带来的收益实现经济结构的快速调整和增长方式的转变。他强调，农业生产率需要从商业化农业而非维生农业（subsistence farming）来提高，即农产品需要和市场接轨，且完成农业转型的标志是农业生产率

① Odd－Helge Fjeldstad et al.，"The Non－oil Tax Reform in Angola：Escaping from Petroleum Dependency?" *The Extractive Industries and Society*，2020，p. 1.

持续提高20～30年，大部分农民收入也持续提升。[①]

实际上，自内战结束释放了农业发展的可能性，特别是2008年金融危机、2009年油价大跌暴露了单一产品在世界市场上的脆弱性以来，安哥拉政府就意识到经济多元化对可持续发展的重要意义，加快了多元经济结构的调整工作，特别是在农业发展方向方面，2010年安哥拉出台了《农村发展与减贫的综合战略》，在2013～2018年国家发展战略和2018～2022年国家发展战略中，安哥拉政府都明确将经济转型发展作为主要方向，而农业在其中的作用则是重中之重。[②]

安哥拉自然禀赋极佳，农业以从事维生农业的家庭农场为主，其产出占到总产量的80%以上，占有的耕地更是达到了90%以上，[③] 但生产方式非常原始，效率较为低下。因此，安哥拉需要现代化的农业技术和资金支持来提升家庭农场的农业生产力，并丰富产业形态，比如养殖、加工等；同时还要实现商业化转变，将其纳入市场体系当中（现在很多农户因产量低、基础设施不足等原因未能接轨）。这样才能达到洛佩斯所言的农业生产率提高，并实现经济结构的调整与增长方式的转变。

安哥拉政府目前正在与国际社会合作来推动这些事宜。西方国家和联合国、欧盟、世界银行等国际组织以小型农业为主，为小农户提供农业技术培训或者小额贷款，从而提高农作物单位产量和生产效率，并试图将他们引入市场。[④] 现在很多安哥拉农民的做法是两三户人家注册一个小合作组，从而获得此类贷款支持，因为单户很难申请到贷款；相比之下，巴西、中国等国家的农业合作以支持建设种植、仓储、加工一体化的大型综合农场项目为主，拥有高度机械化的灌溉种植、配套仓储和加工设施，并为更多农民提供就业岗位，拉动相关产业链的发展。长远来看，两种模式

① 〔几内亚比绍〕卡洛斯·洛佩斯：《农业在非洲经济转型中的作用》，刘均译，刘海方等主编《非洲农业的转型与南南合作》，社会科学文献出版社，2018，第6页。

② Governo De Angola, *Plano de Desenvolvimento Nacional 2018－2022*, Vol. 1, 2018, pp. 47－49.

③ Ministerio Da Agricultura E Florestas, *Relatorio De Resultados Da Campanha Agricola*, 2019, pp. 14－18.

④ Agencia Angola Press, *EU Releases EURO 12 Million for Resilience Programmes*, June 19, 2019, http://www.angop.ao/angola/en_us/noticias/sociedade/2019/5/25/releases－EURO－million－for－Resilience－Programmes, ad446fec－5023－4d63－bf9f－236f5bd34b6c.html, accessed 2020－07－25.

各有千秋，其共存也符合安哥拉社会和农业发展的实际需求：安哥拉既需要发展大型现代农业生产、实现商业化并进行大型规模生产所需要的基础设施建设，同时也需要提升占农业主体地位的小农生产水平。两种模式如何互补并联动是当下和未来一段时间安哥拉农业发展的重要议题。

近十年来，虽然安哥拉经济对于石油依赖的基本面尚未从根本上得到改变，但是安哥拉提高农业生产率和推动经济多元化的努力收获了一定成效。比如，随着交通、电力等基础设施的完善，更多农民得以进入市场；在国际社会的帮助和合作下，更多农户利用小额贷款引进了农机、化肥、种子，提升了生产力，农业占 GDP 比重提升到了 10% 以上，而包括建筑业、工业在内的非油行业所占 GDP 比重也有所上升。

二　内战后中安农业合作

内战后中安农业大规模合作始于 2009 年，可以分为两个阶段：第一阶段是中方提供贷款援助，并由中国公司总承包建设和运营农场的阶段；第二阶段是市场化商业合作阶段。

（一）第一阶段：大型综合性农场项目

2010～2015 年，中国的国家开发银行和中国进出口银行分别向安哥拉提供了 15 亿美元和 0.68 亿美元的贷款，不以石油做担保，主要用于农业领域。

1. 项目由来与具体合作内容

2010 年 11 月，时任国家副主席习近平访问安哥拉，安方希望中国更多参与在农业、制造业、人员培训、科研等领域的合作和投资，两国签署了《中华人民共和国和安哥拉共和国关于建立战略伙伴关系的联合声明》，双方将在前期合作项目的基础上，鼓励包括农业在内的多领域更深入合作，农业合作的主要内容是农业基础设施建设、技术和人才培训，以及信贷支持。中国的国家开发银行与安哥拉财政部签署了宽多—库邦戈水稻项目和马兰热农业项目的贷款协议。[①] 2014 年 5 月李克强总理访问安哥拉期

① 中国驻安哥拉大使馆经济商务处：《罗安达和北京加强双边关系》，2010 年 11 月 26 日，http：//ao. mofcom. gov. cn/aarticle/sqfb/201011/20101107270310. html，最后访问日期：2020 年 9 月 15 日。

间，中国进出口银行与安哥拉财政部签署了《安哥拉库茵巴综合农场项目贷款协议》。① 2012～2014 年还分别签署了国家开发银行贷款项下的威热农场等 4 个农场的协议。7 个农场项目是由安方统一规划，同时启动招标谈判。所有农场的建设方案由参加竞标的中国公司组织多家中国国内设计院、农科院完成之后提交给安方审核确定。根据项目融资和预付款到位的进度，承包方开始启动项目建设。

农场项目采用工程建设常用的 EPC 总承包方式，安哥拉国有农业公司伊斯戴尔公司（Gesterra）代表安哥拉农业部作为业主并派出项目监理，②中国国开行提供 15 亿美元一揽子贷款，由安方确定具体 6 个项目的贷款规模，中国进出口银行提供 1 个项目的 0.68 亿美元的贷款。中信建设、中工国际、中国电子等国有企业通过竞标作为总包方负责农场的规划、设计、建设和试运营，项目合同期 60～66 个月不等，合同内容初期主要包括荒地开垦，水利及农田灌溉设施建设，配套基础设施建设，农机设备供应，仓储与加工设施建设，肉、蛋鸡、淡水养殖场以及农场相关技术和管理人员的培训等。后经双方协商，合同加入了粮食作物种植，种植和试运营期间收获的粮食全部交给安方，并相应调减了部分基建设施。③

项目建设和种植、试运营过程中，3 家国有企业都与中国国内专业化农业企业和科研院所开展了合作，邀请专业团队参与整个项目的实施，例如，中信建设邀请新疆建设兵团和安徽荃银高科、中国电子邀请黑龙江农垦、中工国际邀请安徽荃银高科和江苏江洲农业等。项目的资金由业主按照合同先期支付 15% 的预付款，剩余 85% 根据项目进度和完成的工程量分阶段支付，经安哥拉项目监理确认，农业部、财政部审核后，由银行直接支付给总承包方。从 2011 年中信建设中标总包承建马兰热省黑石农场开始实施，到 2019 年 12 月 10 日中工国际承建扎伊尔省库茵巴综合农场项目收到业主安哥拉农业及林业部颁发的最终验收证书，第一阶段的 7 个农场合作历时八年（见表 1）。

① 中国驻安哥拉大使馆经济商务处：《中国进出口银行与安哥拉财政部签署三份单项贷款协议》，2014 年 5 月 14 日，http：//ao. mofcom. gov. cn/article/sqfb/201405/20140500590708. shtml，最后访问日期：2020 年 9 月 15 日。

② 周瑾艳：《安哥拉的农业发展和中国的角色》，刘海方等主编《非洲农业的转型与南南合作》，社会科学文献出版社，2018，第 164 页。

③ 信息来源于 2020 年 8 月 26 日对中工国际的线上采访。

表 1　2002 年安哥拉内战后中安大型农场合作项目一览

序号	农场名称	位置	承建公司	开始时间	完成时间	投资（百万美元）	农场规模（公顷）	经营内容	协作单位
1	黑石（blackstone）	马兰热省	中信建设	2011	2016	160	12580	玉米、大豆	新疆建设兵团
2	桑扎蓬勃（Sanza Pombo）	威热省	中信建设	2012	2016	87.5	1050	水稻、养牛	荃银高科
3	隆格（Longa）	宽多—库邦戈省	中工国际	2012	2017	77.6	1500	水稻	荃银高科
4	卡玛库巴（kamakuba）	比耶省	中工国际	2012	2017	88.64	4500	玉米、大豆	江洲农业
5	库茵巴（Cuimba）*	扎伊尔省	中工国际	2015	2019	68	3000	玉米、大豆	荃银高科，江洲农业
6	嘎马洋葛拉（Camaiangala）	墨希科省	中国电子	2011	2017	79	5000	玉米、大豆、养殖	黑龙江农垦
7	芒哥特（mangott）	库内内省	中国电子	2014	2019	85.5	5000	水稻	黑龙江农垦

资料来源：周瑾艳：《安哥拉的农业发展和中国的角色》；此外，嘎马洋葛拉、芒哥特农场规模的数据，笔者根据对中国电子工作人员的采访做了修改，两个农场最初合同规定开垦 5000 公顷，实际开垦 1000 ~ 1100 公顷。合同执行时间、经营内容和协作单位根据 2020 年 9 月 2 日对中国电子的线上采访加以补充完善。

* 笔者访谈得知，2014 ~ 2016 年，荃银高科参与该农场的建设和种植工作；2016 年以后，江洲农业参与。江洲农业与荃银高科并无合作关系。

2. **项目的实施与成效**

项目规划建设的7个农场都处于安哥拉比较落后的地区，都是从原始森林、沙地或者沼泽等未开垦过的荒地从零开始，因此起步阶段异常艰难。中方总承包企业以及负责实施农业专业合作的中国农业企业经历了开荒、建设、育种、种植、收割、烘干、仓储、运营过程中的各种难关，7个农场均完成了垦荒、道路、厂房等合同要求的基本建设任务和安方要求的种植任务，种植规模和具体种植作物与签订合同时有较大变化，主要根据资金、上年种植结果等双方协商后调整和确定。根据笔者对于项目所涉及的中方合作公司逐一调研，7个农场均已移交安方，安方已经完成验收。①

中信建设联合新疆建设兵团承建的马兰热省黑石农场，是最早开始实施的项目，联合团队编制了农场建设规划和方案，制定了预期农作物产量目标。黑石农场也建设农业实验室开展科研试验，共进行了58个田间试验，通过引种试种选出适合农场气候条件的作物品种18个。从2010年开始建点开荒，2011～2012年种植期播种玉米面积达550公顷，受旱绝产；2012～2015年3个种植期分别播种玉米面积达1647公顷、3127公顷和4500公顷，单位产量从2吨/公顷上升到3.5吨/公顷；2015年玉米产量达到1.5万吨以上。农场建成了每天烘干800吨、加工300吨玉米的设备系统，配套建设6000吨干粮存储筒仓。中信建设在威热省建设的桑扎蓬勃农场以水稻和牧场为主，2011～2012年种植期播种面积30.4公顷，没有收获；2012～2014年种植水稻面积从115公顷增加到306公顷，单位产量逐年提高，从0.55吨/公顷上升到1.55吨/公顷～2吨/公顷；高品质牧场超过640公顷，养殖肉牛规模突破3000头。② 中工国际和中国电子牵头的农

---

① 中工国际工程股份有限公司：《中工国际安哥拉库茵巴综合农场项目获得最终验收证书》，2019年12月13日，http://www.camce.com.cn/cn/xwzx/gsxw/201912/t20191213_240532.htm，最后访问日期：2020年10月3日。中工国际网站：《中工国际安哥拉隆格水稻农场项目收到最终移交证书成功打造安哥拉农业经济多元化发展典范》，2017年9月13日，http://www.sinomach.com.cn/xwzx/zgsdt/zgs17_6389/201709/t20170913_173543.html，最后访问日期：2020年10月3日。中信建设承建农场信息来源于2020年7月13日该公司给笔者书面采访的回复；中电子承建农场信息来源于笔者2020年9月2日对该公司管理人员的采访。

② 数据来源于2020年7月13日中信建设公司给笔者的书面采访回复。

场大致也经历了相似的建设和种植过程。这些大型综合性农场全部都是机械化程度较高、具备喷滴灌溉和烘干存储一体化的现代化农场，种植粮食作物产量均达到合同要求且单位产量远高于安哥拉0.9吨/公顷（2018年）的产量。[①]

3. 问题与启示

按照各农场移交时的生产能力，笔者估算7个农场年产粮食合计可以达到5万吨/年以上，[②] 按照中国的生产水平或者非洲其他类似农场的产量水平，如果安方继续完善，产量还会有所提高。但近期有报道，安哥拉农业部正在对外挂牌私有化出售7家农场中的4家，平均售价为2200万～3000万美元，[③] 远低于建设期的成本。

农场项目移交安方后的运营效果不理想，每况愈下。其中原因一是安方接收企业的管理和技术力量不足，没有通过项目实施培养出一定数量的管理和技术团队：中方按照合同要求，为每个农场培养了30名安哥拉农技人员，并送他们到中国留学学习农业知识，但可惜的是他们归国后并没有下到基层成为骨干，有些回到私人农场，甚至还有些人从事和农业完全无关的工作。二是安哥拉内部权力更迭，农场管理单位因为政治原因更换，不同的雇主对管理和技术人员有不同偏好，导致部分本就稀缺的管理和技术人员离开农场。三是农机设备维护保养不足，损坏后没有配件或者无力维修。四是较长时间停种导致土地肥力下降，杂草丛生，复垦难度大、成本高。[④] 如此一来，投资有去无回，农场入不敷出，很快便丧失了生产能力，停工停产。

安哥拉参考中国成功的国有农场建设管理的模式，采用工程总承包方式贷款建设7个农场，从目前运营效果看没有完全达到预期目标，不同国情、自然条件以及文化和政治管理的差异、合作经验的匮乏等诸多方面都

---

① World Bank, World Bank Open Data, "Agricultural and Rural Development Angola," https://data.worldbank.org/topic/agriculture-and-rural-development?locations=AO, accessed 2020-11-02.

② 笔者根据对3家公司和种植单位采访获得的农场种植面积和单位产量估算，中信建设产量接近1.6万吨，中电子产量1.7万吨，中工国际产量2.5万吨。

③ 澳门贸易投资促进局：《安哥拉就农场私有化进行国际招标》，2019年6月21日，https://www.ipim.gov.mo/zh-hans/?p=263086，最后访问日期：2020年7月25日。

④ 关于这一问题，笔者采访了多个项目的多位参与者和知情人，从保护受访人角度不具名。

是原因。每一个国家情况不同，需要因地制宜，安哥拉和中方企业签订合同时并未完全确定合同内容，而是“走一步、看一步”不断调整。无论是中方还是安方都缺乏安哥拉各地农业种植涉及的地质、水文、土壤、气候等资料，且前期勘测不足，双方对农场最终效果和日后发展前景也都缺乏清晰的认识。

（二）第二阶段——中国企业自主的商业投资

对于第一阶段的大型农场项目，参与合作的企业、科研院所、学者不断地关注农场建设中的经验和教训，系统分析前期建设中存在的不足，提出了许多建设性的建议，成为后来继续投资安哥拉农业企业的宝贵财富。参与分包负责农场种植的企业，如安徽荃银高科种业公司（负责中工国际的隆格农场和中信建设的桑扎蓬勃农场）、江苏省江洲农业科技公司（负责中工国际的卡玛库巴综合农场和库茵巴农场），都是在这个过程中学习和积累了大量有关安哥拉农业经营的气候、土壤、水文、灌溉、种植等第一手资料，同时也培养锻炼了一批管理和技术人才。在中安农业合作第一阶段结束后，两个公司都各自开辟了在安哥拉投资农业的新领域。

2016 年，中国政府与安哥拉政府签署《援安哥拉农业技术示范中心项目实施协议》，中方无偿援助投资建成了包括种植、养殖、加工和生产生活区 4 个示范中心项目。① 这种双边深化合作的趋势，也成为推动中国民营企业进入安哥拉农业、意欲长期投资的有利氛围。

1. 荃银高科进入安哥拉种业市场

安徽荃银高科是 2002 年成立的专注种业和农业技术服务的高科技公司，杂交水稻研发、推广及海外业务规模均位居中国种子企业前 2 位，种子出口海外 20 多个国家。② 公司 2006 年进入非洲，2011 年进入安哥拉，投资 900 万美元在马兰热省建设种子生产基地。2012 年，荃银高科开始与中工国际展开合作，承担建设和经营宽多—库邦戈省 1500 公顷的隆格水稻

---

① 《华埠：中安两国政府签署援安哥拉农业技术示范中心项目实施协议》，《安哥拉华人报》2016 年 10 月 18 日，https：//mp. weixin. qq. com/s/Yr9ztQiEKHDeqjwGNwXh8Q，最后访问日期：2020 年 11 月 2 日。

② 安徽荃银高科种业股份有限公司公司官网，http：//www. winallseed. com/list/71. html，最后访问日期：2020 年 7 月 26 日。

农场、扎伊尔省2960公顷的库茵巴旱作农场的任务。2014年，荃银高科又承建中信建设的威热水稻农场项目。2016年以来，荃银高科转而回归公司的本业，主攻安哥拉种子市场，2020年种子销售占安哥拉市场份额已经达到10%左右，包括水稻、玉米等多个品种。①

2. 江洲农业经营万博农场

江洲农业公司2009年进入安哥拉，主要从事建筑工程承包，2012年开始在安哥拉从事农业生产项目，② 负责分包经营中工国际建设的卡玛库巴农场。2017年7月，经安哥拉总统批准，江洲农业与安哥拉国家投资局在澳门举行的江苏·澳门·葡语国家工商峰会期间签订了30年协议，开发1万公顷的万博农场土地。目前，江洲农业已获得协议中5000公顷土地的产权证书。万博农场于2017年开始开荒建设，经过1~2年的熟化期，以及优质种子的筛选和种植技术的改进，主要规模种植的玉米和大豆产量逐年提升，玉米单产达到3吨/公顷~6吨/公顷，成熟地块可达到8吨/公顷，大豆单产可达到1.8吨/公顷~3.7吨/公顷。同时农场投资建设了500公顷的自动灌溉高效经济作物种植区和水产养殖区等，取得了较好的经济效益。截至2019年年末，农场已经开垦的种植面积达到5000公顷，产品全部面向安哥拉当地市场。③

3. 浙江幸运人集团经营马兰热登盈农场

幸运人集团是2005年以建筑材料生产加工销售为主业进入安哥拉的企业，随着安哥拉大型基建项目建设的退潮，公司开始寻找新的商机和转型。经过大量市场调研和分析，该企业决定投资农业领域，在马兰热市东北部建设登盈农场，规划建设规模为100000公顷。土地经农业部优惠政策获得，由马兰热省政府发放，但只有真正种植的土地才能获得合法土地证。初期计划以木薯种植和加工作为发展方向，但目前暂时将重点移向了水稻、玉米等其他作物。此外，公司还开垦1万亩土地打造水果产品示范基地，已培养和种植荔枝、火龙果、石榴等30多个品种，同时公司还建设了年产规模40万头猪的养猪场。目前，公司已经种植木薯、水稻、玉米及

---

① 数据来源于笔者对荃银高科安哥拉种子中心技术人员2020年8月3日的采访。

② 《华埠：江洲农业揭开安哥拉农业大发展的序幕》，《安哥拉华人报》2016年6月8日，https://mp.weixin.qq.com/s/bKKfUTtmjMvX1QxouIpz6A，最后访问日期：2020年11月2日。

③ 数据来源于对江洲万博农场管理人员2020年8月10日、16日的采访。

各种水果30000公顷，产品大部分供应当地，小部分出口。①

除了上述企业外，还有其他公司投资安哥拉的农业和渔业项目，包括中信建设在首都郊外投资建设的卡代代农场，占地1000公顷，已开发450公顷，主要供应苗木花卉、水果、蔬菜、鱼、肉、家禽等，也种植玉米和水稻，产品除满足在安哥拉的中国人社区生活需要外，也供应当地市场。再如，光大渔业、福海大西洋都是中国人在本拉格省建设的渔业加工厂，产品供应当地市场。② 另外，民营企业海山集团正在筹建渔业开发工程，中国投资的卡萨萨农业科技有限公司已经承包种植甘蔗并投资开设糖厂等。③ 这些企业的共同特点是，大体都是在内战结束后、基础设施建设高潮期进入安哥拉，在安哥拉的时间较长，对当地政治、经济、环境、法律相对比较熟悉，有着丰富的开拓安哥拉市场的经验。这些中国企业有更加本土化的发展历程，转入农业领域进行投资经营后，也探索出许多非常宝贵的经验和教训，具体如下。

第一，积极进行本土化和国际化转型，从而能够在安哥拉更加顺畅地发展，同时主动与中安两国中央和地方政府建立联系并争取获得支持。江洲农业的万博农场是江苏省和万博省政府共同推动的合作项目，经安哥拉总统批准与安哥拉国家投资局合作，也列入了江苏省“一带一路”重点项目。荃银高科选种时与农业部官员沟通，通过了安哥拉国家标准审查，并在2014年年底为安农业部制定了一整套高产水稻栽培技术规程。在2019年中非经贸博览会上，幸运人集团受安哥拉商务部邀请作为安哥拉本土杰出企业代表介绍安哥拉的投资环境和发展潜力。④

第二，取得政府颁发的土地证，避免纠纷。江洲农业和幸运人集团等均与安哥拉政府或者相关部门签署了30年土地开发协议，获得了合法有效

① 数据来源于对幸运人登盈农场管理人员2020年8月27日的采访。

② 《中国公司揭开安哥拉渔业发展新篇章》，《安哥拉华人报》2016年12月17日，https：//mp. weixin. qq. com/s/DecP9ZY8fuRwxhqVdB9MEg，最后访问日期：2020年11月2日。

③ 《中国企业在安哥拉种植甘蔗带动当地工农业发展》，《安哥拉华人报》2017年11月12日，https：//mp. weixin. qq. com/s/dfynOXUOqbEQ9LYvAKek3A，最后访问日期：2020年11月2日。

④ 《幸运人集团获邀作为安本土企业代表参加首届中非经贸博览会》，《安哥拉华人报》2019年5月11日，https：//mp. weixin. qq. com/s/i3coHeu4GSH6iaVgJo0PUA，最后访问日期：2020年11月2日。

的土地证，避免从私人手中租用土地可能存在的纠纷。

第三，注重与农业专业科研院所合作，发挥科技支撑企业经营的作用。江洲农业、荃银高科和幸运人集团都分别与江苏牧园、江苏农科院、红旗农场、明天种业、广西农科院、黑龙江农垦、袁氏种业等国内资深院所企业合作，提高产量和效率。此外，荃银高科还和安哥拉当地农业投资研究院（Instituto De Investigacao Agronomica）进行合作，合作内容是分子育种实验室和试验站。

第四，发展产业链以提高综合效益。在笔者对在安哥拉开展农业投资经营活动的企业人士的调研过程中，受访者都提到，在安哥拉只做农业种植无法实现盈利，需要结合养殖、加工等一系列产业。江洲农业建立了500公顷的自动灌溉系统，修建了2000米水渠，建设了10万方调节水库，同时建设粮食收割、储藏、加工系统，并发展生猪养殖、水产业；幸运人农场不仅种植水稻、木薯，还种植30多种水果，并发展养殖、产品加工等业务。

第五，致力于长期发展。农业投资是需要时间积累的长期业务，农场建设都需要3～5年的开垦建设、土地熟化和试种培育期，短时间内难以获利。荃银高科花了5～6年时间，终于在安哥拉培育出安哥拉政府认可的高产高效水稻玉米品种；江洲农业种植的剑麻需要5年培育期才能有收获；幸运人集团董事长黄云丰本着“成为非洲袁隆平，帮非洲人民吃饱饭”的愿景，一边摸索木薯种植、加工技术和进行市场研究，一边扩大其他粮食和经济作物的种植和销售。这些企业成功的原因之一都是在大量调研和分析基础上开展可行性研究，并做了精细的规划设计。

第六，积极承担社会责任，比如，江洲农业捐建当地学校、安置小区，向孤儿和老人捐赠物资；荃银高科向当地村民赠送种子、化肥等。

安哥拉市场对于这些农业企业而言还有非常多的风险和挑战。第一是安哥拉货币贬值严重，与2014年油价未下跌时相比，2020年宽扎兑美元的汇率仅为当时的1/6，仅2018年一年就下跌了约50%；第二是科学技术难关难以攻克，比如，幸运人农场因技术原因，木薯生产线迟迟达不到大规模处理木薯的要求；第三是经济形势不景气引发安哥拉国内安全形势恶化，中国员工时常有遭遇绑架、抢劫、杀害之虞；第四是自然灾害对于农业投资经营的破坏极大，比如，2018年大旱使得很多农场无法进行生产；

第五是安哥拉的政治环境还存在一定的不确定因素，比如，上一轮政权更迭导致的政策变动，对中国企业造成直接或间接的影响。

三　内战后中安农业合作对安哥拉经济转型的试评价

安哥拉政府自 2017 年新总统上任以来一直不断完善外国企业在安哥拉投资管理的政策，强调避免大型现代化农场高效率、低成本的农产品冲击市场，伤害小农户的利益，并且鼓励大型农业企业和当地农民合作，一些省政府要求大型农场全部雇用周边农户或者限价收购小农户的农产品；政府还需要为农村年轻人提供更多的受教育机会，提高国民综合素质，这样才能让先进的投资和技术与广大生存农户更好地结合，从而在根源上推动农业发展，改善经济结构。①

总承包项目是将先进农业生产力带到安哥拉的一个尝试，但是并没有达到预期效果，安方未能在移交后继续运营农场。然而，在合同期内，这些农场发挥了一定作用。首先，农场的单位产量远高于当地水平，并每年贡献超过 5 万吨粮食（所有农产品全部移交安方），一定程度上缓解了粮食压力；其次，从 7 个农场布局看，分别位于马兰热、威热、宽多—库邦戈、比耶、扎伊尔、莫西科、库内内 7 个省份，全部在安哥拉政府制定的发展规划中亟待发展的“首要发展区机制”中的 C 区，② 且农场都是从深山老林中或者荒地上拔地而起，不仅用投资带动了这些地区的经济发展，而且对安哥拉整体经济结构起到了一定的均衡作用；最后，农场的建设加强了当地与外地的联系（比如嘎马洋葛拉农场修建了一条 70 公里的公路），农场建设过程中，每个农场均招募了当地员工，常规人数为 50 ~ 100 人/年，农忙时期更多。

如前文所述，在合同期结束后，安方未能继续运作这些农场，以至于土地陷入荒芜，房屋因无人居住而荒废，最终沦落到廉价拍卖的结局。农场的示范效果也较为有限，中方按照合同培训的安哥拉农业技术人员未能发挥作用，不仅因为来参加培训的人员未能继续从事农业工作，也因为安

---

① 笔者根据 2020 年 9 月 17 日对安哥拉学者 Carine Kiala 的采访获取的信息。

② 刘海方：《从因资源“被诅咒”到以资源求繁荣：新世纪增速最快国家安哥拉发展研究》，李安山等著《非洲梦：探索现代化之路》，江苏人民出版社，2013，第 740 页。

哥拉知识传递线路的断档：在普通农民和少数知识分子之间缺乏中间层（一般技术工人）。与此同时，大农场的示范和溢出效应有限，因为大多数农场周边的居民生产力低下，生活尚未受到商品化市场化的洗礼，尚未主动通过这些农场的建立追求更现代的农业技术。总而言之，大型农场项目是当时安哥拉农业发展战略的体现，归根结底还是缺乏与当地农民的合作，项目不可持续。

但是，总承包建设的大型综合性农场对于中国投资者而言，还是发挥了探路、示范和“抛砖引玉”的功效。在农场建设过程中，中国相关合作企业参与其中并积累了宝贵的经验，农场经现代化开发也展现了巨大潜力。因此，更多的国内外农业投资者已经因为第一个阶段中安农业合作的声势而被吸引来，投资安哥拉农业并做出长远的规划，也有如负责农场管理的荃银高科和江洲农业在大型农场项目结束后分别在安继续深耕农业。移交安方后，第一阶段的7大国营农场项目虽然并没有显示出设计时期的综合效益，但是，双方实际上继续在摸索更新更有效的合作。

如上所述，2016年以来，在示范中心之类的小型援助项目继续推进的同时，中安农业合作开始向以市场为导向、以企业为主体的自主决策和运营的方向转变，中方合作者在安哥拉农业中的身份也逐渐从“承包商”变成了“运营者”“投资者”。就笔者调查研究的新的合作模式的执行主体而言，新阶段有赖于前一个阶段的探索实践，以及农业生产基础设施建设和选种、育种等生产活动，同时也是在适应安哥拉新的发展规划，以及中安合作新形势下的与时俱进的积极转型。

总之，通过对中安最新农业合作发展方向和成就所做的一手调查，笔者研究发现，第一阶段的合作并非没有价值，而是为在基础设施建设、经验积累和探索更加“无缝对接”意义上的中安双方下一阶段的合作做出了巨大铺垫。许多在第二阶段投资的企业都是依托搭乘第一阶段的工程承包的“大船”才得以“出海”——在总承包项目的框架下积累了经验、人脉，也得以发现了自己主动投资的机会。如果没有国企总承包项目这条“大船”，中国企业不太可能迅速转入对安哥拉农业的自主投资，或者至少需要更长的时间去探索。

至于目前已经颇有“星星之火可以燎原”之势的第二阶段市场化的合作模式是否成功，并且可能对安哥拉的农业发展做出哪些积极贡献，尚需时日才能够做出更清晰的评价。目前可以看到，以荃银高科和江洲农业等企业为代表的中国新一代农业合作主体正在进行的农业生产经营实践，与安哥拉当前的经济发展非常匹配，是安哥拉长远转型特别需要的。和总承包项目的农场一样，这些企业也带来了现代化的农业技术，它们大量培育技术人员（江洲农业在农场设立培训机构，提高当地人农业水平，还资助安方人员到江苏省农牧学院深造），并对农业产品进行二次加工，流向当地市场，助力粮食安全问题的解决。与第一阶段不同的是，这些企业力求长远发展、深耕农业，经验更丰富，规划更周密适洽，而非在5～6年的合同期满后戛然而止。这些企业也带动了当地就业，江洲农业长期招募安方员工200多人，农忙时期达到500多人；幸运人登盈农场和光大渔业雇用人数超过500人。农业投资数额大，回报慢，只要这些企业还留在安哥拉，那么它们造福安哥拉人民的潜力就不会消失。

长远来看，这些企业的经营会持续提升安哥拉的农业生产力和效益，为解决非洲国家的粮食安全问题做出贡献。这些先行者的经验，未来势必会带动更多中国人到安哥拉投资农业。中国企业通过加强与当地农业种植和农业商业相关的研究机构和从业机构及小农为主的农民的密切合作，加之中国和安哥拉两国政府的政策和金融支持，挖掘了现有的基础设施、服务设施和市场平台的潜力，从而能更广泛地提升维生农户的生产力，协助他们将原本自产自销的农产品推向市场，让更多的农民与市场接轨，最终促进安哥拉农业生产和发展模式的转型，实现粮食自给自足，消除粮食危机。

简言之，尽管规模较小，尚不能对安哥拉农业发展的全局产生重大影响，但中国目前在安哥拉的农业投资发展方向与安哥拉的需求适洽，从上述展开的案例来看，这些投资都在发挥积极作用，前景是非常光明的。以后如果有更多的企业和更大规模的合作，中国对安哥拉的农业投资一定会为其经济转型做出贡献。2020年的全球疫情使得全球粮食供应链受损，全球气候变化使得粮食减产严重。农业发展与粮食安全对于安哥拉等大量依赖粮食进口的非洲国家更加紧迫与重要，本土农业的发展和粮食安全问题的解决，既可以促进经济多元化转型及其长远发展，又可以缓解当下安哥拉大多数民生的疾苦，这也正是本文研究的意义所在。

CHINA

资本、教育与人力资源

中　国　非　洲　研　究　评　论

（2019）

AFRICA

新一轮中国资本与非洲人口红利

——基于中非工业园区的调查分析*

王进杰**

摘要： 非洲大陆越来越受到中国以至全球资本的青睐，成为众多企业的投资目标地，其具备潜力的劳动力市场和丰富的自然资源优势吸引着新一轮资本的流入。探索工业化发展之路的非洲国家把建立工业园区、吸引外资企业作为国家工业化发展的方向之一。近些年，一批中非合作的工业园区在非洲各国纷纷建立。工业园区不但为入驻的中国企业提供了较好的基础设施和稳定的营商环境，而且还吸纳了大量的当地劳动力。非洲工业化发展需要完善配套的基础设施，同时需要优质人力资本投入生产，两者缺一不可。中非合作建立的工业园区作为新兴基础设施为经济发展打下了坚实基础，然而，非洲劳动力市场是否可以满足工业化的需求呢？本文基于在东部非洲、西部非洲、北部非洲以及中部非洲 7 个国家近一年的实证调查，走访了 15 个工业园区中的 184 家中国投资企业，分析了非洲人口数量激增所展现出的巨大人口红利潜力，并探讨了人口红利对入驻工业园区的中国企业是否意味着充足且年轻的劳动力以及广阔的消费市场。非洲人口红利的释放实际上面临诸多挑战，特别是由于缺乏高素质职业技术工人所导致的生产效率不高制约着中国企业在非洲的发展。本文提出，释放非洲人口红利，中国有必要展开对非职业教育和技术培训合作来提升人力资本质量。

关键词： 中国企业　非洲　工业园区　人口红利　职业教育和技术培训

---

* 本文研究和写作受到中国土木工程集团（CCECC）的资助，在此表示特别感谢。课题组成员（按姓氏排序）：李其谚、王进杰、袁立等。

** 王进杰，北京大学南南合作与发展学院研究办公室主任、北京大学国家发展研究院讲师。

引　言

非洲大陆的快速发展和崛起，世界有目共睹。近些年，非洲各国借鉴中国等亚洲国家的发展经验，瞄准工业化发展道路，特别是依靠劳动密集型产业来吸纳大量劳动力，并通过出口创汇拉动经济发展。对于基础设施相对落后和资本匮乏的非洲国家而言，由于政府可利用的资源和执行能力有限，只能集中力量在合适的地区设立工业园区和出口加工区。工业园区可以在局部地区发展基础设施，建设相对安全稳定的营商环境，通过便利的“一站式”服务①和各项优惠税收政策来招商引资。入驻工业园区的企业在共享基础设施的便利条件下，更有助于形成上下游配套的产业集群。

近些年，中国企业对外投资的数量迅速增长。2003 年，中国对外直接投资净额 28.5 亿美元，到了 2018 年，中国对外直接投资净额为 1430.4 亿美元，15 年间增长到 2003 年的 50 倍。②巨大的海外投资数量推动了中国在境外建立工业园区的发展。特别是在 2013 年后，由于“一带一路”倡议的推动，中国企业到非洲工业园区进行建厂和投资的活动更是络绎不绝，这一轮新的中国资本为非洲工业化发展注入了活力。

基于亚洲国家的发展经验，现有文献大多从非洲宏观人口数量增加的趋势来预判巨大劳动人口数量背后蕴含着可以推动经济发展的人口红利，并呼吁出台相应政策以促进人口红利的成熟③，但是缺乏微观实证数据来验证非洲人口红利被释放的现状，尤其对企业是否能够充分利用人口红利促进工业发展的研究更为匮乏。劳动密集型产业转移到非洲，入驻园区的中国企业不但看好工业园区配套的水利水电和交通等硬件基础设施，而且

---

① “一站式”服务，指的是工业园区帮助入驻企业处理各个政府职能部门的许可、批文等事宜，协调与政府或私营部门的相关事项，如提供海关、工商、税务等一条龙服务体系。

② 商务部对外投资和经济合作司：《2003 年中国对外直接投资统计公报》，http://images.mofcom.gov.cn/hzs/table/tjgb.pdf；《2018 年中国对外直接投资统计公报》，http://hzs.mofcom.gov.cn/article/date/201512/20151201223578.shtml，最后访问日期：2020 年 8 月 15 日。

③ H. Groth, J. F. May and V. Turbat, “Policies Needed to Capture a Demographic Dividend in Sub-Saharan Africa,” *Canadian Studies in Population*, 2019, 46 (1), pp. 61-72; D. E. Bloom, M. Kuhn and K. Prettner, “Africa's Prospects for Enjoying a Demographic Dividend,” *Journal of Demographic Economics*, 2017, 83 (1), pp. 63-76.

看准了非洲当地数量巨大且低廉的劳动力市场。然而，中国企业是否可以充分利用非洲激增的人口数量所带来的人口红利呢？它们在非洲投资和发展的过程中遇到了哪些机遇和挑战？课题组为了深入了解这些问题和现象，从2018年4月到2019年2月展开了为期近一年的非洲实地调研，涉及非洲七个国家的15个工业园区（见表1）中的184家中国企业。调研问题聚焦中国企业投资非洲的原因、在工业园区进行生产投资过程的利弊，特别关注非洲当地员工的个人能力能否满足企业用工要求、人口红利背后的人力资本质量等问题。

表1　非洲七国的15个工业园区

所调研的工业园区	园区所在国家	园区性质
1. 中埃苏伊士经贸合作区	埃及	中资企业投资运营
2. T－BETTER 工业园区	坦桑尼亚	坦桑尼亚华人个人投资
3. 坦桑尼亚物流园	坦桑尼亚	坦桑尼亚当地政府投资
4. 内罗毕 EPZA 出口加工区	肯尼亚	肯尼亚国家投资
5. 尼日利亚莱基自贸区	尼日利亚	中尼 PPP 模式合作
6. 赞比亚中国经济贸易合作区	赞比亚	中资企业投资
7. 东方工业园区	埃塞俄比亚	中资企业投资
8. 阿瓦萨（IPDC）工业园区	埃塞俄比亚	埃塞俄比亚国家投资，中资企业承建
9. 华坚国际轻工业城	埃塞俄比亚	中资企业投资
10. 阿达玛（IPDC）工业园区	埃塞俄比亚	埃塞俄比亚国家投资，中资企业承建
11. 孔博查（IPDC）工业园区	埃塞俄比亚	埃塞俄比亚国家投资，中资企业承建
12. 德雷达瓦（IPDC）工业园区	埃塞俄比亚	埃塞俄比亚国家投资，中资企业承建
13. 德雷达瓦中土工业园区	埃塞俄比亚	中资企业投资
14. 德雷达瓦无锡一棉工业园区	埃塞俄比亚	中资企业投资
15. 吉布提国际自贸区	吉布提	中吉合作投资运营

资料来源：袁立、李其谚、王进杰：《助力非洲工业化——中非合作工业园探索》，中国商务出版社，2020，第3页。

研究结果表明，中国企业在非洲投资建厂面临的最大挑战是缺乏高质量技术工人，这大大影响了生产效率。虽然非洲人口数量众多，但是可以直接投入生产的工人却很缺乏。因此，人口数量并不能催生人口红利的自动释放，有目的有计划地提升劳动力质量对释放人口红利极其重要。对中国企业而言，虽然他们当初看好非洲低成本人力市场，但是低生产效率造成的企业交易成本增加也远远超出他们的预期。为了企业的可持续发展，培养高素质员工和进行运营生产一样重要。因此，投资硬件设施的同时，对人力资本的投资也刻不容缓。

通过本研究，我们得出的结论是非洲人口红利的释放，在现阶段仍然有很大阻力，这与劳动人口受教育水平、国家政策等均有密切关系。这给希望在非洲人口机会窗口期获利的中国投资企业敲响警钟，为了实现双赢的投资结果，中国企业必须加大力度投资职业教育和就业培训以提高非洲人力资本素质，做到中国企业的资本出海与职业技术教育出海同步，为当地劳动力提供职业技术培训。如果等待和依靠外部大环境成熟后自动将人口数量优势转变为人口红利，可能需要更长时间，这就需要在非投资的中国企业具有自主创新能力，做好人才培养计划和社区教育服务，将“育种育苗”的人才培养作为企业在非洲可持续发展的重要任务。

一　非洲大陆的工业化发展之路

从2000年年初开始，非洲大陆经济开始逐步复苏，保持着平均每年5%的强劲经济增长率，① 甚至一些国家如埃塞俄比亚、科特迪瓦、塞内加尔、坦桑尼亚和加纳等国的经济增长率保持在6%以上。② 在工业化方面，非洲国家具备了发展的基本条件，如丰富的自然资源以及年轻且人口基数巨大的劳动力群体，这些都为劳动密集型产业储备了充足的劳动力。

历史经验告诉我们，发展中国家如果得到外国资本的直接投资，从而承接了其他国家的产能转移，就可能通过劳动密集型产业来推进工业化的发展。在全球范围产能转移过程中，首先是20世纪初英国将部分过剩产能向美国转移，此后美国工业化进程发展飞速；随后，德国和日本承接美国的产能转移完成了第二次转移，这两个国家的经济从20世纪50年代开始

① International Monetary Fund, “Sub – Saharan Africa Maintains Growth in an Uncertain World,” *IMF Survey Magazine*: *Countries and Regions*, 2012, http://www.imf.org/external/pubs/ft/survey/so/2012/CAR101212B.htm, accessed 2020 – 06 – 10.

② M. Newel, “Top 5 Fastest – growing Economies in Africa,” 2019 – 03 – 21, https://www.worldfinance.com/markets/top – 5 – fastest – growing – economies – in – africa, accessed 2020 – 08 – 15.

迅猛发展；接着，从20世纪60年代开始，中国香港、中国台湾、韩国和新加坡承接了日本和德国的劳动密集型产能，创造了人类发展史上又一次工业发展的辉煌飞跃被称为“亚洲四小龙”；第四次转移是中国和东南亚一些国家承接了韩国和新加坡转移出来的劳动密集型产业。[①]

近十年，由于中国国内人力和资源价格的上涨，劳动密集型产业开始寻求产能转移机会。尽管非洲大陆基础设施落后，政治和社会稳定性有待提升，但是由于自然资源储备丰富且拥有充足劳动力，非洲大陆成为中国企业投资的选择地。虽然非洲一些国家，如埃塞俄比亚，在工业化方面曾经尝试过大规模大范围推进经济发展的策略，然而收效甚微。目前，埃及、埃塞俄比亚、尼日利亚、肯尼亚、坦桑尼亚等非洲大国开始集中力量发展区域经济建设，采用“以点带面”的发展策略，将有限资源用于工业园区的建设和投资，这已经成为非洲众多国家发展工业化的主要途径之一。它们纷纷在借鉴中国工业园区发展模式的基础之上，结合本国国情，集中力量发展工业园区。

2013年之后，由于“一带一路”倡议的推动，中国在境外的经贸合作区和工业园区的数量增加很快，这也吸引了大量中国企业投资和入驻园区。中国企业在非洲建设了不同性质的经贸合作园区，并充分结合园区所在国家产业优势、市场条件和资源禀赋，建设了加工制造、农业开发、资源利用、综合发展等不同类型的工业园区。中国企业和专家们将中国各类园区规划和管理经验同时带到了非洲，倡导双赢合作模式，通过资金、技术和人才等方面合作，帮助赞比亚、尼日利亚、埃塞俄比亚、埃及等多个国家进行工业园区规划和建设。这些工业园区成为国际产能合作对接的重要载体，在非洲国家工业化程度、制造业能力、经济管理水平等方面积极参与，如埃塞俄比亚东方工业园和阿瓦萨工业园、中埃苏伊士经贸合作区、尼日利亚莱基自贸区等都在促进当地就业、增加工业产值等方面取得了初步成效。这既能扶持非洲国家的工业化进程，又能帮助中国进行产能结构的转型升级。

非洲国家选择工业化发展的路径仿照了中国的发展模式。中国改革开放初期，在同样面临基础设施薄弱、技术落后的情况下，发展工业园区成

---

① 袁立、李其谚、王进杰：《助力非洲工业化——中非合作工业园探索》，中国商务出版社，2020。

为促进中国工业化和经济发展的高效助推器。中非合作工业园区选取优越地理位置，集中配置水电，修建道路、港口等必要基础设施，为工业化发展创造局部小环境，也为实现上下游产业集群打下了基础。入驻园区的中国企业可以享有税收优惠、充足水电供应、配套“一站式”服务和畅通物流，这大大降低了企业的交易成本。全球发展经验也证明工业园区是实现经济崛起的重要基础，这对工业基础薄弱的非洲国家而言至关重要。

二　非洲人口结构与人口红利

非洲工业化发展与其人口结构和人口红利的释放密不可分。由于在经济、政治、教育、健康、卫生等方面的提升，非洲各国人口数量不断增长，使得非洲大陆的人口结构不断发生改变。人口结构从高生育率和高死亡率的农业社会向低出生率和低死亡率转变，向以城市为主的工业社会转变。[①]这种不断变化的年龄结构也影响着整个社会的抚养比。[②]抚养比越大，说明劳动力人均承担的 14 岁以下儿童和 65 岁以上老人的总人数就越多，也意味着劳动力的抚养负担就越重。低抚养比则说明整个社会有足够的劳动力可以抚养儿童和老人，这使得每个家庭有结余储蓄，也会为经济发展提供更大动力。[③] 大多数发达国家在很大程度上完成了这种人口结构的转变，非洲国家则在这个进程中刚刚起步。

抚养比的高低与人口红利的释放密切相关。学者们在研究了 1960 年到 1990 年东亚国家的经济奇迹之后提出人口红利的概念。[④]正如亚洲一些国家的经济发展很大程度上得益于人口红利一样，学者们认为非洲也将迎来人口红利的机会窗口，这对非洲乃至世界经济增长都将有

---

① R. Lee and A. Mason, “Back to Basics: What Is the Demographic Dividend,” *Finance & Development*, 2006, pp. 16 - 17.

② 抚养比指在人口当中，非劳动年龄人口对劳动年龄人口数之比。总抚养比（即赡养率） = （65 岁以上老龄人口 +0 ~14 岁未成年人口）/（15 ~64 岁的劳动力人口）。

③ C. Simon, A. O. Belyakov, G. Feichtinger, “Minimizing the Dependency Ratio in a Population with Below - Replacement Fertility through Immigration.” *Theoretical Population Biology*, 2012, 82 (3), pp. 158 - 69.

④ H. Groth, J. F. May & V. Turbat, “Policies Needed to Capture a Demographic Dividend in Sub - Saharan Africa,” *Canadian Studies in Population*, 2019, 46 (1), pp. 61 - 72.

显著影响。[①]

虽然人口红利的发展潜力巨大，但是非洲许多国家的人口结构转型极其缓慢，其中一个原因是这些地区仍然保持着高生育率，加上婴幼儿死亡率降低和鼓励大家庭规模的传统，老人和儿童对劳动人口的抚养比居高不下。如图 1 所示，在世界总抚养比排名最高的二十个国家中，除了东帝汶和阿富汗以外，其余均为非洲国家，这说明非洲国家老人和孩子数量总和相对劳动人口的比例远远高于世界其他国家，总抚养比极高。[②] 所以，大多数非洲国家尚未进入因人口年龄结构变化而带来的发展时期。相反，如果无法平衡人口自然持续高水平增长和就业机会稀缺之间的矛盾，非洲的人口数量优势很有可能将带来社会不稳定的风险，如失业率高、粮食短缺等。

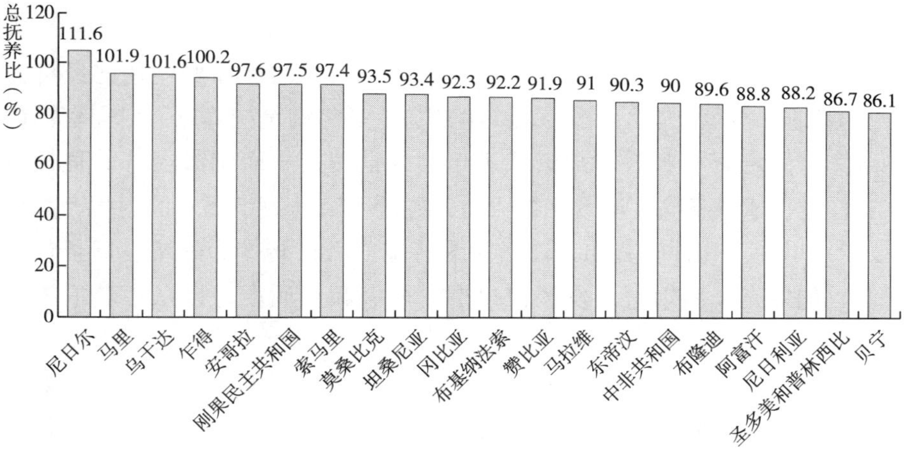

图 1　总抚养比最高的二十个国家（2018）

资料来源："Graph of Dependency Ratios - Total Dependency Ratio（%）2018 Country Comparisons，International Rankings，" https：//photius. com/rankings/2018/population/dependency_ratios_total_dependency_ratio_2018_image. html，accessed 2020 - 05 - 15。

与非洲人口结构形成鲜明对比的是，世界其他地区的妇女生育量下降，人口增速正在放缓。当前，世界许多地区妇女的生育数量保持在每个

① D. Bloom，D. Canning，G. Fink and J. Finlay，"Microfoundations of the Demographic Dividend，" IUSSP Seminar on Demographics and Macroeconomic Performance，Paris，2010，pp. 4 - 5.

② 总抚养比的计算公式 =（0 ~ 14 岁的儿童抚养比）+（65 岁以上的老年人抚养比）。

女性低于两个孩子的水平，如美国的生育数量约为1.76人，加拿大的生育数量为1.6人，西班牙为1.5人，韩国为1.24人，日本为1.46人，智利为1.75人。相比之下，非洲国家生育数量明显偏高，妇女平均生育接近5个孩子，①例如坦桑尼亚为4.9人，马拉维为5.05人，尼日尔为6.62人，布隆迪为6.04人，马里为5.96人。②

非洲人口的快速增长得益于医疗卫生水平的提高，这使得死亡率持续降低，尤其是新生儿和儿童死亡率大幅下降。联合国估计，到2050年世界人口预计将达到98亿，其中非洲人口增长速度比其他任何地方都要迅猛，将从目前的13亿增长到25亿，将占全球总人口的四分之一。③非洲人口激增将给世界带来巨大变化，这意味着非洲在未来世界政治、经济格局的地位将无法被忽视。

人口激增意味着非洲将有充足的劳动力和巨大的消费潜力，这使得非洲成为全球投资者青睐的投资地。这种人口激增被视为一种人口红利。人口红利可以定义为由劳动人口相对于被抚养人口的增加所创造的经济盈余。④这种经济盈余是由两个因素产生的：一是将满足抚养家人所需资源的剩余用于固定资本和教育投资或用于额外消费，从而刺激经济的良性发展；二是由于具备高生产效率的劳动人群进入劳动力市场，国内生产总值（GDP）增加。这种以劳动人口增长为特征的人口转变为经济发展提供了机会，如果充分利用这个发展窗口期，国家和企业便可以从中获取人口红利。⑤

但是，人口红利的机会窗口不会永远持续下去，因为人口将不可避免地开始老化。家庭中的老年人数量最终会发展到比工作年龄人口增长更

---

① Worldometer, "Africa Population," https://www.worldometers.info/world-population/africa-population/, accessed 2020-07-10.

② H. Evans, "What Fertility Rates in Africa Tell Us about Global Development," 2015-01-09, https://www.populationconnection.org/africa-globaldev/, accessed 2020-08-15.

③ H. Evans, "What Fertility Rates in Africa Tell Us about Global Development," 2015-01-09, https://www.populationconnection.org/africa-globaldev/, accessed 2020-08-15.

④ V. Turbat, "The Demographic Dividend: A Potential Surplus Generated by a Demographic Transition," in H. Groth & J. F. May (Eds.), *Africa's Population: In Search of a Demographic Dividend*, 2017, pp. 181-195.

⑤ M. P. Drummond, V. Thakoor & S. Yu, "Africa Rising: Harnessing the Demographic Dividend (No. 14-143)," International Monetary Fund, 2014.

快，这样会引起抚养比的上升。因此，人口结构转型分为两个阶段。①发达国家基本上完成了所谓人口红利第一个阶段的人口过渡期，即从一个生育率和死亡率都很高的农业社会向生育率和死亡率都很低的以城市为主的工业社会过渡。这被称为人口红利的第一阶段。在这个阶段，生育率下降，导致家庭中需要喂养的孩童减少，即抚养比下降。由于劳动力增长速度超过了被扶养人口的增长速度，因此，家庭有了更多闲置资金可以进行投资；同时，人均收入增长也更快。第二个阶段是探讨当人口老龄化后社会如何积累资本以实现可持续发展。②人口老龄化是目前很多发达国家面临的社会现状，如何充分发展第二阶段人口红利是这些国家所面临的问题。由于生育率下降导致劳动力增长速度放缓，这终将导致老年人口的增长速度加快，直接结果是人均收入增长变得缓慢。对于非洲国家而言，目前处在第一个阶段的初期。根据发达国家的经验，从第一个阶段发展到第二个阶段大约需要 50 年甚至更长时间。③

处在人口红利第二阶段的一些发达经济体正面临着老龄化的问题，如欧美和日本等国家和地区。非洲目前有超过 13 亿人口，但中位数年龄仅为 19.7 岁。④相比较而言，美国中位数年龄是 38.2 岁，中国是 38.4 岁，日本则为 48.3 岁。⑤非洲人口数量总体规模增长迅速且年龄结构偏低，如果抚养比率持续下降，有可能导致储蓄和投资增加，从而促进了人口红利尽快释放。

由于非洲尚未完成人口结构的转变，虽然人口红利的机遇窗口已经打开，但能否迎来人口红利释放期还是未知数。人口红利无法被挖掘出来的原因众多，包括教育水平落后，师资缺乏，政治环境欠佳，就业机会稀缺

---

① R. Lee & A. Mason, "What Is the Demographic Dividend?" International Monetary Fund, 2014, p. 16.

② B. L. Queiroz and C. M. Turra, "Window of Opportunity: Socioeconomic Consequences of Demographic Changes in Brazil," paper presented at the IUSSP Seminar on Demographics and Macroeconomic Performance, Paris, 2010.

③ R. Lee & A. Mason, "What Is the Demographic Dividend?" International Monetary Fund, 2014, p. 16.

④ 中位数年龄（median age）将某国的总人口分成人数相等的两部分，其中一半人的年龄比中位数要小而一半人的年龄比中位数要大。

⑤ Worldometer, "Current World Population," https://www.worldometers.info/world-population, accessed 2020-08-15.

和当地自然条件恶劣，以及非洲经济仍然呈现单一化发展模式，过度依赖农业和矿业等天然资源，脱贫工作进展缓慢等。如果未来有更多农村人口涌入城市，而当地农业又无法相应增加产量，就很有可能引发粮食危机等社会问题。

另外，在非洲经济增长的背后，失业率也成为一个重要的问题。在失业率比较高的尼日利亚和南非，15~24岁的年轻人失业率可分别达到38%和52%。①尽管如此，有些学者对不断增长的非洲年轻劳动力仍然持乐观态度，他们认为只要政策得当，不断增长的青年人口将会是非洲最丰富的资产，并成为经济增长的引擎。②如何将激增的人口转化为源源不断的优质人力资本，成为非洲能否抓住发展窗口期的关键。

三 非洲职业教育的困境与提升人力资本的重要性

经济腾飞取决于人口红利释放后的生产力水平提升、创新能力进步等多个因素，而这些因素的实现在很大程度上又取决于人的能力和素质。人力资本的投入对经济增长的作用已经被多位学者证实，它与人口结构转变和收入分配有着密切的相关性。③而且，发展人力资本也被证实是人口红利的主要驱动力，④特别是对青年人教育的投资，可以进一步增加享受人口红利的机会。

研究表明，高等教育程度越高的国家，经济受益越大，教育对亚洲经济奇迹般发展做出了重大的贡献。⑤联合国也有研究表明，如果撒哈拉以南非洲国家可以合理投资人力资本，并将其与有效的劳动力市场、资本市场

---

① World Bank, "Unemployment, Youth Total (% of Total Labor Force Ages 15 – 24) (Modeled ILO Estimate)," 2014, http://data.worldbank.org/indicator/SL.UEM.1524.ZS, accessed 2020 – 08 – 15.

② M. Garcia & J. Fares eds., *Youth in Africa's Labour Market*, Washington DC: World Bank Publications, 2008.

③ K. A. M. Arabi & S. Z. S. Abdalla, "The Impact of Human Capital on Economic Growth: Empirical Evidence from Sudan," *Research in World Economy*, 2013, 4 (2), p. 43.

④ Q. H. Ashraf, D. N. Weil & J. Wilde, "The Effect of Fertility Reduction on Economic Growth," *Population and Development Review*, 2013, 39, pp. 97 – 130.

⑤ M. P. Drummond, V. Thakoor & S. Yu, "Africa Rising: Harnessing the Demographic Dividend (No. 14 – 143)," International Monetary Fund, 2014.

和贸易政策相结合，同时设立配套的宏观经济管理和治理政策，那么这些国家在未来30年可以获得年均5000亿美元的经济收益，这一预估与亚洲国家经济腾飞的发展经历相似。①如果增加教育投入的同时伴随着生育率下降的情况，这将促进非洲人力资本更加快速地积累，从而加快技术进步的节奏，以此带动人均收入的增长。②

联合国《千年发展目标》（Millennium Development Goals，MDG）实现了在2015年之前世界各地儿童都能基本完成小学教育的目标。③在2015年千年发展目标到期后，联合国又通过了《2030年可持续发展议程》，该议程的第四个目标是确保包容和公平的优质教育，并为所有人提供终身学习机会。④伴随着这些政策在非洲的落实，教育在非洲逐步普及，尤其是儿童基础教育已经基本在非洲国家普及。虽然非洲国家在基础教育普及上取得了重大进步，但是这些国家的青年人接受初等教育或者高等教育的机会仍然不足。

教育水平不足无法保证优质人力资本为经济发展提供动力，从而带来一系列的连锁反应，如国民生产总值低、人口健康差等。联合国开发计划署（UNDP）在通过教育年限、国内生产总值及寿命三个维度综合评价后得出的人类发展指数（Human Development Index）显示，在纳入统计的53个非洲国家中，31个国家处于低人类发展水平（见表2）。

表2　2019年53个非洲国家人类发展水平

高人类发展水平 （人类发展指数大于0.7）	中人类发展水平 （人类发展指数0.55～0.7）	低人类发展水平 （人类发展指数小于0.55）
塞舌尔	摩洛哥	科摩罗
毛里求斯	佛得角	卢旺达
阿尔及利亚	纳米比亚	尼日利亚

① United Nations Population Fund, "State of the World Population 2014," New York, 2014.

② D. E. Bloo, M. Kuhn and K. Prettner, "Africa's Prospects for Enjoying a Demographic Dividend," 2016, www.nber.org/papers/w22560, accessed 2020-08-15.

③ United Nation, "Millennium Development Goals Goal 2 Fact Sheet," https://unesdoc.unesco.org/ark:/48223/pf0000157229_eng, accessed 2020-08-15.

④ United Nation, "Goal 4: Sustainable Development Knowledge Platform," https://sustainabledevelopment.un.org/sdg4, accessed 2020-08-15.

续表

高人类发展水平（人类发展指数大于0.7）	中人类发展水平（人类发展指数0.55～0.7）	低人类发展水平（人类发展指数小于0.55）
突尼斯	圣多美和普林西比	坦桑尼亚、乌干达
博茨瓦纳	刚果（布）、斯威士兰	毛里塔尼亚
利比亚	加纳	马达加斯加
南非	赞比亚	贝宁
加蓬	赤道几内亚	莱索托
埃及	肯尼亚	科特迪瓦
	安哥拉	塞内加尔
	喀麦隆、津巴布韦	多哥
		剩余国家依次排序如下：苏丹、吉布提、马拉维、埃塞俄比亚、几内亚、冈比亚、利比里亚、几内亚比绍、刚果（金）、莫桑比克、塞拉利昂、布基纳法索、厄立特里亚、马里、布隆迪、南苏丹、乍得、中非共和国、尼日尔

资料来源：United Nation Development Program（UNDP），"2019 Human Development Index Ranking，" http：//hdr. undp. org/en/content/2019 – human – devleopment – index – ranking，accessed 2020 – 08 – 18。

从表2可以看出，在经济欠发达的非洲大陆，人口受教育年限和身体健康水平均有待提高，这两个方面也是制约非洲国家经济和社会发展的主要因素。为了发展工业，非洲国家需要高素质的劳动力，这些劳动力不仅要身体健康而且应储备适应工业生产需求的专业技能和知识。显然，在这一点上，很多非洲国家没有做好准备。

在课题组走访的七个国家中，埃及、肯尼亚和赞比亚处在中高等人类发展水平，埃塞俄比亚、吉布提、坦桑尼亚和尼日利亚处于低人类发展水平阶段。中非合作工业园区在这七个国家有大量资金投入，而人力素质是否做好了承接工业化生产的准备，是课题组想要探寻的主要问题。这些国家拥有巨大的人口红利潜力，但是相当大比例的人口无法转换为现实的生产力，因为大量非洲劳动力只能从事最初级的体力工种，结构单一的就业模式无法应对工业发展对多元化工种的需求。优质人力资本既要拥有数量同时需要质量，但是非洲国家劳动力往往在数量上充足，而在质量上不足。这也可能是非洲国家承接全球产能转移遇到的最大挑战之一。

培养有素养的产业工人，除了需要扎实的基础教育之外，职业教育更为重要。在大多数高收入国家，职业教育与技术培训已成为劳动力市场和高等教育系统之间的桥梁，成为青年就业的过渡阶段。但是在低收入国家，职业教育极其匮乏。撒哈拉以南非洲地区年龄在 12 ~ 24 岁的年轻人中有 8900 万失学，在接下来的十年中，估计还将有 4000 万年轻人面临辍学并面对没有工作机会和生活技能的窘境，这些辍学的年轻人重返校园的概率也几乎为零。[①]此外，在撒哈拉以南非洲有超过 60% 的青年工人的教育水平不足以使他们在工作上有足够的能力，加上国际劳工组织统计的高达 48.1% 的青年人失业率，非洲年轻人的前途未卜，有限的人口红利窗口期可能很快就会消失。[②]

即便是提供职业技术教育与技术培训的非洲国家，也因为缺乏实操性而不能满足劳动力市场需求，加上基础设施和教学设备不足，且具有技术资格和行业经验的教师少之又少，这就造成职业技术教学质量普遍偏低的现状。造成这个局面的原因很多，不同国家的处境也大不相同，大多是因为不稳定的政治经济环境、教育经费匮乏或者是职业教育改革成效甚微等。然而，在发展劳动密集型产业的时候，改善和增加工人受教育的机会对提高工人生产率有很大益处。[③]由此可见，虽然在很多非洲国家发展职业教育和就业培训仍充满挑战，但是为了推进工业化进程，这个难题需要攻克。只有这样，才有可能将人口数量的潜力转变为人口红利，从而让非洲

① K. Inoue, E. di Gropello, Y. S. Taylor and J. Gresham, "Out - of - school Youth in Sub - Saharan Africa: A Policy Perspective: Directions in Development - Human Development," 2015, https://openknowledge.worldbank.org/bitstream/handle/10986/21554/947410PUB0978100Box385416B00PUBLIC0.pdf?sequence=1, accessed 2020 - 01 - 25.

② International Labour Organization, "Still No Recovery for Africa's Youth Unemployment Crisis," 2015, http://www.ilo.org/addisababa/media - centre/pr/WCMS_413566/lang - - en/index.htm, accessed 2020 - 02 - 12.

③ D. E. Bloom, M. Kuhn and K. Prettner, "Africa's Prospects for Enjoying a Demographic Dividend," *Journal of Demographic Economics*, 2017, 83 (1), pp. 63 - 76.

劳动力优势为推动工业化进程助力。

尽管非洲国家成功吸引外国直接投资的因素复杂，但具有熟练技术和技能的劳动力是外国直接投资发展劳动密集型产业的关键因素。①但是非洲的贫困、失业、失学等问题仍十分突出，一直阻碍着各国的和平与经济发展。在此背景下，为了配合工业发展计划，非洲国家目前已经意识到职业教育对于经济可持续发展的重要性，并正在制定政策来培养年轻人成为实用型人才，以支持经济增长和工业化发展趋势。

一些国际机构，如联合国教科文组织（UNESCO）和联合国儿童基金会（UNICEF）也呼吁要深化对发展中国家的教育改革，立足于投资和培养可以创造就业机会和促进经济增长的职业教育项目，通过知识带动经济发展，通过再培训和提高职业技能，鼓励更多劳动力参与有效劳动力市场。经济合作与发展组织（OECD）的战略政策框架也关注教育和人力资本发展，强调通过投资教育和培训来提升人力资本质量，使之成为经济增长的关键驱动力。②

非洲国家也已经意识到教育对于经济长期发展的重要性。在看到问题的迫切性后，非洲联盟也采取了积极推动职业教育的举措，如在2015年颁布的《2063年议程》呼吁非洲国家建立共同教育体系，将投资非洲民众作为非洲最宝贵的资源，通过扩大优质教育并加强科学、技术、创新和研究，以及发展远程教育等多样化教育模式来完善教育体系。③非盟还在2018年批准了《非洲大陆职业技术教育与培训战略》以促进青年就业，并成立了职业技术教育与培训专家组，支持和协助各成员国落实职业技术教育与培训战略。④尽管非洲国家纷纷出台发展职业教育的政策，但是仍然需要国际教育资源的合作和支持才能将这些政策更好地落地。

---

① G. Afeti, "The Importance of TVET In Africa's Socio－Economic Development," 2017, http://africapolicyreview. com/2017/09/16/the－importance－of－tvet－in－africas－socio－economic－development/, accessed 2020－03－12.

② OECD, "Better Skills, Better Jobs, Better Lives: A Strategic Approach to Skills Policies," 2012.

③ African Union, "Agenda 2063," https://au. int/en/agenda2063, accessed 2020－06－13.

④ "Continental Strategy for Technical and Vocational Educational and Training (TVET) to Foster Youth Employment," https://au. int/en/documents/20181022/continental－strategy－technical－and－vocational－educational－and－training－tvet, accessed 2020－03－16.

四　调研结果分析

为了深入了解中国企业到非洲投资后的现状，以及探究非洲充足劳动力市场和相对低廉劳动力价格是否带动企业和当地的发展，课题组共走访了七个国家，分别为埃塞俄比亚、吉布提、肯尼亚、坦桑尼亚、赞比亚、尼日利亚和埃及，共涉及15个中非工业园区。本研究以入驻工业园区的中国企业主为研究对象，以问卷调查的方式对中国企业投资非洲的原因、在工业园区投资的利弊条件、非洲当地员工的生产能力和教育水平等问题做了调研。由于问卷采集工作受到调研条件的限制，无法做到随机抽取样本，仅在企业主自愿原则的条件下收集了15个园区184家中国企业的问卷。通过对这184份问卷的分析，[①]我们可以对中非工业园区的中国企业现状进行初步了解，为下一步深入研究该问题提供参考。

课题组询问了这些中国企业到海外投资的原因。结果显示（见图2），中国企业选择投资海外最主要的原因是中国国内市场饱和及产能过剩（53.30%）。超过一半的企业认为投资目标国拥有潜力巨大的消费市场（50.50%），加上中国国内劳动力价格太贵（27.20%）和国内环保政策越来越严格（20%）等诸多原因，中国企业选择出海投资。

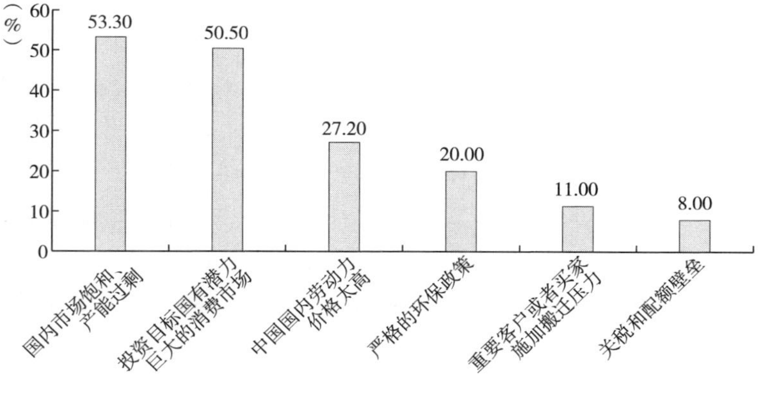

图2　中国企业境外投资的原因（多选题）

① 完整数据分析结果可参考袁立、李其谚、王进杰《助力非洲工业化——中非合作工业园探索》，中国商务出版社，2020，第198~219页。

当被问及为什么在众多投资目标国中（如非洲、东南亚、拉美等区域的国家），中国企业选择投资非洲的原因时（见图3），非洲劳动力价格偏低（44.60%）成为首选原因。由此可见，劳动密集型产业转移到非洲国家，中国企业主要看重的是非洲充满优势的劳动力市场资源。紧随其后的原因还有非洲各国政府欢迎并支持外资企业投资（40.80%）、政局稳定和投资安全有保障（28.80%）、靠近目标市场（20.70%）和价格低廉的水电供应（15.80%）等。

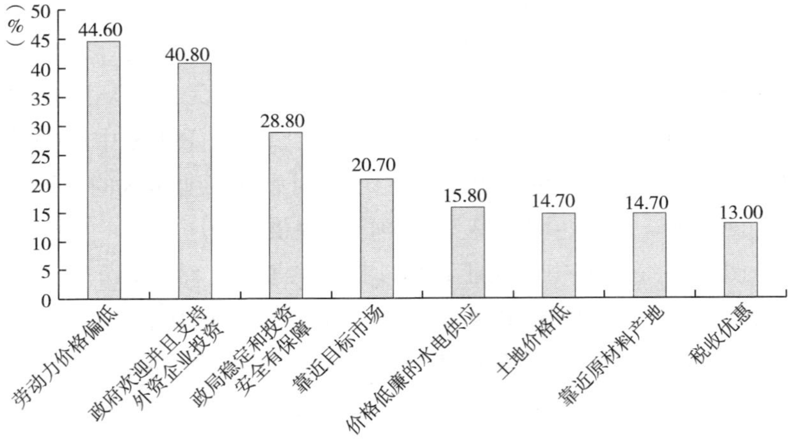

图3　中国企业投资非洲的原因（多选题）

中国企业愿意入驻工业园区的原因（见图4）主要是工业园区水电供应情况良好（52.70%）。由于入驻园区中劳动密集型企业居多，如对于鞋帽衣物等制造行业而言，充足水电供应尤为重要。同时，工业园区引发的人口聚集效应保证了稳定的劳动力来源（29.90%）。另外，课题组也观察到，相比较工业园区以外的区域，园区内便利的“一站式”服务和良好的治安条件，也吸引着中国企业到工业园区投资。

课题组了解到，2013年之后越来越多的非洲国家成立了工业园区，吸引了一大批中国企业前来投资。那么中国企业投资为当地带来了哪些好处呢？课题组观察到工业园区周边基础设施质量大大提升，现代化工业园区井然有序，整洁优美的厂房环境令人印象深刻。和课题组走访的园区以外的独立工厂相比，在园区工作对工人而言更加安全和卫生。另外，中国企业在园区投资建厂也帮助当地大大提升了就业率，一个园区可以吸纳少到

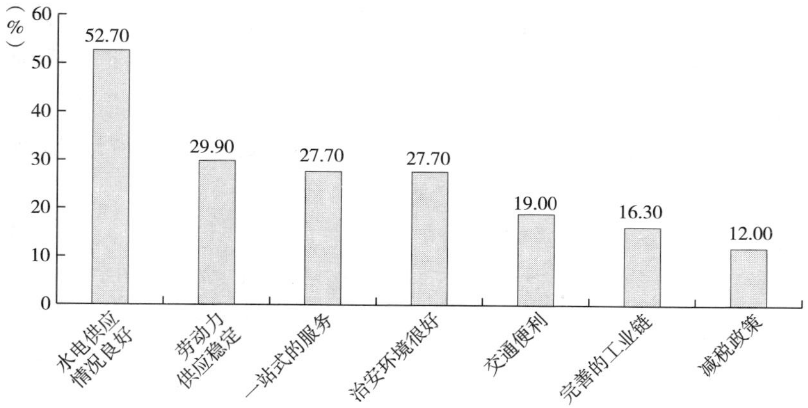

图 4　中国企业在非洲工业园区投资的原因（多选题）

几千人多到上万人就业，尤其是劳动密集型企业如服装鞋帽制造业，基本都是女性员工，这给非洲当地妇女提供了前所未有的就业机会。同时，工业园区的建立也大大刺激了产品的出口，增加了当地的外汇收入。如埃塞俄比亚就非常欢迎外资企业，产品出口到全球市场的外汇收入给埃塞俄比亚经济带来了新鲜血液和可持续发展的动力。

中国企业在非洲投资也并非一帆风顺，面临的挑战也很多（见图5）。超过一半的中国企业表示面临的最大挑战是员工职业技能欠缺导致的生产效率低和员工难以管理（52.20%），其他挑战还包括外汇管制严

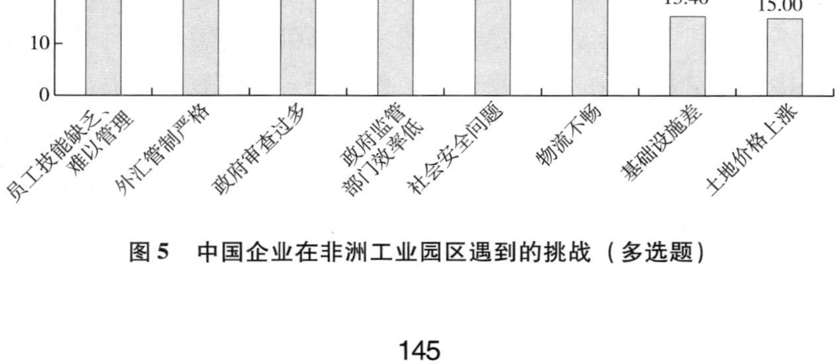

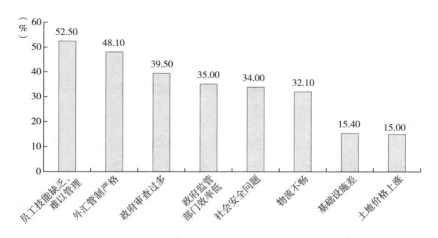

图 5　中国企业在非洲工业园区遇到的挑战（多选题）

格（48.10%）、当地政府审查过多（39.50%）、政府监管部门效率低（35%）等。虽然最初吸引中国企业到非洲投资的主要原因是非洲国家数量庞大且低廉的劳动力市场资源，但是给企业带来阻力的恰恰也是劳动力的问题。当地员工的劳动技能缺乏造成生产效率低，不但没有给企业带来预想的发展，反而还大大增加了企业的交易成本。

劳动力质量不高往往和受教育的程度密切相关。为了深入了解当地员工的受教育情况，课题组对中国企业所雇用当地员工的受教育水平做了问卷调查。结果显示，企业所雇用当地员工中小学及以下文化占13.6%，初中占44.9%，高中占20.4%，大学本科占17.7%，中职大专占2.7%，硕士占0.7%（见图6）。我们发现大约超过65%的非洲员工有初中和高中水平，近18%的员工有大学本科的学历，总计超过85%的非洲员工有中学及以上的教育水平。

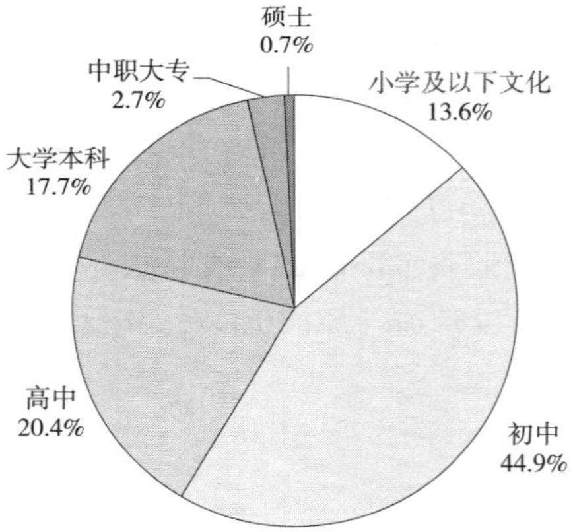

图6　非洲当地员工的平均受教育水平

从教育水平来看，在园区工作的工人教育基础并不差，但是为什么生产效率不高？其中一个原因就是员工虽然有基础学历教育，但是他们基本都没有接受过专业技能的职业培训，也就是说，非洲教育培养出的人才不适合工业化发展的蓝领工作。

入驻工业园区的中国企业多以劳动密集型企业为主，如矿产资源（27.80%），服装纺织（19.10%），建材（15.40%），五金机械（9.90%）等（见图7）。这些行业所需要的初级产业工人居多。即便是初级产业工人，也需要企业对其进行最基本的工作技能和纪律意识的培训后才能上岗工作。

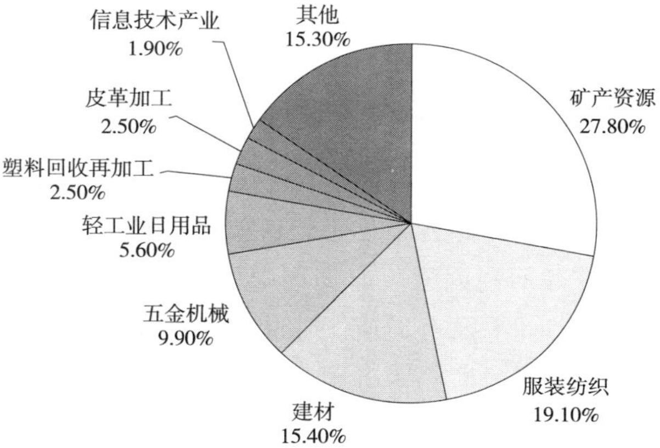

图 7　非洲中非合作工业园区入园中国企业的行业分布

当劳动力人口数量无法转变为适应工业化发展的技术工人的时候，非洲国家的工业化发展速度会非常缓慢。这也解释了为什么在工业园区外排队等候工作机会的当地人比比皆是，而工厂开工却苦于招募不到合格工人，“找工作难”与“招工难”形成鲜明反差。即使有工厂招募到足够数量的工人，从招工到正式上岗可能要进行至少三个月到半年的持续培训，这给企业增加了高额的人力成本。

综上所述，中非合作工业园区的发展，吸引了中国企业到非洲投资。投资带动了工业园区周边区域的人口就业，促进了城镇化，带动了劳动力市场对用人素质的不断提升，如中埃苏伊士经贸合作区在“产城融合”方面发展领先，埃塞俄比亚和尼日利亚等国的工业园区也为当地吸纳了大量劳动力，带动了周边人口聚集，逐步形成了城镇化雏形。中国企业对非洲当地经济的促进作用显而易见，但是中国企业在工业园区投资的过程中也面临着发展瓶颈，如缺乏优质产业工人。在调研中我们也发现，中国企业主对非洲劳动力的发展持乐观态度，并开始有计划有目的地从事当地员工的职业技能培训，但是这个培训缺口仍然很大。由此可见，对于一个可持续发展的工业合作而言，中国和很多非洲国家在进行工业合作项目的同时必须重视职业技术人才的培养。工业园区需要大量优质产业工人，这就给中国和非洲的职业技术培训提供了广阔的合作机会。

五　中非职业教育合作与人口红利释放

相比东南亚国家而言，非洲人口众多，具有承接新一轮产能转移和外来资本的潜力。但是非洲能否抓住此次机会，仍是喜忧参半。从历史情况看，在外汇短缺和农业发展落后的双重制约下，非洲国家的工业化之路极易反复。加上人才储备不足、经济储蓄率低、基础设施薄弱和政策不稳定、不连贯等不利因素，非洲国家的工业化进程迟迟没有起色。特别值得一提的是，如果没有适应工业化发展需求的配套职业技术培训教育，人口红利释放将会前路漫漫，稍有差池，就会和人口红利窗口擦肩而过。

在对非职业技术教育合作方面，中国早在20世纪80年代就在苏丹援建了职业培训中心，目前已为当地培养了数以千计的技术人才。进入21世纪以来，中非关系的快速发展推进了中国对非教育合作，职业教育也成为开展对非教育援助与合作的主要领域。2015年，中国国家主席习近平在中非合作论坛约翰内斯堡峰会开幕式上的致辞中指出，为非洲提供2000个学历学位教育名额和3万个政府奖学金名额；每年组织200名非洲学者访华和500名非洲青年研修；每年培训1000名非洲新闻领域从业人员。[①] 2018年9月的中非合作论坛北京峰会上，习近平提出中国将在非洲设立10个鲁班工坊，向非洲青年提供职业技能培训，实施头雁计划，为非洲培训1000名精英人才，并为非洲提供5万个中国政府奖学金名额和5万个研修培训名额。[②]

职业教育培训是中非合作工业园区可持续发展不可或缺的元素。2019年，非洲第一家鲁班工坊在吉布提开班，当地青年报名踊跃。鲁班工坊招收的学生定向服务于中非合作的铁路，未来还将为中非合作的工业园区提供培训课程，解决人才本土化的问题。这种职业培训模式立足通过线上和

---

① 习近平：《开启中非合作共赢、共同发展的新时代》，2015，http：//cpc. people. com. cn/n/2015/1205/c64094 -27892684. html. 2015，最后访问日期：2020年2月14日。

② 袁立、李其谚、王进杰：《助力非洲工业化——中非合作工业园探索》，中国商务出版社，2020。

线下相结合的方式来培养当地技术工人和优秀职业教育教师，作为服务“一带一路”国际产能合作的重要平台，已经成为中国输出优质职业教育和工匠精神的国际名牌。

鲁班工坊的例子充分说明，对“走出去”的中国企业而言，需要做好充分准备，尽管非洲人力资本有成本优势，但是缺乏合格技术工人也会造成企业发展的瓶颈。所以，中国企业出海不仅是资本的出海，也需要带着职业教育共同出海。只有当企业做好资本和人力培训双重准备以后，才可以保证去非洲投资的效率。

非洲教育发展离不开技术进步的支持、健全完善的制度保障以及社会文化属性带给人们的发展理念和价值观。中非工业园发展到今日，通过人力资本提升来释放人口红利的发展路径，对中非教育合作在文化基础、技术支持和政策保障三个方面提出了新的要求。

（1）发展职业教育需要文化基础

非洲有着极其宝贵的人类文化遗产，但是殖民统治和自然环境等多重原因，造成非洲本土文化遗失。中非教育合作体系和结构需要沿着这一思路，鼓励培养非洲年轻人建立起一套相应的信仰体系、宗教认知和世界观，从而通过复苏非洲本土文化的核心价值观和文化归属感来提升内生发展动力。因此，发展非洲的职业教育和就业培训需要嵌入道德意识形态和文化理念，具备高度的道德情操和精神世界与经济发展密不可分。

非洲幅员辽阔，本土传统价值观也有很大差异。撒哈拉以南非洲和北部非洲国家文化全然不同。如在北部非洲埃及，以谢赫·安塔·迪奥普（Cheikh Anta Diop）为代表的“浪漫的赞美学派”，强调非洲在欧洲人到来之前已有自己的文明，将埃及文明看作非洲文明，并将其视为一种哲学倾向，强调非洲科学与技术在历史上的成就。[①]时至今日，北部非洲国家，如埃及、利比亚、突尼斯、阿尔及利亚、摩洛哥、苏丹等均以阿拉伯文化和伊斯兰教文化占主导。在撒哈拉以南非洲国家，学者们认为乌班图（祖鲁语：Ubuntu）作为一种道德准则和价值观，深深植根于非洲民间，是有

① 李安山：《当代非洲哲学流派探析》，《国际社会科学杂志》（中文版）2020年第2期，第136～149页。

代表性的非洲文化和精神。[①] 乌班图一词来自南部非洲班图语，意为“我与他人密不可分；一个人之所以为人，必须通过与他人互动和分享表现出来”。[②]乌班图理念强调挖掘自立自尊、社区互助和荣辱与共的内动力，从而创造共同利益和追求繁荣，从根本上解决了人的思维问题。然而，乌班图文化并没有很好地被继承下来，原因之一就是由于非洲传统文化是口口相传的交流模式而并非书面正式记录形式，所以丰富的传统文化理念无法被后代获取和保留。另外，由于被殖民统治时间过长而深受西方文化的影响，非洲本土文化的传承也很不完整。虽然乌班图精神近些年再次被复兴，但更多是在美国、英国、德国等国家流行，在非洲本土国家的复兴程度亟待提高。乌班图文化复兴需要通过教育作为载体。然而，坦桑尼亚、南非等非洲国家的教育体系传递的都是西方殖民者的知识体系和理念，缺失本土文化属性，[③]所学知识用不到真实世界中去是非洲教育系统的短版。正如课题组发现的那样，非洲教育体制培养出的人才，无法适应工业化的生产和生活，无法将人口转化为人口红利。

“非洲教育哲学”倡导者菲利普·希格斯（Philip Higgs）提出，非洲哲学可以为教育发展提供新框架，基于传统非洲哲学文化的两个基本概念即“乌班图”和“非洲社群主义”（African Communalism）建构独特的非洲教育哲学思想。[④]由于乌班图和非洲社群主义超越了非洲内在文化、语言和族群的多样性和差异性，所以这种理念对非洲教育哲学具有重要意义。希格斯认为，在教育目的方面，要倡导回归非洲传统教育文化，主张培养具有集体主义或社群主义精神的人，培养具有美德伦理的公民；在教育知识论方面，要体现日常生活与传统文化，强调教育知识需要贴近非洲人的真实生活和本土实践需求，不仅要求充分利用非洲本土历史文化和知识思

---

① Mbiti（1969）解释 Ubuntu 的意思是“I am，because we are，and since we are，therefore I am”（Teffo，1996，p. 103）。Cited in L. J. Teffo，“The Other in African Experience，” *South African Journal of Philosophy*，1996，15（3），pp. 101 - 104。

② D. J. Louw，“Ubuntu：An African Assessment of the Religious Other，” *Twentieth World Congress of Philosophy*. 1998.

③ L. M. Semali and J. L. Kincheloe，*What Is Indigenous Knowledge? Voices from the Academy*，Routledge，2002.

④ 李育球：《论希格斯的“非洲教育哲学”思想》，《比较教育研究》2016 年第 3 期，第 69 ~ 73 页。

想资源，更要批判性地借鉴外部世界的思想文化，从而实现本土传统知识和现代知识的融合。①

一直以来联合国教科文组织致力于乌班图文化在非洲的推广，希望通过文化复兴来有效促进非洲国家的可持续发展。在2002年南非约翰内斯堡世界可持续发展问题首脑会议期间，联合国教科文组织与非洲科学院等多家机构共同签署《乌班图宣言》（Ubuntu Declaration），希望借助全球资源促进发展中国家在可持续发展领域的教育和研发能力；2015年，联合国教科文组织又召开“乌班图：全球人文教育”大会，深入分析乌班图理念在教育领域的作用。②

非洲国家职业教育的发展可以考虑将乌班图和社群理念通过嵌入式教学方法来激发学生的内在精神动力、自豪感和自信感，结合本土需求和实际应用来制定其目标、内容、指导材料、学习经验和评估方案。③这将强化影响学习动力和效果的道德与公共因素，并强调每个参加学习的个体价值和社区发展的关系，改变“所学非所用”的教育现状，将职业技能培训和非洲本土就业市场需求纳入基础教育，为年轻人择业就业做好准备，将培训与真实世界的工作需求紧密结合，培养年轻人成为终身学习者和有责任感的公民，从而为可持续经济发展打下基础。

目前中国与非洲在各个方面的合作不断深化，但是真正关注和理解非洲历史与文化的人很少。由于缺乏对非洲文化属性的认知，他们带着中国思维去非洲发展，导致处处碰壁。如果可以从价值观、道德、文化的历史演进角度来看待现在非洲人的行为和做事模式，中国投资企业也许就可以跨越不同文化的障碍，为中非合作与发展奠定可持续发展的未来。

（2）发展职业教育需要技术支持

发达国家已经通过实践经验证明了教育是促进经济成功发展的关键因

① P. Higgs, “African Philosophy and the Transformation of Educational Discourse in South Africa,” *Journal of Education*, 2003, 30, pp. 16 – 17.

② 周鑫宇：《南非乌班图思想与新兴大国本土政治思想崛起》，《现代国际关系》2018年第2期，第56～62页。

③ B. A. Ogwo, “ Re – visioning Technical Vocational Education and Training (TVET) for the Youth in Sub – Saharan Africa (SSA) and the Sustainable Development Goals (SDGs): Prospects and Promises within the Framework of the Ubuntu Paradigm,” In *Re – Visioning Education in Africa*, 2018, pp. 155 – 173.

素，但是对于低收入国家而言，由于缺乏可用的教育设施和技术资源，发展职业教育阻力重重。这些国家的社会经济发展水平低下，限制了教育和经济协同发展起来的可能性。

传统的中非职业教育合作模式集中在以下四个方面：一是职业技术培训与投资项目相结合，与非洲当地政府或有关国际组织开展合作，提供特定技能培训，在解决当地就业问题、提高劳动生产率的同时，降低企业培训成本；二是合作设立职业院校、培训中心，鼓励人才培养和技术转移，为非洲学生提供实习机会，加强中非双方青年创业交流；三是建立专家咨询机制，鼓励并推动一线专家投身到非洲人才培训的事业中去；四是开展教育合作，探索开展多种形式的中非合作办学，联合开发教学资源，探索开展远程教育计划。①

这些模式虽然也取得了很大成效，但是随着时间的推移，信息和通信技术等远程工具已经开始逐步将教育资源分配到世界各地，欠发达国家和地区也很有可能成为这些新型学习资源的受益者，从而在世界范围大大提高教育机会的平等性。通过现代互联网技术进行远程职业技能培训，需要特别重视对职业技术教师的培训，因为优秀的当地师资力量可以持续地培养本土技术工人。对学生而言，在职业技术教育与培训中引入信息通信技术和电子学习方法可有助于提高学习效率，并且技术创新拓展了知识范围和提升了学习机会。

对工业园区中的工人进行职业培训是一个逐步发展的过程，因此需要倡导职业技术教育的终身学习理念。在终身学习的背景下，员工的技能可以不断提高，使员工能够随着工作场所不断提升的技术需求而发展技能。终身学习的机会使过去曾受过有限培训的工人可以完善和提升自己的技能和能力，从而由初级产业工人成长为技术成熟的高级产业技术工人。

但是，以技术为媒介的学习方式将课程内容数字化，同时需要计算机硬件的配套、互联网连接以及足够的预算来支付教学运营，电子设备的维护和更新都会使得教育成本增加。尽管如肯尼亚等很多非洲国家已经制定了国家信息通信技术政策，并正在为信息通信技术基础设施发展筹集资

① 程伟华：《中国对非洲智力援助：理论、成效与对策》，南京农业大学博士学位论文，2012 年。

源，但成效缓慢。中国企业和资本的投入，可以帮助中非职业教育合作快速落地，加速非洲人力资本提升的速度。

（3）发展职业教育需要政策保障

从政策条件而言，国家政策对于提升人力资本并释放人口红利尤为重要。例如，合理的生育政策可以改善人口抚养比，即在提升有效劳动人口数量的同时，控制生育率达到降低抚养比的目的，从而提升就业率和经济水平。学者们认为生育率急剧下降是从人口红利中受益的最重要的政策杠杆①，这也会大大提升人均教育资源的占有率。然而，当人口受教育的程度越来越高，政策制定者又会面临另一个难题，那就是政府如何为这些优质人力资本创造有就业前景的社会大环境，否则人才很有可能外流到发达国家。非洲各国纷纷锚定发展工业园区中劳动密集型产业，也是为了避免人才流失局面的出现。

除了依靠国际资源和合作来提升职业教育水平外，非洲国家需要完善本国自身教育体系中的基础专业建设，制定和职业技术相关的各级学科的发展策略，如科学、技术、工程和数学（STEM）等学科，以培养高级技能的工人和工程师，这对于改进本地制造业是必不可少的。

投资职业教育与技术培训就是在投资社会经济发展的未来，因为职业教育的进步就是技术进步，可以加速工业化进程，同时也是创造财富和减少贫困的关键。因此，非洲各国政府的政策制定应充分考虑分配足够资源促使职业技术教育与培训机构教学设施现代化，以及职业技术教师的培训和持续发展，并采取能够鼓励职业技能发展的优惠政策，例如为学习者提供退税优惠政策或为职业教育机构提供培训设备支持等。

虽然职业教育与技术培训本身并不能直接促进经济增长，也不能直接提供就业或消除贫困，但是职业培训需要经济和政策环境以促进企业创新和成长，同时企业发展也会反作用于经济并刺激经济增长，从而形成良性经济循环。当企业发展壮大时，对新技术和职业技能的需求就出现了，也会导致新的职业培训机会出现并创造更多工作机会。因此，在中非教育合作的过程中，双方需要政策基础来维护稳定的社会大环境。

---

① J. F. May & V. Turbat, “The Demographic Dividend in Sub - Saharan Africa: Two Issues That Need More Attention,” *Journal of Demographic Economics*, 2017, 83 (1), pp. 77 - 84.

值得注意的是，政策制定必须考虑到教育投资和教育合作的特殊性。相对于硬件基础设施建设的立竿见影，教育投资需要更长时间来看待其回报率。所以在投资教育和国际合作的过程中，政策评估应该将教育合作视为可持续发展的长远目标，而非短期评估其回收利益。此外，中国与非洲的教育合作已经从最初的单方面非洲受益和减贫模式，逐步转变为可持续的平等互利、共同发展的方式，这将使中非教育合作为经济发展真正起到助力作用，从“输血援助”变为“造血合作”，因此政策的制定应该起到保护中方和非洲本土利益的双向调节作用。同时，政策制定需要借鉴西方大国和非洲教育合作的失败经验。美国等西方大国在和非洲进行教育合作和教育援助的过程中，往往按照援助国的发展需求为导向，不但不符合受援国的国情，而且往往会附加其他严苛条件，使得教育合作不符合可持续发展的条件，达不到合作共赢的目的。

结　语

回顾中国过去 40 多年的发展经验，工业化带动人口聚集形成的城镇化、全民教育水平的提升和劳动人口占比不断增加是中国经济发展和腾飞的成功之路。目前，非洲经济发展在不同程度上效仿了中国这条发展道路。非洲各国纷纷学习中国工业园区的经验，正在大力发展工业化，并将发展工业化定为国家发展大计。与此同时，非洲国家逐渐完善的基础设施和巨大劳动人口数量吸引着新一轮中国资本的投入。

中国企业在中非工业园区的投资，提升了非洲人口就业率，发展了周边配套基础设施，也拉动了当地的出口创汇。然而，中国企业目前也面临着发展的挑战，那就是虽然非洲人口数量众多，为劳动密集型产业提供了充足且廉价的劳动力，但是工人职业技能的不足造成了企业生产效率低下、员工难以管理的发展瓶颈。由于非洲总体教育水平不高，加上没有投入足够资金，软件和硬件条件不到位及教师队伍流失严重，非洲的职业教育发展并不乐观。

仅仅依靠非洲当地政府来推进职业教育的发展显然无法满足非洲国家工业化发展对人力素质提升速度和质量的要求。所以，为了中非工业园区的可持续发展，将非洲人口数量转化为服务经济发展的人口红利，中国政府和企业层面要立足于非洲国家发展的切实需求，将教育培训与工业园区发展相结合，在成人职业教育和技能培训方面进行深入合作，帮助非洲国家建立起适合工业化发展的职业技能培训教育构架。在和非洲合作发展职业教育的过程中，需要认知并尊重当地的文化属性，通过利用并改善信息和通信技术来达到职业技术培训资源的平等分配，加上健全完善的政府制度保障，非洲工业化发展的人才储备任务才有可能顺利展开，为中非合作可持续发展夯实基础。

综上所述，对新一轮中国资本而言，当听到“再不投资非洲就晚了”的声音时，仍要保持谨慎态度，因为机遇和挑战永远并存。课题组发现，当越来越多的中国企业出海到中非合作工业园区进行投资，在资本出海的同时需要带着职业教育一起出海，重视金融资本和人力资本的双重发展将是新一轮中国资本在非洲可持续发展的两个必要条件。

教育、人力资源与经济的协调发展：新加坡经验对吉布提发展的启示

邹雨君　哈　巍　陈东阳　郭圆圆*

摘要： 扼守红海、辐射东非的吉布提是“一带一路”倡议的重要节点国家，也是招商局集团等中国企业的投资重点。然而，合格劳动力的缺乏极大地阻碍了吉布提的发展，同时，极高的青年人口失业率又成为社会稳定的一大威胁。本文认为，这一矛盾是由教育、人力资源政策未能与经济发展阶段相适应造成的。解决这一矛盾不仅有利于吉布提的未来发展，对解决“一带一路”倡议在非洲实施过程中的人力资本问题也有借鉴价值。本文参照发展禀赋与吉布提存在相似之处的新加坡在最近一次产业转移中的发展经验，通过实地调研走访等方式对吉布提的经济发展、劳工政策和教育政策三方面的协调进行了深入分析。本文认为，吉布提政府应发挥自主性，促进教育、劳工、经济发展三者的整体协调发展；教育政策方面优先发展小学教育，同时注重职业教育及对失业人口的再培训；劳工政策方面采用更加灵活的外来劳工政策，放宽对特定种类外来劳工的限制。

关键词： 人力资源　青年教育　新加坡　吉布提

问题的提出

非洲从现在到未来很长一段时间内都将是世界年轻人口比例最高

* 邹雨君（第一作者），北京大学国际关系学院国际政治专业博士研究生；哈巍（通讯作者），北京大学百人计划研究员，北京大学教育学院副院长，哈佛大学公共政策博士，电子邮箱：wha@ pku. edu. cn；陈东阳，北京大学教育学院教育经济与管理系博士研究生；郭圆圆，北京大学燕京学堂硕士研究生。

的地区。《联合国世界人口展望2019》显示，当前全球人口增速是自1950年以来最慢的阶段，2015～2020年，全球人口增速降至每年1.1%以下，预计到21世纪末将继续放缓。在2019～2050年全球人口可能增加的20亿人口中，撒哈拉以南非洲国家可以增加10.5亿人（52.5%）。预计撒哈拉以南非洲地区将在2062年左右成为世界上人口最多的地区。并且，虽然许多国家面临人口老龄化的威胁，但2019年的数据显示，62%的非洲人口在25岁以下，除此之外，撒哈拉以南劳动力人口（25～64岁）在2019年占总人口的35%，并将继续增加，预计在2050年达到50%。[①]

年轻化的人口结构是非洲的财富，但若得不到很好的开发，也有可能成为社会稳定和经济发展的威胁。虽然对青年人口确切的年龄段和在总人口中占比范围的定义有很多种类，但通常将青年人口在人口结构中占比极大的现象称作"青年膨胀带"（Youth Bulge），[②] 一直以来，学界都未曾停止过对非洲"青年膨胀带"的关注和讨论。亨利克·乌达尔（Henrik Urdal）的实证研究显示，在经济条件不利的情况下，受教育程度上升但失业率增加等因素容易使青年积累不满情绪，"青年膨胀带"现象可能将提高一国国内武装冲突的风险。[③] 国际劳工组织（ILO）最新的《世界就业与社会展望：2020年趋势》报告显示，2019年，北非青年人口失业率为30.2%（总失业率为12.1%），撒哈拉以南非洲青年人口失业率为8.7%（总失业率为5.9%）。此外，整个非洲94.9%的15～24岁的人口从事非正式就业。[④] 还需要注意的是，有20.2%的青年人口（北非26.9%，撒哈拉以南非洲19%）处于未就业和未受教育或培训的状态（Youth not in Education, Employment or Training, NEET）。这表明有相当多的年轻人既未就

---

① Department of Economic and Social Affairs, *World Population Prospects 2019*, New York: United Nations, 2019, pp. 5, 12, 20.

② Gary Fuller and Forrest R. Pitts, "Youth Cohorts and Political Unrest in South Korea," *Political Geography Quarterly*, Vol. 9, No. 1, 1990, pp. 9 - 22; Richard P. Cincotta, "Half a Chance: Youth Bulges and Transitions to Liberal Democracy," *Environmental Change and Security Program Report*, Issue 13, 2008, p. 10.

③ Henrik Urdal, "The Devil in the Demographics: The Effect of Youth Bulges on Domestic Armed Conflict, 1950 - 2000," *Social Development Papers*, The World Bank, No. 14, 2004.

④ International Labor Organization, *Women and Men in the Informal Economy: A Statistical Picture*, Geneva, April 2018, p. 34.

业，也未提升他们的就业能力。[①] 因此，将青年人口转化为社会发展的动力而不是阻力的任务显得尤为紧迫。

中非经贸合作为非洲实现人口红利创造了条件。2000 年以来，中国逐渐成为非洲重要投资国之一，大量的中国国有和私营企业进驻非洲。虽然基础设施建设领域是中国企业介入的重点行业，但是随着中国国内产业结构的升级转型，越来越多的劳动密集型企业将目光投向非洲，为非洲本土创造了巨大的就业潜力。现有关于中国在非企业数量的统计数据并不统一，以中国商务部注册数据库为例，截至 2015 年 1 月，中国在非企业有 3000 多家。而麦肯锡在其报告中估计，非洲有超过一万家中国企业，其中超过 90% 为私营企业。[②]有鉴于此，有学者认为非洲，特别是撒哈拉以南非洲将会成为下一个“世界工厂”。[③]

这个“世界工厂”梦想的前提是需要当地人力资源与经济发展的良性互动。这种良性互动包含五个方面的要素，即充足的劳动力供给，经济结构决定的劳动力需求模式，受工资政策及劳动力保护法等影响的劳动力市场灵活性，由教育及培训支撑的劳动力质量，积极的市场政策以使得劳动力市场更具包容性。[④]目前许多非洲国家面临的问题体现在以下两个方面。一方面劳动力质量并不符合经济结构决定的劳动力需求模式。虽然小学完成率大幅度提升，但毕业生质量低下，许多小学毕业生依然没有基本的识字和算术能力，因此也缺少进一步接受专业技能培训的能力。此外，职业技能培训处于教育系统的边缘地位，面临着师资力量薄弱、管理部门权责不明、缺乏配套设施等问题。[⑤]另一方面，一系列劳工保护法又限制了劳动

---

① International Labor Organization, *World Employment and Social Outlook Trends 2020*, Feb. 2019, Geneva, pp. 18, 43, 44.

② Irene Yuan Sun, Kartik Jayaram, Omid Kassiri, *Dance of the Lions and Dragons, How Are Africa and China Engaging, and How Will the Partnership Evolve?*, McKinsey Global Institute, June 2017.

③ Irene Yuan Sun, “The World's Next Great Manufacturing Center,” *Harvard Business Review*, May - June 2017, https://hbr.org/2017/05/the - worlds - next - great - manufacturing - center, accessed 2020 - 03 - 22.

④ Biavaschi Costanza et al., “Youth Unemployment and Vocational Training,” *World Development Report 2013*, http://ftp.iza.org/dp6890.pdf, accessed 2020 - 08 - 07.

⑤ African Development Bank Group, *African Economic Outlook 2019: Developing Africa's Workforce for the Future*, 2019, https://www.afdb.org/fileadmin/uploads/afdb/Documents/Publications/2019AEO/AEO_2019 - EN.pdf, accessed 2020 - 08 - 08；张学英、王璐：《非洲青年就业及职业技能积累问题研究》，《职业技术教育》2015 年第 13 期，第 68 ~ 73 页。

力市场的灵活性。例如，许多国家都出台了相关法律法规，要求企业雇用的本土劳工必须达到某个比例。

非洲国家向亚洲国家学习，“向东看”政策由来已久。2002 年，津巴布韦总统穆加贝倡导把目光转向以中国为首的亚洲国家，学习亚洲国家的发展经验。非洲知名华裔教育家、津教育部前部长朱惠琼曾出版著作《津巴布韦向东看》，并在接受采访时表示：“包括津巴布韦在内的非洲国家‘向东看’，应该着眼于学习中国的技术和经验，创造政策环境，复制以工业化带动发展的亚洲崛起模式。”①在教育领域，也有一个非洲多国集体向以新加坡为首的亚洲国家学习教育经验的美谈。2005 年，在一次世界银行组织的针对非洲教材缺乏的活动上，非洲参会代表被新加坡代表做的关于新加坡教育发展的展示深深吸引，要求进行一次实地调研走访。2006 年 6 月，在世界银行相关人员的陪同下，来自喀麦隆、埃塞俄比亚、加纳、莱索托、马达加斯加、莫桑比克六国的高级教育政策制定者对新加坡和越南进行了实地考察，并密集地举行了围绕韩国、中国及泰国的教育工作坊。在此次调研中，非方人员表现出对“经济与教育之间的协调性特别是与基础教育及技术和职业教育领域的协调性”问题的高度关注，因为这两个领域对劳动力市场需求的回应和经济增长至关重要。②

地处东非之角，地缘政治地位极其特殊的吉布提是积极向亚洲国家学习的非洲国家之一。实际上，吉布提国内早已有向新加坡学习的声音。吉布提商会会长优素福·穆萨·达瓦莱（Youssouf Moussa Dawaleh）就曾对吉布提“2035 愿景”计划发表评论认为，新加坡经验将成为吉布提未来二十年的发展模式。③ 作为东南亚各国中面积最小的国家，新加坡的过去与吉布提的现状十分相似：两者都属于自然资源短缺和工农业基础薄弱的国

① 《非洲国家“向东看”，应学中国自力更生》，2015 年 11 月 27 日，新华网，http：//www.xinhuanet.com//world/2015 - 11/27/c_1117285855.htm，最后访问日期：2020 年 8 月 9 日。

② Tan Jee - Peng and Birger Fredriksen, eds., *An African Exploration of the East Asian Education Experience*, pp. 1 - 2, https://openknowledge.worldbank.org/bitstream/handle/10986/6424/439670PUB0Box310only109780821373712.pdf? sequence = 1&isAllowed = y, accessd 2020 - 08 - 08.

③ Arno Maierbrugger, “Djibouti Wants to Become the ‘Singapore of Africa’,” *Gulf Times*, 2014 - 11 - 09, https://www.gulf - times.com/story/415602/Djibouti - wants - to - become - the - Singapore - of - Africa, accessed 2020 - 03 - 24.

家。进一步看，吉布提与新加坡的相似之处还表现在诸多方面。首先，二者都有曾被殖民的历史，且历史上的宗主国都对两国的经济形态产生了深远影响——吉布提深受法国经济的影响，而作为英国的前殖民地，独立前的新加坡经济很大一部分都依赖于与英国军事基地相配套的服务业。其次，二者都占据着国际航线的重要节点——吉布提扼守红海入海口，而地处马六甲海峡的新加坡则是联通印度洋和太平洋的门户。最后，二者都是由港口发展起来的城市型国家。但与吉布提不同的是，新加坡在独立后短短几十年内迅速成长为亚洲经济四小龙之一。这其中的一个重要因素就是新加坡政府一直将人力资本视作经济发展的重要禀赋，自建国以来人力资本一直保持与经济发展的良性互动。那么，新加坡的人力资源发展模式中究竟有哪些成功的经验值得吉布提乃至以吉布提为代表的这一类后发的第三世界国家学习借鉴呢？为回答这一问题，也为了深刻理解制约吉布提经济发展的人力资源困境，本文作者于 2019 年 8 月前往吉布提及作为其重要腹地的埃塞俄比亚进行了实地调研，走访了包括相关政府部门、大学、中资企业等机构以及普通民众，通过采访、观察、数据搜集等方式获取了大量信息。

2013 年 12 月，招商局集团正式入股吉布提港集团，参与吉布提旧港改造，紧接着又上马了吉布提国际自贸区项目，还于 2017 年挂牌成立了丝路国际银行。[①]中土集团深耕吉布提多年，不仅承建了吉布提历史上第一条电气化铁路，[②]还与天津市第一商业学校、天津铁道职业技术学院合作建设吉布提“鲁班工坊”职业培训项目。[③]此外，民营企业上海达之路集团还在吉布提建有经济特区。提振吉布提经济发展是吉布提人和中国企业的共同心愿。笔者一行在吉布提和埃塞俄比亚调研期间最突出的感受是，虽然人力资源优势是中国企业来到非洲投资的动力之一，但在吉布提投资经营的最大瓶颈正是人力资源。与此同时，在工作日的白天，只要是太阳较弱的

① 郭凯：《招商局集团与吉布提的故事：“中国速度”成就可喜变化》，《经济日报》2017 年 8 月 10 日，http：//www. ce. cn/cysc/yq/dt/201708/10/t20170810_24920702. shtml，最后访问日期：2020 年 3 月 24 日。

② 《中土集团助力吉布提迈进铁路新时代》，2015 年 1 月 1 日，人民网，http：//world. people. com. cn/n/2015/0101/c157278 -26311304. html，最后访问日期：2020 年 3 月 24 日。

③ 陈晨：《我校与中土集团吉布提有限公司达成共识》，2019 年 3 月 8 日，http：//www. tjysx. cn/news/155237457493319367. html，最后访问日期：2020 年 3 月 24 日。

时间，吉布提的街道和沙滩上就随处可见三五成群的无业青年人，笔者一行在入户调研期间还被一位年轻人强塞了一份简历，因为他认为“你们是中国人，你们可以帮我找工作”。吉布提年轻人的就业状况与在吉中国企业所面临的问题似乎是互相矛盾的，却揭示了不少非洲国家共同面临的发展困境。对许多非洲国家来说，快速的人口增长与极高的青年人口比例既预示着人口红利，也暗含着巨大的就业及社会稳定压力。中国投资的涌入既是重要的提振就业的机会，也对吉布提人力资源提出了前所未有的挑战。

本文的目标就是基于吉布提基本国情与未来愿景规划，分析其国家发展进程中如何实现人力资本与经济发展的良性互动，探讨新加坡经验是否可供借鉴，同时关注中国，特别是中资企业在其中的角色。通过此案例的研究，笔者希望探索更多非洲国家面临的类似制约其发展的人力资源困境。本文主要分为五个部分。第一部分是对以往教育、人力资源与经济发展关系的研究进行文献回顾。第二部分是对吉布提人力资源变迁状况进行梳理。第三部分是分析吉布提的教育和人力资源现状。第四部分是对新加坡各个发展阶段中提升人力资源的经验进行研究总结。第五部分是探索新加坡经验对吉布提的启示，并同时强调适用性的问题。最后结论是在总结新加坡经验对吉布提启示的同时强调中国在其中的重要角色。

一　教育、人力资源与经济的协调发展

如果说经济发展是人力资源的下游，那么教育就是人力资源的上游。教育提高劳动力的素质，提升劳动生产率，从而有利于经济增长。同时，如果劳动力具备较高教育水平，接受和掌握新技术的能力就较强，从而产业结构也就较容易向技术密集型方向转变。对教育与经济关系的测量包括计算教育花费与收入、教育对国民生产总值（GNP）的贡献率、教育的成本收益率以及比较不同国家间入学率与国民生产总值的相关性等。[①] 这些测量揭示出一些具有普遍性的规律。例如，安东

① Frederick Harris Harbison and Charles Andrew Myers, *Education*, *Manpower*, *and Economic Growth*: *Strategies of Human Resource Development*, McGRAW - HILL Book Company, 1964, pp. 4 - 11.

尼奥·西科尼（Antonio Ciccone）等基于全世界 40 个国家 37 个制造行业的实证数据表明，自 20 世纪 80 年代以来，教育水平更高或教育改善程度更大的经济体，在相应的产业发展中能够实现更快的增值与就业增长。①大卫·布鲁姆（David Bloom）等分析了非洲高等教育与经济发展之间的关系，认为在宏观经济条件有利的情况下，高等教育的发展有利于技术赶超并推动经济发展。②

许多学者认为教育政策通过影响政治参与作用于经济发展。一方面，较高的国民教育水平有利于民主政治的发展，从而为经济发展提供稳定的政治社会环境。这是因为，受教育程度较高的公民参与各种政治活动的倾向也较强。③ 另一方面，与经济社会结构不相匹配的教育会对社会发展带来负面影响。伴随着教育的扩张，与社会经济机会不相匹配的就业期望可能在无法得到有效满足的情况下异化为政治暴力，影响社会稳定，进而危及经济发展。④ 诱发"阿拉伯之春"的一大不稳定因素就是社会中出现了较高学历的青年人口失业比例特别高的现象。⑤如同一个国家的工业化进程必须是循序渐进的，客观存在的产业结构分层也要求这个国家的人力资本政策必须与经济和社会发展需求紧密配套，否则不但无益于产业发展、经济升级，反而会给社会发展带来更大的冲击。

除了分析教育如何通过提升人力资源促进经济发展，同样重要的是教育、人力资源与经济发展之间的协调性。在第三世界国家相继独

---

① Antonio Ciccone and Elias Papaioannou, "Human Capital, the Structure of Production, and Growth," European Central Bank (ECB) Working Paper Series, No. 623, May 2006, https: //www. researchgate. net/publication/24008780_Human_Capital_the_Structure_of_Production_and_Growth, accessd 2020 – 08 – 09.

② David Bloom et al., "Higher Education and Economic Development in Africa (Vol. 102)," World Bank, 2006, http: //www. sciencedev. net/Docs/Higher% 20Education% 20and% 20economic% 20developmnet. pdf, accessd 2020 – 08 – 10.

③ Robert Putnam, *Bowling Alone: America's Declining Social Capital*, New York: Palgrave Macmillan, 2000, pp. 223 – 234.

④ James Davies, "Toward a Theory of Revolution," *American Sociological Review*, Vol. 27, No. 1, 1962, pp. 5 – 19.

⑤ Filipe R. Campante and Davin Chor, "Why Was the Arab World Poised for Revolution? Schooling, Economic Opportunities, and the Arab Spring," *Journal of Economic Perspectives*, Vol. 26, No. 2, 2012, pp. 167 – 188.

立的20世纪60年代，弗雷德里克·哈里斯·哈比森（Frederick Harris Harbison）等就根据发展水平将全球分为欠发达、部分发达、半先进和先进国家，并根据不同类型国家各自的发展条件和需求给出了相应的人力资源培养建议。[①] 除了特定时间的平行比较，也可以分析一国内部不同时期的教育、人力资源和经济协调情况。何孔钟（Ho Kong Chong）等分析了新加坡从殖民时期到2008年左右，不同发展阶段教育政策如何服务于不同的经济发展需求。[②] 在资源有限的情况下，任何国家特别是发展中国家，都不得不对教育政策进行优先性排序以率先发展满足国家现阶段最紧急发展需求的教育。[③] 20世纪80和90年代，萨卡洛普斯（Psacharopoulos）基于人力资本理论和对各个层次教育的收益率研究指出，小学教育是社会回报率最高的正规教育，而高等教育的私人回报率远超过社会回报率。[④] 为此，世界银行将教育援助资金向小学教育大量倾斜，并推动发展中国家进行高等教育改革。[⑤] 这些改革直接导致许多发展中国家政府对高等教育支出锐减，一定程度上阻碍了高等教育的发展，长远来看又导致小学教育扩张过快，影响教育质量，加大中学入学压力等问题。[⑥]

---

① Frederick Harris Harbison and Charles Andrew Myers, *Education, Manpower, and Economic Growth: Strategies of Human Resource Development*, McGRAW - HILL Book Company, 1964, pp. 4 - 11.

② K. C. Ho and Yun Ge, "Education and Human Capital Management in a World City: The Case of Singapore," *Asia Pacific Journal of Education*, Vol. 31, No. 3, 2011, pp. 263 - 276.

③ Frederick Harris Harbison and Charles Andrew Myers, *Education, Manpower, and Economic Growth: Strategies of Human Resource Development*, McGRAW - HILL Book Company, 1964, p. 19.

④ George Psacharopoulos, "Returns to Education: An Updated International Comparison," *Comparative Education*, Vol. 17, No. 3, 1981, pp. 321 - 341; George Psacharopoulos, "Returns to Investment in Education: A Global Update," *World Development*, Vol. 22, No. 9, 1994, pp. 1325 - 1343.

⑤ Milton Obamba, "Uncommon Knowledge: World Bank Policy and the Unmaking of the Knowledge Economy in Africa," *Higher Education Policy* Vol. 26, 2013, pp. 83 - 108.

⑥ Milton Obamba, "Uncommon Knowledge: World Bank Policy and the Unmaking of the Knowledge Economy in Africa," *Higher Education Policy* Vol. 26, 2013, pp. 83 - 108; Mahmood Mamdani, *Scholars in the Marketplace: The Dilemmas of Neo - Liberal Reform at Makerere University, 1989 - 2005*, African Books Collective, 2007; Jessica Ista Gray Werner, *Teacher Support for Universal Secondary Education in Uganda*, Ph. D Dissertation, University of Minnesota, 2011.

虽然越来越多的学术成果聚焦教育、人力资源与经济发展的协调性，但大多是多案例的比较研究或大样本的实证研究，较少针对一个国家进行深入分析，不能考虑到具体国家的具体情况。本文试从吉布提的国情出发，通过与吉地缘位置等方面具有很多相似性的新加坡进行深入分析比较，试图讨论吉布提当前教育与人力资源政策的缺失之处，并为此提出针对性的调整建议。

二 殖民遗产：吉布提精英教育与外来劳工为主的人力资源模式

吉布提是非洲最年轻也是最小的国家之一，因其优越的地缘禀赋，在区域乃至全球贸易格局中意义非凡：吉布提地处东非之角，亚、非、欧三大洲交通要冲，背靠东非腹地，扼守红海入印度洋的咽喉，素有东非门户之称。凡是北上苏伊士运河驶往欧洲或由红海南下印度洋绕道好望角的船只，都要停靠吉布提港上水加油。吉布提因此也被西方称为“石油通道上的哨兵”，包括美、德、法、日在内的多国部队在此驻军。同时，吉布提又是世界最不发达国家之一，气候恶劣，自然资源十分缺乏，工农业基础薄弱。因此可以说，吉布提最大的资产就是其战略性地缘位置。①

殖民时期，吉布提成为法国对抗英国，扼守非洲、中东、红海和印度洋十字路口的前哨。二战后，吉布提作为法军海外基地，承担着法国军舰、飞机通往印度洋、太平洋领地的中转功能。②在二战之前，法国的经济政策要求殖民地在财政上自给自足，只是对铁路公司及发展吉布提港口提供小规模援助。由于农产品和工业产品缺乏，殖民地的经济几乎完全建立

① Erica Downs, Jeffrey Becker and Patrick DeGategno, “China's Military Support Facility in Djibouti: The Economic and Security Dimensions of China's First Overseas Base,” Center for Naval Analyses, Arlington, United States, 2017, https://apps.dtic.mil/dtic/tr/fulltext/u2/1038215.pdf, accessed 2020-08-10.

② Africa Yearbook, “Who's Who,” *African Journal Limited*, London, 1995, p. 209; David Lea and Annamarie Rowe, eds., *A Political Chronology of Africa* (Vol. 4), Taylor & Francis, 2001, p. 132; 周海泓、顾章义、付吉军：《索马里 吉布提》，社会科学文献出版社，2006，第 22 页。

在服务行业上，劳动力主要为港口和铁路业务服务，另有一些为行政机关、军事单位或者建筑行业服务，吉布提劳动力市场受港口和铁路业务影响大。二战之后，随着盐业公司的关闭和苏伊士运河的封闭，大量工人失业，法国当局不得不提供越来越多的资金改善当地的交通状态和吉布提港口设施，以应对吉布提的失业问题，并提高了在公共福利事业如卫生和教育方面的支出。[①] 1956 年，据统计法属索马里当时有约 25000 人，其中政府雇员有 2340 人，私人公司大约雇用了 10230 人，这当中贸易、建设和交通公司雇用人数最多。但到了 1966 年，由于新的劳工条约覆盖了私人企业，因此私人企业雇用人数锐减到 7300 人。

1896 年，吉布提成为法属索马里（殖民时期的吉布提前身）首都时，吉布提本土人口尚且能满足殖民者的劳动力需求，但随着 1897 年埃塞俄比亚—吉布提铁路的开始修建，殖民政府对外来劳工的需求逐渐上升。1960 年后，政治和社会经济因素也进一步推动外来移民的涌入。对外来劳工的种族、族群背景进行分析可以发现，法属索马里逐渐形成了不同国家和民族的人群占据不同产业的现象：欧洲人主要从事政府或者管理职位，本土的伊萨人的职业主要是民防队员和宪兵，阿拉伯人和索马里人主要做码头工人，本土的阿法尔人主要做看门、家庭佣仆和税收工作，亚洲人主要从事商业和货币兑换。1954 年官方数据显示，吉布提私营公司 80% 的雇员和铁路系统 50% 的职员都是外国人。[②]

殖民时期的教育主要为殖民经济服务。法国对其殖民地的教育政策呈现出三大特点，即除特殊情况使用本土语言以外，学校大量使用法语；殖民政府根据就业需求控制入学人数以避免出现过多受过教育但无工作的年轻人；采用双轨制教育系统，即欧洲学校用于培养精英（通常是为了填补殖民地下层公务员系统），本土学校用于教授普通大众。[③]这些都在吉布提的教育体系得到了体现：学校内只讲法语，讲母语的本土学生无法入学，

---

① V. Thompson and R. Adloff, *Djibouti and the Horn of Africa*, Stanford University Press, 1968, pp. 179 – 212.

② V. Thompson and R. Adloff, *Djibouti and the Horn of Africa*, Stanford University Press, 1968, pp. 179 – 212.

③ Bob W. White, "Talk about School: Education and the Colonial Project in French and British Africa (1860 – 1960)," *Comparative Education*, Vol. 32, No. 1, 1996, pp. 9 – 26.

能够接受教育的学生人数有限——这就在一定程度上形成了有利于法国殖民统治的精英主义取向。这一时期的教学目标基本上是提供法语基础、训练文职官员，为殖民政府提供翻译，进一步加强法国在殖民地的存在基础。到 1952 年，吉布提总体入学人数为 1784 人，其中有 196 人在职业教育机构接受教育培训。[①] 1954 年，殖民地职业培训的规模开始超过手工艺培训。职业培训中心主要开办航海班、商业班等，其毕业证书与法国的职业学校毕业证书具有同等效力，且入学要求很严，学生只有通过入学考试才能接受职业教育培训。这些职业培训中心除了提供机工、电工、速记员、会计员及商业培训外，也为法国公司的工厂培训学徒。[②] 1956 年，法国《海外领地根本法》（Loi – cadre Defferre）的颁布，确立了在殖民地推行行政干部非洲化的政策准则。同时，法属索马里殖民官员发现越来越多的殖民地青年前往埃及接受教育，从而意识到如果不提供更多更高等的教育，将会有更多的青年前往埃及受到颠覆政治统治思想的教育。出于这些原因，殖民当局开始发展中等教育，法国政府承担所有费用，并将殖民地中等教育水平提高到法国中学的标准。但是总体来说，殖民时期的吉布提教育发展十分滞后。直到 1969 年，全国只有 26 所小学（19 所公立、7 所私立）和 3 所中学。小学入学人数仅有 4778 人，中学入学人数为 604 人。而当年吉布提总人口接近 15 万，考虑到吉布提年轻化的人口结构，5000 多人的中小学入学总人数实在是微不足道。[③]

总的来说，殖民统治历史对吉布提的经济结构、人力资源组成和教育基础都产生了深远的影响：随着殖民后期港口和铁路设施老化、功能减弱，吉布提基本围绕港口贸易的经济整体上日趋衰败，失业问题日益严重；同时，国内的人力资源结构是依赖外来劳工的模式，而本国严重缺乏大众教育，且人才培养种类单一。

---

① “Ethiopia’s Window to the World,” *Negro History Bulletin*, Vol. 17, No. 8, 1954, pp. 189 – 190.

② Colette Dubois and Saïd Ali Coubèche, *Saïd Ali Coubèche: la Passion d’Entreprendre: Témoin du XXe Siècle à Djibouti*, KARTHALA Editions, 2007.

③ Thomas A. Marks, “Djibouti: France’s Strategic Toehold in Africa,” *African Affairs*, Vol. 73, No. 290, 1974, pp. 95 – 104.

三　吉布提的教育和人力资源现状：青年人口的失业与贫困

分析独立后的吉布提经济发展必须结合吉布提的政治变迁和当前的政治环境。独立后，伊萨族总统与阿法尔族总理之间的权力天平向总统倾斜，阿法尔人在政府部门中势衰，主要由伊萨人占据的首都与阿法尔人聚居的乡村间的发展差距也逐渐扩大。最终，1991 年，北方阿法尔族反政府武装建立恢复团结和民主阵线（Front pour la Restauration de l’ Unité et de la Démocratie，FRUD），吉布提爆发内战。此外，由于跨境民族等因素，吉布提的国内政治一直受到索马里和埃塞俄比亚的影响。①目前，吉布提的高级军政系统中，伊萨人仍然占绝对多数；② 现任总统盖莱虽然采取了一系列措施试图缓和族群矛盾，但是国际观察家一直认为吉布提国内紧张的族群关系是最大的风险。

与许多非洲国家一样，吉布提的经济形式体现出正式与非正式经济并存的二元经济结构。吉布提的现代经济与地缘位置特别是多哈雷港息息相关，由政府直接或间接把持；而非正规部门也与正规部门保持密切关系，通常作为客户或商品和服务的提供者依附于正规部门。吉布提 GDP 的 80% 由服务业带动，且服务业雇用了吉布提约 60% 的劳动力。③近些年，新增基础设施刺激了物流及运输服务的出口增长，给吉布提带来了较快的经济发展。世界银行数据显示，2018 年吉布提经济增长率为 8.4%，2019 年为 7.5%，受新冠肺炎疫情的影响，2020 年经济增

① Abdo A. Abdallah，“State Building，Independence and Post – Conflict Reconstruction in Djibouti，” in *Post – Conflict Peace – Building in the Horn of Africa*，A Report of the 6th Annual Conference on the Horn of Africa，Lund，August 24 – 26，2007，pp. 269 – 279.

② Yasin Mohammed Yasin，*Regional Dynamics of Inter – Ethnic Conflicts in the Horn of Africa：An Analysis of the Afar – Somali Conflict in Ethiopia and Djibouti*，Ph. D. Dissertation，University of Hamburg，2010.

③ International Monetary Fund，“Djibouti：Poverty Reduction Strategy Paper—Annual Progress Report，” June 2012，https：//www. imf. org/en/Publications/CR/Issues/2016/12/31/Djibouti – Poverty – Reduction – Strategy – Paper – Annual – Progress – Report – 25965，accessd 2020 – 08 – 06.

长预计将放缓至1.3%。① 2020年以前快速的经济增长与埃塞俄比亚在过去15年中的高速增长和中国近些年对吉布提的直接投资关系很大。在中国"一带一路"的建设下，2016年，连接埃塞俄比亚首都亚的斯亚贝巴和吉布提的亚吉铁路正式通车。2017年，吉布提举行了多哈雷多功能港的开港仪式。新港口和铁路的建成使用极大地提升了吉布提利用其战略位置的能力，运输和物流服务行业进一步获得增长。② 2014年，吉布提政府提出了一项长期发展战略——"2035愿景"（Vision 2035）计划，盖莱政府期望在2035年前将吉布提打造成地区性航运中心和商业中心，其核心经济目标是到2035年创造20万个工作岗位，人均收入增加三倍。③在此基础上，吉布提确立了国家发展的三大支柱产业，即物流、金融和电信产业。④

当前，吉布提欠发展的经济形势与低质量的劳动力互相制约。经济发展未能提供足够的就业机会，低质量的劳动力进一步加剧失业率，阻碍经济发展。吉布提2012年的减贫战略报告显示，1996～2002年，吉布提极端贫困率从9.6%迅速上升至42.1%，而失业是贫困的主要原因之一。吉布提失业率在2002年为59.5%，⑤ 世界银行数据显示，2010年失业率下降到52%。青年人口是受失业影响最大的群体，青年人口众多与失业率问题交织在一起，使得吉布提30岁以下的失业人口占总失业人口的60.5%，30岁以下青年人口失业率高达70%，这也部分解释了0～19岁青年人口（占总人口的48.5%）极端贫困率极高（53.9%）的现象。⑥ 对这些失业

① The World Bank, IBRD · IDA, "Djibouti's Economic Update—April 2020," April 16, 2020, https://www.worldbank.org/en/country/djibouti/publication/economic-update-april-2020, accessed 2020-11-09.

② Central Intelligence Agency, "The World Factbook: Djibouti," https://www.cia.gov/library/publications/the-world-factbook/geos/dj.html, accessed 2020-03-28.

③ Embassy of the Republics of Djibouti to the State of Kuwait, "Vision 2035," http://djiboutiembassykuwait.net/en/p/index/14, accessed 2020-03-28.

④ 信息来源于2019年7月29日与DMP港口吉方负责人访谈，并于7月30日在吉布提大学得到吉布提大学校长的确认。

⑤ International Monetary Fund, "Djibouti: Poverty Reduction Strategy Paper—Annual Progress Report," June 2012, https://www.imf.org/en/Publications/CR/Issues/2016/12/31/Djibouti-Poverty-Reduction-Strategy-Paper-Annual-Progress-Report-25965, accessed 2020-08-06.

⑥ International Monetary Fund, "Djibouti: Poverty Reduction Strategy Paper—Annual Progress Report," June 2012, https://www.imf.org/en/Publications/CR/Issues/2016/12/31/Djibouti-Poverty-Reduction-Strategy-Paper-Annual-Progress-Report-25965, accessed 2020-08-06.

的青年人来说，没有工作机会也意味着失去了融入社会的重要机会，研究显示，群体共同咀嚼卡特草，已经成为影响吉布提社会凝聚力的重要因素，超过75%的卡特草消费者年龄在25岁以下。① 同时，吉布提人力资源质量较低：51.6%的劳动力未接受过任何正规教育，26.7%的劳动力只接受过小学教育，只有19.5%的劳动力接受过中高等教育。前两个人群的失业率都高达60%以上。② 并且，吉布提15岁以上人口中会阅读及书写的人口比例仅为27.3%，人口识字率在非洲国家中最低。③

吉布提人力资源市场受到移民劳工的极大影响。由于特殊的地缘位置，稳定的国内局势，相对较高的平均工资水平，吉布提成为横跨红海和亚丁湾的阿拉伯半岛与非洲之角双向移民流动的必经之地。国际移民组织（International Organization for Migration）测量显示，吉布提每天过境人数不低于150人。这些移民主要由埃塞俄比亚人和索马里人组成，途经吉布提前往也门，最终目的地是沙特阿拉伯和中东其他国家。④ 联合国经济和社会事务部移民统计数据显示，截至2017年，吉布提约有国际移民116000人，占总人口的12.1%，⑤ 移民主要来自埃塞俄比亚（约12732人）、索马里（约96137人）和也门（约273人）。⑥

吉布提较高的工资水平增加了对周边地区移民劳工的吸引力，移民劳工的涌入使得吉布提就业形势更加紧张，同时也激发了本土人口与移民之

① Mehdi Benyagoub, "Finding New Paths for Growth in Djibouti," *MENA Knowledge and Learning*, Quick Notes Series, March 2013, No. 85, https://openknowledge.worldbank.org/handle/10986/20570, accessed 2020-08-07.

② International Monetary Fund, "Djibouti: Poverty Reduction Strategy Paper—Annual Progress Report," June 2012, https://www.imf.org/en/Publications/CR/Issues/2016/12/31/Djibouti-Poverty-Reduction-Strategy-Paper-Annual-Progress-Report-25965, accessed 2020-08-06.

③ International Monetary Fund, "Djibouti: Poverty Reduction Strategy Paper—Annual Progress Report," June 2012, https://www.imf.org/en/Publications/CR/Issues/2016/12/31/Djibouti-Poverty-Reduction-Strategy-Paper-Annual-Progress-Report-25965, accessed 2020-08-06.

④ International Organization for Migration, "Djibouti 2019," https://humanitariancompendium.iom.int/appeals/djibouti-2019, accessed 2020-03-29.

⑤ United Nations, Department of Economic and Social Affairs, *International Migration Report 2017 Highlight*, 2017, New York, p. 25.

⑥ United Nations, Department of Economic and Social Affairs, Population Division (2017), *Trends in International Migrant Stock: The 2017 Revision*, 2017, United Nations Database, https://www.un.org/en/development/desa/population/publications/database/index.asp, accessed 2020-11-19.

间的矛盾。已有研究与实地调研都显示，由于特殊的经济结构、极高的生活成本，以及庞大的公务员队伍，吉布提的人力成本普遍高于周边其他国家，①不少企业人员表示，吉布提劳工成本大概是埃塞俄比亚的三倍。② 例如，2015 年数据显示，作为最大的就业领域，吉布提公共领域最低工资为每月 198 美元，而埃塞俄比亚公共领域最低工资为 21 美元。③ 为了应对外来劳工对本国劳动力的冲击，吉布提政府出台了政策，要求企业雇用外来劳工的比例不得高于 30%，且外籍劳工签证费每年为 1124 美元，这无疑给许多企业带来了沉重的负担。

除起步晚和质量低的问题，受殖民时期影响的教育培训体系也阻碍了吉布提人力资源的发展。独立以后的吉布提教育，从教育体系到教科书及教学法，仍然带有明显殖民时代制度的标志：法语仍然是学习和教学的语言；小学、中学和高等教育的学制也并未发生太大变化。吉布提的教育资金来源严重依赖外国援助，超过 40% 的公立学校的行政与管理资金来自国际社会。④ 法国是主要援助国，支援吉布提修建师范学校和吉布提工商学校等。⑤ 20 世纪 90 年代末，吉布提开始开展全面的教育系统改革计划，旨在使教育部门在此后的十年间实现现代化，重点是扩大受教育机会，提高教育质量，进行课程改革（在试点学校进行测试），改进教材与教学法。⑥ 2000 年 8 月，政府通过了官方的《教育规划法》，并制定了未来五年的中期发展计划，对基础教育体系进行了重大改革，包括：建立面向所有人的义务教育，不论年龄、性

① Mehdi Benyagoub, "Finding New Paths for Growth in Djibouti," 2013, https://openknowledge.worldbank.org/handle/10986/20570, accessed 2020 - 08 - 07; Paloma Casero and Ganesh Seshan, "Public - Private Sector Wage Differentials and Returns to Education in Djibouti," 2006, https://openknowledge.worldbank.org/handle/10986/8660, accessed 2020 - 08 - 09.

② 信息来源于 2019 年 7 月 28 日、30 日及 31 日与在吉招商局集团和中土集团相关人员以及 2019 年 8 月 1 ~ 3 日与在埃塞俄比亚招商局集团相关人员的访谈。

③ Minimum Wage. Org., "Djibouti," https://www.minimum - wage.org/international/djibouti; "Ethiopia", https://www.minimum - wage.org//ethiopiainternational, 最后访问日期：2020 年 4 月 3 日。

④ Rachel Solomon Tsehaye, "Djibouti: Formal and Non - Formal Education," in Charl Wolhuter, ed., *Education in East and Central Africa*, Bloomsbury Publishing, 2014, p. 160.

⑤ 顾章义、付吉军、周海泓：《索马里 吉布提》，社会科学文献出版社，2006，第 281 ~ 282 页。

⑥ Ahmed Galal, *The Road not Traveled: Education Reform in the Middle East and North Africa*, World Bank, Washington D. C., 2008.

别、社会阶层、种族和宗教，对 6～16 岁的青少年确保实行免费义务教育，涵盖五年小学和四年中学教育，授课语言有法语、阿拉伯语、阿法尔语和索马里语。[①] 职业技术教育方面，吉布提现有 7 个培训中心，主要培养如焊工、钳工、土建等人才。然而，从实地走访当地中资企业来看，现有的职业培训未能满足企业对技术工人的需求。[②]

高等教育院校包括吉布提大学、吉布提医科高等学院、生命科学研究院（The Higher Institute of Health Sciences）和高等研究院（The Center for Study and Research of Djibouti，CERD）。吉布提大学建于 2006 年，现有 7 个学院，约一万名在校生。担负着为实现吉布提“2035 愿景”培养技术人员及高级管理人员的职能。吉布提大学积极适应国家产业发展和就业市场需求，培养重点从初期培养老师逐渐转向培养交通物流人才，近年来随着中国投资的增加，开始开设工程项目。[③] 但吉布提人才流失严重，外流的学生约占高等教育学生的 40.2%。[④] 这与政府留学奖学金政策紧密相关，首先，吉布提大学每个项目每年的前五名学生将获得公费留学的机会，通常前往法国，从 2010 年开始，部分工科学生开始倾向于留学中国。其次，每年有 3000～4000 名学生留学国外。[⑤]

总体来说，吉布提发展滞后，受殖民遗产影响，以土地租金和港口经济为主体的经济结构未能充分创造就业机会，而面临高等人才流失的现代教育和培训体系也未能提供合格的人力资源。此外，本土劳动力还面临着来自工资水平更低的移民劳动力的竞争。这些因素共同导致了吉布提极高的人口失业率，并间接导致了极高的贫困率。青年是受失业和贫困影响的主要人群，越来越多的青年失业贫困人口，特别是越来越多失业高校毕业生的出现，将会给吉布提本就充满危机的社会稳定和经济发展带来前所未有的挑战。在走

---

① *Journal Officel de la République de Djibouti*，https：//www. ilo. org/dyn/natlex/natlex4. detail？p_lang = fr&p_isn = 66970，accessed 2020 - 11 - 19.

② 信息来源于 2019 年 7 月 28 日、30 日及 31 日与中土集团和招商局集团的管理人员在吉布提的访谈。

③ 信息来源于 2019 年 7 月 30 日对吉布提大学校长及各学院领导的访谈。

④ UNDP，“Human Development Indices and Indicators 2018 Statistical Update，” 2018，New York，http：//hdr. undp. org/en/content/human - development - indices - indicators - 2018 - statistical - update，accessed 2020 - 03 - 29.

⑤ 信息来源于 2019 年 7 月 30 日对吉布提大学校长及各学院领导的访谈。

访当地市民时，一位拿着卡特草青年人的话似乎能够很好地表达出个体在这一困境中的无奈："我没有工作，除了吃卡特草，我还能干什么呢?"

四　新加坡：劳工与教育政策为不同阶段的经济发展服务

经济起步前的新加坡有着与吉布提极为相似的处境：作为一个国土面积仅 724.4 平方公里、人口仅 560 多万（2020 年）的城市型国家，同样刚摆脱殖民统治不久，并且其最大的资源禀赋在于地缘优势——背靠马来西亚，扼守马六甲海峡这一重要的国际航线枢纽。但新加坡却在 20 世纪 70 ~ 90 年代短短二十年间成功实现经济的腾飞，跻身"亚洲四小龙"之一。除了外部产业链转移的大形势，新加坡政府通过一系列移民和教育政策的调控，完成人力资源的必要积累与转型也是其得以产生经济奇迹的重要推力。本文将新加坡各时期的经济形态分为转口贸易、工业化早期与经济重整三个阶段，[①] 并对每个阶段的移民与教育政策的重点和变化梳理如下。

同吉布提一样，殖民时期的新加坡是依靠转口贸易逐步发展起来的。1869 年苏伊士运河的开通，使新加坡成为连接印度洋和太平洋贸易的重要节点。19 世纪末期，全球对马来西亚地区出口的原材料（橡胶和石油）需求迅速增长，而新加坡是马来亚地区最重要的转口港。[②] 转口贸易的发展一方面加快了城市化进程，到 1936 年新加坡已经是人口突破 50 万的大城市，一方面创造了大量服务业的用工需求，小商贩、人力车夫和服务人员占据了超过 1/4 的就业岗位。[③] 与此同时，对转口贸易和英军基地服务业的过度依赖也使新加坡的经济状况遭遇严重的发展瓶颈。[④] 特别是二战后的十几年新加坡经济停滞，而人口数量却在快速增长，当地出现了严重的高失业率问题。1957 ~ 1966 年，失业率就从 5% 上升到了 9.1% 。[⑤]

---

① 实际上，在进入 21 世纪后新加坡的经济形态与整体政策导向又出现了新的变化，但就本文主题而言，探讨这一阶段的变化对吉布提现阶段发展的借鉴意义不大，故这里不再展开讨论。

② W. G. Huff, "Patterns in the Economic Ddevelopment of Singapore," *The Journal of Developing Areas*, Vol. 21, No. 3, 1987, p. 305.

③ W. G. Huff, "Patterns in the Economic Development of Singapore," *The Journal of Developing Areas*, Vol. 21, No. 3, 1987, p. 305.

④ 明晓东：《新加坡工业化过程及其启示》,《宏观经济管理》2003 年第 12 期，第 49 ~ 52 页。

⑤ W. G. Huff, "Patterns in the Economic Development of Singapore," *The Journal of Developing Areas*, Vol. 21, No. 3, 1987, p. 305.

早期新加坡城市人口的增长主要来自华裔，华人移民占比超过四分之三。随着新加坡成为马来西亚联邦最大的城市，从马来半岛移民到新加坡的青壮年劳动力不断增加，这也对当地薄弱的经济形态产生了一定冲击。[①]为此，当局在1953年出台了新的移民限制条例，对除马来西亚地区以外的移民进行了严格的数量和质量的控制。

在教育政策上，殖民时期的新加坡总体处于放任自流的状态。英殖民地政府认为，当地教育的主要目的在于培养为殖民统治和商业机构服务的英语人才。为此，殖民政府重点发展英文教育，至于其他民族的“方言教育”，则配合其政治上“分而治之”的政策，采取放任自流的态度。由此逐渐形成了顶层精英说英语和底层大众说各种方言的社会格局，各语言群体之间处于不相往来的状态。二战后，英国重返新加坡。为促进教育发展，分别在1947年和1950年制定了“十年计划”和补充的“五年计划”。但受限于种族分裂和政局不稳，这些计划都收效不大。[②]

1959年新加坡自治后，为促进工业化、解决失业问题，李光耀政府在1961年出台“国家发展计划”，即“第一个发展计划”，目的在于推行进口替代战略，大力发展民族工商业。[③] 为此，新加坡政府还专门筹建经济发展委员会（Economic Development Board，EDB），主职招商引资。[④] 但事与愿违，进口替代战略很快以失败收场。一方面本地市场难以实现规模效益；另一方面新马贸易战使原来50%的工业品外部市场面临危机，加之英军军事基地撤退，这些都给当地经济带来沉重打击。

1966年，新加坡政府转而推行出口导向型战略，重点发展以电子产品为主的制造业。而高昂的用工成本成为这一时期经济转型的重要阻碍：20世纪60年代初期新加坡制造业的劳动力成本比世界平均水平高20%～30%。[⑤] 为

① K. C. Ho and Ge Yun，“Education and Human Capital Management in a World City：The Case of Singapore，” *Asia Pacific Journal of Education*，Vol. 31，No. 3，2011，pp. 263－276.

② 高薇：《新加坡教育改革与经济发展的关系》，《云南教育学院学报》1999年第3期，第82－87页。

③ 明晓东：《新加坡工业化过程及其启示》，《宏观经济管理》2003年第12期，第49～52页。

④ National Library Board Singapore，“State Development Plan，1961－1964，” 2017－10－10，http：//eresources. nlb. gov. sg/infopedia/articles/SIP_2017－10－11_092937. html，accessed 2020－04－03.

⑤ United Nations，“A Proposed Industrialization Programme for the State of Singapore，” New York：UN Commission for Technical Assistance，1961.

降低劳动力成本，执政的人民行动党分别在1967年和1968年通过劳动立法推动劳工运动去政治化，加强了政府对工会的控制，① 并在1972年建立了国家工资委员会，致力于采取措施维持低水平的劳动力成本。② 1969年后，新加坡主要电气和电子装配行业的生产率水平与其他新兴工业化国家齐平甚至更高，但每小时薪酬成本已不到美国的十一分之一，低于竞争对手韩国和中国台湾，单位劳动力成本降至亚洲最低。③ 到70年代初，新加坡成功占据了美国和欧洲海外半导体装配产业中的最大份额。④ 如表1显示，1965~1980年，制造业就业人口占总就业人口的比例也从9.3%上升到了27.1%。而在制造业的从业人口中，从事电子行业的人口占比从1967年的3.2%上升到了1980年的25.2%。绝对值也从1856人上升到了7万多人。⑤

表1 新加坡制造业就业人数及占比（1965~1980年）

年份	人数（千人）	占总就业人数比例（%）
1965	47.3	9.3
1967	58.3	10.6
1970	120.5	18.5
1973	198.6	25.4
1978	243.7	25.9
1980	285.3	27.1

注：除去橡胶加工业和花岗岩采石业，以及只包括人数在10人以上的公司。

数据来源：Census of Industrial Production, 1985, p. 1; Economic Survey, 1986, p. 98; Yearbook of Statistics, 1975/76, p. 28; 1979/80, p. 43; 1985/86, p. 52, quoted from W. G. Huff, "Patterns in the Economic Development of Singapore," *The Journal of Developing Areas*, Vol. 21, No. 3, 1987。

① E. F. Pang and L. Lim, *Trade, Employment, and Industrialization in Singapore*, International Labour Office, 1986.

② W. G. Huff, "The Developmental State, Government, and Singapore's Economic Development since 1960," *World Development*, Vol. 23, No. 8, 1995, pp. 1421-1438.

③ US Tariff Commission, "Economic Factors Affecting the Use of Items 807.00 and 806.30 of the Tariff Schedule of the United States," 1970.

④ Y. S Chang, "The Transfer of Technology: Economics of Offshore Assembly: The Case of Semiconductor Industry (Vol. 11)," United Nations Institute for Training and Research, 1971.

⑤ Census of Industrial Production, 1985, p. 1; Economic Survey, 1986, p. 98; Yearbook of Statistics, 1975/76, p. 28; 1979/80, p. 43; 1985/86, p. 52, quoted from W. G. Huff, "Patterns in the Economic Development of Singapore," *The Journal of Developing Areas*, Vol. 21, No. 3, 1987.

为配合经济政策的转向，早期在进口替代战略思想的指导下，新加坡继续执行严格的人口管控政策。例如，在1965年新加坡从马来西亚独立出来以后，新加坡政府对马来西亚移民仍实行严格的管控政策。[①] 但随着工业化的发展和对移民的严格管控，新加坡在20世纪60年代末和70年代初经历了严重的劳工短缺状况。1960年，新加坡政府邀请联合国派遣调查小组到新加坡考察并帮助其制定工业化发展计划，调查小组最终形成了一份"魏森梅斯报告"（Winsemius Report）。报告的核心思想包括两点：一是提高对外来投资的开放度，二是施行相对自由的移民政策。这一报告为接下来新加坡的经济发展走向提供了思想基础。[②] 随着新加坡经济转向出口外贸为主的电子制造业，当局开始逐步放宽人口管控政策。1968年，新加坡政府开始发放短期工作许可证。到1971年，每年从马来西亚移民到新加坡的工人数高达4万。[③] 1973年，持有非公民工作许可证的人数达到10万，几乎占新加坡总劳动力的八分之一。到1978年，新加坡政府甚至放宽了印尼、泰国、斯里兰卡、印度和孟加拉国等"非传统移民国家"的管控政策。需要注意的是，新加坡政府也意识到低级劳工的需求只是阶段性的，而高技能人才才是未来经济发展和结构转型的支撑。因此，从20世纪60年代晚期开始，新加坡针对管理和高级技术劳工的移民政策也逐步放松。在这个时期，外籍劳工进入新加坡主要通过就业准入证（employment passes）、专业访问通行证（professional visit passes）、日间通行证（day permits）、工作许可证（work permit）和集体工作许可证（block work permit）五种不同类型的移民通行证。后两种工人集中在低收入岗位，其中集体工作许可证工人大部分是为了建筑或造船的工程项目而成批来到新加坡。成员主要来

---

① Pang Eng Fong and Linda Lim, "Foreign Labor and Economic Development in Singapore," *International Migration Review*, Vol. 16, No. 3, 1982, pp. 548 – 576.

② Lee Kuan Yew School of Public Policy, "Singapore's Productivity Challenge: A Historical Perspective," National University of Singapore, Issue 1, 2016, https://lkyspp.nus.edu.sg/docs/default-source/research-centres-document/20160210-singapores-productivity-challenge-a-historical-perspective.pdf?sfvrsn=e00c960b_2, accessed 2020-08-11.

③ Lee Kuan Yew School of Public Policy, "Singapore's Productivity Challenge: A Historical Perspective," National University of Singapore, Issue 1, 2016, https://lkyspp.nus.edu.sg/docs/default-source/research-centres-document/20160210-singapores-productivity-challenge-a-historical-perspective.pdf?sfvrsn=e00c960b_2, accessed 2020-08-11.

自马来西亚之外的亚洲其他国家。①

除了通过增加外来劳工确保劳动力数量，新加坡政府还采用政策手段强制降低劳工成本，以吸引劳动密集型产业。历史上，新加坡的工会组织具有很强的政治影响力。通过组织罢工和集体谈判，向雇主施加压力，以提高工资改善待遇，造成了频繁的劳资纠纷。独立后人民行动党政府打压左派工会，扶植全国职工总会。政府还进一步对工会和工人的权利进行了限制。1967 年 1 月提出的“刑法法案”规定，在水、气、电等重要的服务部门的工人罢工为非法行为，在其他重要服务部门的罢工必须提早 14 天通知。这种做法在减少劳资冲突方面是卓有成效的。从 1968 年起，罢工和劳资冲突的事件急剧减少，形成了 20 世纪 50 年代中期以来从未有过的良好的劳资环境，很大程度上遏制了工人工资上涨的速度，为大量吸引外资、推行出口导向工业化创造了必要的条件。② 新加坡失业率持续下降，甚至达到了充分就业的状态。女性参与工作的数量和比例也持续上升。

在教育领域，随着经济转轨，新加坡原有教育体系已无法满足经济发展需求，特别是基础教育和职业教育严重滞后于经济发展。为此，新加坡政府加大教育投入，将改革重点集中在中小学教育领域，试图为所有人提供平等的教育机会。第一是普及基础教育，实行免费的初等教育，扩大中小学校建设规模。新加坡在 20 世纪 60 年代中期普及了小学教育，在 70 年代初期普及了中学教育。③ 第二是调整中等教育结构。1964 年，新加坡政府建立了第一所中等职业技术教育学校。但职业教育的培养规模还远未能满足当地工业发展的需求。为此，教育部设立了职业教育司（Technical Education Department）。到 1968 年，全国 14.4 万中学生中，有 1.8 万名学生进入了中等职业教育学校。④ 从 1969 年开始，中等教育划分为两个阶

① Pang Eng Fong and Linda Lim, “Foreign Labor and Economic Development in Singapore,” *International Migration Review*, Vol. 16, No. 3, 1982, pp. 548－576.

② 赵自勇：《从进口替代到出口导向——独立之初新加坡新工业化战略的确立》，《东南亚研究》1998 年第 3 期，第 38～41 页。

③ C. B. Goh and Saravanan Gopinathan, “Education in Singapore: Development since 1965,” World Bank, 2008, p. 84, https://repository.nie.edu.sg/bitstream/10497/15598/4/BC－EIS－2008－80.pdf, accessed 2020－08－05.

④ C. B. Goh and Saravanan Gopinathan, “Education in Singapore: Development since 1965,” World Bank, 2008, p. 84, https://repository.nie.edu.sg/bitstream/10497/15598/4/BC－EIS－2008－80.pdf, accessed 2020－08－05.

段，前两年为义务教育，进行普通教育；后两年为职业教育，进行专业性的职业技能教育；所有适龄男性必须接受职业教育培训。[①] 第三是确立和完善双语制度。考虑到英语在国际贸易中的地位，新加坡政府要求所有学生必须掌握英语和母语，新加坡教育体制逐渐转向以英语为主、母语为辅的统一双语教育制度。到1966年，新加坡所有中小学生必须学习第二语言。总之，经过本轮教育改革，新加坡一方面建立了完整的教育制度，另一方面也为经济起步阶段的工业发展迅速补充了大量低成本的本土劳动力。

但是，新加坡的经济很快遭遇了新的问题。在内部，失业率持续走低，工资上行压力不断加大；在外部，周边其他人口大国的工业化进程迅速带来了竞争，并且出口导向型的经济形态使新加坡经济极易受到国际市场波动的影响。20世纪70年代中期新加坡就由于国际上的石油危机遭遇了经济下滑，甚至在1975年上半年出现了经济零增长。[②] 这个时期新加坡劳动力的整体素质维持较低水平，产业集中在产业链中低附加值的部分，比较优势正逐步丧失，产业升级迫在眉睫。

为倒逼企业升级，迫使制造业从劳动密集型转向技术和资本密集型，新加坡政府从1979年开始试图在短时期内提升劳动力成本。当时的政府认为，过低的用工成本容易形成对低技能、低生产率和劳动力密集型产业的过度依赖。为此，国家工资委员会分别在1980年和1981年向政府建议提升工资水平。三年内当地的工资成本一共提升了54%～58%。[③] 1978～1985年，新加坡经济呈现出制造业持续发展、结构升级，服务业特别是其中的国际金融服务业和交通通信业迅速增长的态势。新加坡制造业占GDP比例从1969年的23.2%上升到1979年的29.4%，又下降到1992年的27.6%。而服务业特别是交通通信业和金融服务业占GDP的比重迅速上升，分别从1979年的11.6%、18.9%上升到1992年的14.7%

① 朱寿清：《实用主义主导下的新加坡教育》，云南大学硕士学位论文，2010年5月。

② Cheng Siok Hwa, "Economic Change in Singapore, 1945－1977," *Southeast Asian Journal of Social Science*, Vol. 7, No. 1/2, 1979, pp. 81－113.

③ Lee Kuan Yew School of Public Policy, "Singapore's Productivity Challenge: A Historical Perspective," National University of Singapore, Issue 1, 2016, https://lkyspp.nus.edu.sg/docs/default-source/research-centres-document/20160210-singapores-productivity-challenge-a-historical-perspective.pdf?sfvrsn=e00c960b_2, accessed 2020－08－11.

和 26.1%。①

由于视外来劳工为阻碍产业升级的重要因素，这一时期新加坡政府试图通过用工成本限制外来劳工流入。但这些措施并没有起到很好的效果，外来劳工数量继续上升。到 1982 年，政府宣布停止对非传统劳工资源国家（如斯里兰卡、泰国、孟加拉国等）发放新的工作许可证，但建筑、造船维修和国内服务业除外，并计划在 1992 年淘汰所有行业的非传统劳工资源国劳工。不过上述措施在 1985 年被突如其来的经济衰退所打乱。除了受国际石油需求市场的影响，新加坡经济委员会认为更重要的是新加坡商业和劳动力成本的暴增及僵化阻碍了企业对市场的快速适应。为此，经济委员会提出将外来劳工的行政分配权转移给市场，让市场决定外来劳工定价。②到 1990 年，人口调查显示新加坡外来人口占比从 1980 年的 9.1% 增长到了 13.9%。③

随着新加坡逐步淘汰劳动密集型产业、发展资本与技术密集型产业和高端服务业，提高劳动人口中高素质人口的比例成为当时教育领域的首要任务。④ 1978 年，副总理兼教育部部长吴庆瑞组织起草了《吴庆瑞报告书》，成为新加坡教育改革的分水岭。本轮改革重点在于改革教育体制，提高教育质量和办学效益。内容包括如下四个方面。①基础教育由淘汰型转向强制型。为减少教育资源的浪费，同时保障每个儿童的发展机会，新加坡政府于 1979 年 1 月引入了新教育体系（New Education System，NES），其核心就是建立“分流制度”。②进一步调整和扩充高等教育。为了集中教学与科研人才，1980 年，原新加坡大学与南洋大学合并为新加坡国立大

① Singapore, Census of Population, 1957; Singapore, Department of Statistics, Economic and Social Statistics, 1982; Singapore, Department of Statistics, Singapore National Accounts, 1987; Singapore, Department of Statistics, Yearbook of Statistics; Singapore, Ministry of Trade and Industry, Economic Survey of Singapore, 1993.

② Economic Committee of Singapore, "The Singapore Economy, New Directions," 1986, https://eresources.nlb.gov.sg/printheritage/detail/d08447b5-ce22-4de2-9d6c-89cd9cb95074.aspx, accessed 2020-08-12.

③ Singapore Department of Statistics, *Yearbook of Statistics and Monthly Digest of Statistics.*

④ 朱寿清：《实用主义主导下的新加坡教育》，云南大学人文学院硕士学位论文，2010 年 5 月；Song Seng Law, "Dynamics and Challenges of a Vocational Training System: The Singapore Experience," Institute of Technical Education, 1996, http://files.eric.ed.gov/fulltext/ED414409.pdf, accessed 2020-08-11。

学。③职业技术教育得到进一步完善和发展。④推广华文教育，提倡儒家思想，弘扬东方文化。[①]

提高劳动人口中高素质劳动力的比例成为维持经济持续发展的关键，这一点特别体现在职业教育领域。第一，积极调动各方力量加大职业教育投入。这一时期发展教育的资金投入增加了近 10 倍，并且重点投向培养工程技术学的学生。除国家拨款外，为促进企业培训工人，新加坡经济发展局于 1979 年设立了技能发展基金（Skill Development Fund），通过实施与职业训练有关的财政资助计划，在财政上帮助企业实施训练方案。它规定，雇主必须为本企业月薪低于 750 新元的雇员缴纳相当于该职工工资 1% ~4% 的技能发展基金。凡属技术密集型的企业都享有申请这笔资金的优先权。[②]

第二，通过分流制实现普通教育和职业教育的衔接。根据不同学习阶段的测试成绩，新加坡政府将不同资质、能力水平的学生层层过滤分流，确保不断有学生在接受相应的职业教育后进入社会就业。分流制确保了普通中学和职业中学基本按照 3 : 1 的培养比例合理发展，满足了经济发展需求，同时使职业教育与普通教育的层次得以相互衔接。

第三，多形式、多渠道发展职业教育。[③] 1979 年，新加坡成人教育局和工业训练局合并成立职业与工业训练局（Vocational and Industrial Training Board）。职业与工业训练局下辖的各类组织开办了形式多样的职业教育培训。除了各类专科技术教育学院和职业中学，还同时开办普通训练所，也有专门设置的技术性较高的训练中心以接受外国先进技术。1992 年，新加坡教育部设立工艺教育学院（Institute of Technical Education），取代原来的职业与工业训练局。其主要任务是为中学毕业生（初中毕业生）提供职业技术培训，同时也为已经就业的成年人提供继续教育和培训。[④]

---

① 高芳英：《论新加坡的教育改革》，《世界历史》1996 年第 3 期，第 69 ~75 页。

② 王学风：《新加坡高职教育的特色》，《职教论坛》2001 年第 8 期，第 61 ~63 页。

③ 高薇：《新加坡教育改革与经济发展的关系》，《云南教育学院学报》1999 年第 3 期，第 82 ~87 页。

④ Song Seng Law, "Dynamics and Challenges of a Vocational Training System: The Singapore Experience," Institute of Technical Education, 1996, http://files.eric.ed.gov/fulltext/ED414409.pdf, accessed 2020 -08 -11；童俊：《论新加坡经济现代化中职业教育关系研究》，云南师范大学硕士学位论文，2007。

第四，发展高等职业教育。20 世纪 80 年代后，新加坡把国家教育的重点转移到高等职业教育，从质和量两个方面大力推进高等职业教育。为此，新加坡政府新建了一批高等职业学校，并对高等职业教育的培养模式和内容进行了相应的变革，突出应用导向。

五　新加坡经验对吉布提的借鉴意义

（一）教育、人力资源与经济发展的良性互动

在学习新加坡经验之前，应该意识到吉布提与新加坡巨大的差异以及新加坡自身经验的不可复制性。由于殖民时期长、法国采取的与英国截然不同的殖民方式，吉布提受殖民遗产的影响更为深刻，例如，吉布提高考试题至今对标法国。由于战略性地缘位置，吉布提现在也依然有多国驻军基地，大国对吉布提的影响也从未中断。再加之周边国家特殊的政治社会环境等因素，对新加坡经验的学习必须首先考虑到吉布提自身面临的国际国内特殊境况。而新加坡的腾飞也离不开特定历史时期的国际趋势、周边环境，以及自身的特殊禀赋要素等。因此，对新加坡经验的学习是一个去伪存真、去粗取精、由表及里的过程。学习的目的是为了寻求一个适合吉布提自身发展道路的解决方案。为便于两国在各个时期的对比，作者将新加坡与吉布提各个发展阶段在经济导向、劳动力需求、移民情况及教育政策四个方面的情况简化为表 2。可以发现，与新加坡相比，吉布提在许多发展阶段的教育、劳动力政策都未能与其经济导向相匹配。有鉴于此，政策启示主要从劳工政策、教育政策和发挥政府的主导作用与密切政企合作三个方面进行分析。

（二）劳工政策与经济发展的互动

1. 调整移民政策宽松程度以刺激经济发展

新加坡政府根据不同时期经济发展的需求，灵活把握移民政策。这一系列政策可以简单概述为根据经济发展战略，积极引进国内缺少的劳动力类型，鼓励高级人才移民以及有效利用其他类型的外来劳工。这种移民政策需要与诸多其他相关政策进行配合。

表 2　新加坡与吉布提各时期经济、劳动力需求、移民、教育情况对比

	新加坡			吉布提		
发展阶段	殖民时期	起步阶段	重整阶段	殖民时期	独立后	现阶段
时间范围	1959 年之前	1959 年到 20 世纪 70 年代中期	20 世纪 70 年代末到 90 年代初	1883～1977 年	1977～2016 年	2014 年至今
经济导向	转口贸易	出口导向型，劳动力密集型的制造业	结构调整、产业升级，以资本和技术密集型制造业和金融服务业为主	服务业，为港口和铁路业务服务	服务业，为港口和军事基地服务	物流、金融、电信产业
劳动力需求	服务殖民经济	大量低成本劳动力	高素质劳动力	服务殖民经济	低成本劳动力	技术工人、专业人才
移民情况	对马来西亚地区以外进行控制	相对自由的移民政策	限制低技能劳动力的流入	—	大量移民劳工的涌入	大量移民劳工的涌入
教育政策	英文教育为主，放任自流	普及基础教育，发展职业教育	建立“分流制”，强化和提升职业教育	少量的精英教育	全面的教育系统改革，扩大教育机会	重视职业教育和技能培训

首先，对移民劳工进行分类。新加坡将外来劳工根据技能水平主要分为三类，并颁发相应的工作签证，而不同的工作签证又对应不同的福利待遇、税收要求等。第一类是针对外国专业人士、经理和高管，发放给专业人才的就业证（employment pass）。第二类是针对中等技能的外来劳工，发放S通行证（S pass），申请者最低月工资需要达到2300美元，且符合相应考核标准。第三类是针对半熟练工人的外籍工人工作许可证（work permit for foreign worker），适用于建筑、制造、海运船厂、工艺或服务部门的半熟练外籍工人。除这三类以外，还有专门适用于马来西亚籍保姆，适用于培训人员和学徒等劳工的签证类型。

对于现阶段的吉布提来说，目前国内劳动力种类较为单一且质量较低，应该采用更加灵活的外来劳工政策，放宽对特定种类外来劳工的限制。例如，提高特定行业的外籍劳工比例，减免部分外籍劳工签证费用等。这就需要政府首先对产业调整和发展有着清晰的认识和长久的规划。在此基础上，适时进行深度调研，确定哪些行业、哪些岗位的职业需求是本国人力资源在现阶段无法满足并且亟待解决的。制定针对这些特定行业和岗位的人力资源评价体系，对有能力有意愿的外来劳工进行评估和甄别。采用有差别的移民政策，争取吸纳能够适应国内经济发展，同时技能水平和学历水平都较高的外来劳工，使其成为吉布提的永久居民。

其次，配套工资管控措施。新加坡在发展初期建立国家工资委员会，出台刑法法案，约束罢工行为等都为降低新加坡劳动力成本、吸引外资、促进出口导向型工业化发展铺平了道路。目前，吉布提劳动力成本过高，不仅加剧了移民压力，同时也不利于招商引资。因此，吉布提政府需要出台法律法规，根据市场需求调控人力资源成本。当然，这也要求政府在调整阶段增加公共福利支出，保证居民的正常生活。

最后，出台相应法律法规与建立专业部门。新加坡有三部法律是与外来劳工息息相关的，包括《移民法案》（Immigration Act），《外国人力雇佣法案》（the Employment of Foreign Manpower Act，EFMA），以及《职业介绍所法案》（Employment Agencies Act）。这些法案同时又对应了专门的政府管理机制。例如，移民管制是内政部下属的移民和检查站管理局（Immigration and Checkpoints Authority，ICA）的权限，ICA负责发放移民许可证，同时负责检查违反移民法的人员。吉布提政府应该尽快进行这方面的能力建设，切实做到有法可依，并厘清政府部门责任。

2. 推行国家认同政策，应对社会融合挑战

社会稳定和谐是经济发展的重要前提。吉布提不仅面临着原有族群之间的冲突，还有严重的外来移民与本国居民之间的矛盾。

第一，政府需要坚持并实施政治、经济、社会各个方面的族群平等。为了处理种族问题，新加坡建国之初就在宪法中明确了“多元种族主义”的原则。① 政府正式认可的种族包括华族、马来族、印度族和其他族群。为了达到真正的民族平等，政府采取了一系列具体措施，包括语言上尊崇马来语，但将马来语、汉语、泰米尔语和英语四种语言确定为官方语言。在教育方面施行平等对待四种语文教育和采取多种语文教育政策。文化上开展新加坡国民意识教育，淡化母国情感。改变不利于民族融合的住宅传统，制定相应的社区住宅政策。确保议会中有足够的少数族裔代表。各民族在公务员中的比例也与该种族的人口比例相适应等。② 目前，吉布提国内伊萨族与阿法尔族在经济发展水平、政治参与程度等方面的不平衡现象十分突出，政府应该及时采取一系列政策措施扭转这个局面。

第二，政府应平等对待外来劳工，保护本国居民，注重构建国家认同感。移民的大量涌入给族群的平衡和文化的融合带来新的挑战。例如，2013 年 2 月 16 日，新加坡政府公布了新的人口白皮书，声明要持续稳定地引入新的公民和外籍劳工，但一个多月以后 3000 多名新加坡人上街抗议这一声明。这也是新加坡有史以来最大规模的示威游行。③ 吉布提政府应该吸取这个教训，在实施平等的劳工政策的同时注意补贴保护本国居民，同时积极构建国家认同感，包容新的移民。

（三）教育政策与经济发展的互动

新加坡教育政策的成功经验在于根据经济发展阶段、人力资源市场需求，适时调整对不同类型教育的投入。1959 年的建国施政纲领中确立了“发展实用教育以配合工业化和经济发展需要”的指导思想。表 3 记录了

---

① 梁永佳、阿嘎佐诗：《在种族与国族之间：新加坡多元种族主义政策》，《西北民族研究》2013 年第 2 期，第 88 ~ 98 页。

② 刘稚：《新加坡的民族政策与民族关系》，《世界民族》2000 年第 4 期，第 45 ~ 49 页。

③ 《新加坡三千人抗议移民新政，中国移民成“头号公敌”》，《环球时报》2013 年 2 月 17 日。

新加坡自1960年以来各层次学校招生规模的变化趋势。可以看出，小学阶段教育的快速增长期是在20世纪60年代，中学阶段教育的增长则持续到1980年才逐步放缓，大学预科教育在80年代之前一直处于缓慢增长阶段，1980年之后的10年才获得了较大规模的增长。同时，新加坡在早期就十分注重职业教育的发展。职业教育的发展要早于普通高等教育，前者在80年代就进入快速增长，后者的快速增长则是在进入90年代后。同时，新加坡教育政策注重平衡数量与质量。当发现“六四二学制”（小学6年、中学4年和大学预科2年）导致很多中等偏低能力的儿童因为无法跟上学习进度，只能选择退学，致使辍学率一直居高不下，且辍学的儿童也没有掌握足够的职业技能满足劳动市场要求的时候，新加坡政府开始实施分流制度。通过从小学到高中阶段的四次分流，学有余力的学生可以继续接受学术教育，学业困难的学生则可以选择接受相应层次的职业教育，从而实现新加坡社会精英教育与职业训练两种教育导向的有效结合。

表3　新加坡各层次学校招生规模（1960～2000年）

单位：人

年份	小学	中学	大学预科
1960	408102	71014	6900
1970	532261	198707	14159
1980	430713	234301	25890
1990	379941	238973	45592
2000	453112	259259	38310

资料来源：Ministry of Education of Singapore, “Education Statistics Digest 2018,” https://www.moe.gov.sg/about/publications/education-statistics, 2019-09-24。

这些政策对吉布提的启示是巨大的。在财政资源有限的情况下，政府应该根据经济发展需求，有侧重地率先发展小学和中学教育，注重中小学教育的质量把控，这不仅是为日后的高等教育打牢基础，也是为接受职业教育做好准备。具体来说，国家的任务包括以下三个方面。①优先发展基础教育，尤其是注重提高适龄儿童的教育完成率和成人识字率，力求基础教育全覆盖。②发展职业教育。结合国家产业政策规划，灵活采用各种办学模式，为企业发展源源不断输送专业人才。③青年失业人口再培训。针对失业的青年人口，提供再培训机会，以调整他们的适用技能，使他们能够快速找到合适的岗位。当然，长期来看，随着经济发展、产业结构的升级转型，吉布提需要越来越多的高学历人才。因此，吉布提需要发展世界一流的本土高等院校和科研机构，一方面满足本土的高等教育人才培养需求，另一方面也能吸引世界其他地方的优秀青年人才，从而将人才流失变为人才流通。

（四）发挥政府主导作用，密切政企合作

对以上所有经验教训的吸收学习，都有赖于一个强有力的政府。新加坡领导人李光耀所领导的人民行动党在新加坡的经济发展、政策改革中扮演了至关重要的角色。新加坡政府不仅积极进行能力建设，向国际社会学习，奉行实用主义、发展主义的施政理念，强调只要对新加坡发展有利的政策都给予采纳；而且吸纳优秀人才，公开承认并坚定执行精英治国理念。通过严格的选拔程序，一批新加坡最顶尖的政治精英被选拔出来。新加坡打造有利于企业营商环境的努力是世所公认的，而外国直接投资（FDI）对新加坡的经济发展也做出了巨大贡献。就吉布提政府而言，围绕人力资源政策，除了加强相关能力建设、完善政策，盖莱政府可以与相关企业积极配合，精确了解市场需求，同时还可以利用企业资源。例如，在吉中国企业已经开始筹建培训中心，吉布提政府可以积极配合，予以支持。

总的来说，在吉布提同时存在高失业率及部分企业招工难现象的实质是吉布提现有教育、人力资源无法与经济发展需求相匹配。在当前国家处于发展初期、资源相对有限的情况下，吉布提根据经济发展阶段制定有差别的劳工及移民政策，着重初级及职业教育的发展，并随着经济发展、产业升级进行调整，对经济增长和社会稳定尤为重要。吉布提遭遇的人力资源困境有其特殊性，也有非洲诸多国家的普遍性。在中非产业转移的潮流中，非洲国家抓住机遇，根据自身国情，积极调整劳工及教育政策，不仅有利于营造利商环境，推动FDI对经济发展的贡献，而且有利于提振就业，缓解社会矛盾，推进国家建设。吉布提是中国重要的非洲合作伙伴，人文合作也是中非十大合作计划的重要组成部分。帮助吉布提提升人力资源，是在吉中国企业必须践行的企业社会责任，也是互利共赢的中非合作的必要前提。

结论：非洲国家的自主性与中国的角色

吉布提的问题既有特殊性，也有普遍性。为了实现人口红利、促进工业化，劳动力问题对许多非洲国家来说都是亟待解决的当务之急。而中国在这个过程中也扮演着越来越重要的角色。无论是中非政府间的教育、人文交流合作，还是在非中资企业的人力资源培训等，都将不同程度地助力非洲国家实现教育、人力资源与经济的协调发展。

吉布提自身特殊的地缘政治地位使得其经济发展、人力资源及教育发展的经验教训并不能较好地为其他非洲国家所学习。但究其本质，本文认为，对于许多非洲国家来说，比具体政策更重要的是寻求经济发展、人力资源和教育之间的协调性。许多非洲国家在殖民时期都受到宗主国的极大影响，劳工、教育政策通常为殖民经济服务，受殖民政府掌控，并未能为本国人民带来发展。独立后，一方面殖民时期的影响依然存在，另一方面许多非洲国家的教育支出大量依赖国际援助，教育政策深受西方国家、国际机构的影响，许多时候偏离了自身的发展需求和实际情况，不仅未能为人力资源和经济发展服务，反而浪费了财政资源，甚至出现一系列社会经济后果。因此，非洲国家加强在教育等领域的政策自主性，制定更能与劳工政策和经济发展需求相协调的教育政策显得尤为重要。

教育培训领域的发展合作是中非合作的重要组成部分，是历届中非合作论坛的关注点之一。中非合作论坛—北京行动计划（2019～2021 年）在原有合作基础上再一次提出“中方将实施头雁计划，为非洲培训 1000 名精英人才，为非洲提供 5 万个中国政府奖学金名额，为非洲提供 5 万个研修培训名额，为非洲培养更多各领域专业人才，继续实施‘中非高校 20 + 20 合作计划’，搭建中非高校交流合作平台”。中非间的教育培训合作不仅为中非产业对接提供人才保障，也是中非人文交流的重要体现。中非间的教育培训合作体现出多主体的特点，企业、高校、专业院校、孔子学院、NGO 等都积极参与其中；开展了许多创新性的合作模式，例如，职业高校与企业合作开办“鲁班工坊”项目，孔子学院与职业高校或企业合作开展“汉语 + 职业教育”项目等。落实到吉布提方面，中吉在教育培训领域的合作也体现出多主体的特点，一方面许多重要中资企业都有开办培训学校的计划，服务自身发展的同时助力吉布提人才培养；另一方面还有个别中资企业与中方的职业高校或培训机构合作，在帮助职业教育“走出去”的同时弥补了师资的短板。但是与此同时，多主体也可能导致资源浪费的情况，做好各主体间的信息互通、资源共享十分重要。

从中国长远经营非洲市场、在“一带一路”倡议下促进中非命运共同体的视角看，中国在促进非洲的教育、人力资源和经济发展需求协调方面有望做出更大贡献。为此，中方政府应继续加强与非洲国家在教育培训领域的合作，推动各主体与本地人才需求市场做好对接，在发挥主体性优势的同时注重交流合作，做好与非洲国家整体发展战略的衔接。企业是人力资源的需求方，同时也是人力资源培训的提供方。在非中资企业应积极践行企业社会责任，根据自身特点，对接本地市场，积极参与到非洲人力资源培训中去。与多利益相关方合作，沟通人力需求、提供实习机会、开展在职培训，有能力有意愿的中资企业还可以为职工提供前往中国的学习机会。中资企业还需熟知所在国的劳工法律法规，尊重本土文化和价值观，在此基础上充当中非民间沟通的桥梁。

埃塞俄比亚、吉布提人口跨国迁移方式变化原因分析

孙　威*

摘要： 在对吉布提和埃塞俄比亚两国实地调研的基础上，本文研究非洲之角尤其是吉布提与埃塞俄比亚两国2000年后跨国人口迁移的特点；探索政治、经济、安全、社会网络、环境等因素如何影响这一区域的人口迁移活动。整体而言，非洲人跨国移民活动的特点是，绝大多数人在非洲内部迁移，并没有离开非洲大陆。与非洲大陆人口迁移整体特征不同的是，吉布提是一个非典型非洲国家，此前长期接受来自非洲之角地区其他国家的移民（占该国人口总数的10%以上），这些非洲之角移民将吉布提作为跳板，到达欧洲；近年来这种趋势发生了变化，非洲之角移民更多是经由吉布提流向海湾国家务工，也有很多人留在经济快速发展的吉布提工作。埃塞俄比亚是非洲人口大国，海外移民人口众多，同时也接收了大量来自非洲之角地区的移民，其跨国人口迁入、迁出趋势与非洲整体移民特征相一致，同时随着近年来经济的快速增长而出现了新的移民趋势。

关键词： 国际移民　国际关系　吉布提　埃塞俄比亚　非洲之角

引　言

人口跨国迁移是全球化的组成部分，在全球化日益深入的时代，跨国移民活动和地缘政治、经济发展及文化交流的关系也越来越密切。跨国移

* 孙威，北京大学国际关系学院博士研究生。

民往往有助于改善迁移人自身生活水平，同时能对移民输出国及接收国产生深刻的影响。何谓移民？联合国国际移民组织（IOM）对移民的定义是不论在国内还是跨国、长期还是短期、出于任何原因离开长期居住地的人。[①] 联合国统计委员会（UNSD）1998 年公布的《国际移民数据统计建议》，将国际移民定义为“任何改变其常住国的人”。[②] 该建议将移居非常住国一年以上的人界定为长期移民，移居非常住国 3 个月至 12 个月的人界定为短期移民，短期移民不包括以娱乐、度假、探访亲友、商务、医疗或宗教朝拜为目的进行跨国迁移的人群。联合国对国际移民的定义是在常住国以外滞留至少一年的人。以上几种官方定义都有“离开常住地”这一概念，现实中，有些从没有离开过长期居住地的人也被称为移民，比如在海外出生的国际移民子女通常被称为第二代或第三代移民。参考上述官方定义，本文所研究的跨国移民是指在常住国以外滞留至少一年的人以及他们的子女。据联合国经济和社会事务部（UNDESA）数据显示，全世界跨国移民的数量自 20 世纪 60 年代以来一直呈上升状态。1960 年全世界跨国移民为 1 亿人，2019 年增长到 2.71 亿人。[③] 但从人口比例来观察，从 1960 年至 2019 年，国际移民人数占全世界人口总量比例（2.3% ~3.5%）没有明显改变。

目前有三种被学术界普遍接受的移民分类方式：第一种方式用“自愿”和“被迫”的方法区分移民；第二种以政治原因和经济原因区分迁移的人，前者被称为“难民”，后者被称为“劳务移民”；第三种将移民用合法或非法来区分，非法移民也被称为非常规移民。这三种分类方式并不冲突，而且有互补作用，因此本文会综合使用以上术语。

目前学界流行的移民理论可被归纳为两大范式：功能理论及历史结构

---

① International Organization for Migration，“Who Is a Migrant?” https：//www. iom. int/who – is – a – migrant，accessed 2020 – 04 – 10.

② United Nations Statistics Division（UNSD），“Recommendations on Statistics of International Migration，Revision 1 – Global Inventory of Statistical Standards，” https：//unstats. un. org/unsd/iiss/Recommendations – on – Statistics – of – International – Migration – Revision – 1. ashx，accessed 2020 – 05 – 18.

③ United Nations，Department of Economic and Social Affairs，Population Division（2017），*Trends in International Migrant Stock*：*The 2017 Revision*（United Nations database，POP/DB/MIG/Stock/Rev. 2017），https：//www. un. org/en/development/desa/population/publications/database/index. asp，accessed 2020 – 05 – 20.

理论。功能理论认为社会是一个完整体系，这个体系是由相互依赖的部分组成的。移民活动对人类社会有正面意义，会推动世界各地区达到生活水平平衡。① 从新马克思政治经济理论发展出来的历史结构理论认为全球经济政治权力并不是被公平地分配，移民是为富有地区输送廉价、可被剥削的劳动力，这种移动使移民输出地区人才流失，从而使各地区更加不平衡。另一个常用的理论是移民网络理论，即第一批移民定居的地方往往会成为后来者的目的地，该理论关注中观层面移民活动，解释移民怎样创造并维持他们同其他移民、家人、朋友共同组成的社会网络，当这个移民网络大到一定程度时，移民移动就会变成自动循环模式。②

上述这些移民理论的主要贡献者为欧美学者，他们认为任何移民活动都是宏观结构及微观结构互动的结果，③ 主张从国家、社会、家庭及个人经济利益视角全面分析。宏观层面组成部分有整体制度因素，如全球市场政治经济因素、国家间关系、移民输送国和移民接受国关于移民的政策；微观层面上强调的是移民的行为、家庭纽带以及他们的个人信念。这两个层面被一系列中介机制所连接，被称为中观结构，如移民关系网络、移民社区及种种为移民服务的行业。④ 这些理论存在明显的欧美中心主义的视角缺陷，很难用来分析全球南方国家之间越来越明显的跨国人口迁移活动，更不可能全面、深入探究具体的区域或国别内人口的移动趋势和特点，比如非洲人在非洲区域内为主的迁移活动，都难以用这些理论获得阐释。

本文试图打破传统的用纯粹经济学、社会学或人口学将国际移民视为

---

① J. R. Harris and M. P. Todaro, "Migration, Unemployment and Development: A Two - sector Analysis," *American Economic Review*, 60, 1970, pp. 126 - 142.

② Stephen Castles, Hein de Haas and Mark J. Miller, *The Age of Migration: International Population Movements in the Modern World*, fifth edition, Basingstoke: Palgrave Macmillan, 2014, pp. 25 - 53.

③ Stephen Castles, Hein de Haas and Mark J. Miller, *The Age of Migration: International Population Movements in the Modern World*, fifth edition, Basingstoke: Palgrave Macmillan, 2014, p. 26; Caroline Bretell and James Hollifield, *Migration Theory: Talking Across Disciplines*, third edition, New York: Routledge, 2015, pp. 37 - 55.

④ Stephen Castles, Hein de Haas and Mark J. Miller, *The Age of Migration: International Population Movements in the Modern World*, fifth edition, Basingstoke: Palgrave Macmillan, 2014, p. 46.

一个稳定静态群体特征的研究模式，观察非洲之角这一地区人口迁移的动态变化特征，特别是21世纪以来随着吉布提与埃塞俄比亚两国经济增长和更为活跃的人口迁移方式的变化，观察其深层的由国家和社会变动因素酝酿的人口流动的动力机制和显性特征，讨论其与非洲大陆整体的域内流动为主的人口迁移活动之间的区别与联系，并进而展望在中国作为主要的经济参与者，埃塞俄比亚和吉布提互相依存及经济快速发展背景下人口迁移活动的前景。

一　非洲人口迁移活动的整体特征

2019年，有超过2100万非洲人生活在出生国以外的非洲国家。同期，生活在其他区域的非洲人数量有接近1900万，有1060万人居住在欧洲，460万人居住在亚洲，320万人居住在北美地区。迁出移民数量较多集中在北部非洲国家。2019年，埃及拥有最多生活在他国的人口，其次是摩洛哥、南苏丹、索马里、苏丹和阿尔及利亚。就迁入移民数量而言，南非是非洲最主要的移民目的地国，2019年约400万移民居住在南非。①

稳定的移民通道是非洲移民的一个重要特点。移民通道指的是不断累积的，有特定目的地的跨国移民迁移模式。地理远近、历史关联、劳工市场及移民网络等因素推动了多个非洲重要移民通道的形成。② 非洲最大的移民通道为阿尔及利亚、摩洛哥与突尼斯等北非国家到法国、西班牙和意大利等欧洲地中海国家的移民通道，主要原因是历史联系、殖民联系、地理距离近及移民网络发达。非洲国家之间的重要移民通道有南苏丹和乌干达之间、布基纳法索和科特迪瓦之间，以及索马里和埃塞俄比亚之间的移民通道，冲突和地理距离近是形成这些通道的主要原因。劳务移民是形成非洲国家之间及非洲同其他区域间移民通道的另一个重要原因，例如，从吉布提、埃及等东非、北非国家前往海湾国家的劳务移民通道。

---

① IOM, "World Migration Report 2020," https://publications.iom.int/books/world-migration-report-2020, accessed 2020-06-28.

② Aderanti Adepoju, "Migration in Sub-Saharan Africa," *Current African Issues*, Vol. 37, Uppsala, Nordiska Afrikainstitutet, 2008, pp. 1-60.

非洲移民的另一个主要特点，是流离失所者及难民人数多，冲突与自然灾害是产生非洲难民及流离失所者的两个主要原因。① 非洲大多数跨国难民被区域内的相邻国家接收。境内流离失所人数很高的国家，如刚果（金）、埃塞俄比亚和索马里等国也接收了大量他国难民和寻求庇护者。输出及接收难民人数总和最多的十个非洲国家依次为：南苏丹、苏丹、刚果（金）、乌干达、埃塞俄比亚、索马里、中非共和国、厄立特里亚、布隆迪、肯尼亚。2018 年，南苏丹产生了数量最多的非洲难民（230 万），大部分被乌干达等邻国接收。② 2018 年，索马里产生近 100 万难民，在非洲排名第二，其中大多数被肯尼亚和埃塞俄比亚接收。乌干达是非洲最大的难民收容国，约有 120 万难民居住在该国；这些难民主要来自邻国南苏丹和刚果民主共和国，其他难民收容大国还有苏丹和埃塞俄比亚。截至 2018 年年底，埃塞俄比亚新增 290 万因冲突导致流离失所的难民，数量全球最高，且远高于 2017 年的 70 多万人。除了冲突原因，埃塞俄比亚还新增 29 万因自然灾害而致的流离失所者。同年，刚果（金）新增因冲突而流离失所的人数达到 180 万，为全球第二高。在中非共和国，国内流离失所人数达到全国总人口的 11%。③

非盟认识到许多非洲国家在接收大规模流离失所者时遇到的挑战，也认识到流离失所同和平、安全及发展层面的联系，决定努力采取创新和强有力的举措来从根源上解决非洲大陆人民流离失所的问题。2019 年，非盟峰会系列会议的主题即为“难民、回返者和境内流离失所者：为在非洲被迫流离失所者找到持久解决的办法”。④ 埃塞俄比亚总统萨赫勒 - 沃克 · 祖德在此次峰会上指出，埃塞俄比亚政府长期关注非洲难民问题，埃方

① Aderanti Adepoju, “Migration Dynamics, Refugees and Internally Displaced Persons in Africa,” Academic Impact, 2016, https://academicimpact.un.org/content/migration-dynamics-refugees-and-internally-displaced-persons-africa, accessed 2020-05-05.

② IOM, “World Migration Report 2020,” https://publications.iom.int/books/world-migration-report-2020, accessed 2020-06-28.

③ IOM, “World Migration Report 2020,” https://publications.iom.int/books/world-migration-report-2020, accessed 2020-06-28.

④ Africa Union, “Refugees, Returnees and Internally Displaced Persons in Africa at Center of 32nd AU Summit Opening of the 37th Ordinary Session of the PRC, Addis Ababa,” https://au.int/en/pressreleases/20190115/refugees-returnees-and-internally-displaced-persons-africa-center-32nd-au, accessed 2020-05-10.

有慷慨援助难民的传统；2019 年是《非洲统一组织关于非洲难民问题某些特定方面的公约》（Convention Governing the Specific Aspects of Refugee Problems in Africa）通过 50 周年，非洲各国政府应认真总结、反思各国现有的难民、移民及返乡者政策。她呼吁还未采取行动的非洲国家加入该公约，并提醒公约缔约国应尊重并遵守其规定。萨赫勒 - 沃克·祖德总统的观点得到与会非洲各国领导人的支持。① 2020 年 10 月，非盟委员会与国际移民组织携手共同发布了第一份《非洲移民报告》（Africa Migration Report：Challenging the Narrative），指出自古以来“迁移”就是非洲人生活的组成部分，但欧美学者长期以来无视绝大多数非洲人口都是在大陆内流动而且对发展有积极影响的事实，只关注越过地中海来到欧洲的非洲人。②

二　非洲之角地区人口流动的趋势及原因

非洲之角地区人口迁移的主要特点是大量跨国移民的迁入和迁出，也包括大量非常规移民、大量国内流离失所人口及海湾动乱地区的难民迁入。经济落后、冲突、政治不稳定及环境恶化是非洲之角地区产生跨国移民的主要原因。③

大多数经济移民是主动移民，他们的理想目的地不是非洲之角区域内国家，而是较远的海湾地区、欧洲及北美洲，海湾地区是非洲之角移民劳工的主要目的地。据国际移民组织统计，2019 年非洲之角移民到海湾地区的人口达到 32 万人，85% 是 20 ~ 60 岁的人口，④ 他们跨国迁移的主要目标是希望在海湾地区找到一份高薪工作以提升自己及家人的生活水平。值得注意的是，近年来，随着非洲之角经济的迅速发展，区内各国对高（低）技能劳动力需求的增长，也推动了区域内移民，吉布提正是该区域

① UNHCR，“UNHCR Joins High - level Meet to Mark 50th Anniversary of OAU Refugee Convention，” https：//www. unhcr. org/5d15f0124，accessed 2020 - 04 - 28.

② Africa Union，“Africa Migration Report：Challenging the Narrative，” https：//au. int/en/documents/20201015/africa - migration - report，accessed 2020 - 10 - 20.

③ Aderanti Adepoju，“Migrant Africa，” *The Unesco Courier*，Vol. 45，No. 1，1992，p. 36.

④ IOM，“World Migration Report 2020，” https：//publications. iom. int/books/world - migration - report - 2020，accessed 2020 - 06 - 28.

内移民劳动力的主要吸收国。

与此同时，持续的冲突、政治和族群暴力也造成非洲之角地区数百万人流离失所，影响该区域大多数国家。2018 年，埃塞俄比亚境内有 210 万人流离失所，成为全球因国内冲突而产生流离失所人数最多的国家之一。[①] 同年，索马里产生近 100 万难民，因冲突而产生的境内流离失所者超过 260 万，旷日持久的内战迫使大量索马里人迁往区域内其他国家或向东迁往也门等国。然而，随着也门境内冲突的持续升级，大批移民被迫返回东非，同时产生了包括也门人在内的新的难民，由于地理位置近，吉布提是逃到东非的难民的第一落脚点。

越来越频繁的极端气候变化及自然灾害造成非洲之角地区大量人口流离失所。近几十年来，这个地区降水量极不稳定而且干旱频发。农业是该地区大部分国家的经济支柱，极端环境变化对该地区粮食安全产生了重大的负面影响。例如，2015 年、2016 年厄尔尼诺现象引发的干旱造成东非各国大面积粮食短缺和饥荒，并导致多国人口流离失所。2016 年洪水等突发灾害也造成约 30 万埃塞俄比亚人、4 万肯尼亚人和 7 万索马里人无家可归。2017 年、2018 年两年，干旱共造成索马里 110 万人流离失所。[②] 干旱不但恶化了该地区已经存在的粮食短缺状况，而且加剧了农民和牧民之间对本已有限的资源竞争，间接增加了因逃避冲突而成为新难民的可能性。

三　非洲之角移民的主要目的地及人群构成

根据国际移民组织统计，在海湾地区，2018 年来自非洲之角的移民达 32 万人，其中 91% 来自埃塞俄比亚、8% 来自索马里、1% 来自也门。这些移民的 65% 为成年男子、20% 为成年女性、14% 为未成年儿童。[③] 他们中大多数人希望能最终抵达沙特阿拉伯，在那里找到一份高薪工作，以提升

① IOM, “World Migration Report 2020,” https://publications. iom. int/books/world－migration－report－2020, accessed 2020－06－28.

② IOM, “World Migration Report 2020,” https://publications. iom. int/books/world－migration－report－2020, accessed 2020－06－28.

③ IOM, “2018 Mobility Overview in the Horn of Africa and the Arab Peninsula,” https://www. iom. int/east－and－horn－africa－2018－mobility－overview－horn－africa－and－arab－peninsula－may－2019, accessed 2020－05－10.

自己及家人的生活水平。

与媒体上无处不在的大量非洲人颠簸在地中海上涌入欧洲的画面大相径庭的是，2018 年实际上只有 4624 名来自非洲之角的移民抵达意大利、希腊、西班牙等欧洲地中海国家，绝大多数是通过利比亚辗转来到地中海南岸。近 5000 名非洲移民中，有 3764 人抵达意大利，其中 3320 人来自厄立特里亚，比 2017 年抵达意大利的厄特移民（7052 人）少了 53%。2018 年在欧洲申请政治庇护的非洲人数最多的三个国家均来自非洲之角地区：厄立特里亚（17665 人）、索马里（11305 人）、埃塞俄比亚（3370 人）。[①] 虽然欧洲持续吸引来自非洲之角的国际移民，但自 2016 年以来，不论是抵达欧洲还是在欧洲申请庇护的非洲之角各国移民数量都呈下降趋势。这个现象背后有多重原因。首先，欧盟及地中海沿岸国家持续收紧难民接收政策。2017 年 2 月，意大利政府与利比亚政府签署了一份谅解备忘录，旨在减少从利比亚前往意大利的移民人数；同年，欧洲理事会公布了《马耳他宣言》，该宣言目的是要大幅减少移民流入，遏制偷渡组织集团在地中海的活动，提高利比亚海岸警卫队执行救援的能力。[②] 其次，欧洲地中海国家加强了海上对移民船只的检查。最后，越来越多的移民担心他们在前往欧洲旅途中有可能受到人身侵犯。

整体来看，非洲之角地区进行跨国迁移活动的人口比例为：成年男性占 48%，成年女性占 28%，未成年者占 24%。前往海湾地区的成年男性占前往海湾地区总移民人数的 66%；而在非洲之角区域内流动的跨国移民中成年男性占 34%，成年女性占 32%，儿童占 33%。从非洲之角前往北非及欧洲的移民中成年男性占 49%，成年女性占 42%，儿童只占 9%。少有未成年人离开非洲地区向外流动，是因为跨海活动有一定的危险，所以前往海湾地区和欧洲的移民绝大多数不会拖家带口，但非洲区域内往往是举家迁移，因为短距离跨国移民活动危险指数较低。

---

① DTM Mediterranean, "Europe – Mixed Migration Flows to Europe Monthly Overview (September 2018)," http://migration.iom.int/reports/europe – — – mixed – migration – flows – europe – monthly – overview – september – 2018? close = true, accessed 2020 – 05 – 10.

② European Commission, "The EMN Annual Report on Migration and Asylum 2017," https://ec.europa.eu/home – affairs/content/annual – report – migration – and – asylum – 2017_en. PDF, accessed 2020 – 05 – 16.

国际移民组织的数据显示，① 非洲之角流出的移民受教育水平普遍低下，或从未接受过正规教育；而选择前往北非或欧洲的移民在所有移民中受教育水平最高，其中51%接受过中学教育，7%接受过高等教育，只有7%的人没有接受过任何教育，这些人希望在正规经济领域找到工作；相反，在非洲之角区域内流动的人口受教育程度最低，其中49%没有受到过任何教育，普遍寻找季节短工（农耕、修路、旅游服务业），或者从事脏、难、危险及家政服务；前往海湾地区的非洲之角移民中，31%没有接受过任何教育，66%接受过基础教育，85%前往海湾地区的移民主要寻找非技术性或半熟练性工作岗位，可以称作经济移民。② 从男女比例来看，47%的非洲之角女性移民没有受过教育，男性为27%。在非洲之角区域内移民的没受过教育的女性比例是60%，男性为34%。前往北非及欧洲的移民中，88%的女性接受过基础教育，男性为82%。在没有移民前，所有移民中55%的人处在失业状态，这其中42%的人在积极寻找工作，因此可以判断经济原因是移民的主要原因之一。移民前自我雇佣者占非洲之角地区移民总数的27%。前往海湾地区的移民在没有移民前有74%的人处于失业状态，但是几乎所有人都在积极寻找工作。③ 这证明了经济原因是东非移民迁移到海湾地区的主要动因。非洲之角区域内，迁移人群移民前失业人口比例较小，他们中44%在移民前有工作。有20%的人失业但没有积极找工作。因此可以认为，该区域内移民的主要动因不是经济原因。在该区域内迁移的人群中有34%在移民前是自我雇佣者，不少人在移民前的职业是农民或牧民，他们中许多人在移民后从事季节工或短工。④

① IOM, "2018 Mobility Overview in the Horn of Africa and the Arab Peninsula," https://www.iom.int/east-and-horn-africa-2018-mobility-overview-horn-africa-and-arab-peninsula-may-2019, accessed 2020-05-10.

② IOM, "2018 Mobility Overview in the Horn of Africa and the Arab Peninsula," https://www.iom.int/east-and-horn-africa-2018-mobility-overview-horn-africa-and-arab-peninsula-may-2019, accessed 2020-05-10.

③ IOM, "2018 Mobility Overview in the Horn of Africa and the Arab Peninsula," https://www.iom.int/east-and-horn-africa-2018-mobility-overview-horn-africa-and-arab-peninsula-may-2019, accessed 2020-05-10.

④ IOM, "2018 Mobility Overview in the Horn of Africa and the Arab Peninsula," https://www.iom.int/east-and-horn-africa-2018-mobility-overview-horn-africa-and-arab-peninsula-may-2019, accessed 2020-05-10.

四　吉布提、埃塞俄比亚人口跨境的历史渊源与现实动力

从人口及国土面积角度看埃塞俄比亚是东北非第一大国。但作为一个区域大国，埃塞俄比亚缺少出海口。殖民时代，埃塞俄比亚是东非唯一没有被殖民的国家，它无法同欧洲列强相抗衡，因此，埃塞俄比亚帝国沿海地区（现厄立特里亚、吉布提）全部被欧洲国家占领。第二次世界大战后，埃塞俄比亚利用反法西斯战胜国身份及冷战时的世界局势，通过外交手段（美英支持）及国家“硬实力”，在1962年吞并了厄立特里亚，获得了厄立特里亚的出海口。厄立特里亚民族主义者不愿意接受埃塞俄比亚的统治，在20世纪60年代初期开始了反对埃塞俄比亚统治的武装抗争。经过多年内战，1991年5月，埃塞俄比亚门格斯图政权被由提格雷人民解放阵线（TPLF）领导的埃塞俄比亚人民革命民主阵线（EPRDF）推翻。EPRDF组建埃塞俄比亚过渡政府。同年，厄立特里亚人民解放阵线（EPLF）组建了厄立特里亚过渡自治政府。1993年，经全民公决，厄立特里亚脱离埃塞俄比亚并加入联合国。厄立特里亚独立后，由于TPLF和EPLF曾共同反对门格斯图政权，两国关系曾十分密切，但两国在货币政策和边境划分上存有分歧。受争议的地区是埃塞俄比亚提格雷省的巴德梅。厄立特里亚在1993年独立后与埃塞俄比亚结成货币联盟，选择继续使用埃塞俄比亚货币比尔。但之后两国在货币政策上产生分歧，埃塞俄比亚指责厄立特里亚利用两国物价差别，用比尔在埃塞俄比亚采购大量物资出口到第三国赚取外汇，造成埃塞俄比亚市场物资短缺。厄立特里亚指责埃塞俄比亚政府在货币政策上专断，要求厄特也要有发行货币的权力。1997年，厄立特里亚发行新货币“纳克法”，埃塞俄比亚因此对厄立特里亚实施经济抵制，双方关系因此决裂。① 1998年5月埃厄战争爆发，这场战争造成了双方7万~10万人死伤及超过100万人口流离失所，战争

---

① Tafesse Olika, “Djibouti's Foreign Policy Change from Survival Strategy to an Important Regional - Power Player: Implications for Ethio - Djibouti Relations,” *Ethiopian Journal of the Social Sciences and Humanities* (*EJOSSAH*), Vol. 14, No. 2, 2018, https://dx.doi.org/10.4314/ejossah.v14i2.5, accessed 2020 - 11 - 03.

期间两国还大规模驱除对方侨民。①

1991～1998年，埃塞俄比亚的主要出海口是厄立特里亚的阿萨布（Assab）港和马萨瓦（Massawa）港，埃塞俄比亚约80%的进出口贸易经阿萨布港中转。两国爆发战争的当年（1998年），吉布提港口处理埃塞俄比亚货物量及石油量为1997年的3倍之多，成为埃塞俄比亚对外贸易的主要渠道。截至2018年，90%的埃塞俄比亚国际进出口货物依然依赖吉布提港口，两国间的港口贸易推动了近20年吉布提各领域的经济活动。②

1991年，埃塞俄比亚政府实行以经济建设为中心，向市场经济过渡，以农业和基础设施建设为先导的发展战略。1992～1997年，埃塞俄比亚GDP年均增长达7%。③ 2005年起，政府实施“以农业为先导的工业化发展战略”，加大农业投入，大力发展新兴产业、出口创汇型产业、旅游业和航空业，吸引外资参与埃塞俄比亚能源和矿产资源开发。近20年间，埃塞俄比亚政府大力投资工业园区、水电大坝、电网和房地产等基础设施。同时推动出口多样化，使埃塞俄比亚成为非洲大陆咖啡、油料、花卉、黄金、皮革和纺织品等产品的主要出口国。为了将埃塞俄比亚建设成非洲的制造业中心，政府还在全国发展工业园区，吸引外资。这些措施使埃塞俄比亚近20年年均经济增长率保持在10%左右，贫困率下降近50%。④

21世纪以来，埃塞俄比亚和吉布提相互成为对方最重要的邻国。埃

① D. Runde and K. Yayboke et al., “Out of the Shadows: Shining a Light on Irregular Migration,” *Center for Strategic and International Studies (CSIS)*, pp. 31 – 37, 2019, http://www.jstor.org/stable/resrep22576.7, accessed 2020 – 11 – 02.

② E. Bayeh and K. Atinafu, “Economic Interdependence as a Driving Force for Peace and Security Cooperation: Ethio – Djibouti Relations,” *Global Journal of HUMAN – SOCIAL SCIENCE: F*, Vol. 15, 2015, Version 1.0.

③ World Bank Group, “Country Partnership Framework for the Federal Democratic Republic of Ethiopia for the Period FY18 – FY22,” http://documents1.worldbank.org/curated/en/202771504883944180/pdf/119576 – revised – Ethiopia – Country – Partnership – Web.pdf, accessed 2020 – 05 – 28.

④ World Bank Group, “Country Partnership Framework for the Federal Democratic Republic of Ethiopia for the Period FY18 – FY22,” http://documents1.worldbank.org/curated/en/202771504883944180/pdf/119576 – revised – Ethiopia – Country – Partnership – Web.pdf, accessed 2020 – 05 – 28.

塞俄比亚超过90%的进出口贸易依赖吉布提港口;[①] 吉布提人民的生活在很大程度上依赖埃塞俄比亚，因为主要食品、饮用水及电力都严重依赖埃塞俄比亚供应，互相依赖的经济关系支撑着两国关系。吉布提经济主要依赖港口和银行两大服务型产业，埃塞俄比亚经济持续高速发展必然推动吉布提经济增长。[②] 吉布提普通劳工及技术劳工人数少，工资成本高限制了其社会及经济发展。来自埃塞俄比亚的高性价比劳工移民在一定程度上帮助吉布提缓解了此问题，推动了其社会、经济发展。吉布提是非洲之角地区工资较高的国家，这吸引了包括埃塞俄比亚在内的非洲之角其他国家的合法及非法移民入境。鉴于埃塞俄比亚国土面积、人口数量及综合国力比吉布提强大许多，为保护其主权和政治、经济自主权，目前吉布提对国际资本敞开大门的同时却在关键领域限制来自埃塞俄比亚的直接投资，还通过各种方式限制境内埃塞移民人数。未来，随着两国经济进一步发展，两国经济相互影响力将与日俱增。一旦埃塞俄比亚全国工业园区网及吉布提“前港 - 中区 - 后城”成功建成，两国都将增大对劳动力的需求，这将加大两国对周边国家劳工的吸引力，埃塞俄比亚会成为吉布提经济发展的腹地，为吉布提经济发展提供包括人力在内的各种资源；吉布提也会从传统移民跳板国变成移民目的地国，经济的发展必然会吸引外来移民入境寻求工作机会，也会鼓励本国精英人群回国工作、生活。

五　吉布提、埃塞俄比亚近年移民趋势的变化

吉布提是非洲之角地区最小的国家，该国自1977年独立以来只经历过两届政府，社会、政治环境均比邻国稳定，人均收入高于邻国，因此吸引了大量邻国移民，是净移民接收国。20世纪末期，由于埃塞俄比亚、索马里等邻国冲突持续不断，吉布提本国人口同外来移民人口的比例曾在1990

① Mormul Joanna, “Ethio - Djiboutian Relations in the 21st Century—Towards New African Cooperation,” *Politeja*, No. 42, 2016, pp. 263 - 286.

② E. Bayeh & K. Atinafu, “Economic Interdependence as a Driving Force for Peace and Security Co-operation: Ethio - Djibouti Relations,” *Global Journal of HUMAN - SOCIAL SCIENCE: F*, Vol. 15, 2015, Version 1.0.

年达到5∶1。随着吉布提主要邻国冲突程度的逐年降低，加上埃塞俄比亚持续的经济增长，吉布提外来人口同本国人口比例下降到2019年的1∶12（见图1）。吉布提境内移民主要来自埃塞俄比亚和索马里。①

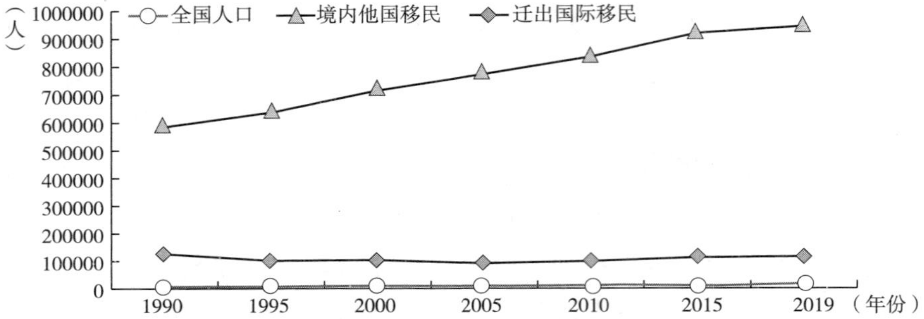

图1 1990～2019年吉布提全国人口、迁出国际移民、入境移民情况

资料来源：联合国经济和社会事务部。

1. 吉布提向内向外人口流动趋势

IOM数据显示，从1990年到2019年，除2000年前后，西欧一直是吉布提移民最重要的目的地。2019年吉布提外出移民人数达到15823人。吉布提移民目的地固定，从1990年至2019年，95%以上的吉布提移民集中在法国、埃塞俄比亚、加拿大、利比亚、埃及、英国、比利时和澳大利亚8个国家（见图2）。法国是吉布提人向外移民的首选国家，2019年法国吸引了6670名吉布提人。② 移民到法国、加拿大、比利时等发达国家的吉布提人绝大多数来自吉布提精英阶层，受过高等教育。吉布提收入较低的底层民众跨境移民较少，这是因为吉布提政局稳定、社会安全，该国政府有能力为底层民众提供最基本的生活保障。

从1990年至2019年，移民埃塞俄比亚的吉布提人增长了3倍。2019

① United Nations, Department of Economic and Social Affairs, Population Division (2017), *Trends in International Migrant Stock*: *The 2017 Revision* (United Nations database, POP/DB/MIG/Stock/Rev. 2017), https://www.un.org/en/development/desa/population/publications/database/index.asp, accessed 2020-05-20.

② United Nations, Department of Economic and Social Affairs, Population Division (2017), *Trends in International Migrant Stock*: *The 2017 Revision* (United Nations database, POP/DB/MIG/Stock/Rev. 2017), https://www.un.org/en/development/desa/population/publications/database/index.asp, accessed 2020-05-20.

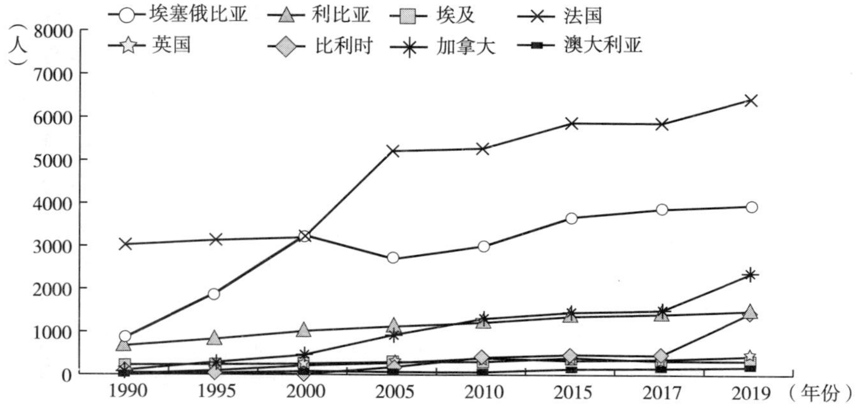

图 2　1990～2019 年吉布提向外迁出人口趋势

资料来源：联合国经济和社会事务部。

年，埃塞俄比亚境内居住 3910 名吉布提人（见图 3）。这是因为占吉布提全国总人口 40% 的阿法尔（Afar）族属埃塞俄比亚人种，由于民族、血缘关系，一些吉布提阿法尔族人选择跨境住在埃塞俄比亚境内。同一时期，虽然埃塞俄比亚移居吉布提人数没有太大变化，一直保持在每年 12000 人左右，但还是远超于吉布提移民埃塞俄比亚人数。①

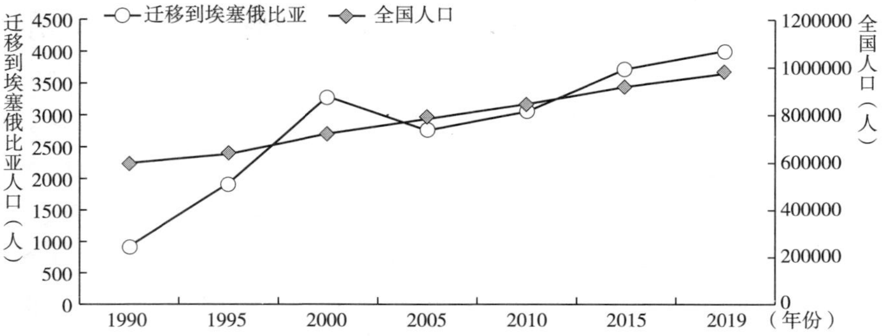

图 3　1990～2019 年吉布提全国人口与迁移到埃塞俄比亚人口

资料来源：联合国经济和社会事务部。

① United Nations, Department of Economic and Social Affairs, Population Division（2017）, *Trends in International Migrant Stock: The 2017 Revision*（United Nations database, POP/DB/MIG/Stock/Rev. 2017）, https://www.un.org/en/development/desa/population/publications/database/index.asp, accessed 2020－5－20.

同其他非洲国家迁出移民特点不同，非洲其他国家及邻国不是吉布提移民的主要目的地，吉布提迁出移民趋势有四大显著特点：①大多数移民前往发达国家，如法国、加拿大、比利时、英国、澳大利亚；②占吉布提迁出移民总人数的50%以上的移民进入法国、加拿大、比利时等法语国家（见图4）；③2017年迁移到法国的吉布提人比迁移到埃塞俄比亚的吉布提人多41%；④吉布提几乎不存在非法迁出移民。

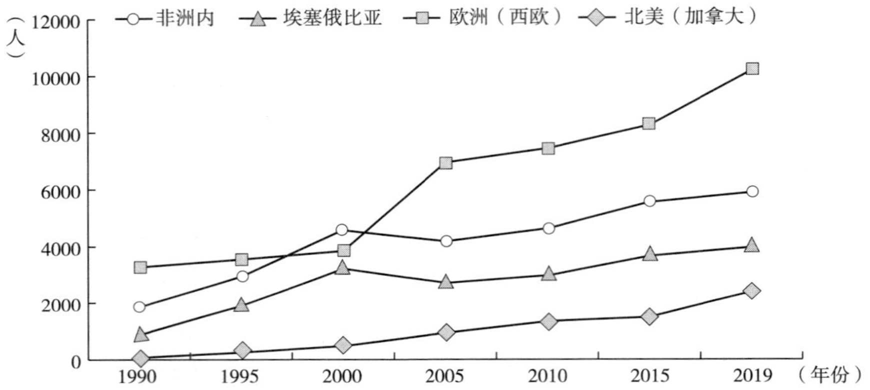

图4　1990～2019年吉布提移民群体在各大洲（地区或国家）分布情况

资料来源：联合国经济和社会事务部。

吉布提境内约有116089名移民，主要来自三个国家，分别是埃塞俄比亚（12732名）、索马里（96137名）和也门（273名）。[①] 作为一个人口约为100万的东非小国，吉布提正在变成红海和亚丁湾地区双向人口迁移中心。2017年至2019年，每天有不低于150人次的移民从吉布提过境。他国移民从吉布提过境的原因主要包括：原住国经济发展失败、政治不稳定、环境持续恶化。通过吉布提过境的移民主要来自埃塞俄比亚和索马里，两国移民先设法跨过亚丁湾到达也门，再从也门前往沙特或其他中东地区国家。随着人们越来越多地依靠偷渡者的服务前往预定目的地，移民偷渡在非洲之角尤为突出，许多偷渡网络组织都

① United Nations, Department of Economic and Social Affairs, Population Division (2017), *Trends in International Migrant Stock: The 2017 Revision* (United Nations database, POP/DB/MIG/Stock/Rev. 2017), https://www.un.org/en/development/desa/population/publications/database/index.asp, accessed 2020-05-20.

以吉布提为基地。吉布提双向迁移中转站的特征意味着吉布提也是来自也门移民的目的地国。来自也门的迁移人群会在吉布提 OBOCK（吉布提东北海岸）地区登陆，在那里，他们经常得到人道主义救援。

负责管理及帮助吉布提境内跨国移民就业的主要政府机构是难民及灾难受害者援助办公室（ONARS）、国家警察局、卫生部、宪兵队和海岸警卫队。2018 年，吉布提政府颁布了《国家难民法》，该法案的实施将帮助吉布提境内难民进一步同吉布提社会经济融合，该法案将难民纳入该国的医疗及教育系统，并给予难民开设银行账户的权利。吉布提在 2018 年接待了包括难民在内的近 28800 名国际移民，其中 96% 来自非洲之角及亚丁湾地区（索马里移民占 44%，埃塞俄比亚移民占 36%，也门移民占 16%。妇女和儿童占难民人口的 73%）。绝大多数难民（83%）居住在阿里阿代（Ali Addeh）、汇尔霍尔（Holl Holl）和马凯斯（Markazi）三个定居点，而剩下的 17%（主要是也门人）居住在吉布提市内。吉布提吸引移民的优势在于，相对周边国家而言，该国政局稳定、社会安全、平均工资高（吉布提服务业工资高出埃塞俄比亚服务业工资三倍以上）。①

2. 埃塞俄比亚向内向外人口流动趋势

从移民特点角度看，埃塞俄比亚同时接收并输出大量非洲移民。1990 年，埃塞境内移民占埃塞俄比亚总人口的 3.5%。1995 年至 2017 年，移民占埃塞俄比亚总人口的比例均低于 1.5%。同一时期，埃塞俄比亚迁出移民与迁入国际移民人数增长趋势相似，迁入及迁出移民数量同埃塞国内总人口数量的比例也基本持平（见图 5）。②

埃塞俄比亚是有接纳移民传统的国家，是《联合国难民公约》签署国，对难民实行开放政策，允许难民入境，并保护在其领土上寻求庇护者。2018 年 4 月，在经历了反对派大规模抗议后，埃塞俄比亚时任总理海

---

① 信息来源于作者 2019 年 7 月 28 日在吉布提调研时对吉布提 Acacias 酒店工作人员的访谈；Mehdi Benyagoub，"Finding New Paths for Growth in Djibouti，" 2013，https：//openknowledge. worldbank. org/handle/10986/20570，accessed 2020 – 05 – 03。

② United Nations，Department of Economic and Social Affairs，Population Division（2017），*Trends in International Migrant Stock*：*The 2017 Revision*（United Nations database，POP/DB/MIG/Stock/Rev. 2017），https：//www. un. org/en/development/desa/population/publications/database/index. asp，accessed 2020 – 05 – 20.

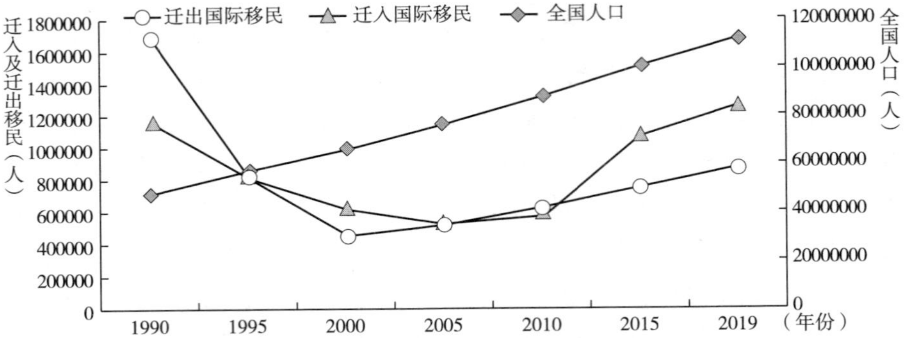

图 5　1990～2019 年埃塞全国人口及迁入、迁出移民

资料来源：联合国经济和社会事务部。

尔马里亚姆·德萨莱尼总理辞职，阿比·艾哈迈德成为埃塞俄比亚新一任总理。阿比总理上台后，在国内发起全面的政治改革计划，外交层面制定了新的路线。新政府对接收难民持开放态度，允许来自邻国难民入境、寻求庇护。① 2018 年 10 月，埃塞政府成立了新的部委——和平部（Ministry of Peace），统一管理埃塞俄比亚联邦警察委员会、国家情报安全局、信息网络安全局、国家灾害风险管理委员会，国家灾害风险管理委员会正式负责管理国内流离失所者和难民事务。埃塞俄比亚议会于 2019 年 1 月 17 日对其现行难民法进行了修订，难民保护政策主体基础为《国家难民法》（National Refugee Law）及《国际人权公约》。② 埃塞俄比亚成为少数拥有完整难民法规的非洲国家之一。该法使难民拥有在难民营外工作和居住的权利，并可享受埃塞俄比亚社会和金融服务以及合法登记出生和婚姻等民事服务。

从国际合作角度看，2018 年 6 月，埃塞俄比亚政府与欧盟达成协议，以接收叙利亚难民来换取外汇，共接收了 560 名来自叙利亚的难民。③ 埃

① UNHCR, *Ethiopia*, http://reporting.unhcr.org/ethiopia, accessed 2020-05-03.

② UNHCR, *Ethiopia 2020-2021 Country Refugee Response Plan*, https://reporting.unhcr.org/sites/default/files/Ethiopia%202020-2021%20Country%20Refugee%20Response%20Plan%20-%20January%202020.pdf, accessed 2020-05-03.

③ Elias Gebreselassie, "How Hundreds of Syrians Found Refuge in Ethiopia," 2018, https://www.aljazeera.com/indepth/features/hundreds-syrians-refuge-ethiopia-190121224957209.html, accessed 2020-05-10.

塞俄比亚境内的国际难民主要来自埃塞俄比亚邻国，冲突及环境灾难是难民涌入的主要原因。仅2018年一年，埃塞俄比亚就允许来自南苏丹、索马里、厄立特里亚、苏丹和也门的超过90万难民入境。① 来自南苏丹的难民多数聚集在甘贝拉州（Gambela）。来自索马里的难民占埃塞俄比亚总难民人数的28%，主要聚集在索马里州（Somali）。苏丹难民占难民总数的5%，主要聚集在本尚古勒－古马兹州（Benishangul－Gumuz）。

埃塞俄比亚向外移民趋势及目的地的变化同该国经济、社会发展有紧密关联。1990年至2000年，埃塞俄比亚人均国内生产总值为负增长，10年内埃塞俄比亚跨国迁移到非洲其他国家的人数明显高于迁移到欧洲、亚洲、北美洲的人数，这是因为从埃塞俄比亚迁移到苏丹、南苏丹、肯尼亚的埃塞跨国移民以难民及被迫移民人群为主。1990年后埃塞人迁移到邻国人数明显下降，2000年是一个转折点，从该国迁移到非洲其他国家的人数增长率更是低于迁移到发达地区人数的增长率。随着埃塞俄比亚人均GDP由负增长变为正增长，该国在欧洲、亚洲、北美的移民数量逐步超过在非洲其他国家的人数（见图6）。② 随着埃塞俄比亚国内政局逐步稳定，人均GDP不断增长，埃塞俄比亚人移民到北美、西亚及欧洲的移民人数明显增加，这种趋势符合国家经济发展推动移民迁移活动的理论。前往西方发达国家的埃塞移民逐年增长的趋势也符合移民网络形成后吸引新移民的理论。

2010年以来埃塞俄比亚跨境及国内迁移人数呈上升状态。如图7所示，2019年，拥有埃塞移民最多的10个国家是美国、沙特、以色列、苏丹、南苏丹、加拿大、肯尼亚、意大利、瑞典和索马里。③

---

① UNHCR, *Ethiopia*, http://reporting.unhcr.org/ethiopia, accessed 2020－05－03.

② United Nations, Department of Economic and Social Affairs, Population Division (2017), *Trends in International Migrant Stock: The 2017 Revision* (United Nations database, POP/DB/MIG/Stock/Rev. 2017), https://www.un.org/en/development/desa/population/publications/database/index.asp, accessed 2020－05－20.

③ United Nations, Department of Economic and Social Affairs, Population Division (2017), *Trends in International Migrant Stock: The 2017 Revision* (United Nations database, POP/DB/MIG/Stock/Rev. 2017), https://www.un.org/en/development/desa/population/publications/database/index.asp, accessed 2020－05－20.

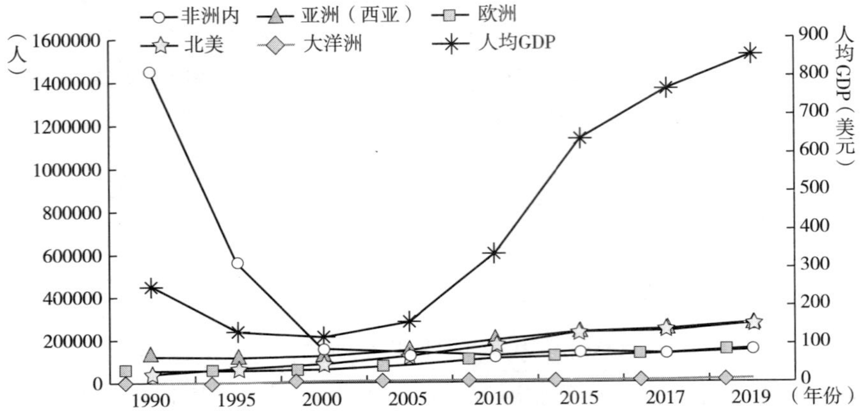

图6　1990～2019年埃塞移民群体在各大洲分布情况

资料来源：联合国经济和社会事务部。

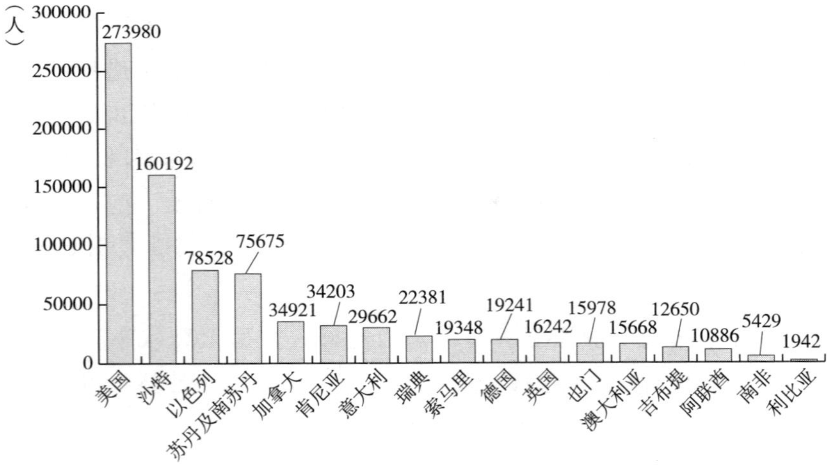

图7　2019年埃塞俄比亚移民群体的主要分布国

资料来源：联合国经济和社会事务部。

近年来，新的变化趋势是，埃塞俄比亚移民最重要的迁移路线是通过埃塞俄比亚东部地区抵达吉布提或索马里，再从上述两地跨海抵达海湾地区。2016年，共有97198名埃塞俄比亚移民跨海到达也门，劳工调查问卷显示，39.9%的埃塞俄比亚劳工愿意为获得更高报酬而进行迁移活动。埃塞俄比亚政府要求所有合法前往他国工作的埃塞人都要遵守埃塞俄比亚同埃塞移民目的地国签署的双边劳工条约（Bilateral Labour Agreement）。双边劳工条约的目的是为埃塞劳工出国前、在他国工作期间及返回埃塞俄比亚时提供保护和相关帮助，而非法在其他国家工作的埃塞移民很难被埃塞政府保护。2017 年 3 月，沙特政府实施收紧移民政策，发起一项名为“无非法移民”的清理移民运动，给予非法移民 90 天时间办理合法身份或离开沙特。国际移民组织估算，从沙特政府实施收紧移民政策起至 2018 年，共有 23 万埃塞俄比亚人从沙特返回故乡，他们当中只有 14% 是自愿离开沙特。①

邻国吉布提并没有大规模接收埃塞俄比亚移民入境务工，而是 30 年来一直保持在 1 万 ~ 1.3 万名埃塞俄比亚人的规模（见图 8），主要原因如下。首先，埃塞俄比亚经济移民的主要移民目的地是北美、欧洲及近年来开始日益重要的西亚中东地区；其次，埃塞俄比亚是区域强国，吉布提是只有 100 万人口的小国，因而十分珍惜本国的独立性，严格控制吉布提境内的埃塞俄比亚移民、难民人数，避免境内邻国人口太多造成的潜在威胁。②

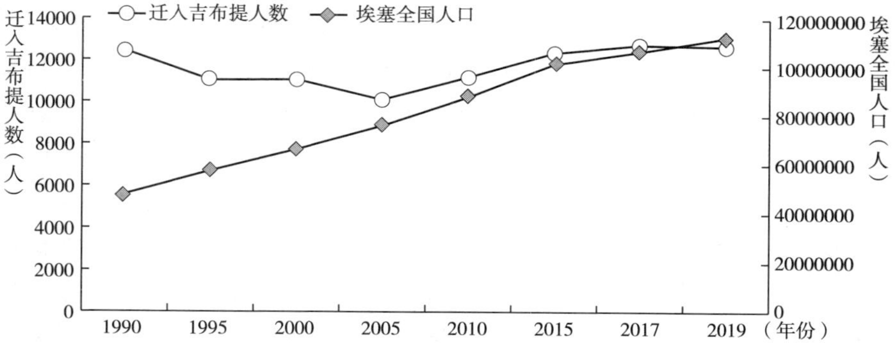

图 8　1990 ~ 2019 年埃塞全国人口和迁入吉布提人数

资料来源：联合国经济和社会事务部。

① IOM, “Regional Migrant Response Plan for the Horn of Africa and Yemen (RMRP) 2018 - 2020,” https://www.iom.int/sites/default/files/country/docs/regional_migrant_response_plan_for_the_h.a_yemen.pdf, accessed 2020 - 05 - 10.

② IOM, “Regional Migrant Response Plan for the Horn of Africa and Yemen (RMRP) 2018 - 2020,” https://www.iom.int/sites/default/files/country/docs/regional_migrant_response_plan_for_the_h.a_yemen.pdf, accessed 2020 - 05 - 10.

总之，作为非洲之角最小及最稳定的国家，吉布提正在变成红海和亚丁湾地区双向人口迁移中心。吉布提是跨国移民净接收国，该国输出移民人数约占全国总人口数量的2%。吉布提向外移民主要是受过高等教育的国内精英阶层，西方发达国家长期是这些移民的首选目的地。吉布提因为政局稳定、社会安全、平均工资高于其他国家而吸引跨国移民人数占该国总人口的12%，移民主要来自埃塞俄比亚、索马里及也门三国。海湾国家工资显著高于吉布提工资水平，近年来明显成为非洲之角移民的目的地，吉布提因而成为跨越红海、前往海湾国家寻找工作的移民跳板国。吉布提社会极端两极分化的状况也体现在该国的移民方式中：受过高等教育的精英阶层迁往西方发达国家，收入较低的底层民众和其他入境吉布提的非洲之角的其他人群一样跨境到海湾国家务工。

埃塞俄比亚是接收及输出跨国移民大国，厄立特里亚人、南苏丹人、苏丹人、索马里人构成了埃塞俄比亚境内外国移民的主要组成部分。埃塞俄比亚人口移动的几个主要原因为：贫穷、高失业率、可耕地面积的减少、不同地区巨大的收入差距、环境恶化、民族冲突及一些地区的移民风俗。由于埃塞俄比亚近几年面临干旱、洪水、国内冲突等问题，因此人口移动多发生在该国国内，即流离失所者，数量达到260万人。埃塞政府有鼓励国民外出移民务工的传统，埃塞外出移民的侨汇收入已经成为21世纪以来推动埃塞经济发展的三大金融推力之一，另两大动力为政府支出及外国直接投资。①埃塞俄比亚侨汇占GDP的比例也从2000年的0.22%增长到2014年的3.24%。②2019年，埃塞俄比亚流向全球的移民人数达到87万多人，集中在西亚、北美、欧洲、东非等地区，其中在发达国家及中东的埃塞移民以经济移民为主，而在东非区域内进行迁移活动的以难民为主。埃塞俄比亚是一个有接纳常规及非常规移民传统的国家，实行对难民开放政

① T. Tolcha and P. Nandeeswar, "The Impact of Remittances on Economic Growth in Ethiopia," *Indian Journal of Commerce and Management Studies*, *Educational Research Multimedia & Publications*, 7 (2), pp. 1 – 15, May; Gérard Prunier and Éloi Ficquet, *Understanding Contemporary Ethiopia: Monarchy, Revolution and the Legacy of Meles Zenawi*, London: C. Hurst and Company (Publishers) Limited, 2015, p. 367.

② World Bank, "Personal Remittances, Received (% of GDP) – Ethiopia," https://data.worldbank.org/indicator/BX.TRF.PWKR.DT.GD.ZS?locations=ET, accessed 2020-05-13.

策，允许难民入境，埃塞在境内设有大型难民营，保护在其领土上寻求庇护的人。

结论与展望：中国因素与非洲之角的人口流动

21世纪以来，非洲之角人口迁移趋势的最大变化莫过于取道欧洲的人口急剧减少，因为新的工作机会而大量去往海湾国家的移民和随着区域内经济的发展而产生大量在本地区内的移民增加。埃塞俄比亚经济持续高速增长推动了吉布提的经济发展，虽然吉布提是东非人民移民海湾国家的跳板国，但吉布提工资普遍高于非洲之角地区的其他国家，因而逐渐吸引包括埃塞俄比亚在内的非洲之角其他国家的合法及非法移民留在非洲。

中国企业近年来在埃塞俄比亚和吉布提的经济活动也推动了这两国的经济发展，成为直接和间接推动埃塞、吉布提两国人口在非洲之角境内及跨国迁移的动力。亚吉铁路2018年1月至12月累计运送旅客近13万人次；一旦埃塞俄比亚全国工业园区网及吉布提“前港－中区－后城”发展模式成功建成，两国都将增加对劳动力的需求，这将加大两国对周边国家劳工的吸引力。中国企业在这两国的经济活动不仅提供了良好的工作机会，使得受过高等教育人群改变生活轨迹、回国工作，从而减少本国的人才流失，同时对于大量缺少工作技能的人群而言，中国项目带来的技术培训机会也有可能让他们产生对于本国良好生活的期望，从而安于本土生存创业，不再远走他乡。例如，吉布提自贸区内的一些本地高层管理人员在接受访谈时表示，如果没有中资企业在吉布提的投资，他们会在完成学业后留在西方工作。

对于处于转型和迅速发展之中的非洲之角（甚至整个非洲大陆）而言，中国因素就像一个势能和动能都逐渐增强的撞击力，引发该地区的结构发生日益明显的深刻变化，具体影响的结果之一就是，越来越多本地区的人开始回流，而不是向传统的西方和阿拉伯世界流动，非洲之角的地缘政治经济重要性势必随之上升，这是非洲发展最好的结果——包容性地惠及众生理应是题中应有之义。

在传统的国家中心的视角中，多年的战乱和冲突令我们对非洲之角的形势沮丧不已；但是如果增加了人和社会这样的研究视角，我们很容易看到任何稳定、经济的增长，都可能成为逆转人口迁移趋势的动因。近年来各国政府的发展政策，让我们对该地区的发展趋势增加了乐观的研判，尽管人口移动和该地区的和平发展这一组正相关关系不可能一帆风顺，突然激化的政治矛盾和紧张冲突局势还会带来大规模难民形式的人口流动，埃塞俄比亚北部提格雷地区 2020 年 11 月以来的局势正说明了这一点。中国的介入能够促进经济发展，从而吸引更多移民回到本国本地区，也促进了国家之间人才的流动适应各自经济发展对人力资源的需求，这又何尝不是最大化实现非洲人民对于美好安宁生活的向往，以及对于传统的政治安全风险做出的建设性贡献呢？

南非职业教育发展与中南职业教育合作初探

姒　海*

摘要： 南非政府将改善教育作为解决贫困、不平等和青年失业这三大社会矛盾的关键措施之一，特别是通过增加高等教育和职业教育的入学机会来提升南非的整体教育水平。南非职业教育界与世界主要发达国家以及各国际组织的相关机构联系非常广泛，与国际职业教育的主流观念并不脱节，然而南非职业教育的发展并不顺利。虽然南非政府投入了庞大的资金，许多利益相关方也做出了努力，改善职业技能在南非也成为广泛的共识，但是职业教育尚未对劳动力缺乏技能的现象做出足够的改善，南非职业教育系统还有待改进。中国和南非的职业教育合作方兴未艾，正在成为中南两国人文交流合作的新亮点和新领域。如何开展相互合作、优化职业教育合作模式和配置资源，成为各界亟待共同探讨的重要课题。

关键词： 职业教育　南非　中国　青年就业　技能培训

引　言

南非政府将改善教育作为解决贫困、不平等和青年失业这三大社会矛盾的关键措施之一，特别是增加高等教育和职业教育的入学机会。研究表明，职业教育将大大改善劳动力市场的前景，因此增加职业教育的学生数量就显得尤为重要。南非政府意识到职业教育的重要性，制定并公布了一系列政策以推动其发展。

中国也在积极推动与非洲国家在职业教育领域的国际交流与合作，推

---

* 姒海，南非华侨，企业家，南部非洲上海工商联谊总会名誉会长。

动中国高级职业院校“走出去”。开展中南职业教育合作并进一步优化合作模式和资源配置，不但为驻南非中资企业和南非本地企业提供高质量技术人才，而且为“一带一路”框架下中非互惠互利、合作共赢地推进“中非命运共同体”建设提供强有力的人才和智力支撑。

一　南非职业教育的现状

职业技术教育和培训（Technical and Vocational Education and Training，TVET）在南非也被称为继续教育培训（Further Education Training，FET），南非政府意在通过这个系统促进教育和培训的融合，提高学生的劳动力技能和择业机会，从而满足就业市场的需求。南非职业教育系统以为公民提供从中级至高级的技能教育、引导南非人从学校教育过渡到追求以工作和发展为导向的终身学习，最终达到进一步促进个人、社区、社会和经济发展的国家目标。①

1. 南非新职业教育的兴起与发展

在种族隔离时期，南非的高等教育是基于种族分类的原则，教育机构的资源配置和资金投入都存在不公平的遗留问题。历史上的领导人仅仅关注各自相关族群的兴趣和利益，而不是所有南非人的共同需求。职业教育的课程即使有设置，也只是加剧长期存在的种族、性别不平等，更谈不上促进共同的公民身份认同。1994 年之后，新南非政府认为职业教育改革需要反映价值观和新民主社会的原则，并且满足所有南非公民都能够得到技术教育和职业培训机会。② “1994 年，种族教育成为历史，教育部门的变革和重建随即展开。”③《南非共和国宪法》（1996 年）第 29 条规定：“人

① Department of Higher Education and Training, “National Skills Development Plan 2030,” Government Gazette, No. 42290, 7 March 2019, p. 5, https://www.dhet.gov.za/Gazette/12 January 202018 THE 20NATIONAL 20SKILLS 20DEVELOPMENT 20PLAN 20（NSDP）. pdf, accessed 2020 - 11 - 20.

② National Planning Commission, “The National Development Plan: Vision for 2030,” 2012 - 08 - 15, Chapter 9: Improving Education, Training and Innovation, pp. 261 - 262, https://www.gov.za/sites/default/files/gcis_document/201409/ndp - 2030 - our - future - make - it - workr. pdf, accessed 2020 - 11 - 20.

③ 杨立华主编《南非》，社会科学文献出版社，2010，第 433 页。

人有权享有基本教育，包括成人基础教育，以及继续教育，国家必须通过合理措施来不断推动教育设施可及、人民能够享有（Everyone has the right to a basic education, including adult basic education; and to further education, which the state, through reasonable measures, must make progressively available and accessible）。”新南非职能部门在国家要求下制定了中期战略框架、国家工业政策框架和工业政策行动计划等一系列指导性文件。

2002 年，南非政府将国家和各省的职业教育与培训机构加以合并，在南非九个省组成了 50 个职业技术教育和培训学院（Technical and Vocational Education and Training College, TVET 学院），拥有 364 个校区。①同时还对 390 家私立职业技术教育和培训机构进行了注册登记。② 2009 年，政府将原属于教育和劳工部门的职业教育和培训职能合并归属到新成立的高等教育和培训部（Department of High Education and Training, DHET），以满足南非当下与未来的技能培训需求，高等教育和培训部评估并制定了《国家技能发展战略》［National Skill Development Strategy（NSDS）III, 2011 - 2016］。③

2012 年，南非国家规划委员会提交了《2030 国家发展规划》，旨在通过团结南非人民释放南非国民生产力，到 2030 年实现消除贫困、减少不平等的一系列目标，使南非到 2030 年达到发达国家水平。《2030 国家发展规划》提出的教育规划包括九条明确的相关要求，其中包括到 2030 年要实现 TVET 学院能容纳约 125 万名学生；通过社区教育培训学院提供 100 万个学习机会；学生就业率提高到 80%；每年培养三万名工匠等。④在教育和

---

① Department of Higher Education and Training, Republic of South Africa, https://www.dhet.gov.za/SitePages/Map.aspx, accessed 2020 - 09 - 09.

② Department of Higher Education and Training, Republic of South Africa, The List of Registered Private FET Colleges, 2014 - 03 - 04, https://www.dhet.gov.za/SitePages/Map.aspx, accessed 2020 - 09 - 09.

③ Department of Higher Education and Training, "National Skills Development Plan 2030," Government Gazette, No. 42290, 7 March 2019, p. 5, https://www.dhet.gov.za/Gazette/12 January 202018 THE 20NATIONAL 20SKILLS 20DEVELOPMENT 20PLAN 20（NSDP）. pdf, accessed 2020 - 11 - 20.

④ National Planning Commission, "The National Development Plan: Vision for 2030," 2012 - 08 - 15, Chapter 9: Improving Education, Training and Innovation, pp. 261 - 262, https://www.gov.za/sites/default/files/gcis_document/201409/ndp - 2030 - our - future - make - it - workr. pdf, accessed 2020 - 11 - 20.

培训质量上，《2030 国家发展规划》呼吁应提高教育质量，增强劳动人员的技能培训，使他们积极参与国家建设。围绕着《2030 国家发展规划》，南非高教部于 2019 年 3 月也颁布了《国家技能发展计划》（National Skill Development Plan，NSDP）。整个计划中，TVET 学院制度改革是重点。该发展计划的愿景是通过更快地发展经济，吸引更多投资并创造更多工作机会，从而提高全民的生活水平。①

职业技能培训是通过多个利益相关方的协调配合来开展的，这些利益相关方包括政府、商业组织、工会、选区团体和执行机构，所谓执行机构包括行业教育和培训局（Sector Education and Training Authority，SETA）、公共机构、雇主、贸易和专业机构、公共和私营培训机构、社区组织和非政府组织等。这种伙伴关系确保了职业教育的改革制度。

2. 南非职业教育的政府管理部门与相关立法

南非的公共教育系统分为三个大类：普通教育与培训（General Education and Training，GET），继续教育与培训（Further Education and Training，FET 或 TVET）和高等教育与培训（Higher Education and Training，HET）。它们包括各个年龄段（学前、小学、中学和高等教育）以及不同分类的学校，诸如公立普通学校、特殊学校、技术学院、师范学院和理工大学等。②

职业技能教育原属劳工部负责，其相关业务板块及其拓展后的业务被纳入了 2009 年成立的高等教育和培训部。高教部的主要职责是制定政策、规范和标准，也承担包括开发国家课程、人员发展、学生和课程管理、资金分配以及实施更新的政策。高教部直接管理全国 50 所 TVET 学院（分成 364 个校区），这些学院共开设了 15 个专业。高教部也要求私立 TVET 教育机构拥有必要的资源和基础设施，通过课程管理的方式提高教学质量。南非高教部还在每个省各建立了一所社区教育和培训学院（Community Education and Training College，CET），全国共设有九所这样的社区学院，这

---

① Department of Higher Education and Training, "National Skills Development Plan 2030," Government Gazette, No. 42290, 7 March 2019, p. 5, https://www.dhet.gov.za/Gazette/12 January 202018 THE 20NATIONAL 20SKILLS 20DEVELOPMENT 20PLAN 20 (NSDP).pdf, accessed 2020 - 11 - 20.

② UNESCO - UNEVOC International Centre for Technical and Vocational Education and Training, "World TVET Database South Africa," 2014, p. 8, https://unevoc.unesco.org/wtdb/worldtvetdatabase_zaf_en.pdf, accessed 2020 - 10 - 27.

些学院共包括3279个成人教育和培训中心。[①]从2001年至2016年，南非职业教育培训机构的在校学生人数基本呈逐年上升趋势（见表1）。[②]

表1　2001～2016年南非职教机构在校学生人数

单位：人

	2001	2002	2003	2004	2004	2006	2007	2008
私立职教机构								
社区职教学院								
（国家）职业技术教育和培训学院	356049	406144	406145	394027	377584	361186	320679	418053
	2009	2010	2011	2012	2013	2014	2015	2016
私立职教机构		46882	134446	115586	154631	79085	88203	168911
社区职教学院		297491	297634	315068	257823	275268	283602	273431
（国家）职业技术教育和培训学院	420475	358393	400273	657960	639618	702383	737880	705397

资料来源：南非高教部（DHET）。

南非政府还设立了国家技能基金（National Skills Fund，NSF），以支持从大学到职场的高级职业指导课程、重要技能培养和创新项目的研究。该基金着重为职业场所提供服务，包括专业学习、学徒项目、交流项目、实习项目、技能培训和工作经验分享等方面。[③]

行业教育和培训局（Sector Education and Training Authority，SETA）是南非的职业技能培训机构，也是《技能发展法》（Skills Development Act No. 97）的执行机构。该机构不仅提供有关技能教育和培训的可靠信息，还负责提升行业人员技能和国家资金的分配。SETA在全国共有21个分支，每个行业和职业都有SETA的分支；SETA负责在其管辖范围内管理和发展学员、实习、基于行业的技能培养和学徒制方面的工作。大公司和国有企业配合SETA的相关教育和培训计划以满足职业教育需求。高教部、

① Department of Higher Education and Training，“Community Education and Training,” https：//www. dhet. gov. za/SitePages/CommunityCollege. aspx，accessed 2020－11－13.

② Department of Higher Education and Training，“Technical and Vocational Education and Training Colleges,” https：//www. dhet. gov. za/SitePages/TVETColleges. aspx，accessed 2020－10－27.

③ National Skills Fund，“About Us,” https：//www. dhet. gov. za/NSF/，accessed 2020－10－27.

SETA、雇主、私立培训机构和公共 TVET 学院之间是合作关系，目标是满足全国各行业的需要。由于 SETA 得到了雇主和从业人员的支持，因此被认为是评定行业技能的权威。①

南非政府在建立、管理、评估和资助职业教育中起关键作用的是以下八个与职业教育相关的基础性法律法规（见表2）。②

表2　南非职业教育的八个基础性法律法规

序号	名称	通过年份
1	《南非国家资格认证法》 South African Qualifications Authority（SAQA）Act No. 58	1995
2	《南非国家教育政策法》 National Education Policy Act	1996
3	《高等教育法》 Higher Education Act No. 101	1997
4	《继续教育和培训法》 Further Education and Training Act No. 98	1998
5	《技能发展法》 Skills Development Act No. 97	1998
6	《普通和继续教育与培训质量保证法》 General and Further Education and Training Quality Assurance Act No. 58	2001
7	《继续教育和培训学院法》 Further Education and Training（FET）Colleges Act No. 16	2006
8	《国家资格框架》 National Qualifications Framework（NQF）Act No. 67	2008

3. 南非职业技术教育和培训（TVET）学院的运营方式

TVET 学院实行三方管理的结构，即理事会、学术委员会和学生代表会三方，各自都有强大的相关利益代表，例如，理事会由校长、执行理事

① Department of Higher Education and Training, "The New SETA Landscape," Government Gazette, 2019 - 07 - 22, p. 5, https://www.gov.za/sites/default/files/gcis_document/201907/42589gon1002.pdf, accessed 2020 - 10 - 27.

② UNESCO - UNEVOC International Centre for Technical and Vocational Education and Training, "World TVET Database South Africa," 2014, p. 8, https://unevoc.unesco.org/wtdb/worldtvetdatabase_zaf_en.pdf, accessed 2020 - 10 - 27.

会任命的五位外部人员、一名学术委员会成员、一名捐助者代表、一名学校讲师、一名后勤人员和两名学生代表共同组成。他们的主要职责是管理TVET学院的战略规划，并作为适当的咨询机构。TVET学院还与政府、行业组织、劳工和社区之间建立伙伴关系。除了这些伙伴关系，高教部还采用了国家资格框架下的职业资格认证机构，并与普通和继续教育质量管理机构与贸易和行业质量委员会（Quality Council for Trades and Occupations, QCTO）合作，以保持执行标准的连贯性。①

TVET学院提供的各种课程包括：工程（建筑，电气和机械）、信息通信技术（ICT）、电脑网络、酒店、餐饮服务、旅游业、理发、幼儿发展和管理（财务、人力资源、市场营销、行政管理）等。TVET学院提供的课程需要经过认证和独立评估，以确保它们符合质量要求和国际标准，以及国际标准化组织的认可。②

TVET教师必须遵守2008年颁布的《国家资格框架》（National Qualifications Framework , NQF）的要求。南非教育工作者委员会（South African Council for Educators, SACE）维护教师的从业利益。教学标准由高等教育委员会（Council of Higher Education, CHE）和高等教育质量委员会（Higher Education Quality Committee, HEQC）负责制定。关于教师的教学资格，职业教育的特定领域要求合格的教师结合实践和工作的综合知识、基础知识和现状知识学习和教授一般学科知识和规章制度知识。教师的最低资格是职业教育的学历证书（Diploma）和高级学历证书（Advanced Diploma）。专业资格可以包括职业教育高级证书（Advanced Certificate）、职业教育高级学历证书（Advanced Diploma）和职业教育研究生学历证书（Post - Graduate Diploma），还可能需要具有其他形式的资格，如学士学位或硕士学位等。③

---

① UNESCO - UNEVOC International Centre for Technical and Vocational Education and Training, "World TVET Database South Africa," 2014, p. 10, https: //unevoc. unesco. org/wtdb/worldtvetdatabase_zaf_en. pdf, accessed 2020 - 10 - 27.

② TVET Colleges Site, "Course Types," http: //www. tvetcolleges. co. za/Site_Courses. aspx, accessed 2020 - 9 - 9.

③ UNESCO - UNEVOC International Centre for Technical and Vocational Education and Training, "World TVET Database South Africa," 2014, p. 11, https: //unevoc. unesco. org/wtdb/worldtvetdatabase_zaf_en. pdf, accessed 2020 - 10 - 27.

4. **南非职业教育的《国家资格框架》**

《国家资格框架》将原先的三个资格框架整合为一个综合系统，共有十个级别的国家资格等级。南非提供两类资格证书，一类是国家职业证书，英文全称 National Certificate（Vocational），简写为 NCV，NCV 的第三级相当于中专或高中毕业。TVET 覆盖了《国家资格框架》的二、三和四级。学生在达到《国家资格框架》第四级以后，随着等级的增加（五至十级）有机会获得更高级的学历证书（Diploma）、高级学历证书（Advanced Diploma）或非专业学士学位（Non – Professional Bachelors）、学士学位、研究生文凭、硕士或博士学位。①

南非提供的另一类资格证书是国家高级证书（National Senior Certificate，NSC），相当于高中毕业，随后进入大学，按照学士学位、荣誉学士学位（Bachelor's Honour）、硕士和博士的阶梯发展。《国家资格框架》的考试程序由高教部管理和资助，省级教育部门负责监管考试。

南非资格认证局、普通和继续教育与培训质量保证委员会以及职业质量委员会是控制 TVET 质量的三大主要部门。资格认证局由教育和培训方面的相关机构组成，负责《国家资格框架》的标准确立和监督执行状况。在资格认证局之下，国家标准机构负责建议与制定资格和标准。《教育和培训质量保证条例》负责对教育和培训机构的认可。普通和继续教育与培训质量保证委员会负责认证国家职业证书、国家高级证书和职业高级证书等，同时评估职业教育机构的资格和教育计划，确保教育机构有能力提供职业教育服务。职业质量委员会主要负责在工作场所进行的教育和培训。②

5. **南非职业教育的资金解决方案**

南非职业教育有四种资金来源：国家拨付资金、国家学生资助基金、学生的学费和私人资金捐赠。这些资金保证 TVET 机构有效地实现国家目标，增强绩效，促进种族平等和助力贫困学生就学。根据国家资助继续教

---

① EduConnect，"NQF Levels Explained，" https：//educonnect. co. za/nqf – levels – whats – that – stuff – about/，accessed 2020 – 09 – 09.

② UNESCO – UNEVOC International Centre for Technical and Vocational Education and Training，"World TVET Database South Africa，" 2014，p. 11，https：//unevoc. unesco. org/wtdb/worldtvetdatabase_zaf_en. pdf，accessed 2020 – 10 – 27.

育和培训的规范和标准，TVET 学院目前的公共资助资金包括教学计划资助资金、专用资金和专用经常性资金。国家规定公共资助资金需要占TVET 学院总经费的 80%，但实际情况是，不同的 TVET 学院从高教部获得的资助差异很大，例如 2014 年，林波波省的获得资金占比仅为 52%（即实际需求的 80% 的 52%），在东开普省达到 79%（见表 3 和表 4）。①

除了政府资助的 80% 的费用外，学生需要支付剩余 20% 的学费。对于那些无力支付学费的学生，可以申请国家学生资助计划（National Student Financial Aid Scheme，NSFAS）的奖学金。② 国家学生资助计划由高教部负责拨款。虽然 NSFAS 的资金拨款持续大幅增加，从 2009 年的 3 亿兰特增加到 2013 年的 18.3 亿兰特，但是由于职业教育的大幅扩招，申请国家学生资助计划的学生数量激增，而自费学生的比例反而减少，使 TVET 学院更加依赖政府资金。③

表 3　2014 年南非各省职教机构获得政府支持资金占实际所需资金的百分比

TVET 学院	省份	获得资金占要求资金的百分比（%）
水牛城学院（Buffalo City） 东开普中部学院（EastCape Midlands）	东开普省	79
开普敦学院（Cape Town） 博兰学院（Boland） 南开普学院（South Cape）	西开普省	77
恩加拉学院（Nkangala）	普玛朗加省	73
弗拉维斯·马雷卡学院（Flavius Mareka）	自由州省	64
轨迹学院（Orbit）	西北省	62

① Department of Higher Education and Training, "Ministerial Committee on the Review of the Funding Frameworks of TVET Colleges and CET Colleges," Government Printer, South Africa, 2017, p. 182, https: //www. dhet. gov. za/TVET Conference/TVET/Proposed unding Frameworks for CET and TVET Colleges by Ministrial Committe. pdf, accessed 2020 – 10 – 27.

② NSFAS, "Apply for Financial Assistance from NSFAS," https: //www. nsfas. org. za/content/governance. html, accessed 2020 – 09 – 09.

③ Department of Higher Education and Training, "Ministerial Committee on the Review of the Funding Frameworks of TVET Colleges and CET Colleges," Government Printer, South Africa, 2017, p. 181, https: //www. dhet. gov. za/TVET Conference/TVET/Proposed unding Frameworks for CET and TVET Colleges by Ministrial Committe. pdf, accessed 2020 – 10 – 27.

续表

TVET 学院	省份	获得资金占要求资金的百分比（%）
伊赛易达学院（Esayidi） 乌姆肯杜乐夫学院（Umgungundlovu） 塞克维尼学院（Thekwini）	瓜祖鲁－纳塔尔省	58
乐帕拉里学院（Lepalale）	林波波省	52

资料来源：南非经济统计和高教部数据（2015）。

表 4　南非 TVET 学院 2012～2018 财政年度预算资金和财政实际拨付情况

单位：1000 兰特，%

	2012/2013	2013/2014	2014/2015	2015/2016	2016/2017	2017/2018
预算金额	5 988 990	5 989 000	8 569 656	10 218 558	11 580 733	12 885 164
高教部实际拨付	4 844 607	4 845 000	5 827 173	6 179 574	6 513 122	6 838 778
不足金额	－1 144 383	－1 144 000	－2 742 483	－4 038 984	－5 067 611	－6 046 386
缺额率	－19	－19	－32	－40	－44	－47

资料来源：南非资金框架部长委员会数据（2018）。

6. 1994 年以来南非职业教育总体发展情况

整体而言，南非的职业教育状况要远好于非洲其他国家，但是南非职业教育的发展并不顺利。《2030 国家发展规划》显示：尽管有数百万年轻人渴望学习，但没有足够的公共机构来提供职业教育的服务。现有的职业教育机构往往规模小且师资弱。大量私立教育机构（包括非政府组织）因为缺乏资金而运行困难，现有的国家法律系统虽然没有禁止私立教育机构的存在，但在国家教育资质的各种管理要求下，私立职业教育机构的生源日益枯竭，资金上得不到支持，发展非常困难。

经合组织（OECD）2017 年发表的相关评估报告认为，尽管南非政府注入了庞大的资金来发展职业教育，但国家职业教育机构面临的挑战很多，尚未对该国急需的改善劳工技能的局面做出明显的改观。① 南非

① National Planning Commission, "The National Development Plan: Vision for 2030," 2012－08－15, Chapter 9: Improving Education, Training and Innovation, p. 270, https://www.gov.za/sites/default/files/gcis_document/201409/ndp－2030－our－future－make－it－workr.pdf, accessed 2020－11－20.

TVET 学院除了教学完成率低之外，2015 年的追踪数据显示，只有大约 50% 的持国家职业证书（NCV）的毕业生受雇，而且通常是临时职位。当前的国家资金拨款机制有可能产生不合理的奖励措施，因为国家的资金拨款是以在校人数来计算并核发的，这就导致无论职校的教学状况如何，即使辍学率很高，只要职校继续招收更多的学生就能拿到更多的国家拨款。①

经合组织报告也指出，尽管南非政府和许多私营部门做出了努力，掌握职业技能的观点在南非也有很多共识，但解决技能失衡的问题仍然存在一些挑战。南非职业教育系统有待改进，特别是在学习基础知识（例如数学）和技术技能方面。就业者需要更多的培训选择，并且这类培训应与提高就业能力和职业发展相关。②

二　南非职业教育的发展瓶颈

南非政府对职业教育给予了一定的重视，专注发展高水平的技能和增加国家竞争所需的就业和创业人数。政府的目标是到 2030 年，每年有 225 万名年轻的南非人接受职业教育，但统计数据显示，2018 年 50 所公立的 TVET 学院仅有约 78 万名学生，这说明青年人职业教育人数的缺口仍然很大。③ 以下问题可能阻碍了南非职业教育的发展。

1. 职业教育的课程设置

为了抓住第四次工业革命的发展红利，南非政府积极推广和宣传 TVET 学院的普及，但是南非职业教育所使用的教科书已经过时，与世界的联系日益脱节。④ 这是对于南非职教问题比较准确的判断。

---

① DNA Economics, "A Performance and Expenditure Review: Technical and Vocational Education and Training," *DNA Economics 2015*, p. 31, https://www.gtac.gov.za/perdetail/10.2 Technical report.pdf, accessed 2020 - 10 - 27.

② Organization for Economic Co - operation and Development, "Getting Skills Right: South Africa," Paris, France: OECD Publishing, 2017, https://doi.org/10.1787/9789264278745 - en, accessed 2020 - 10 - 27.

③ Nicola Branson, "Promoting Technical Colleges," 2018 - 10 - 17, https://www.iol.co.za/capeargus/opinion/promoting - technical - colleges - 17244553, accessed 2020 - 10 - 27.

④ Kgopi Mabotja, "Move to Improve TVET Colleges," 2019 - 01 - 15, https://www.iol.co.za/saturday - star/move - to - improve - tvet - colleges - 18823558, accessed 2020 - 09 - 09.

南非高教部已经开始探索改进职业教育的课程设置，目标是希望实现职业教育的现代化。南非政府还计划引入专业化中心，旨在弥合职业技术教育和就业市场需求之间的鸿沟，尤其是在水管工、电工、机械工程师等领域，南非的劳动力人才稀缺。南非职业教育的另一个目标是在《国家资格框架》下，为缺乏进一步学习机会的年轻人提供国家职业证书或高级证书资格的课程教育[①]的机会。对 TVET 学院的课程改革，还需要关注可持续发展的战略，需要关注职业教育当前和未来的挑战，尤其是在课程设置和授课内容上，南非职业教育亟须外界支持。

2. 职业教育的观念问题

南非学生对于职业教育的学习并不积极，与大学相比，TVET 学院通常被视为二流机构。南非原高教部部长潘多尔女士（Naledi Pandor）这样描述："TVET 不再是南非教育界的灰姑娘，因为通过职业教育培训，你不仅可以成为一名雇员，更有机会变成雇主，为这个国家的经济做出贡献。"[②] 南非高教部已经制定了将 TVET 学院作为适龄青年首选的继续学习机构的推广计划，但加以推广尚需时日。

开普敦大学经济学院高级研究员布拉森先生（Nicola Branson）承担的南部非洲劳工发展研究课题（Southern Africa Labour – Development Research Unit，SALDRU）对于南非职业教育观念的发展具有启发性。他提出有许多因素共同阻碍了南非青年人接受职业教育的机会，其中学业成绩不佳（不重视数学成绩）、家庭收入偏低和父母教育水平不高是三个主要制约因素。该研究建议，应该针对一些关键群体来扩大生源范围，例如，对于具有学习能力的中等收入家庭的学生而言，虽然他们有资格在大学学习，但由于受到家庭经济条件的限制无法支付昂贵的大学学费，因此他们可以选择在 TVET 学院学习。另外，针对学习能力较弱的年轻人，职业教育可以使他

① Lesley – Anne Johanne，"An Alternative to Matric and Varsity：Your Study Options in SA Explained，the Vocational Pathway Explained，and How to Check for Reputable Qualifications，" 2018 – 07 – 27，https：//www. parent24. com/Learn/Tertiary – education/what – is – an – nqf – qualification – 20180607，accessed 2020 – 10 – 27.

② Kgopi Mabotja，"Move to Improve TVET Colleges，" 2019 – 01 – 15，https：//www. iol. co. za/saturday – star/move – to – improve – tvet – colleges – 18823558，accessed 2020 – 09 – 09.

们获得技能并因此在劳动力市场上立足。①

3. 职业教育的资金缺乏问题

为了实现 TVET 学院增加学生入学名额的目标，南非政府还需要解决资金缺额率高的挑战。根据南非高教部的报告，2015 年 TVET 学院的资金缺口为 30 亿兰特（1 兰特约可兑换 0.50 元人民币），但到 2016 年增加到了 47 亿兰特。这一金额还不包括国家学生资助计划的奖学金缺口。2015 年国家学生资助计划的资金缺口为 16 亿兰特，而到 2016 年就激增到 23 亿兰特②。2016 年至今，南非财政对于职业教育都没有新增的资金投入。

4. 职业教育的师资力量严重不足

2018 年，南非有 78 万名学生在全国 50 所 TVET 学院学习，师资严重不足，教师缺口约有一万名。根据《2030 国家发展规划》的愿景，未来 10 年内职教学生在校人数将达到 225 万，这意味着师资短缺问题将进一步恶化，届时会出现约两万名教师的缺口。纳尔逊·曼德拉大学教育学院执行院长莫恩（Muki Moeng）博士的研究表明，第一，南非目前的 TVET 学院约 50% 的教师专业不合格或没有教师资质；第二，在 50% 合格的教师中，只有 15% 的教师拥有职业技术教育与培训资格；第三，大约 55% 的 TVET 教师缺乏实操经验；第四，大约 45% 的教师教学经验不足，教龄不超过五年。当教师队伍从数量到质量都欠缺的时候，南非职业技术教育行业的发展也就无从谈起了。③

三　南非职业教育的国际合作状况

南非职业教育界与各主要发达国家以及各国际组织的联系非常广泛，

---

① Nicola Branson, "Changes in Education, Employment and Earnings in South Africa – A Cohort Analysis," August 2013, pp. 3 – 4, http://www.opensaldru.uct.ac.za/bitstream/handle/11090/621/2013_105.pdf?sequence=1, accessed 2020-09-09.

② Chairperson: Ms. Y. Phosa (ANC), "University and TVET Colleges Registration and Enrolments, Allocation of Funding: Department and NSFAS Briefings with Minister present Higher Education, Science and Technology," 2016-02-10, https://pmg.org.za/committee-meeting/21991/, accessed 2020-09-09.

③ Mail & Guardian, "TVET Gets a Much-Needed Boost," 2018-10-19, https://mg.co.za/article/2018-10-19-00-tvet-gets-a-much-needed-boost/, accessed 2020-09-09.

就其职业教育的国际合作状况而言，南非与澳大利亚、英国、日本、德国、美国、瑞士等国家的政府和相关国际组织都开展过职业教育的合作，积累了丰富的国际合作经验。

（一）南非与主要职业教育发达国家间的合作案例

澳大利亚在与南非合作的过程中，重点关注的领域之一是技能发展领域。南非澳大利亚职业教育和培训计划（South Africa Australia Vocational Education and Training Program）是澳大利亚援助南非的一个重要项目。该项目从2002年开始实施，为期三年，为南非学生提供了学徒计划。这个项目极大地满足了南非职业教育的需求，授课内容占南非职业教育课程总量的10%以上。值得一提的是，该项目协助南非建立了政策和监管框架，给政策制定者提供了与中小企业部门雇主接触的机会，也为失业的早期辍学者和其他年轻人提供就业机会。[①]

英国文化协会（The British Council）是英国一个从事文化关系和教育合作的国际组织。[②] 英国文化协会通过其“技能促进就业”计划（Skill For Employability Programme，SFE），在英国继续教育学院与南非TVET学院之间建立了国际技能合作伙伴关系（International Skills Partnerships，ISPs）。该协会还为英国和南非的职业教育领导者提供了交流机会，相互学习以达到高效地运营机构的目的。该项目名为领导力交流计划（Leadership Exchange Programme，LEP），是“技能促进就业”计划的一部分，旨在加强职校领导者的运营和管理能力。领导力交流计划由20名来自英国和南非的TVET学院负责人及高级管理人员组成。2014年在比勒陀利亚举行的南非英国教育论坛上正式启动该计划。[③] 课程设置包括可再生能源领域的新课程、非传统机械行业课程、院校衔接计划等。另外，该计划还对南非世界

---

① 2008年，在首届泛非职教和继续教育会议上，澳大利亚国际援助署非洲负责人珀西·斯坦利先生（Mr. Percy Stanley）就澳大利亚在非洲的发展援助的基本原则方面的讲话，参见Australian High Commission Pretoria，“Speech on First Pan African TVET & FET Conference，”2008，https：//southafrica. embassy. gov. au/pret/TVET. html，accessed 2020－09－09。

② British Council，“About Us，”https：//www. britishcouncil. org. za/about，accessed 2020－10－27.

③ British Council，“Leadership Exchange Programme（LEP）Launched in South Africa，”https：//www. britishcouncil. org. za/programmes/education/leadership－exchange－programme－launched－south－africa，accessed 2020－10－27.

技能基金会给予经费资助，让学生参加南非世界技能大赛，加强与雇主的联系。①

日本通过东京非洲发展国际会议展开对南非的职教合作。日本政府通过日本国际协力机构（Japan International Cooperation Agency，JICA）与南非高教部进行技工发展项目（The Artisans Development Project）的合作。该项目于2019年正式启动，旨在提高讲习班讲师和学生们的金属加工技能。项目还为学生提供了就业指导，使得学生们毕业后就可以立即上岗。日本驻南非大使在项目启动揭牌仪式上说："这是重要的一天，因为这是今年日本与南非之间的第一个合作项目。我们期待在第七届东京非洲发展国际会议（TICAD 7）、二十国集团（G20）会议和橄榄球世界杯（赛事）上展示我们合作的成果。"②

德国非常重视与南非的合作关系。两国之间的合作集中在四个优先领域：绿色经济（即能源和气候）、职业教育、公共行政能力和预防艾滋病。由于缺乏熟练的技术工人，南非的企业招工很难，与之形成鲜明对比的是青年失业率高。人才和劳动力市场需求的脱节是南非面临的严峻挑战。为了解决这个难题，德国与南非职业教育合作的重心是支持TVET学院的发展，建立了技能中心，以便为讲师提供更好的培训，同时与TVET学院和私营部门合作，使职业教育与就业市场的需求保持一致，并促进职业教育中的数字技能。③

德国与南非的职业教育合作政策由德国经济合作与发展部负责制定和实施。④德国与南非的职业教育合作项目较多而且具有典型性。自2018年

① British Council, "South Africa: Open to International Good Practice in Skills," https://www.britishcouncil.org/education/skills-employability/success-stories/south-africa-success-story, accessed 2020-10-27.

② "Japan Meets Artisan Skills Demand," 2019-04-11, https://www.jica.go.jp/southafrica/english/office/topics/190411.html, accessed 2020-10-27.

③ German Embassy Pretoria, "German Development Cooperation with South Africa," 2019-05-27, https://southafrica.diplo.de/sa-en/04_News/-/2220644, accessed 2020-10-27.

④ 德国其他部委也向南非提供官方发展援助。德国大使馆负责与南非政府联络，并与其他发展伙伴协调所有活动。金融合作由德国复兴开发银行（KFW Development Bank）实施，其他合作由德国国际合作机构（GIZ）具体实施。德国复兴信贷银行和德国国际合作机构（GIZ）在南非都设有当地办事处。私人部门的项目也得到了德国投资与发展基金会（DEG）的支持。参见GIZ网站，"Profile GIZ," https://www.giz.de/en/aboutgiz/profile.html, accessed 2020-10-27。

开始，德国商会（The German Chamber）赞助南非 TVET 学院讲师赴德国接受先进的汽车电子、维修和保养、故障查找和电子系统方面的培训。这种合作利用德国工程学的知识和专长，通过提高讲师的技能和更新课程来提升 TVET 学院的教学质量。德国商会为每位讲师在为期 4 周的培训期内，提供合计 97.5 万兰特的赞助。①双方的绿色能源技能发展计划二期（Skills Development for a Green Economy II，SD4GE II）在 2018 年至 2022 年开展实施，用以支持在南非朝着以就业为导向的双向培训方式的结构性转变。双向培训是通过国家职业教育机构和私营企业之间的协同合作，促进双方都认可并且相互合作的培训课程、实习机会和定向培养的职教机制。有 240 名电工和管道工学徒在 70 家培训公司及 5 家 TVET 学院接受了为期 3 年的双向职业培养计划。

绿色能源技能发展计划二期鼓励和倡导南非 TVET 学院和不同商会、组织和企业进行合作。南非 TVET 学院与南非德国工商会（South Africa - German Chamber of Commerce and Industry）签署了合作领域的谅解备忘录，与南非国家商业倡议组织（The National Business Initiative，NBI）在短期课程方面展开了合作，与德国的自动化控制技术公司（Steuerung Automation Regeltechnik，SAR）建立了长期发展伙伴关系。这些合作形式均以提升双向职业计划毕业生在高科技产业领域的就业率为目标。②

根据德国大使馆发表的官方消息，截至 2020 年 5 月，德国通过绿色经济发展技能项目（SD4GE）向南非提供了 2.42 亿兰特的资金，以支持该国的职业教育和培训。2020 年疫情期间，该项目特别重视培训机构能够使用在线教学，目前已经在全国范围内培训了 12000 名 TVET 讲师。③ 2020 年 9 月 1 日，德国驻南非大使馆在接受采访时宣布，德国复兴信贷银行与南非高教部签署了一项协议，将在伊库鲁兰尼市东区学院（Ekurhuleni East

① "TVET College Lecturers Receive Training in Germany," 2018 - 03 - 09, https://yiba.co.za/tvet - college - lecturers - receive - training - germany/, accessed 2020 - 10 - 27.

② GIZ, "Skills Development for a Green Economy II (SD4GE II)," https://www.giz.de/en/worldwide/35089.html, accessed 2020 - 10 - 27.

③ The Citizen, "German Embassy in SA Provides Support for Online Teaching Reaching 12,000 TVET Lecturers," 2020 - 05 - 19, https://citizen.co.za/news/south - africa/government/2287273/german - embassy - in - sa - provides - support - for - online - teaching - reaching - 12000 - tvet - lecturers/, accessed 2020 - 10 - 27.

College）建立第一个 TVET 讲师职技能发展中心。该中心将为南非 TVET 学院的讲师提供电气和机械工程领域的培训。这是德国和南非之间双边发展合作的一部分，并向南非高教部拨款 825 万欧元（1.36 亿兰特）。①

瑞士与南非也有相关合作交流，例如，2001 年成立的瑞士—南非合作倡议（Swiss - South African Cooperation Initiative，SSACI），是一项非营利性的公私合作伙伴关系，旨在加强南非的国家技能培训体系，从而为年轻的南非人打开通往技能就业的途径，被广泛认为是最成功的职业教育合作案例之一。瑞士—南非合作倡议的主要内容包括：向高教部（DHET）及其相关机构（例如 TVET 学院）以及行业教育与培训机构提供政策和计划、支持发起和管理技术与职业培训项目，将缺乏劳动技能的失业青年培养成为熟练的技术工人。瑞士—南非合作倡议的合作伙伴包括政府部门、TVET 学院、行业教育与培训机构、大学、私营企业和非政府组织。合作倡议的工作由瑞士和南非政府、基金会及私营部门公司资助。自 2001 年以来，该项目已投入了超过 1 亿兰特的资金用于技能开发，并为成千上万的学员提供了学徒、实习和实际工作经验。②

美国和南非尚无太多职业教育合作举措，主要专注其他方向的各种培训和能力建设项目。在 2020 年 9 月举行的南非—美国第 11 届年度双边论坛（Annual Bilateral Forum，ABF）上，双方强调了继续以往的双边合作方向，论坛回顾了双方在教育领域开展的重要合作，将美国与南非在基础教育和高等教育的合作视为优先事项，会议还肯定了非洲青年领导人倡议（Young African Leaders Initiative，YALI）的持续贡献和积极影响。③

由上述案例可见，近年来发达国家特别是欧洲国家对南非的职业教育有很大的扶助意愿。从各国参与南非职业教育的举措上看，一些国家是常规援助，德国、瑞士等国家在职业教育合作方面则做了很好的尝试。其合

① Engineering News，“Higher Education Dept. Partners with German Development Bank on TVET Lecturer Training，” 2020 - 09 - 01，https：//www. engineeringnews. co. za/article/higher - education - dept - partners - with - german - development - bank - on - tvet - lecturer - training - 2020 - 09 - 01/rep_id：4136，accessed 2020 - 10 - 27.

② SSACI，“Welcome to SSACI，” https：//www. ssaci. org. za/ About US，accessed 2020 - 10 - 27.

③ US Embassy Website，“A Strengthened Partnership for Post - COVID - 19 Economic Recovery，” U. S. Mission South Africa，2020 - 09 - 10，https：//za. usembassy. gov/a - strengthened - partnership - for - post - covid - 19 - economic - recovery/，accesed 2020 - 10 - 27.

作重点首先是对师资队伍的重点扶持，其次是对课程的精心挑选；他们通过本国在当地的投资企业和商协会推动青年就业，使职业教育能够学以致用、学有所用。

（二）南非和主要国际组织在职业教育领域的合作

南非一贯重视与各国际组织间在职业教育领域的合作。作为非洲大陆唯一具有工业化基础的国家，南非和联合国教科文组织的技术和职业教育与培训中心（UNESCO - UNEVOC）、欧盟（EU）、非盟（AU）、经合组织（OECD）、金砖国家等都有着广泛的交流与合作关系。

1. 重视在金砖国家合作机制下的 TVET 合作

金砖国家间职业教育合作越来越成为人文交流的重要组成部分。2018 年 7 月 10 日，第六届金砖国家教育部长会议在开普敦举行，此次会议回顾了金砖国家教育合作路线图，提出促进变革性教育的 14 条措施，并发表了《开普敦教育与培训宣言》。[①] 金砖国家间的职业教育合作也随后开展。

值得一提的是，该平台还有待继续探索如何推动多边合作，目前平台还主要以双边国家合作为主，除了中国与南非间的职业教育合作以外，其他金砖国家与南非的合作也日益密切。

以印度为例，印度驻南非高级专员堪布甲（Ruchira Kamboj）表示，“在南非的 150 家印度公司雇用了大约 2 万名当地人。同时，两国制定了强有力的计划，在印度培训南非青年，特别是 IT 领域的南非青年，他们回国后会在南非的就业市场中获得更多的就业机会。另外，印度每年向南非提供 100 多个全额奖学金名额”。[②] 2018 年 10 月，甘地曼德拉技工技能专业化中心在南非比勒陀利亚西部的南瓦南职业技术培训学院正式成立。该中心在电工、锅炉制造商、机械装配工和专业建筑行业四个领域进行培训。

---

① The 6th BRICS Education Ministers Meeting, “Cape Town Declaration on Education and Training,” 2018 - 07 - 10, https://www.dhet.gov.za/SiteAssets/Minister% 20Speech% 202018/FINAL% 20Declaration% 2010% 20July% 202018% 20Approved% 20By% 20MINISTERS.pdf, accessed 2020 - 09 - 09.

② SA News, “TVET Colleges Must Be Part of Skills Development,” 2019 - 10 - 09, https://www.sanews.gov.za/south - africa/tvet - colleges - must - be - part - skills - development, accessed 2020 - 10 - 27.

此外，俄罗斯和南非也开始了相关领域合作，在2019年10月举行的高级别俄非峰会和经济论坛上签署了一项关于TVET合作的政府间协议。①

2. 南非通过非盟机构与其他非洲国家的交流合作

作为非洲联盟主要成员，南非在促进与其他非洲国家职业教育发展方面做出了很大贡献。2019年6月“非洲发展新伙伴关系”（NEPAD）计划在南非约翰内斯堡举行了技能和就业领导力对话活动，重点讨论了南非TVET学院系统如何促进就业并培养非洲青年的创业能力；非洲领导人在对话期间还达成共识，有必要制定本土化的解决方案和合理政策来应对非洲的失业挑战。与会各国官员纷纷倡议，将非洲技能资金筹措机制扩展到55个会员国，共同创造有利于非洲青年和妇女的就业机会和技能培训，并强调切实有效的TVET政策对于实现非洲利益最大化具有不可估量的价值。②

3. 联合国教科文组织的技术和职业教育与培训中心的重要指导作用

联合国教科文组织的技术和职业教育与培训中心（UNESCO－UNEVOC）长期支持会员国加强和升级各自的TVET系统。技术和职业教育与培训中心由联合国教科文组织的国际中心协调，由各个会员国TVET系统中的培训中心组成，它们是为TVET的国际和区域合作提供服务和平台的联络点。该技术和职业教育与培训中心由各国部委、国家机构、培训提供者和研究机构四种类型的中心组成。③

自1999年以来，南非德班理工大学（Durban University of Technology，DUT）是该培训中心的核心成员。德班理工大学是一家多校区高校，在德班和中部地区的六个学院中设置了47个学术课程（全日制和非全日制）。它为学生提供了一个充满活力的多元文化学习环境，并在高等教育、技术

---

① South Africa Government Website，“President Cyril Ramaphosa Departs South Africa for Russia for Russia－Africa Summit，”2019－10－22，https：//www.gov.za/speeches/president－cyril－ramaphosa－departs－south－africa－russia－russia－africa－summit－22－oct－2019－0000，accessed 2020－10－27.

② AUDA－NEPAD，“Unleashing the Potential of TVET in Africa，”2019－07－03，https：//www.nepad.org/news/unleashing－potential－of－tvet－africa，accessed 2020－10－27.

③ UNESCO－UNEVOC，“About Us，”https：//unevoc.unesco.org/home/fwd2UNESCO－UNEVOC＋－＋Who＋We＋Are，accessed 2020－10－27.

培训和研究等方面进行了创新。①

2015 年，南非联合教育服务基金会（Joint Education Trust Education Services）成为该培训中心的一员。该基金会是由南非企业界、主要政党、工会和企业代表等合作伙伴于 1992 年成立，得到了 14 家南非大型上市公司提供的 5 亿兰特②的资金捐助。工商界深知他们未来的成功将取决于受过良好教育的管理人员和熟练的劳动力以及与政府的关系。③ 该基金会通过与政府、私营部门、国际发展机构和教育机构合作，通过教育发展计划支持南非年轻人的就业和创新，从而改善教育质量、提升劳动技能并解决失业问题。

4. 南非与经合组织间广泛和密切的合作

南非是经合组织在非洲各项活动的积极推动者，获得了经合组织的专业知识和优惠政策的支持。南非是六个经合组织机构和项目的成员之一，也是 15 个参与国之一，它也加入了 19 个经合组织的协议。南非被纳入了几乎所有经合组织的科研项目，参与了以国家为单位的纵向课题的数据收集工作，同时也参与了多个以企业为主导的横向课题。南非官员还经常与来自经合组织国家和经合组织秘书处的专家举行会议，共同讨论分析并商定重要议题。最新的合作项目是 2018 年 6 月经合组织与南非联合制定的一项旨在促进更强劲和更具包容性的增长计划。该计划侧重发展中小企业，促进贸易和投资以及提高南非劳动力的技能。④

各种职业教育的国际合作关系表明，南非职业教育和西方主导的主流职业教育观念和实践的交流与合作很多，但是多大程度上受益于此还有待更多时间展开。

四　中南职业教育合作的发展近况

中国和南非在 1998 年建交后，尤其是自 2000 年中非合作论坛成立以

---

① UNESCO－UNEVOC, “Durban University of Technology (DUT),” https://unevoc.unesco.org/home/Explore+the+UNEVOC+Network/lang=en/centre=500, accessed 2020－10－27.

② 按 1992 年汇率折算相当于 10 亿元人民币。

③ JET Education Services, “The JET Story,” https://www.jet.org.za/about－jet/history, accessed 2020－10－27.

④ OCED Website, “South Africa and the OECD,” https://www.oecd.org/southafrica/south－africa－and－oecd.htm, accessed 2020－09－09.

来，两国教育部门的互动和交流逐渐频繁，双边职业教育合作方兴未艾，正在成为中南两国人文交流合作的新亮点和新领域。

1. **双边高层的合作意愿明确，合作动能充沛**

中南职业教育合作是在中南两国领导人支持和关注下不断推进的。2015 年 12 月，在南非召开的中非合作论坛峰会上，中国国家主席习近平特别指出要实施中非“十大合作计划”，其中就列举了教育合作的重要性。2017 年 4 月 24 日，首次中南高级别人文交流机制开始启动。2018 年 7 月 10 日，第六届金砖国家教育部长会议上签署了《开普敦教育与培训宣言》。[①] 2018 年 9 月，南非总统西里尔·拉马福萨在对中国的国事访问期间，中南双方签署了包括对一些 TVET 学院进行翻新在内的多项协议。[②] 2018 年 9 月，中非合作论坛北京峰会暨第七届部长级会议在北京召开，习近平主席宣布中国将同非洲共同实施“八大行动”，确定了未来 3 年和今后一段时间中非重点实施的合作方向。[③]

2. **双方积极搭建合作平台，对合作前景充满期待**

在中南职业教育合作的过程中，双边参与机构往来逐渐密切，认同度和信任度都在逐步升高。在中国南非两国建立高级别人文交流的机制下，教育部中外人文交流中心与南非高教部所属工业和制造业培训署于 2018 年 1 月联合成立了“中国—南非职业教育合作联盟”，该联盟包括中南双方 58 家单位。[④]该联盟及相关工作已被纳入中国与南非高级别人文交流机制中的教育成果，同时也被纳入中非合作论坛北京峰会教育领域后续落实任务清单，承担着合作培养中南和中非技术技能人才的重要任务。2019 年 11 月，中国—南非高级别人文交流机制合作项目和中国—南非职业教育合作

---

① The 6th BRICS Education Ministers Meeting, “Cape Town Declaration on Education and Training,” 2018 - 07 - 10, https://www.dhet.gov.za/SiteAssets/Minister%20Speech%202018/FINAL%20Declaration%2010%20July%202018%20Approved%20By%20MINISTERS.pdf, accessed 2020 - 09 - 09.

② SA News, “South Africa, China Lift Ties to a New Level,” 2018 - 09 - 03, https://www.sanews.gov.za/south-africa/south-africa-china-lift-ties-new-level, accessed 2020 - 10 - 27.

③ 《中非合作论坛—北京行动计划（2019 - 2021 年）》，中国外交部官网，2018 年 9 月 5 日，https://www.fmprc.gov.cn/web/ziliao_674904/tytj_674911/zcwj_674915/t1592067.shtml，最后访问日期：2020 年 10 月 27 日。

④ 《成员单位名单》，中非（南）职业教育合作联盟官网，http://csatveca.ccit.js.cn/cydw/nfcydw.htm，最后访问日期：2020 年 10 月 27 日。

联盟年会成功举办，28 家单位新增为联盟成员。①

平台交流和相互访问也逐渐成为中南职业教育合作的一大亮点。2018 年 8 月 31 日至 9 月 8 日，来自非洲、中国和世界银行的 TVET 教育专家参加了由中国世界银行伙伴基金（CWPF）资助的第二届世界银行中非职业教育伙伴论坛。2018 年 8 月 31 日，由北京大学中国教育财政科学研究所与世界银行全球教育实践局共同举办的职业教育合作研讨会在北京大学举行。② 2019 年，多个中国教育部国际合作与交流司、高职院校代表团访问了南非、坦桑尼亚和肯尼亚等国。2019 年 7 月 12 日，中非职业教育国际学术交流研讨会在乌干达首都坎帕拉举行。③ 2019 年 8 月 23 日，由广东海上丝绸之路论坛和中国教育部中外人文交流中心主办，北京大学和广东轻工职业技术学院承办的"中南人文交流智库论坛"在广州召开，论坛围绕中非青年、人力资源现状、科技创新与青年成长、职业培训合作等议题组织了圆桌讨论。

在中南职业教育合作中，南非迫切希望提高职业教育成效，促进青年人的就业和创业，中国职业教育院校则有更多"走出去"和"国际化"的意愿，中南双边职业教育院校各自的目标是否能在今后合作的过程中相互契合，还有待合作成果的检验。

3. **双方不断探索合作模式，积极开发合作项目**

中南职业教育合作的发展趋势向好。就南非学生赴中国学习方面，由南非高教部建筑培训署与中方共同资助合作首创的赴华"学习 + 实训"留学生培训项目始于 2017 年，已学成回国 158 人。2018 年赴中国留学生 650 名，2019 年派往中国的留学生增至 2000 名，由此可见，南非派往中国的留学生数量呈逐年上升趋势。④

---

① 《重庆工业职业技术学院入选中国 - 南非职业教育合作联盟理事单位》，重庆工业职业技术学院，2020 年 1 月 6 日，http://www.cq.xinhuanet.com/2020-01/06/c_1125426399.htm，最后访问日期：2020 年 10 月 27 日。

② 《第二届世界银行中非职业教育合作研讨会在北京大学举行》，中国教育财政科学研究所，2018 年 9 月 3 日，http://news.pku.edu.cn/xwzh/2018-09/03/content_304126.htm，最后访问日期：2020 年 10 月 27 日。

③ 《中非职业教育国际学术交流研讨会在乌干达举行》，新华社，2019 年 7 月 6 日，http://www.gov.cn/xinwen/2019-07/06/content_5406819.htm，最后访问日期：2020 年 10 月 27 日。

④ 《放飞理想，圆梦中国——南非赴华职业技能留学生行前培训纪要》，人民网，2019 年 3 月 5 日，http://world.people.com.cn/n1/2019/0306/c1002-30959558.html，最后访问日期：2020 年 10 月 27 日。

在设立“鲁班工坊”项目方面，2019 年 12 月 11 日，由常州信息职业技术学院牵头建设的南非“鲁班工坊”在南非工业制造业中心艾库鲁莱尼市西艾库鲁莱尼职业技术学院成立。该“鲁班工坊”集多功能用途于一体，它既是南非高等教育与培训部职教培训示范中心，又是艾库鲁莱尼市政府工匠人才培训基地，还是南非中国经贸协会员工培训中心和华为 ICT 学院，聚焦智能制造和 ICT 领域。该工坊也致力于创新“政行校企”联动的工坊建设模式，积极探索“政府主导、行业主领、学校研发、企业主动”的合作新模式，充分发挥“技术 + 人文”的人才培养模式，结合“线上 + 线下”的课程教学模式，建设教学标准，努力打造中非职业合作教育品牌。①

2019 年 12 月 16 日，天津职业大学南非“鲁班工坊”揭牌仪式在德班理工大学举行。该项目以天津“国家现代职业教育改革创新示范区”的整体建设成果为支撑，以国际化专业教学标准为依据，以工程实践创新项目为教学模式，以中国职业技能大赛优秀赛项装备为主要载体，建设有物联网应用技术、增材制造技术两个专业实训室。物联网应用技术包括物联网专业开发及课程设计等六部分内容。增材制造技术专业包括数据采集和创新设计能力等四部分内容，是结合德班理工大学人才培养要求，针对南非的教育特点和现有条件进行定制化和体系化设计，同时综合考虑当地产业需求和人才发展。②

南非职校学生赴华“学习 + 实训”的培训项目初见成效，但这样的培训模式是否可持续发展，特别是 2020 年新冠肺炎疫情给南非经济造成重创，疫情后南非职校学生赴华项目是否继续执行有待观察。计划在南非开设“鲁班工坊”的中国职业院校还有多家，从正在策划到已经成立的“鲁班工坊”项目来看，实质性的课程开发和校际合作能否成功，不仅考验中方师资能力，也考验中方职业院校的国际开拓实力。

4. 双方积极推进职业教育合作，促进南非青年就业的可持续发展机制

2019 年 4 月 8 日，驻南非中资企业招聘会在约翰内斯堡伊库鲁兰尼市

---

① 《常州信息职业技术学院南非“鲁班工坊”揭牌》，中新网江苏，2019 年 12 月 14 日，http://www.js.chinanews.com/news/2019/1214/192526.html，最后访问日期：2020 年 10 月 27 日。

② 《南非鲁班工坊成功揭牌运行》，中国日报网，2019 年 12 月 19 日，http://ex.chinadaily.com.cn/exchange/partners/82/rss/channel/cn/columns/j3u3t6/stories/WS5dfb0ed1a31099ab995f2746.html，最后访问日期：2020 年 10 月 27 日。

东部职业技术学院博克斯堡校区举行。海信、中国联通、中国国航等约40家驻南非的中资公司参加招聘会，并提供200多个就业岗位，约1000名赴华留学和培训归来的南非学子以及当地各大职业技术培训学院的学生前来应聘。①

2019年12月10日，第二届中资企业招聘会暨中南经贸成果展在南非约翰内斯堡举行。有56家中国企业参加招聘会，提供了178个就业岗位。②该招聘会为在南非的中资企业和当地青年搭建了双向选择和面对面洽谈的机会。两次招聘会直接让南非学子对接中国企业，解决了以往留学生归国后就业难的问题，中资企业有计划把此类招聘活动常态化。

以国有企业为主体的中资企业在南非投融资迄今已超过250亿美元，在中国大使馆经商处登记的中资企业也已经超过了220家。③ 但是，国有中资企业的许多项目是属于金融类或项目管理类，参与实体经济发展（例如劳动密集型产业）的企业数量不多，雇用当地员工人数也并不多，所以中国民营企业更可能成为雇用职业教育毕业学生的主力。尽管如此，无论是国有企业还是民营企业，中资企业在解决南非就业和促进该国职业教育发展上都将扮演越来越重要的角色。

五　中南职业教育合作面临的挑战

虽然中南职业教育双方都表达了良好的合作愿望，合作进程正在稳步推进，但是在实践发展过程中，中南职业教育合作还面临诸多挑战。

1. 中南之间对职业教育合作的认识有一定落差

中南职业教育合作是一种援助关系，还是一种职业教育产业输出的模式？这个问题一直受到双方政界、业界和学界的广泛关注。教育合作是中南两国人文交流领域最重要、最活跃的领域之一，两国在职业教育及技能

---

① 《驻南非中资企业为当地学生举办招聘会》，新华网，2019年4月9日，http://www.xinhuanet.com/2019-04/09/c_1124343719.htm，最后访问日期：2020年10月27日。

② 《第二届中资企业就业招聘会在南非约堡市举行》，中新社，2019年12月12日，https://www.imsilkroad.com/news/p/395424.html，最后访问日期：2020年10月27日。

③ 该数据来自作者对中国驻南非大使馆经商处工作人员的访谈记录。

型人才培养领域的合作潜力是巨大的。中国企业走出去要与职业教育合作密切结合，推动两国职业教育为企业提供更强的人才支撑。两国要通过职业教育合作，互学互鉴，为企业到对方国家投资提供更好的人力资本服务。①

南非各界迫切希望加快实现工业化和现代化，以此来解决就业问题、实现温饱和达到民生健康。然而，实现这些目标的最大瓶颈是基础设施落后、人才不足和资金短缺。发展职业教育可以在很大程度上解决人才不足的问题，逐步满足就业市场的需求，从而促进经济的发展。虽然中国与南非在职业教育方面的合作有很大发展空间，但是南非在职业教育上存在投入不足、资金缺乏、适龄青年入学率低、教学质量低和技能教育与就业相关性低等问题，严重影响中国与南非在职业教育方面合作的效果。②

2. 职业教育在课程与产业融合、培养技能型人才方面有待进一步实践

"一带一路"倡议带动了基础设施、贸易、投资等产业的快速发展，职业教育合作应该着眼于中非合作的新领域、新需求和新方向，加强课程与新兴产业融合，开设南非国家发展亟须的专业与课程。③ 因此，要建设行业特色比较鲜明的合作项目必须紧跟产业发展步伐，主动对接产业、依托产业，切实加强以专业为核心的内涵建设。

为了加强专业课程设计，南非职业教育部门一是要结合产业需求，紧紧围绕产业链来设置专业课程，优化专业结构和专业课程设置；二是要根据行业、企业和职业岗位的特点，以龙头专业和示范专业为引领，打造特色专业示范课程；三是要根据行业、企业和职业岗位分工的发展趋势，推进专业细分和课程细化。④

---

① 黄丽娟：《中国—南非职业教育合作·技术技能人才培养磋商会在常州召开》，常州信息职业技术学院，中国职业技术教育网，2018 年 1 月 31 日，http：//www. zjchina. org/platform/service/zxnews/shtml/201801/13183. shtml，最后访问日期：2020 年 10 月 27 日。

② 贾秀东：《正确义利观推动中非合作走深走实》，中国国际问题研究院网站，2018 年 9 月 10 日，http：//www. ciis. org. cn/yjcg/sspl/202007/t20200710_742. html，最后访问日期：2020 年 10 月 27 日。

③ 薛欣欣：《完善高校课程设置是深化中非高等教育合作的应有之义》，《"一带一路"背景下，中非高等教育合作如何深入?》，2018 年 11 月 15 日，https：//www. sohu. com/a/27548609 3_387110，最后访问日期：2020 年 10 月 27 日。

④ 朱厚望：《对接产业，产教融合，深化合作，打造职业教育升级版》，在世界职教院校联盟 2014 世界大会"中德研讨会"的发言，2014 年 10 月 25 日，https：//www. chinaeducationexpo. com/wfcp/chinese/congress/ppt/China – Germany% 20Seminar – 06 （Zhu% 20Houwang）. pdf，最后访问日期：2020 年 10 月 27 日。

除了加强专业课程设置以外，语言障碍也是一个不容忽视的问题。中方职业院校在挑选既有资质又有语言沟通能力的教师上或多或少都遇到了困难。语言障碍这个看似平常的问题成为中南职业教育合作过程中一个重大瓶颈。这个问题可以借助在南非生活的华侨华人知识分子和技术人员的力量得到解决。这些华人华侨不但熟知当地的语言，还接受过高等教育或者专业技能培训。他们可能是跨国公司和国际组织的雇员，也可能是完成援非经济合作项目后留在非洲的专业技术人员，还有一些是辞职后来到非洲的技术工人。①如果调动他们的积极性，对促进课程与产业融合、培养行业技能型人才方面都可能是一个智力资源。

3. 中南职业教育合作对于促进南非青年就业和创业提出了新要求

实现南非《2030 国家发展规划》对当地技术技能型人才提出了更为迫切的要求，在南非投资和发展的中资企业应当主动参与技术技能人才培养，与南非职业院校合作共同制定人才培养标准，促进职业教育教学模式改革。这也是中资企业履行社会责任和积极回馈当地社会的重要举措。

为了提升南非青年的就业机会和创业热情，南非政府应该重视中小企业的发展。国际劳工组织的研究表明，中国 60% 的 GDP 是由中小企业创造的，而且这些中小型企业为中国创造了 70% 的就业岗位。② 相比之下，南非的中小企业的就业人数约占就业总量的 47%，对国内生产总值的贡献率仅略高于 20%，③这些数据充分表明了南非的中小企业还有很大发展潜力，只有促进中小企业的发展才可以带动职业教育的发展。因此，推动中南职业教育合作，对实现将劳动技能和商业经验转移给南非青年的合作目标至关重要。

另外，南非的 30 万华人华侨是协助中南职业教育合作走进非洲、直接参与到非洲经济建设与社会发展的重要力量。近年来，华人华侨和当地的

① 李安山：《国际政治话语中的中国移民：以非洲为例》，《西亚非洲》2016 年第 1 期，第 89 页。

② International Labour Organization, "2017 Sustainable Enterprises and Jobs: Formal Enterprises and Decent Work," pp. 43 – 44, https://www.ilo.org/wcmsp5/groups/public/---dgreports/---dcomm/---publ/documents/publication/wcms_579893.pdf, accessed 2020-09-09.

③ Engineering News, "SME Sector 'Critical' to Growing South Africa's Economy," 2019-04-11, https://www.engineeringnews.co.za/article/sme-sector-critical-to-growing-south-africas-economy-pityana-2019-04-11, accessed 2020-10-27.

民营企业越来越多地参与到中南交流的活动中，参与形式也不限于慈善捐款，而是更加注重将企业社会责任定位在非洲发展的长期需求方面，协助在非中资企业快速实现了国际化和本土化。①因此，在推动非洲青年的职业教育、就业和创业方面，华人华侨商协会和当地民营企业可以发挥更加积极的作用。

4. “一带一路”倡议下需要与职业教育合作相关的政策设计

随着“一带一路”倡议的开展，中南双边合作范畴逐步落实，出台相关的顶层设计政策势在必行。中南合作应探索和建立起适应职业教育走进非洲的保障体系。第一，需要由国家教育行政部门根据国家的外交外事规划和行业及企业发展情况，对职业教育走出去进行顶层规划。第二，经费是支持职业教育走出去的关键，可以利用多方融资渠道为职业教育走出去提供经费保障。第三，应当营造支持职业教育走出去的氛围，特别是要加强在南非的中资企业、民间社团、国内优秀职业院校等各界的重视。第四，对长期在非洲任教的教师应有相应的待遇政策，对职业教育走出去应设立专门研究团队，设置专门课题予以研究。②

结　语

“一带一路”建设正让越来越多的中国企业走出去，职业教育也应该跟上步伐，通过政府、院校、企业和民间等多方联动，使非洲青年的技能素质与就业前景相契合，真正推动非洲各行业的发展。纵观各国对职业教育的重视程度，发达经济体的发展都离不开大批高技能人才。中南职业教育合作目前还处于起步阶段，作为社会经济发展和转型的引擎，中南职业教育合作前景广阔。南非积累了丰富的国际合作经验，中国方面应该寻求与南非各利益相关方的合作，有望通过职业教育的合作助力中国和南非快速合作并实现长远的共同利益。

---

① 刘海方：《中国对非洲民间外交》，吴建民、于洪君主编《中国民间外交发展报告》，中央编译出版社，2016，第 114 ~ 157 页。

② 丁跃华：《加快职业教育“走出去”步伐，支撑国家“一带一路”战略》，中国教育和科研计算机网，2015 年 8 月 17 日，http：//www. edu. cn/zhong_guo_jiao_yu/zhi_ye/zhi_jiao_news/201508/t20150817_1303841. shtml，最后访问日期：2020 年 11 月 21 日。

中非命运共同体背景下中国高校对非合作的策略选择、现实挑战与应对路径

任新红　任　军*

摘要： 中非命运共同体背景下的中非关系发展为中国高校对非合作提供了发展机遇。本文以简·奈特对高等教育国际化研究的视角，对我国高校国际化中的对非合作进行了分析。高校依托各自优势，开展了国际学生教育、学生交流、学术交流、科研合作、高校之间的合作、校企之间的合作、援外培训、定制培训等多形式的活动。然而目前，国际范围内对非教育合作对我国高校形成了激烈竞争，非洲国家的政治和社会环境问题也影响了我国高校对非合作的积极性。同时，高校在自身发展中如何定位对非合作也成为现实考量。未来，我国高校应当抓住中非关系发展的良好机遇，通过提升国际学生教育和管理质量，提升国际学生培养水平，同时应当提升学校自身整体的办学水平。在这一过程中，应聚焦长远发展而非个别单独项目，将对非合作融入学校的发展规划中，促进师生对多元文化的理解，同时，应通过多种途径开展跨境教育，输出我国优质高等教育资源。最后，还要重视加强与其他高校、企业的合作，关注非洲本土的实际需求和战略规划。

关键词： 中非合作　命运共同体　高等教育

引　言

2013 年 3 月，习近平主席在出访非洲时提出中非“命运共同体”概

* 任新红，西南交通大学国际合作与交流处处长，国际教育学院院长；任军，西南交通大学国际合作与交流处综合与合作推进办公室主任。

念，2018 年 9 月，中非合作论坛北京峰会圆桌会议通过《关于构建更加紧密的中非命运共同体的北京宣言》。在中非命运共同体背景下的中非合作关系为我国高校国际化中的对非合作提供了新契机。

对于我国高校而言，中非命运共同体首先意味着开展对非合作具有了良好的政治基础和政策环境。在这一基础之上，中非命运共同体丰富的内涵、明确的发展路径分别在“知”与“行”两个维度帮助我国高校开展对非合作。

在“知”的维度，高校应当在秉持“命运共同体”这一理念的前提下进行对非合作的顶层设计，并将这一理念贯穿于各类合作项目的始终，在合作中实现共赢发展。

在“行”的维度，国家层面对非合作的诸多领域、项目都为我国高校参与对非合作提供了现实机遇。

本文以西南交通大学近年来对非合作为主要案例，同时兼论其他高校对非合作的实践，试图分析我国高校对非合作的策略与困境，同时提出建议和实施路径。

一 简·奈特关于高等教育国际化的理论框架及高等教育国际化研究的启示

简·奈特在其《激流中的高等教育：国际化变革与发展》一书中提出了高等教育国际化的内涵、实施路径和愿景趋势等高等教育国际化的理论。在开篇就开宗明义，认为“国际化是影响和塑造高等教育并使其能够应对 21 世纪挑战的主要力量之一”，“高等教育国际化是一个不断发展的过程，逐渐成为全球化新现实甚至高等教育巨变时代推动者与回应者”。[①]简·奈特对高等教育国际化的主要理论贡献是其提出的高等教育国际化概念框架，将国际维度、跨文化维度和全球维度整合到国际化主要功能的过程之中，提出了从理念、方法、政策和策略四个角度的分析框架，同时将高等教育的功能和开展情况从院校和国家两个层面进行分析。

① 〔加〕简·奈特：《激流中的高等教育：国际化变革与发展》，刘东风、陈巧云译，北京大学出版社，2011，第 1 页。以下引用该书内容时只在正文注明页码。

总体上，简·奈特认为，高等教育国际化本身并非目的，而是在当今“相互关联和相互依存的世界”中“提高高等教育的质量及其关联性”（第1页），由此，她提出要对院系院校国际化计划与战略的质量和进展进行监控。在简·奈特的高等教育国际化理论中，对“高等教育国际化”“高等教育国际化策略”“跨境教育”等重要术语进行了厘清。这些对于中国高等教育国际化研究而言，都极具启发性。简·奈特在高等教育国际化研究中非常重视对动因的阐释。她认为，“动因是指一个国家、高等教育部门或院校对国际化进行投资的驱动力，反映在政策制定、项目开发和项目实施等各个层面，支配着人们期待国际化努力带来的利益或成效”（第30页）。动因之所以重要，是因为“如果国际化没有一套清晰的动因，没有一系列的目标和配套政策、计划、监测与评估系统的话，它就将是对数量巨大、情况驳杂的各种国际性机会的碎片式、临时性的简单回应”（第30页）。在分析传统意义上高等教育国际化动因的基础上，简·奈特从国家和院校两个层面提出了自己的理解。国家层面的动因包括“人力资源发展：智力”“战略联盟”“创收/商业贸易”“国家建设/院校建设”“社会/文化发展与相互理解”五个方面。院校层面的动因包括“国际形象与声誉”“质量提高/国际标准”“学生和教职员工的发展”“经济创收”“战略联盟”“研究与知识产品”六个方面（第31～34页）。在此基础上，简·奈特从两个层面提出了国际化的路径。在国家或部门层面，有五种不同类别的路径：“项目”“动因”“自组织”“政策”“战略”（第37页）；在院校层面，有六种不同类别的路径：“活动”“成果”“动因”“过程”“精神文化”“海外/跨境”（第38页）。简·奈特提出的国际化的“策略”是指“院校或提供者层面的学术活动和组织策略”，“暗含着计划性、策略性和整合性的路径”（第39页）。将目前我国高校高等教育国际化发展现状与简·奈特关于高等教育国际化有关内涵、重要术语、动因和路径、策略等的阐述进行对比发现，我国高校高等教育国际化实践与简·奈特的理论契合度高，因此，简·奈特的分析框架对当今我国高校对非合作依然具有很强的解释力，因此，本文在分析过程中，有效采用了简·奈特分析框架中的部分理论。

我国学者对于高等教育国际化问题的观察由来已久。总体来看，在20世纪末21世纪初，研究主要集中在较为宏观的问题探讨上。例如，陈学飞[①]在其综述性文章中梳理了高等教育国际化的历史渊源、具有代表性的高等教育国际化的含义、高等教育国际化的动力和策略，但并未将目光聚焦我国教育国际化的实践。王英杰、高益民提出高等教育的国际化是21世纪中国高等教育发展的重要课题，“在需要建立的符合新时代的高等教育观念当中，国际化的理念就成为中国高等教育未来发展的重要指导思想之一”。[②] 作者也提出对高等教育的国际化缺乏“较为稳定的共识和较为长期的视野”，[③] 还有许多理论问题需要探讨。这一问题的探讨本身有极强的前瞻性，但对理论问题如何把握缺少方向性。叶芃、沈红[④]从理念、规划、重点、载体、法规五个维度就中国高等教育国际化问题提出了对策，具有较强的可操作性，特别是提出的课程国际化和人员流动直至今天依然有极强的现实意义。对于加入世贸组织这一时代背景，学者也将此与中国高等教育国际化问题进行了关联。易峥英[⑤]认为，加入世贸组织从人才和科技两个方面对中国高等教育提出了迫切要求，因而将进一步推动中国高等教育国际化，并提出了培养国际复合型人才和吸引来华留学生两个方面的建议，但仅仅局限于学生培养则显得过于单一。刘经南、陈闻晋在人才培养方面提出了培养“有根”的世界公民是中国研究型大学在高等教育国际化进程中的定位这一论点，认为“血缘性、本土性、全球性”是有根的世界公民的基础，[⑥] 同时以武汉大学为例分析了该校培养有根的世界公民的实践。这一定位在当今是否依然成立值得探讨，但相关问题的关注对于我国参与全球治理依然有借鉴价值。

近年来，学者们对中国高等教育国际化的研究视角更加细化。例如，

---

① 陈学飞：《高等教育国际化——从历史到理论到策略》，《上海高教研究》1997年第11期，第59～63页。

② 王英杰、高益民：《高等教育的国际化——21世纪中国高等教育发展的重要课题》，《清华大学教育研究》2000年第2期，第13页。

③ 王英杰、高益民：《高等教育的国际化——21世纪中国高等教育发展的重要课题》，《清华大学教育研究》2000年第2期，第16页。

④ 叶芃、沈红：《中国高等教育国际化的发展对策》，《国家高级教育行政学院学报》2002年第2期，第55～58页。

⑤ 易峥英：《浅议“入世”与中国高等教育国际化》，《黑龙江高教研究》2000年第4期，第1～4页。

⑥ 刘经南、陈闻晋：《论培养“有根”的世界公民——中国研究型大学在高等教育国际化进程中的定位》，《中国高教研究》2008年第1期，第6页。

谈多娇①认为双语教学是中国高等教育国际化的战略选择，她分析了我国双语教学面临的困境，并提出了在高等教育国际化发展中的任务。作者的观察更微观更具体，有很强的针对性，但对双语教学发展的任务分析却并不十分明确。赵立莹、司晓宏②提出高等教育背景下跨境教育给质量保障带来的挑战、发展趋势以及我国高等教育质量保障的选择，但对中外合作办学这一重要的跨境教育形式着墨不多，未深入阐述，同时对境外办学形式的跨境教育质量保障也缺乏关注。余荔③将目光聚焦于海归教师能否促进高等教育国际化这一问题，对海归教师在科研国际化、教学国际化、国际学术交流三方面作了定量分析评估，然而分析中缺乏地域差异的对比，使得建议对策很难具有较强的可操作性。也有学者将目光投向国际校区，例如，尚琳琳④认为国际校区建设是我国高等教育在地国际化办学的新探索，但其对国际校区中存在的问题缺乏较系统深入的分析。宋永华⑤以浙江大学国际联合学院（海宁国际校区）建设的实践为案例，探讨高等教育国际化的中国实践，然而缺乏理论层面的探讨和总结。邱延峻等⑥通过对我国高等工程教育国际化发展进行了 SWOT 分析，提出路径选择，更加偏重于对实践的总结，缺乏理论层面的分析。对改革开放以来的高等教育国际化政策也是学界关注的一个焦点。例如，莫玉婉、刘宝存⑦分析了我国自改革开放以来的高等教育国际化的发展历史，并对今后的改革趋势提出

① 谈多娇：《双语教学：中国高等教育国际化的战略选择》，《教育研究》2012 年第 11 期，第 83～86 页。

② 赵立莹、司晓宏：《国际化背景下高等教育质量保障发展趋势及中国选择》，《高等教育研究》2015 年第 6 期，第 42～48 页。

③ 余荔：《海归教师是否促进了高等教育国际化——基于“2014 中国大学教师调查”的研究》，《高等教育研究》2018 年第 8 期，第 66～76 页。

④ 尚琳琳：《国际校区建设：我国高等教育在地国际化办学的新探索》，http://sscp.cssn.cn/xkpd/xszx/gn/202007/t20200730_5163397.html，最后访问日期：2020 年 11 月 5 日。

⑤ 宋永华：《高等教育国际化的中国实践——浙江大学国际联合学院（海宁国际校区）的建设》，《世界教育信息》2017 年第 24 期，第 9～10 页。

⑥ 邱延峻、许军华、蒲波：《我国高等工程教育国际化 SWOT 分析与战略路径选择》，《大学教育科学》2015 年第 1 期，第 98～102 页。

⑦ 莫玉婉、刘宝存：《我国高等教育国际化的发展历程与改革趋势》，《河北师范大学学报（教育科学版）》2020 年第 4 期，第 85～93 页。

了展望。金帷[①]聚焦政策层面的分析，对改革开放以来各时期我国在出国留学、来华留学、来华留学归国政策及海外人才引进、中外合作办学四方面的政策进行相关性分析，文章重在历时性梳理，但缺乏共时性对比，缺乏更宏观的分析视角。

围绕“一带一路”的高等教育国际化研究也进入了学者视野。例如，刘影、张优良[②]研究了“一带一路”倡议下我国高等教育国际化战略的转型及组织机构的变革，提出应当对接国家需求，根据高校自身特色与优势，寻求国际合作契合点，并发挥在全球教育治理体系中的主导作用。这些观察都是较为新颖的视角，但是应更加充分将战略转型和政策建议结合国家政策，在讨论院校层面的同时，也应关照国家层面。同时，也有学者试图在理论层面进行探讨。张梦琦、刘宝存[③]以“一带一路”建设的视角审视高等教育国际合作理论的困境，认为在“一带一路”建设背景下，原有的高等教育国际合作理论分析框架无法解决现有的问题，因此在四个维度提出了新的理论探索，从“多元平等、民主协商、理念弥合、互利互惠”四个方面超越传统高等教育国际合作的基础。作为一种新的理论探索，该理论具有一定的启发意义，然而能否具有更广泛意义上的解释力，还要更多的案例作为支撑。

本研究的价值在于将简·奈特的高等教育国际化理论与中国高等教育国际化的实践相结合，运用其解释框架分析中国高校对非合作这一问题，是对我国高等教育国际化研究视角的拓展与丰富。

二　我国高校对非合作的策略选择

从历时性的角度来看，新中国成立后我国高校对非合作经历了“从零散到系统、从缺乏明确目标到开展建设性合作、从‘收支偏差’到‘双向

---

① 金帷：《改革开放以来中国高等教育国际化政策的嬗变：基于数据与政策的联结》，《中国人民大学教育学刊》2012 年第 4 期，第 29 ~ 48 页。

② 刘影、张优良：《“一带一路”倡议与中国高等教育国际化的新图景》，《清华大学教育研究》2020 年第 4 期，第 81 ~ 87 页。

③ 张梦琦、刘宝存：《高等教育国际合作的理论困境与现实出路——推进“一带一路”建设的视角》，《国家教育行政学院学报》2019 年第 8 期，39 ~ 45 页。

互动’的发展历程”。[①] 从共时性的角度来看，当前我国高校对非合作主要有国际学生教育、学生交流、学术交流、科研合作、高校之间的合作、校企之间的合作、援外培训、定制培训等多种形式的活动。

简・奈特将高等教育国际化策略分为两个层面——国家层面和院校或提供者层面。在院校或提供者层面分为学术策略和组织策略，其中，学术策略包括“学术项目”“研究与学者合作”“外部关系：国内与跨境”“课外活动”，组织策略包括“管理”“运行”“服务”“人力资源”（第 39 ~ 40 页）。

（一）学术策略

1. 学术项目[②]

根据简・奈特对学术项目的分类，目前我国高校开展的学术项目中，“国际学生”“区域或专题研究”两类居多。其中，以“中非高校 20 + 20 合作计划”最具影响力。这一项目是政府间主导推动中非高校教育交流合作的直接成果，由中国选择本国 20 所高校与非洲的 20 所高校开展长期合作。这一项目自 2009 年提出以来，已成为中非高校之间合作的系统性品牌项目。从这一项目的设置与发展过程，我们看到我国高校对非合作过程中从政府主导型到高校自主型的转变。而作为政府推动下对非人文交流的重要平台，孔子学院也在转型发展。截至 2020 年，在非洲，45 个国家已建立了 62 所孔子学院，20 个国家建立了 48 个孔子课堂。2020 年孔子学院的运行模式也开始发生重大转变，其运营由中国国际中文教育基金会负责，而教育部新设立的中外语言交流合作中心则负责国际中文教育、中外语言交流合作方面的工作。

高校根据其自身优势与特色也在开展各类学术交流合作。以西南交通大学为例，早在 2012 年就与中铁二院联合开设了首批埃塞俄比亚

---

① 王玉珏、吴一诺、卢丽珠：《新时代中非高等教育合作的思考与展望》，《世界教育信息》2020 年第 9 期，第 31 页。

② 根据简・奈特的分类，“学术项目”包含：学生交流计划、外语学习、国际化课程、区域或专题研究、海外工作与学习、国际学生——教学/学习进程、国际学生——联合/双学位课程、跨文化培训、教职员工流动项目、访问讲座与访问学者、学术项目与其他策略之间的链接。

高层次铁路管理与技术人才硕士班；2016 年，道路与铁道工程专业成功申报了教育部首批“丝绸之路”硕士项目。北京交通大学 2016 ~ 2018 年招收肯尼亚学生 100 名，分三批到校参加铁路相关专业本科学习。① 在开展区域研究、专题研究方面，项目主要体现在相关智库的建设，例如，北京大学非洲研究中心、外交学院非洲研究中心、北京外国语大学非洲学院、国际关系学院非洲研究所、浙江师范大学非洲研究院等针对非洲研究的综合研究中心；同时也有聚焦行业的研究机构，例如，长安大学建设的中非交通战略研究院，旨在“推动我国与非洲在高速公路建设、科研、人才培养等交通领域的广泛合作与交流，实现中国和非洲在交通领域的优势互补”；② 中南大学与中国土木工程集团共建的非洲研究所，研究内容包括“中非基础设施合作、中非产能合作、中非能源资源开发、中非医疗合作”。③ 学生交流计划、教职工流动项目也是学术类别中的重要类型，以西安交通大学为例，与赞比亚大学开展合作，“为符合条件的优秀赞比亚大学学生或教师提供在西安交通大学攻读硕士或博士及短期培训机会，赞比亚大学为西安交通大学本科或硕博学生提供短期交流学习的机会”。④ 从这些开展的合作中，我们看到政府、高校、企业都参与其中，这也有利于形成中非合作的良性循环。

2. **研究与学者合作**⑤

这一策略主要聚焦国际学术交流和科研合作，在我国高校对非合作中主要体现为设立联合研究中心、开展国际学术会议等形式。例如，在科研

① 教育部：《北京交通大学“订单式”培养铁路建设人才服务“一带一路”设施联通》，http：//www. moe. gov. cn/jyb_xwfb/s6192/s133/s142/201904/t20190428_379816. html，最后访问日期：2020 年 9 月 9 日。

② 长安大学公路学院：《“中非交通战略研究所”揭牌仪式在我校隆重举行》，http：//highway. chd. edu. cn/info/1013/10538. htm，最后访问日期：2020 年 9 月 9 日。

③ 王李晋：《中南大学与中国土木工程集团签约共建非洲研究院》，http：//news. csu. edu. cn/info/1002/137546. htm，最后访问日期：2020 年 9 月 9 日。

④ 陕西省教育厅：《西安交通大学与赞比亚大学签署合作谅解备忘录》，http：//jyt. shaanxi. gov. cn/jynews/gdxx/202001/13/95729. html，最后访问日期：2020 年 9 月 9 日。

⑤ 根据简·奈特的分类，“研究与学者合作”包括：区域与主题中心、联合研究项目、国际会议与研讨会、合作发表文章与论文、国际研究协议、研究交流项目、学术与其他领域的国际研究合作伙伴。

合作方面，中国矿业大学和南非金山大学合作设立了“中非矿山空间地理信息国际合作联合实验室”，华南理工大学联合广东省农科院果树研究所、非洲香大蕉研究中心合作设立了“中非特色香蕉资源利用及深加工联合实验室”，南京农业大学与肯尼亚埃格顿大学合作设立了“中国－肯尼亚作物分子生物学‘一带一路’联合实验室”。在学术交流方面，上海交通大学与世界银行和中国科学院大学联合举办了“2017 中非高等教育与科技论坛”，北京大学与联合国教科文组织非洲部举办了北京论坛（2019）“中非大学科技创新与科技成果转化”专场论坛等，都是近年来推进中非学者之间交流的有益实践。

3. 外部关系：国内与跨境[①]

简·奈特认为，加强与外部的合作关系也是高等教育国际化的重要方面，外部合作关系分为“国内”与“跨境”两个方面。

在加强国内教育合作的外部关系方面，我国高校的主要模式是开展学校与学校之间的合作、学校与企业之间的合作，以及为非洲的合作伙伴提供定制培训。例如，西南交通大学和中南大学联合发起成立了“‘一带一路’铁路国际人才教育联盟”，由铁路相关高校、高等职业院校、企业组织等在平等自愿基础上自发结成。加强与企业的合作是高校对非合作中的重要策略。杜彦良院士认为，“随着‘交通强国’战略的纵深实施和海外工程业务的持续拓展，加快培养‘有品德、懂业务、通语言、会管理、善经营’，能够胜任海外工程项目全生命周期岗位需要的国际化人才，成为倡导‘海外优先’的中国工程企业和推动高等教育‘走出去’的中国大学共同的发展诉求”。[②] 这样的现实需求加快了对非合作中企业与高校的结合，一方面，高校发挥人才培养优势为企业培养所需人才；另一方面，高校借助企业平台实现“走出去”对非合作的目标。例如，西南交通大学已与中国铁路工程集团有限公司开办了 5 期“国际工程班”，与中国交通建

---

① 根据简·奈特的分类，“外部关系：国内与跨境”包括国内、跨境和分校三个方面。国内方面包括：与非政府组织团体或公共/私营部门结成的以社区为基础的伙伴关系，社区服务和跨文化项目，为国际合作伙伴与客户定制的教育与培训计划；跨境方面包括：国际发展援助项目，提供跨境教育项目（商业性与非商业性的）；分校包括：国际联系，伙伴关系与网络联系，以合同为基础的培训，科研项目与服务，海外校友项目。

② 西南交通大学新闻中心：《西南交通大学举行 2019 级国际工程班开班仪式》，https：//news. swjtu. edu. cn/Mobile/shownews－19356. shtml，最后访问日期：2020 年 2 月 10 日。

设集团有限公司开办了3期“国际工程班”，与中铁二院工程集团有限责任公司开办了3期“国际工程班”，与中国铁建股份有限公司开办了2期“国际工程班”，订单式为中国企业培养国际化工程人才，累计培养学生近500人。培养的学生中，目前有的已经担任刚果（金）卡莱米市政项目安全质检部副部长、刚果（金）布桑加水电站项目工程部副部长与测量队队长等。同样，长安大学也开展了相关实践，例如，与中国土木工程集团公司合作培养尼日利亚来华留学生，与中国路桥工程有限责任公司合作培养刚果（布）留学生。

在加强跨境教育合作的外部关系方面，承办国家部委的援外培训是我国高校开展的重要项目。在援外培训的案例方面，西南交通大学迄今为止已承办了33期国家国际发展合作署援外培训项目和科技部援外培训项目，共有包括以非洲国家为主的794名官员来校培训。研修班的主题包括铁路规划、设计、建设、运营等方面。参训学员包括南苏丹交通部部长、尼日利亚交通部规划司司长等一批高级别官员。北京交通大学联合山东职业学院、南京铁道职业技术学院、天津铁道职业技术学院实施了商务部援外培训项目“埃塞俄比亚铁路运营技术海外培训班”。此外，我国高校也在积极探索在非洲开展境外办学业务。例如，长安大学参与了中非交通大学建设，西南交通大学参与了埃塞俄比亚铁道学院的可行性研究、援肯尼亚铁路培训学院升级改造项目可行性研究、援坦桑尼亚交通大学可行性研究、乌干达铁路和公路技术学校可行性研究等项目。此外，根据非洲合作伙伴的需求，开展定制培训项目也是实现加强外部关系中跨境合作的一种方式。例如，西南交通大学与埃塞俄比亚科技部签署了合作协议，为埃塞俄比亚培养本地化铁路国际人才，埃塞俄比亚将连续五年公派不少于300名优秀大学生攻读土木、机械、电气、信息、管理等铁路核心专业本研学位。

（二）组织策略

简·奈特对高等教育国际化的组织策略分为“管理”“运行”“服务”“人力资源”四个方面。在“管理”方面，[①]“高层领导的明确承诺”是第

① 根据简·奈特的分类，“管理”方面包括：高层领导的明确承诺，全体教职工的积极参与，国际化动因与目标机构，使命与委托声明中的国际工作规划、日常管理与评估政策中的国际维度。

一个方面。在这方面，我国高校领导出席协议签署、大会发言这类仪式性场合就是最佳例证。例如，在中南大学与中国土木工程集团共建非洲研究院框架协议签约仪式上，校长田红旗就谈到，“此次签约有助于学校更深入地参与国家‘一带一路’倡议实施，为中非发展贡献智力、人才优势”。[①]在“运行”方面，[②] 建立“沟通、联络与协调系统”、建立“适切的组织机构”都是我国高校运行方面开展的工作。以西南交通大学为例，2018 年该校成立了“天佑铁道学院”。学院以“中国铁路之父”詹天佑先生命名，是学校组织实施“一带一路”铁路国际人才教育、研究和开发的综合性部门以及服务“一带一路”倡议的国际化人才培养基地。在学校内部，这一部门承担着协同校内相关部门和学院的功能，保证顺畅开展“一带一路”国内输出型铁路人才和沿线国本地化铁路人才的教育。

（三）小结

根据简·奈特关于国家、部门、院校三个层面的国际化政策与项目的分类，审视我国高校对非合作的策略可以发现，国家层面的“一带一路”倡议、中国铁路“走出去”等宏观政策以及部门层面（如商务部、教育部、科技部、国家国际发展合作署、国家铁路局等）的各类项目为我国高校开展对非合作提供了良好的政策环境和项目支撑。具体到院校层面，将对非合作与学校的人才培养、科学研究、社会服务相结合，学校充分依托自身的学科优势和人才优势，开展符合学校发展目标和实际情况的对非合作项目，促进了学校国际化事业和整体的发展。

对非洲而言，从整体性视角看，与我国高校开展合作，“拓宽了非洲接受多元文化的渠道，通过丰富合作主体与形式，使非洲能够在取舍权衡之中确保自身文化安全和文化自主”。[③] 具体而言，我国高校帮助非洲发展了其本土人力资源、人才资源，而教育、科研资源的输入帮助其促进了高

---

① 王李晋：《中南大学与中国土木工程集团签约共建非洲研究院》，http：//news. csu. edu. cn/info/1002/137546. htm，最后访问日期：2020 年 9 月 9 日。

② 根据简·奈特的分类，“运行”方面包括：整合进院校、院系部门一级的规划、预算和质量审查制度，适当的组织机构，沟通、联络与协调系统（正式与非正式的），集中和分散推进国际化的平衡，充足的财政支持与资源分配制度。

③ 王玉珏、吴一诺、卢丽珠：《新时代中非高等教育合作的思考与展望》，《世界教育信息》2020 年第 9 期，第 30 页。

等教育实现进步，继而对促进当地经济发展、社会进步具有现实意义。对我国高校而言，开展对非合作具有三方面的意义。就高校本身发展来看，对非合作是实现高等教育国际化和大学全球发展的重要方面。表层看，是丰富全球合作网络、扩大全球“朋友圈”的战略之举；深层看，是提升高校国际师生管理与服务水平的手段，有利于促进我国高校国际化能力建设。更为重要的是，通过对接我国和非洲国家的各类项目、加强与企业合作，能够整合、利用外部资源实现自身发展。对中国的国家发展而言，高校对非合作以高等教育之力服务我国与非洲友好关系发展，通过培养非洲本土化人才，在服务非洲经济社会发展的同时，也在服务我国企业在非洲的发展，并为未来培养对华友好人士。同时，向非洲提供中国教育方案，是我国参与全球教育治理的重要方面，形成的经验有利于完善我国进一步参与全球教育治理。然而，无论是哪种形式的合作，核心是人与人的交流。在这一意义上，我国高校对非合作促进了中非文化的交流互通与全球文化多样性共存，并以建设性的方式应对人类所面临的挑战。

三　我国高校对非合作面临的挑战

“高等教育处在一个变动不居、纷繁复杂的世界里，每个国家、教育系统、院校/办学者都面临着高等教育国际化的具体机遇与挑战。”（第 36 页）尽管我国高校在对非合作方面进行了积极有益的探索，取得了一定成效，但依然面临不少问题与挑战。

第一，在国际范围内，我国高校开展对非合作面临激烈的竞争。欧盟、美国、日本、印度等纷纷展开对非教育合作。例如，欧盟与非洲的紧密联系自殖民时期就已开始并延续至今，非盟成立后，欧盟援助非洲的合作在欧盟和非盟这两个联盟合作的框架下开展，提出了“两个联盟，一个视角”（2 UNIONS，1 VISION）的合作理念。美国的对非教育合作，“参与主体涉及大学、院系、教学人员、区域高等教育机构、区域研究中心、学术组织［如非洲研究协会（African Studies Association）］等”。[①] 合作内容

① 牛长松、殷敏：《美国与非洲高等教育合作述评》，《比较教育研究》2010 年第 11 期，第 16 页。

包括：教师与学生流动、教师培训、科研合作、远程教育合作、联合教学和共同开发课程、人力资源培训、图书馆建设和区域合作项目。[①] 在非洲实施的“高教卓越中心计划”第一期中，“欧美国家的机构在非洲高教卓越中心全球合作伙伴中占绝对多数（80 个），接近非洲地区合作伙伴数（86 个，其中不包括本国伙伴），而亚洲、拉美国家参与合作的机构数（共 8 个）微乎其微”。[②] 日本对非合作教育方面，自 20 世纪 90 年代开始，“除参与国际组织如 OECD 国家的联合行动外，开始着手谋划独立实施对非洲国家的援助计划，以进一步扩大其在非洲的影响力和话语权”。[③] 印度对非教育合作方面，“高等教育合作涵盖洲、区域组织、国家、大学四个层面”，[④] 并且在合作过程中“渐显非洲高等教育的印度化”[⑤] 这一特点。仅从宏观视角审视，可以发现，其他国家或国际组织在对非教育合作方面的优势在于系统性更强、各类机构和人员的参与度广、合作项目类型丰富、合作伙伴广泛，这些对于进一步丰富我国高校对非合作的机制和类型都极具借鉴价值。

第二，在非洲本土层面，政治和社会环境因素、对华态度成为影响我国高校开展对非合作的重要因素。一是非洲国家的政治和社会环境问题。提到与非洲国家开展合作，要考虑的第一因素必然是政治和社会环境。高校选派人员赴非洲工作，他们担心的首要问题也是当地政治和社会风险。“权力争斗、逢选必乱已成为非洲国家常见的政治现象，而且政党之争还可能诱发族群冲突、宗教对抗、外部干涉等问题，这直接威胁着非洲国家的安全和稳定。”[⑥] 同时“邻国之间的政治对立、资源争夺、领土争端等问

① 牛长松、殷敏：《美国与非洲高等教育合作述评》，《比较教育研究》2010 年第 11 期，第 17 页。

② 万秀兰、李佳宇：《非洲高等教育卓越中心建设及中国参与——以世界银行“非洲高等教育卓越中心计划”为例》，《比较教育研究》2019 第 4 期，第 7 页。

③ 楼世洲、刘秉栋：《日本对非洲教育援助框架“图景”分析——历届“东京非洲发展国际会议”透视》，《比较教育研究》2017 年第 5 期，第 61 ~ 62 页。

④ 田小红、程媛媛：《印度对非高等教育合作的路径、特点及对中非高等教育合作的启示》，《比较教育研究》2020 年第 1 期，第 108 页。

⑤ 田小红、程媛媛：《印度对非高等教育合作的路径、特点及对中非高等教育合作的启示》，《比较教育研究》2020 年第 1 期，第 109 页。

⑥ 武涛：《非洲国家发展的困境与出路述论》，《国际研究参考》2018 年第 11 期，第 23 页。

题容易诱发冲突"。[①] 二是非洲国家对华态度。国际主流民意调查机构2013年至2018年开展的涉非调查的研究显示，"非洲民众对中国的好感度较高，对中非合作的评价中积极的方面占主流，但是也存在一些对中国发展的误读，对中非合作的理解不够深入和全面"。[②] 基于此，在我国高校对非合作中，要全面综合考虑这些因素，借鉴我国"走出去"企业在有效防范风险方面形成的成熟经验。

第三，我国高校在对非合作中的资源平衡问题。当前，"双一流"建设成为我国高校的核心任务。在此背景下，在我国开展国际交流合作中，世界一流大学成为必然的选择，而非洲国家在这方面显然不具备优势。例如，"高等教育入学率低，教育成本不断攀升，教育不公平问题仍然存在，师生学习和生活环境较差，科研经费投入较少，低于非洲各国国内生产总值的0.5%"，[③] "研究生教育欠发达，高校科研创新贡献率十分有限，整个非洲大陆对全球知识的贡献率仅占约1%"。[④] "2015年，全球平均每百万人口中有研究人员1150人，东南亚和拉美及加勒比地区分别有222人和506人，北非地区有592人，而撒哈拉以南非洲地区仅有96人。"[⑤] 这些教育资源、人才资源和科研资源方面的不利条件在很大程度上削弱了我国高校对非合作的积极性。因此，高校在发展中特别是在"双一流"建设的背景下如何定位与非洲的合作，如何在人、财、物各方面进行资源投入是值得思考的问题。

四　新时期我国高校对非合作的路径反思

尽管在对非合作中面临一些问题与挑战，但非洲作为极具战略地位且

---

① 武涛：《非洲国家发展的困境与出路述论》，《国际研究参考》2018年第11期，第24页。

② 翟慧霞：《非洲民众对华认知与中国对非传播思考——基于2013～2018年国际涉非民意调查的分析》，《国际传播》2018年第5期，第66页。

③ 钱斌、万秀兰：《〈非洲大陆教育战略（2016－2025年）〉评析》，《世界教育信息》2018年第23期，第12页。

④ 钱斌、万秀兰：《〈非洲大陆教育战略（2016－2025年）〉评析》，《世界教育信息》2018年第23期，第12页。

⑤ 李佳宇：《撒哈拉以南非洲博士生教育：现状、问题及其对中国援助的启示》，《学位与研究生教育》2019年第10期，第61页。

潜力巨大的国际教育市场，值得我国高校在加快和扩大新时代教育对外开放事业中积极谋划推进。“国际化路径反映出或标志着行动主体的价值观、优先选择与行动模式。”（第36页）总体来说，我国高校可以从六个路径入手，寻找对非合作的现实出路。

一是在“活动”方面，① 应当持续推进提质增效，打造“来华留学”品牌，为国际学生提供高质量的教学、管理与服务。同时，积极稳妥推进境外办学，如推进设立海外分校。2019年中国高等教育学会编写了《高等学校境外办学指南（试行）（2019年版）》，为开展境外办学提供了指导依据。二是在“成果”方面，② 应当通过高质量的高等教育提升非洲留学生的整体水平，以更好地提升他们服务非洲经济社会发展的能力。三是在“动因”方面，③ 对非合作应当融入“双一流”建设等学校发展改革事业的进程中，并促进学校师生员工的发展。四是在“过程”方面，④ 对非合作不能只是简单地开展几个项目，而应总体考虑、长远规划、有的放矢，有效整合到教学、科研和社会服务之中。五是在“精神文化”方面，⑤ 促进与非洲的合作，增进师生对非洲各国文化的理解、中非文化差异的理解，增强校园文化的多元性。六是在“海外/跨境”方面，⑥ 应继续推进各种形式的跨境教育，特别是在后疫情时代，应当注重线上教育、远程教育的合作，超越空间隔阂。同时，推进中非交通大学等类似实体办学机构建设，输出中国优质教育资源。

除此之外，还应关注三个关键点。第一，高校在利用自身资源开辟非洲合作空间时，应加大和企业及其他高校的资源整合，形成强强联合、优

---

① 简·奈特将“活动”定义为：以活动方式界定国际化，如海外学习、课程与教育项目、国际学生、院校联系与网络、发展计划、分校等。

② 简·奈特将“成果”定义为：以诸种预期成果界定国际化，如学生素质、形象提升、更多的国际协议、合作伙伴和合作项目等。

③ 简·奈特将“动因”定义为：以动因界定国际化，如学术标准、经济创收、文化多元、学生与教职工发展等。

④ 简·奈特将“过程”定义为：国际化被视为一种过程。此过程将国际化维度整合进院校的三个主要职能——教学、科研与社会服务之中。

⑤ 简·奈特将“精神文化”定义为：国际化被阐释为一种校园文化或校园氛围，促进并支持校园内的国际化或跨文化理解，并聚焦于以校园为基地或外来文化本土化的项目活动。

⑥ 简·奈特将“海外/跨境”定义为：国际化被定义为通过多种传递方式（面对面、远距离、网络学习）与不同管理模式（特许、结对子、分校等）对教育进行跨境传输。

势互补的合作关系，抱团出海，只有这样才能打造优质项目，形成对非合作的持久生命力，提升中国高等教育在非洲和国际上的认可度和影响力。第二，加深对非洲多元文化的认识，加强对非洲社会发展的关注，研究当地需求，聚焦中非共同发展。在开展对非合作中，首先要从文化上加强对非洲的再认识。正如著名社会学家、人类学家费孝通先生所提出的，“各美其美，美人之美，美美与共，天下大同”。要从世界文化多元性的视角认识非洲历史、社会与文化，进而更好地挖掘非洲本地实际需求。在这一基础之上，密切关注非洲本土的发展战略，以此寻求切入点，更好地做到精准对接。例如，“2013 年，世界银行启动了‘非洲高等教育卓越中心计划’，先后资助非洲中西部和东南部 16 国分两批成立了 46 个高教卓越中心”,[①] 这些中心是“非洲提升高等教育能力、发挥辐射作用、振兴区域高等教育的重要手段和平台”。[②] 此外，非洲开发银行（AfDB）实施了“《非洲青年工作战略（2016 ~ 2025 年）》，致力于解决非洲 5000 万青年的就业，并支持青年创业行动”,[③] 非洲大学协会（AAU）“已将非盟《2063 年议程》和《非洲战略》纳入其新的《五年战略计划（2016 ~ 2020 年）》”。[④] 我国高校应当敏锐观察并挖掘其中蕴含的机遇，参与其中，在推动非洲国家发展的过程中实现自身办学能力的提升。第三，加强我国高校对非合作的评估与诊断。目前，对我国高校对非合作系统性的评价体系整体缺乏，对于高校对非合作中的实绩、实效，特别是非洲本土对各类合作项目的评价方面应加强系统性的评估与诊断。2020 年中共中央、国务院印发的《深化新时代教育评价改革总体方案》中提出改进高校国际交流合作评价。在这一政策的引导下，各校和相关智库应加强高校对非合作评价机制的研究，研究制定评价机制、体系，为政府制定相关政策规划提供依据、为高校开展各类合作提供指导。在这一过程中，应加强多学科合作。除了政治

① 万秀兰、李佳宇：《非洲高等教育卓越中心建设及中国参与——以世界银行“非洲高等教育卓越中心计划”为例》，《比较教育研究》2019 年第 4 期，第 3 ~ 4 页。

② 万秀兰、李佳宇：《非洲高等教育卓越中心建设及中国参与——以世界银行“非洲高等教育卓越中心计划”为例》，《比较教育研究》2019 年第 4 期，第 7 页。

③ 钱斌、万秀兰：《〈非洲大陆教育战略（2016 – 2025 年）〉评析》，《世界教育信息》2018 年第 23 期，第 15 页。

④ 钱斌、万秀兰：《〈非洲大陆教育战略（2016 – 2025 年）〉评析》，《世界教育信息》2018 年第 23 期，第 15 页。

学、教育学外，还应当将社会学、民族学纳入其中，利用田野调查、民族志等方法，丰富研究方法，形成更为科学的评价体系。

结　语

改革开放以来，“中非关系随着中国自身变革进程而加快向前推进，逐渐成为彰显中国与外部关系变化的一个特殊窗口”。[①]“21 世纪以来，非洲崛起已成趋势，中非合作论坛助推了这一趋势。”[②]在中非携手打造中非命运共同体的新型中非关系背景下，我国高校开展对非合作迎来前所未有的良好机遇期，投身对非合作更是高校服务国家发展大局的体现。尽管面临着问题与挑战，但只要找准定位，科学规划，定能探索出适合高校自身特点的路径。具体而言，一是学科特色型发展路径，根据高校类别，如综合类高校、工科类高校、农林类高校、医药类高校、财经类高校等各种不同类型，根据高校自身的优势学科，同时加强同类合作，形成同类高校之间的合作机制，例如，成立同类高校合作联盟等形式；二是需求型发展路径，围绕当地实际需求，以具体项目为核心，集成不同类型高校、企业乃至社会力量，优势互补，围绕某一领域的需求开展机制化的合作；三是项目型发展路径，形成长短期结合、来华项目与非洲本地项目相结合等灵活多样的合作模式。同时，加强对非合作的评价，诊断性地发现和解决问题，在深入研判非洲本土需求的基础上探索更多可行对策。

---

① 刘鸿武：《中非合作 40 年：观察中国与外部世界变化的特殊窗口》，《国际论坛》2009 年第 2 期，第 27 页。

② 李安山：《人类命运共同体视阈下中非产能合作：潜力、优势与风险》，《统一战线学研究》2018 年第 3 期，第 97 页。

C H I N A

文化碰撞与对话交流

中 国 非 洲 研 究 评 论

(2019)

A F R I C A

让吉布提建设得更像吉布提

——在对话交流中打造人类命运共同体

师曾志　李　堃*

摘要： 人类命运共同体与“一带一路”倡议中所蕴含的战略哲学思考为构建新型国际关系乃至全球化时代人类发展路径提供了思想的底色与行稳致远的方略。友好的政府间合作、频繁的经贸往来与多元的民间交往为中国与吉布提的双边合作奠定了基础，以中国企业在吉布提的发展为切入点，中非命运共同体的构建需要双方秉持共商、共建、共享的理念，在时空平衡中、在相互尊重和平等的基础上，通过技术赋能和动态性、过程性的对话交流建立情感连接并实现有机团结，最终推动人类命运共同体愿景的实现。

关键词： 对话交流　重新部落化　人类命运共同体　吉布提　中国企业

引　言

2017 年，中国共产党第十九次全国代表大会通过了《中国共产党章程（修正案）》，将坚持正确义利观、推动构建人类命运共同体、遵循共商共建共享原则、推进“一带一路”建设等内容写入党章，表明了中国对“一带一路”建设的重视以及开展“一带一路”国际合作的决心。习近平主席

* 师曾志，北京大学新闻与传播学院教授，北京大学公共传播与社会发展研究中心主任；李堃，北京大学新闻与传播学院博士研究生。

指出："我提出'一带一路'倡议，就是要实践人类命运共同体理念。"① 人类命运共同体是五千年中华文明的智慧结晶，小到百姓的生活，大到民族国家间的相处之道，中华文明一贯坚持尊重、平等、互惠、和平、认同的理念，在互信与互利中实现人类的共在与共生。

新中国成立后，中国与非洲多个国家始终保持密切的往来并结下了深厚的友谊。中国派遣援非医疗队至今已经延续了几十年，这成为中非交流中一道亮丽的风景，为当地人所赞扬，为民心相通奠定了基础，也为中国企业走出去、建立良好的政治商业外交以及民间社会关系提供了服务；除此之外，中国有大量的国企在非洲深耕多年，架起了"一带一路"倡议下中非合作和交流的桥梁；国内爱德基金会、中国扶贫基金会等公益组织也在非洲设立自己的办公室，通过公益项目增进中非双方沟通和理解。伴随新一轮产业革命的转移，非洲的战略地位日益凸显，与非洲各个国家建立起中长期的战略合作关系在当下显得更加重要。

在人类交往活动中，交流对话具有连续性，事物正是在矛盾冲突和周而反复中不断趋达。在国际合作与交往中，公平与正义、道德与良知、激情与信念等无法轻易地在不同的文化、语言、习俗中形成共识，达成友善与和平的过程既凸显了差异化存在彼此承认与协作的意义，也引发了另外的冲突矛盾，愈加需要持续的对话与沟通。人类发展趋向中蕴含着命运的召唤，而命运是决定事件趋向的能力，有着形态、态势之内涵，变化莫测对其而言不是偶然而是常态。人类把控自我情绪的能力、见识的深刻性、洞察力的穿透性以及行动的有效性都将成为命运的决定因素。本文正是在借鉴以往相关研究的基础上，以生命传播为视域，关注对话与交流对于推动国际传播以及打造人类命运共同体的重要意义。

一 研究缘起：中－吉命运共同体呼唤持续的交流与对话

地处非洲之角的吉布提，东南与索马里接壤，南、西与埃塞俄比亚毗连，西北与厄立特里亚为邻，北、东濒临亚丁湾，隔曼德海峡与也门相

① 李伟红等：《习近平出席中国共产党与世界政党高层对话会开幕式并发表主旨讲话》，《人民日报》2017 年 12 月 2 日，第 1 版。

望，是红海通往印度洋的门户。[①] 重要的地理位置决定了吉布提在地缘上的战略价值，在西方国家的角力下，吉布提曾长期作为法国殖民地和海外军事基地，直到 1977 年独立。在法国实施殖民统治期间，吉布提人被剥夺了一切政治权利，政府机关的所有公文使用的是绝大多数当地人看不懂的法文。殖民当局虽然同意当地人成立工会组织，但是规定不许进行民族主义宣传。

国家处于历史之中，是完全历史性的。[②] 不同国家在各自的形成和发展中生成了不同的历史脉络和社会机理，其中不仅包含区位、要素、自然环境、资源等的差异，也包含风俗、习惯、语言和文化等的差异，历史上被侵略和被压迫的经历以及新时期各个国家对该地区的高度关注，使吉布提在独立后坚持奉行“严格中立和不结盟”并“在平等、互相尊重和不干涉别国内政的基础上同世界各国进行合作”的政策，主张维护世界和平、稳定和安全，通过和平方式解决争端。[③]

2013 年，“一带一路”倡议提出后，吉布提是最早回应的非洲国家之一，近些年来中吉合作也成为“一带一路”国际合作的典范。2014 年，吉布提政府制定“2035 愿景”计划，希望在未来 20 年，通过发展交通、物流、金融、电信、旅游等行业，利用区位优势，将自身打造成地区性的航运港口与商业中心。频繁的政府往来和经贸合作使中吉两国联系不断加强，推动了两国互相支持和共同发展。然而，随着合作的不断深入，国家与国家之间的差异性也日益凸显，一些矛盾也逐渐显露出来，限制了中吉进一步双边合作的开展。这并不简单地由国家结构和社会制度所致，反而是由以个体意识为核心的看待人与事物的生命底色不同造成的，想要适当地理解和解决，我们必须审慎思考在历史上它们是怎样出现的，它们的意义怎样在漫长的时间中产生变化，以及为何它们能够掌握如此深刻的情感上的正当性。[④]

以往对于吉布提的研究主要关注其外交策略、军事价值和自由贸易区

---

① 顾章义、付吉军、周海泓编著《索马里 吉布提》，社会科学文献出版社，2006，第 254 页。

② 〔美〕本尼迪克特·安德森：《想象的共同体》，吴叡人译，上海人民出版社，2016，第 245 页。

③ 顾章义、付吉军、周海泓编著《索马里 吉布提》，社会科学文献出版社，2006，第 323 页。

④ 〔美〕本尼迪克特·安德森：《想象的共同体》，吴叡人译，上海人民出版社，2016，第 4 页。

等内容，对两国之间尤其是民间的交流对话反而关注不多。然而，当下的区域研究恰恰应该限制自我的偏好与判断，具备在事物的差异性中寻找相似性的能力。数智时代的到来、短视频等传播媒介的兴起与发展、个体在社交平台上的表达使中非交流从宏大叙事转向微小叙事，凸显出具体化、过程性的日常沟通的意义。如何通过持续不断的交流对话，共享尊重、平等、互惠与和平的理念，最终形成人类命运共同体，是当下必须要回应的问题。

二　中－吉对话交流的基础：长期的友好交往与合作

法国在占领吉布提期间便十分重视吉布提港的建设，在当地建立起煤炭供应站、供水系统和码头，但囿于年久失修和地主港的运营模式，吉布提港的设施旧、规模小、货运装卸运转周期长、运作管理方式粗放，不仅没有发挥独特的地理优势，反而限制了自身的发展。2013 年，吉布提政府决定升级改造老旧港口，随后招商局集团、中国土木工程集团有限公司等中国企业进入考察并承担相关设计和建设工作，推动当地政治、经济、文化等全方位立体发展。完善的基础设施建设、先进的设备和技术、高效的管理模式向吉布提和世界展示了中国速度和中国模式，这一方面是各个企业调动资源、共同合作的结果，另一方面也是中国在吉布提等非洲国家长期扎根的结果。

（一）政策沟通：平等的国际交往与合作

中国与非洲国家的合作和友好关系历史悠久且有着良好的发展基础，正如 2013 年 3 月 25 日习近平主席在坦桑尼亚尼雷尔国际会议中心的演讲中提出："中非关系不是一天就发展起来的，更不是什么人赐予的，而是我们双方风雨同舟、患难与共，一步一个脚印走出来的。"① 中国与非洲的直接交往开始于唐朝，当时中国对外交通发达，丝绸之路可通往多个非洲国家，至今仍能在史书中找到当时中非交流的记载。到了近代，共同的苦难经历又把二者紧密地联系在一起，彼此之间有着患难与共的感情，也因

① 《中坦发展互利共赢的全面合作伙伴关系》，《人民日报》2013 年 3 月 25 日，第 1 版。

此结下了深厚的友谊。新中国成立后，中国政府十分重视与非洲国家和地区建立长久的联系和合作，曾先后提出了“和平共处五项原则”和“求同存异”的方针，加强与非洲国家和地区之间的联系。20 世纪 50 年代后，非洲民族解放运动蓬勃发展，中国积极支持非洲国家民族独立，帮助其摆脱殖民统治。

中国与吉布提已建交40余年，共同的历史遭遇、共同的发展任务和共同的战略利益使双方在交往中始终平等相待、相互尊重和相互支持。中国始终秉持大小国家一律平等的原则，尊重吉布提主权和领土完整并向吉方提供力所能及的援助，吉布提也始终坚持“一个中国”的原则，积极参与中非命运共同体的建设，双方在政治互信、经贸往来的基础上建立战略伙伴关系，为共同构建新型国际关系和人类命运共同体而努力。

（二）贸易畅通：密切的经贸合作与往来

在全球化经济格局逐渐形成和全球价值链不断深化的局势下，非洲这片大陆是否能够更好地融入全球发展之中，对于其自身发展和人类命运共同体建设都至关重要。

吉布提独立之前，中国一些轻工业产品就已进入吉布提市场；20 世纪 80 年代，伴随改革开放和出国热潮，中国的一些国有企业和个体商户不断走进非洲，从事与商贸和建筑项目等相关的经济活动，中国土木工程集团有限公司、中国建筑工程总公司分别于 1982 年、1985 年在吉布提设立办事处，[①] 推动了中吉双边经贸关系的发展。自 1995 年以来，民营企业也获得了走出国门的机会，以华为为代表的民营企业带着资本、技术和员工进入非洲市场，在开拓海外市场的同时，也加强了中国与非洲大陆的联系。2013 年，习近平主席提出“一带一路”倡议，强调积极发展与沿线国家的经济合作伙伴关系，共同打造政治互信、经济融合、文化包容的利益共同体、命运共同体和责任共同体。随着“一带一路”倡议的提出，发展中国家尤其是非洲国家的战略重要性进一步提升，中国对非洲的援助、支持和投资不断增加，双方经贸合作越来越频繁和密切。

---

① 顾章义、付吉军、周海泓编著《索马里 吉布提》，社会科学文献出版社，2006，第 331 页。

（三）民心相通：多元的民间交流与互动

在全球化工业格局变化和产业转移的背景下，在“一带一路”和构建人类命运共同体的倡议下，中吉合作和交往呈现新的态势，也站在新的起点。在合作共赢理念的推动下，如何借助多元主体，尤其是民间力量深化双方合作，凸显出日常交流与传播的重要性。

中国与吉布提签有医疗、教育和文化合作协定。中国自 1981 年起便开始向吉布提派遣医疗队，至今四十年始终不曾间断。中国通过派遣医疗队、培训医护人员、发放药品等形式提升当地的卫生医疗水平，医疗队也长期扎根当地，与当地民众交往密切并结下了深厚的感情。根据教育合作协定，中国每年都会通过中国政府奖学金资助一定数量的吉布提留学生到中国学习。“一带一路”倡议提出后，由天津市人民政府、吉布提教育部、天津铁道职业技术学院、天津市第一商业学校、吉布提工商学校、中国土木工程集团有限公司共建“鲁班工坊”，通过将高标准教学区和实训基地结合的方式，弥补了吉布提高等职业教育的不足，也为亚吉铁路项目和当地经济发展提供了技术型人才。此外，中国还曾派长春市杂技团、铁道部艺术团等前往吉布提进行演出和文化交流，推进双方民间沟通和理解。

中国政府长期的、不间断的对外援助工作使吉布提当地人对中国企业和中国人的印象普遍较好。近些年，随着中国公益组织在非洲不断落地，越来越多的学者和学生开始关注和重视非洲研究，大规模的、频繁的民间接触和了解，提供了除官方外交外的另一种彼此认知和理解的可能性。

三 中－吉对话交流的前提：共商、共建、共享理念的秉承与践行

19 世纪初，哥伦比亚的自由主义者彼得罗·费敏·德·瓦加斯在其所拟的《平策蛮议》里写道，“欲扩张吾人之农业，必先使印第安人西班牙化。彼等之怠惰、愚昧以及对正常应付出之努力所持之漠然态度，令人思及彼等乃源于一堕落之种族，且距其源头愈远愈形退化……唯今之计，应使印第安人与白人通婚，宣告彼等已无进贡与其他义务，再发给私有土

地，使之驯至灭种”。[①] 相比使用枪炮和细菌来使印第安人灭绝的后来人，彼得罗选择通过“通婚”和“发给私有土地”等形式使印第安人灭种，但二者对于自身独特神圣性的强调和对人类可能的生活形式的无视和不屑却是相同的、自觉的、毫不自知的。

任何一个共同体的存在和发展都有其内在的联系和逻辑，不存在优劣好坏的绝对标准，宗教、语言、传统、风俗等文化特性仍是连接人类的重要纽带，强烈的民族认同和共同依存的意识，使不同的族群不仅没有失去基本的凝聚力，其精神遗产反而在全球化的推动下生发出新的需求和活力。“经济的全球化并不能代替或者磨灭掉种族、宗教和文化的全球化。倒不如说，正是由于多样化的文明才可能孕育出全球化的繁荣。”[②] 中国企业在进入东道国时，必然会接触当地的法律、制度、风俗、文化和习惯等，这不仅是政治制度和经济水平等的博弈，更是不同语言、情感、信仰的交锋，隐藏着更多的交流风险和不确定性，也更加凸显出基于尊重和认同的理解和共享的重要性。

“全球性的思维和地方性的行动”这一在20世纪60年代被提出的革命性口号，在当下仍然经得起考验，它是对当下人类联系交往日益密切却更彰显出自我选择的多元性和复杂性的这一境况的最好概括。“参差多样，对幸福来讲是命脉。”[③] 差异性和复杂性正是全球化的底层逻辑，不同的价值观念和宗教认同并没有随着世界性而消失，反而呈现出多样化的发展和繁荣，为世界经济的发展提供了新的活力。

以往中国在“走出去”的过程中更强调文化交流，随着对东道国的认知和理解不断深入，对民心相通重要性的认识不断加深，中国企业在东道国的经营和活动愈加体现出对当地的尊重和理解，在悬置自我判断的认同和尊重之上，在具体而微的交流和互动中，不断寻找当地的内在秩序和逻辑，寻求对基础价值的理解与共享，其中涉及语言、观念、思维模式、民族认同等多个层面。

---

① John Lynch, *The Spanish – American Revolutions 1808 – 1826*, W. W. Norton & Company, 1986, p. 260.

② 〔美〕乔尔·科特金：《全球族：新全球经济中的种族、宗教与文化认同》，王旭等译，社会科学文献出版社，2010，第89页。

③ 〔英〕罗素：西方哲学史（下卷），马元德译，商务印书馆，1976，第40页。

近些年，中国企业越来越重视当地员工的宗教信仰，遵守当地的劳动制度和法规，保障员工的权利，很多企业鼓励中国员工学习当地语言，使当地百姓能够切实感受到中国也在向他们学习，这增强了彼此的信任，也拉近了彼此的距离。中国企业在“走出去”之后，逐渐扎根于当地，受到政府和民众的信任，既与其调动全球资源，发挥自身优势，切实推动吉布提发展密切相关，也离不开其一直秉持的共商、共建、共享的发展理念。在人类命运共同体的指引下，中国企业在与吉布提的合作过程中始终坚持正确的义利观，建立互信、平等合作的伙伴关系。在以商业利益驱动双方合作的同时，中国企业也通过采用所有权和运营权分离等多种手段，保障吉布提的权利。中国企业不仅负责硬件设施建设，也负责输出技术、人才和管理经验，随着吉布提员工的比例不断提升，最终实现的是吉布提人对自身的本土化管理，这种平等的合作方式营造了平等对话的机制，增强了当地人对中国政府和企业的信任。

四　中－吉对话交流的赋权器：科技发展打造核心竞争力

从20世纪80年代起，中国企业进驻非洲国家已经有30余年的时间。早期的中国企业以劳务输出为主，以20世纪90年代为例，当时中国建筑队伍进入非洲，依靠大量低成本的建筑劳动力承担基础设施建设的工作，以成本优势参与国际竞争。随着中国自身技术、经验和效率的提升，中国企业的优势逐渐显现，自主承建项目逐年增加，中国方案、中国模式不断在非洲大陆落地，二者合作也逐渐由劳务输出、工程输出转向技术和标准共享，不断形成管理模式等全产业链要素的合作。

信息技术转型以及其背后的社会结构、社会权力和社会关系的转变使人类社会进入新的社会形态，技术标准越来越成为企业技术水平和自主创新能力的重要体现，标准化战略已成为提升企业核心竞争力的关键性要素。标准的输出不仅涉及企业在国际贸易中的话语权、规则制定权，还涉及设备、产品、技术、服务等全产业链要素的输出和落地。由于欧美制定行业标准的时间较久、体系完善，其标准已经成为世界通用的“语言”，以往中国企业在非洲承建项目时也采用欧美标准和设计。虽然中国企业提供了项目的资金、技术支持、材料、人员，承担了施工等工作，但由于技术标准限制，双方合作仍处于被动局面。

标准并不是冷冰冰的参数，产品才是标准真正的载体，中国企业不断在技术赋能的基础上，与吉布提共同探索提升技术标准自主权和效率的可能性路径。标准是一种游戏规则，通过在基础设施领域制定标准，中国将与吉布提共同重新确立一套秩序与规则。目前吉布提与埃塞俄比亚之间货物运输的数据通道还未建立起来，通关以人工监管为主，囿于工作时间、法律监管和随意性强等问题，通关效率不高，数据流的缺失更是使两国通关存在很多灰色地带。以招商局集团为代表的企业正在与吉布提政府合作，通过政府推动数据通道的建立，实现信息流和数据流同步，通过技术的发展和标准的建立冲破民族国家语言和文化的藩篱。

“一切技术手段都要起来防止未来的震荡”，[①] 与吉布提等非洲国家的合作愿景的达成要依托技术的发展。技术的发展赋予了个体获取信息、表达和行动的权利，在此基础上实现的是对整个社会关系、社会权力的解构与重构，以及对社会结构的颠覆。技术的发展也会使原来权威的、确定的观念、思想和战略成为一种遮蔽，让人在思维定式和刻板印象的误导下产生误判和迷思。吉布提的新一轮发展要乘上全球化市场格局变化的东风，必然要扭转传统工业发展中的管理规则和理念，将技术的发展纳入整体的人类发展框架构思中，以更大的视野和格局，通过网络技术、通信技术等数字技术的提前布局，主动融入世界发展的潮流中。

五　中－吉对话交流的愿景：推动人类命运共同体的构建

2011 年的《中国的和平发展》白皮书指出，“经济全球化成为影响国际关系的重要趋势。不同制度、不同类型、不同发展阶段的国家相互依存、利益交融，形成‘你中有我、我中有你’的命运共同体”。[②] 2013 年 3 月 23 日，习近平总书记在莫斯科国际关系学院的演讲中提出，“这个世界，各国相互联系、相互依存的程度空前加深，人类生活在同一个地球村里，生活在历史和现实交汇的同一个时空里，越来越成为你中有我、我中

① 〔美〕戴维·哈维：《后现代的状况——对文化变迁之缘起的探究》，周宪、许钧主编，阎嘉译，商务印书馆，2003，第 365 页。

② 国务院新闻办公室：《中国的和平发展》白皮书（全文），2011 年 9 月 6 日，http：//www.scio.gov.cn/tt/Document/1011394/1011394_1.htm，最后访问日期：2019 年 4 月 22 日。

有你的命运共同体”。[①] 2017 年 2 月 10 日，“构建人类命运共同体”的理念首次被写入联合国决议中，表明了国际社会对这一理念的认同。人类命运共同体既是有关人类社会的新理念，也是对人类共同利益和共同价值的再次寻求，更是解决当下全球性问题和治愈焦虑的智慧，其中蕴含着中国几千年的智慧，也恰好回应了当下复杂多变又彼此联系的国际关系。

（一）从“命运”到“命运共同体”

在古希腊，“命运”被认为是一种主宰一切的神秘力量，这种力量既外在于现实世界，也决定了现实世界；“命运引领顺从者，但拖拽不情愿的人”，[②] 一切看起来是偶然发生的事，都是必然的；杨布利柯提出，灵命指主宰和守护着人的一种抽象精神力量，它受神意支配，又支配凡人，灵命无论如何不可能突破命运，只能在命运限定的范围内左右具体事件。在中国古代哲学中也有很多关于“命运”的说法，中国传统的命运哲学是通过“天人合一”表达出来的，依据天、人及天人合一的不同可以将中国传统命运哲学分成十四种不同的流派。[③] 北宋吕蒙正曾在《命运赋》里指出，“人道我贵，非我之能也，此乃时也、运也、命也”。

“命运”在中国视域中既指先天所赋的本性，又指人生各阶段的穷通变化，“命”意味着与生俱来，但“运”则随着时空转换而有所不同。人类命运共同体指出人类走向共生与共在的定数，即必然性；但同时也指出其中可能存在的时空转化和穷通变化，即偶然性。这就要求国家、民族、企业、社会组织以及个人在相互依存的前提下，以共同利益为纽带，在为自身谋利益的同时也兼顾他人和合理关切，在谋求自身发展的同时，也促进他人的发展。

亚里士多德认为，人们对善的共同追求使人们获得了相应的利益，而国家本身是一个具有道德性的共同体，是“必要之善”，这是西方对共同体认识的起点。[④] 1887 年，德国社会学家滕尼斯在《共同体与社会》一书

① 《习近平：顺应时代前进潮流，促进世界和平发展》，《人民日报》2013 年 3 月 24 日。
② 〔德〕叔本华：《叔本华论说文集》，范进等译，商务印书馆，1999，第 195 页。
③ 魏义霞：《中国人的命运哲学》，黑龙江教育出版社，2010。
④ 龚群：《自由主义的自我观与社群主义的共同体观念》，《世界哲学》2007 年第 5 期，第 72 页。

中将共同体从社会的概念中分离出来，用以表示建立在自然情感一致基础上、紧密联系、排他的社会联系或共同生活方式，这种社会联系或共同生活的方式产生关系亲密、守望相助、富有人情味的生活共同体。在滕尼斯看来，“共同体”主要是以血缘、感情和伦理团结为纽带自然生长起来的，其基本形式包括亲属（血缘共同体）、邻里（地缘共同体）和友谊（精神共同体）。[①]

近年来，伴随现代信息和交通技术推动的全球化进程，人与人之间、群体与群体之间联系和交往的纽带已经不再受到传统的血缘和地域的局限，吉登斯提出了一种“脱域的共同体”概念。他认为，“现代性的一个特点是远距离发生的事件和行为不断影响我们的生活，这种影响正日益加剧。这就是我所说的脱域，即从生活形式内‘抽出’，通过时空重组，并重构其原来的情境”。[②] 这意味着“历史终结论”并没有兑现，全球化带来了另一种可能，宇宙普遍性和现世特殊性的并列意味着不同的区域共同体会以自身的形象呈现出来，最终实现的是共在与共生的人类命运共同体。

（二）基于利益共同体的人类命运共同体

关于“共同体”的争论仍没有定论，人们普遍认为，“共同体”之所以有别于社区、组织等其他社会结构，是因为“共同体”一定具有自己的共同目标，具有共同目标的一群人则可以被视为利益共同体，它是形成共同体的基础。人类命运共同体的发展和实现离不开共同的利益，它是命运共同体获得生命和生机的客观基础和强大动力，人类命运共同体下的利益共同体表明不同国家在合作时要扎根共同体各方利益，秉持共同利益观，以利益共谋、共享打造利益共同体。利益共同体的实现需要合作双方坚持合作共赢和互利互惠的理念，在此基础上消除合作疑虑，提升合作的积极性和主动性。

在全球化产业转移的背景下，通过利益共享推动中吉合作，为吉布提下一步的发展提供充足的孵化期和培育期，这对其未来的自主可持续发展

① 〔德〕费迪南·滕尼斯：《共同体与社会》，林荣远译，商务印书馆，1999，第 iii 页。

② 〔英〕安东尼·吉登斯：《现代性的后果》，田禾译，译林出版社，2011，第 18 页。

至关重要。中国企业在与吉布提合作的过程中始终秉持着诚实的态度，与当地“做生意”，而不是完全的无偿援助，支持非洲自己依靠自己进行建设和发展。中国企业也需要在保证国有资产保值或增值的前提下，在中非发展基金的支持下，在金融配套服务上，在投资控股、贸易结算、金融贷款、融资、投资、证券、债券、私人银行、运营管理、人才培养、技术培训、金融政策架构等方面与当地形成“你中有我、我中有你”的利益共同体。

中国企业在进入吉布提之初，都曾遭遇过打量和怀疑，这种怀疑既是当地政府和民众对企业能力的怀疑，也是对企业诚意的怀疑。“中国速度”“中国质量”在吉布提快速落地，为当地政府带来实实在在的收入，也在很大程度上扩大了当地的就业，推动了当地经济的跨越式发展。在对吉布提的投资和建设中，中国企业始终坚持以商业成功推动社会进步，这里的进步既包括中国的进步，也包括吉布提的进步，其中最重要的就是遵循商业投资逻辑和商业规则，为吉布提自身的持续发展创造条件，这种在利益和目标共享基础上的双边合作，才符合打造中非命运共同体的本质要求。

在各国相互依存、休戚与共的“地球村”时代，只有牢固树立命运共同体意识，才能实现互惠共赢。利益共同体不仅是指一时一地的短期利益，更是指长远利益，这是人类命运共同体的纽带和发展动力，是人类命运共同体形成的必要而非充分条件。人不是单一的经济动物，人类命运共同体的建设，是人类彼此认知、尊重、理解的过程，也是人类不断共担风险和责任的过程，在利益共同体的基础上，还需推动责任共同体和价值共同体的构建，在阿德勒形容的“共同体感觉”的基础上，在人类社会中建立起有效的情感连接、实现有机团结。

六　中－吉对话交流的实现：命运共同体中的有机团结

“经过三千年专业分工的爆炸性增长以后，经历了由于肢体的技术性延伸而日益加剧的专业化和异化以后，我们这个世界由于戏剧性的逆向变化而收缩变小了。由于电力使地球缩小，我们这个地球只不过是一个小小的村落。一切社会功能和政治功能都结合起来，以电的速度产生内爆，这就使人的责任意识大大提高。”① 在20世纪最著名也最受争议的预言家麦克卢汉看来，随着口语媒介、文字和电子技术的不断发展演进，人的感知能力经历了“完整—分裂—重新完整”的变化，与此相对应的人类社会也经历了“部落化—非部落化—重新部落化”的变化，“就我们这个星球所关注的而言，我们已经废除了空间和时间”。② 人类命运共同体正是在全球时空不断转换的基础上，在人们之间的联系愈加紧密的时代，对全体人类命运中的有机团结、共同责任，对和谐世界的共同追求的呼应。

中国企业想要与以吉布提为代表的“一带一路”共建国家共商、共赢，这一愿景的实现与相关国家的发展和命运密切相关。跨文化经营的利益分配由微妙细小的语境、情境中的矛盾与冲突左右。在时空动态平衡中的尊重与理解强调主体与对象的亲密交会与融合，一种主体全身心地潜于对象的情感体验，其间只有基于观察与领悟的生活体验的差异而没有隔阂，在此基础上打造真正的命运共同体，既分享共同的利益，也尊重不同的价值观。

（一）媒介大时代与叙事小时代

互联网技术的更迭和发展，使人们迅速进入万物皆媒的时代，连接一切、快速迭代成为这一时代的主要特征；伴随新媒介技术发展而来的还有平台社会，线上生活和线下社会的联动越来越紧密，信息的流动、人们是否以及如何行动，体现出交流与沟通的重要性。在这一过程中，自我的感觉、直觉与情感变得越来越重要，万物皆媒的实现，也意味着媒介微小叙事时代的到来。

一方面，媒介是人们获取信息、感知世界的重要途径，既能够帮助中国企业了解当地各主体的情况，也能够提升国内对非洲的认知水平，甚至能够推动当地政策、法律和法规的调整。另一方面，语言符号中既有委任，也有暴力。随着中国的快速崛起，原有的以西方为中心的话语传播体系和信息传播机制已经无法满足国际社会对中国的好奇，中国媒体积极走

① 〔加拿大〕马歇尔·麦克卢汉：《理解媒介——论人的延伸》，何道宽译，译林出版社，2011，第5页。

② 〔美〕戴维·哈维：《后现代的状况——对文化变迁之缘起的探究》，周宪、许钧主编，阎嘉译，商务印书馆，2003，第275页。

出国门，正在逐渐改变国际传播格局。受传统传播体制和观念的影响，面对西方较为成熟的话语体系，中国在国际传播格局中的力量较弱，仍然处于被叙述和被建构的被动状态，尤其是在涉非报道中，中国媒体更要注重对非洲国家的关注，避免落入西方媒体的话语陷阱。

简单来说，媒介叙事指的是在传播中意义的不断生成，媒介不同，讲故事的方式和内容等都会有所差异，这与媒介生产的权力场域、认知能力密切相关。媒介叙事是一种能力，它需要讲故事的人将自己与他人的经验结合在一起，要求其跟随受众的态度、情绪等实时调整故事内容，同时具有唤醒倾听者经验和体悟的能力。随着技术发展带来的传统时空观念的转变，人们的感觉、知觉、情感等被唤醒，原有的故事叙事回归并逐渐取代信息叙事，凸显出个体与自我的重要性，也凸显出日常生活和普通事件的重要性。在这种情况下，每个个体的信息都是一种传播，正如蝴蝶效应一样，其背后的观点、意义和理念不断叠加，会产生更大的影响。

对贫困、落后等的再认知是中国媒体做好媒介叙事的重要基础。在外人眼里贫穷、落后的吉布提人其实享受着一种豁达、闲适的生活状态，街边的流浪汉大多是周边国家的难民；当地人工作意愿低也并不全是因为懒惰和工作水平低，它也受当地宗教等诸多因素的影响，在当地，人们共享一种朴素的家庭观念，十分强调互相帮助与扶持；卡特草在外界看来将会制约吉布提的发展，但是对当地人来说它意味着一种生活的意义感……截然不同的观念和理念凸显了媒介叙事的重要性，媒体在采访报道时要在互动中将自己置于一个适当的观察地位，然后再去观察、体认和领悟，直觉在其中就是最重要的敏感力、洞察力、接受能力和穿透力。

任何一篇报道、文章背后都站着鲜活的个体，他们彼此拥有不同的生命经历和体验，也自然编织成了不同的、各具特色的情感、理性和智慧。国际传播效果的最终达成，要突破之前的宏大叙事和信息叙事，转向故事叙事和生命叙事，从真情实感的小叙事出发，挖掘新闻背后的互动因素，挖掘普通事件的重要意义。从这一角度出发，媒介叙事不仅要重视个体的行动与改变，还要注意感觉、情感以及情绪的重要作用，在实时和动态的过程中，审时度势，抓住时机，在注重传播效果的同时，也关注传播过程，在认知与行动中，促成传播效果的达成。

（二）沟通对话中的包容、友善与尊重

城市是人们生活的场所，也是人们美好生活的承载者，包容友善是城市最好的气质。这意味着吉布提的城市发展需整合政府、企业和各类资源，探索生态圈式可持续发展的模式，通过完善基础设施建设等，满足人们需求，提升自身综合服务能力；通过社区开发、绿色开发等途径，打造全生活链条的服务体系；通过促进人与人之间的平等互利，激活社会的能动性与创造性，增强城市的包容性和友善性。

正如习近平总书记所言："人心是最大的政治，共识是奋进的动力"，①对个体生命的尊重是城市友善、包容性发展的应有之义。中国近年来在吉布提做了大量的投资和建设工作，但是并未获得与之相对应的声誉，其中很重要的原因是交流的缺失和普通百姓获得感的不足。中国在当地的经济活动被形容为"飞地经济"，即与当地不发生任何联系、没有文化和人员的交融、也没有技术转让的经济合作，这种合作模式多停留在政府和精英层面，对当地普通人的影响不大。秉持"与吉布提共成长"的理念，中国企业在重视推动当地经济跨越式发展以增加就业外，也应积极履行社会责任，直接服务于当地普通民众，既彰显自身的实力和诚意，也激发出民间的资本与力量，形成上下联动，促成包容友善城市气质的形成。

城市的包容性与友善性也体现在规则基础的开放和包容。通过社会综合治理与配套的服务设施（幼儿园、学校、医院等）吸引拥有不同文化背景、不同专业背景的人才，让专业的人做专业的事，为城市发展提供原生动力；通过公共空间的建设，给予人们按兴趣爱好满足个体身心需要的可能性，人们在认同和体验中产生热爱城市、维护城市和保护城市的自觉意识。规则和制度的开放性给予城市自我修复和自我发展的能力，给予城市应对高技术发展可能给社会带来的风险的能力，也赋予城市在发展中不断调试和解决问题的能力。中国企业在与吉布提合作之初便注重与当地合作，始终关注当地需求，双方共享平台基础设施、专业管理服务、创新资源，在不断改善投资环境的过程中培育城市的运营能力和发展动力，打造

① 习近平：《人心是最大的政治，共识是奋进的动力》，《新华每日电讯》2018 年 12 月 30 日，第 1 版。

利益共同体。

对话和交流成为中吉合作中不可或缺的环节，在沟通对话中的谈判，寻求的是作为沟通对话过程的共识，尊重彼此交流协作中的差异，减少沟通成本，也是重建对外交流制度体系中必不可少的环节。个体间的交流对话需要警惕的是人的激情与信念，激情与信念是支撑个体最为重要的力量，然而，它们与人的认知、思维方式又是紧密相关的，我们应警惕的是囿于自我的浅见与想象，以普世价值与天意良知的“上帝视角”观看与判断变化莫测的世事，而没有意识到其背后的种种限制，无法了解到自身生命的底色以及机制背后的种种制约与无可奈何。这种情况下，对话中的执着与纷争可能会激发各种各样的潜在矛盾冲突，无序而又无情的交流会让我们不断怀疑自己，甚至“反噬”“吞没”自己，从一个极端走向另一个极端。

（三）以时间换空间，以空间赢时间

社会实践活动是人类进行跨时空交往的真正动力和源泉。随着全球化市场的形成和信息技术的发展，人们对时间和空间的体验方式发生了革命性转变，先前所认定的时间和空间的客观品质已然不复存在，取而代之的是人们对时间的加速和空间的缩小的深刻体悟，这导致“世界进入我们视线、世界呈现给我们”的方式发生了根本性改变。时空压缩在时间维度上表现为“现存就是全部”，在空间维度上表现为“地球村”的出现。[①] 时空的压缩和转换使过程性和动态性的意义不断显现，动态适应与动态平衡是交流、合作和治理之中的重中之重。

中非双方在合作中既有自上而下的政策沟通，也有自下而上的贸易畅通，中国已经连续十年成为非洲最大的贸易伙伴，在助力非洲的快速崛起、持久和平等方面做出了很多努力。但是，作为人类的起源地，非洲在几千年的发展中形成了独特的历史文化和人文面貌，其持续性发展也必须依靠自身，人类历史上不存在轻易改造一个民族、一个国家、一片大陆的情况，中非合作不是中国对非洲的单方面救助，命运共同体的打造需要在

① 〔美〕戴维·哈维：《后现代的状况——对文化变迁之缘起的探究》，周宪、许钧主编，阎嘉译，商务印书馆，2003，第 275 页。

利益和目标共享的基础上“让吉布提建设得更像吉布提”。

在电子媒介的影响下，人们重新回到了部落化时代的感官同步时代，个体的能动性被不断释放出来，人们的知觉、感觉、信任和情感回归，实现基于共同命运之上的有机团结既要求公开和透明，也要求基于情感和理解的认同方式的转变。在时空平衡和校准的过程中，海外经营是一个多方利益博弈的过程，以往固定的渠道和模式被打破，更多元的主体参与进来，不确定性和不稳定性交杂，这要求多元主体要有足够的耐心和定力，要有不断平衡和调适的能力，能够做到审时度势、择机而动，在提出问题的基础上，学会解决问题，在动态平衡和动态适应中把握战略发展的时空关系，不断推动交流对话走向深入。

中国企业在进行海外投资的过程中，也需要不断丰富自身的海外发展模式和海外文化。中国企业在海外投资中应将双方合作放在长期合作框架中，既关注经济效益，也强调综合治理，在项目前期通过顶层设计、风控、法务、审计等结构性工作为投资把脉，将短期利益和长远投资结合，但同时也应重视人的灵活性，打破时点的限制，在时空的不断变换中调整自身的战略和布局。“以时间换空间，以空间赢时间”是中国数字乡村建设先行者总结出的经验，也同样为中国企业在外发展提供了新的理念和思路。中国企业“走出去”是一个在动态平衡中实现的过程，结构与权力的调整与重构也是在动态的平衡中实现的，具有鲜明的过程性与阶段性，需要多元主体在互相尊重和理解的基础上合力推动，促进合作与交往的不断发展。

结　语

中吉交往与合作不是一时之事，非一日之功。中国企业在海外发展过程中要始终坚守自己的使命和担当，在悬置自我的判断中，寻找其内在的秩序逻辑；在共享利益的基础上，尊重当地特有的价值观、人生观、世界观；在动态平衡与动态适应中，把握战略发展中的时空关系，运用足够的耐心与智慧，用更大的视野与格局去布局，不断调整战略规划与行动的关系；在时空的不断校准和平衡中，坚持国际市场原则和中国技术标准；在不断提问和追问中，发现问题和解决问题。技术的发展赋予企业行动和改变的权力，企业要将战略规划与实干结合起来，在不断试错和纠错中，坚持一事一议、事事相连。企业应通过自身高素质的队伍、专业的团队和独特的文化探索新的海外发展模式，既看到眼前利益，也关注长远利益；既关注经济利益，也关注战略意义；既关注看得见的因素，也强调看不见的条件，在允许试错的前提下，实现基本价值的理解与共享，抹平差异带来的种种可能性，加强普通民众的获得感，推动人类命运共同体的达成。

庶民作物，绿色黄金或精神毒药？卡特草在非洲之角的社会生命史*

谭　威**

摘要：扎根于非洲之角的卡特草，是一种本土经济作物，它是20世纪50年代以来埃塞俄比亚农民生计和农业生态变迁的催化剂。卡特草的社会生命如万花筒一般，它是庶民的“饭碗”，是道德卫道士眼中的“精神毒药”，是国库的“摇钱树”，是全球市场中的“绿色黄金”，是欧洲中心主义的“科学显微镜”下的违禁物。本文围绕卡特草的在地种植，商品化和全球相遇中的文化碰撞，讲述一个复数的、多声道的物的社会生命史。

关键词：卡特草　埃塞俄比亚　非洲之角　商品链　全球流动

引　言

2019年盛夏，当我跟随北京大学“全球视野”研究生国际调研团来到吉布提时，炎炎烈日下，首都的大街小巷随处可见女性小贩们在兜售一种我们从未见过的植物。在海边和社区的阴凉处，男人们或躺或卧，悠闲自在地咀嚼着它，右颚胀得鼓鼓的。当地的司机大叔告诉我们这种植物是他的最爱，每日必嚼，而每次嚼后他就显得格外兴奋和精神抖擞，开车也随之风驰电掣起来。一位在当地工作的学姐带领我们来到它的交易集散地，这个不起眼的小站却是吉布提最为活跃的市场之一，每日的早市人流如织，格外热

* 本文在调查、研究和写作过程受到北京大学非洲研究中心主任刘海方副教授的悉心指导，在此表示谢忱，文责自负。

** 谭威，北京大学社会学系人类学专业博士生。

闹。后来，我才知道这种植物叫卡特草，它不仅是吉布提的经济支柱，也是整个非洲之角广受青睐的大众消费品。这年秋天，当我和一位埃塞俄比亚的资深教授聊到这种风靡非洲之角的卡特草经济时，老先生叹了口气，说这种生计模式是不可持续的。而当我拿着一张亚的斯亚贝巴街头年轻人嚼卡特草的照片给教我阿姆哈拉语的外教老师看时，她面露难色，说真正勤劳的、有教养的埃塞俄比亚人不会消费这个东西。围绕这株小小的草，不同的观点形成了分水岭，有人欢喜有人愁。这些有趣的分歧也驱动着我爬梳关于卡特草的研究文献，带着好奇心去探究这个物的世界的复杂样貌。

一　见微知著：学术视野里的卡特草

1988 年，在开物质文化研究之先河的《物的社会生命：文化视野中的商品》论文集中，收录了非洲史学家李·卡萨内利的《卡特草：非洲东北部一种准合法商品的生产和消费变化》一文。这篇论文考察了半个世纪以来非洲东北部卡特草在流通和消费领域的变迁。在中世纪的伊斯兰世界，卡特草主要被用于宗教和医疗的目的。近代以来，它逐渐变成索马里城市男性们集体消闲的逸乐之物。围绕卡特草贸易形成的商品流通网络，将肯尼亚和埃塞俄比亚高地的种植农、索马里平原的游牧民、吉布提沿海的商人和城市街头的商摊有机地联结在一起。政府对于这种处于法律灰色地带的物品的态度经历了从容忍到反对的转变，自 1921 年以来，地方政府颁布了至少六次禁草令，但几乎都没有实质性效果。与此同时，卡特草已经从宗教仪式场合的提神醒脑之物、上层精英的逸乐之物逐渐变为种植农眼中的“绿色黄金”和普通民众的日常消费品。①凯特林大学非洲史和发展研究领域的以西杰·格比萨教授，是卡特草研究的代表性人物。他的专著《真主之叶：卡特草与埃塞俄比亚哈勒尔盖地区 1875 ~ 1991 年的农业转型》考察了埃塞俄比亚哈勒尔盖地区（Hararghe）卡特草的种植、流通、贸易和消费长时段的历史。在 19 世纪末期，这个地区主要的经济作物是咖啡，卡特草的种植和消费仍限于本地，规模也很小。随着 1902 年埃塞俄比亚 -

① Lee Cassanelli, “Qat: Changes in the Production and Consumption of a Quasilegal Commodity in Northeast Africa,” in Arjun Appadurai ed., *The Social Life of Things: Commodities in Cultural Perspective*, New York: Cambridge University Press, 1988, pp. 236 – 257.

吉布提铁路（Chemin de fer djibouto - éthiopien）德雷达瓦沿线的打通，一个跨区域的卡特草市场日渐成形。对意战争之后，哈勒尔盖和德雷达瓦逐渐成为繁华的城市中心和人口迁移的目的地，对卡特草的消费需求也日益增加。20 世纪 60 年代，埃塞俄比亚航空公司开始从卡特草的跨境运输中获利。当地农民的生计方式也随之转型，逐渐从劳动密集的、高赋税的和低收益的咖啡种植转移到卡特草的生产上来。[①] 2010 年，他主编的《卡特草在埃塞俄比亚：对粮食作物的取代》，聚焦于当代卡特草的大众消费和全球化等主题。卡特草不仅成为埃塞俄比亚农民最青睐的经济作物，而且跨越阶级、宗教、族群和性别，成为大众追捧的消费品。跟随非洲之角的离散者和难民的迁徙步伐，它还逐渐流散到欧美的移民社区，成为东非移民最喜爱的社交食物。另外，这本书还考察了卡特草取代粮食作物的生态后果，这种生计转型虽然是当地农民面对不断变化的市场形势、政治动荡和环境危机的理性策略，但作者认为从长远来看，它尚不足以成为埃塞俄比亚农村可持续发展和农民稳定生计的基础。[②] 2007 年，人类学家尼尔·卡里尔的《肯尼亚的卡特草：一种刺激物的社会生命》，是一本关于肯尼亚卡特草的在地种植、跨国贸易和全球化的民族志。这本书展现了卡特草在经济、文化和社会生活中的“多声道”意义，以及在全球“毒品战争”中卡特草的合法性争议。[③]牛津大学（非洲）政治学教授大卫·安德森主编的研究文集《卡特草争议：引发关于毒品的论争》聚焦卡特草在跨国流散过程中的文化冲突，关注卡特草的消费文化如涟漪般在伦敦、罗马、多伦多和哥本哈根等城市的移民社区的流散过程中地方消费习惯和西方药物文化的激烈碰撞。[④] 人类学家丽萨·格颂的著作《毒品效应：生物文化和社会经济视角下的卡特草》，是基于她在马达加斯加北部历时十年田野调查而写成的民族志作品。她发现马达加斯加卡特草的生产、贸易和流通，处于

① Ezekiel Gebissa, *Leaf of Allah: Khat & Agricultural Transformation in Harerge, Ethiopia 1875 - 1991*, Athens: Ohio State University Press, 2004.

② Ezekiel Gebissa, ed., *Khat in Ethiopia: Taking the Place of Food*, New Jersey: Red Sea Press, 2010.

③ Neil Carrier, *Kenyan Khat: The Social Life of a Stimulant*, Leiden: Brill Press, 2007.

④ David Anderson et al., *The Khat Controversy: Stimulating the Debate on Drugs*, New York: Routledge, 2007.

新自由主义和现代性的“罅隙”，以非正式经济的形态富有韧性地生长着，而卡特草经济在总体上缓解了当地的贫困并改善了当地民众的营养和健康水平。卡特草还成为城市消费者的身份标识和文化象征。但在马达加斯加、乌干达、肯尼亚和索马里等国，也存在将消费卡特草视为懒惰之恶习的社会现象。值得一提的是，当地女性在卡特草经济中得到了更多的经济机会，从而使她们有能力去追求自主的婚姻和爱情。但是，卡特草的大量消费也“吃掉”了一大笔家庭开支，造成了当地不少家庭内部关系的紧张和冲突。而全球的毒品政治、粮食安全的主流话语和东非卡特草主产国的发展困境使这种让人欢喜让人忧的物品陷入争议的旋涡中。①

本文建立在这些学者对卡特草的社会生命史、商品化、消费文化和全球化等问题的研究基础上，并结合笔者在非洲之角的观察，梳理这株小小之草的生产、流通和消费的动态过程，探究其商品链条的复杂构成，以及在全球相遇中的文化碰撞。

二　背景：　社会生态系统的失衡

从 20 世纪 50 年代起，埃塞俄比亚（尤其是东部和中部地区）的农业种植体系和土地使用方式经历了一个深刻的变迁，即以咖啡为主的种植体系逐渐转变为以卡特草为核心的农业生产体系，而这种生计方式的改变是在一个社会生态变迁的大背景中产生的。

首先是不断增加的人口压力。图 1 统计了 1960 ~ 2019 年埃塞俄比亚全国人口总量的变化。可以发现，从 20 世纪 80 年代开始埃塞俄比亚迎来了一个“人口爆炸”的时代。而从区域和地方层级上看，人口增长的态势也十分明显。以卡特草种植带东哈勒尔盖地区（East Hararghe）为例，根据埃塞俄比亚中央统计局的数据，在 1994 年这个地区有 1830631 人，其中 5.35% 为城市居民。到了 2007 年，该地区人口总量为 2723850 人，比 1994 年全国人口普查时增加了 48.79%，但该区域的城市化水平仍然相对滞后，

① Lisa Gezon, *Drug Effects: Khat in Biocultural and Socioeconomic Perspective*, New York: Routledge, 2012.

城市人口比重只有8.27%，[1] 而根据2004年世界银行的调查数据，当地从事非农业劳动的人口比例仅有13%。[2]这意味该地区人口增长的压力更多地被农村和农业所承载，城市正式就业的机会严重匮乏，第二和第三产业吸纳剩余劳动力的能力也非常有限。

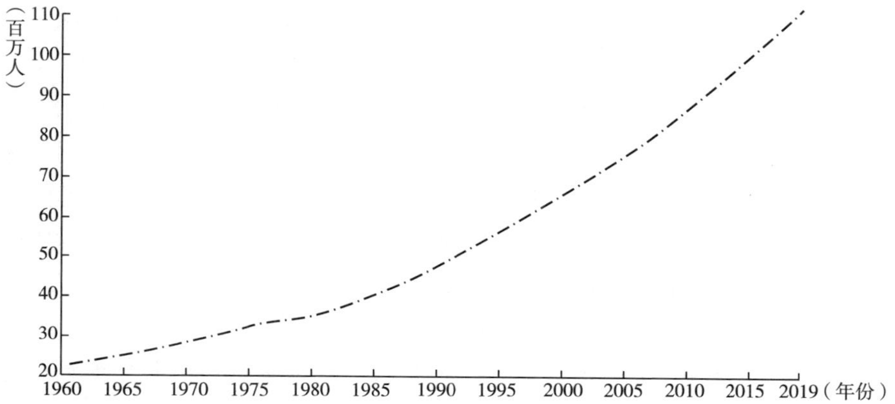

图1 1960～2019年埃塞俄比亚全国人口统计

资料来源：世界银行数据库的在线图，遵守了Creative Commons Attribution 4.0的共享协议，https：//data.worldbank.org/indicator/ SP.POP.TOTL? end = 2019&locations = ET&start = 1960&view = chart，last visit 2020－8－14。

其次是人口爆炸造成了土地的分割和碎片化，加剧了原本紧张的人地矛盾。从20世纪40年代开始，随着埃塞俄比亚人口的快速增长，以及与之不相匹配的缓慢城市化和工业化进程，不断增加的农村剩余劳动力只能更多地去从事粮食谷物生产和咖啡种植活动。可是，每个家庭所拥有的土地生产资料的总量是相对固定的，家庭规模的扩大和父系制的财产继承方式，使耕地在家庭内部不断被分割。以埃塞俄比亚东部为例，1998年该地区44%的农村家庭平均持有0.4公顷的土地，38%的家庭平均持有0.75公顷的土地；家庭规模却从1994年的平均每家4.7～4.8人增加到6.5人，

① 数据来源：埃塞俄比亚中央统计局（CSA），http：//www.csa.gov.et/text_files/2007_national_statistics.htm，最后访问日期：2020年8月13日。

② World Bank，*Four Ethiopias*：*A Regional Characterization*，http：//siteresources.worldbank.org/INTETHIOPIA/Resource/PREM/FourEthiopiasrev6.7.5.May24.pdf，accessed 2020－08－15.

因此人均持有的土地面积也相应大幅缩减。①而到了 2006 年，这个地区的农村家庭每户平均只拥有 0.5 公顷的农田。②再比如卡特草种植的重镇哈勒尔盖地区，当地 90% 的土地被用于耕作，每个农村家庭平均拥有的可耕地面积逐年缩减，从 1965 年的 1.5 公顷，减少到 1980 年的 1.1 公顷，再缩减至 1990 年的 0.84 公顷。③而在西部的阿古桥村（Agucho），人均拥有的土地面积从 1983 年的 0.29 公顷缩减至 1988 年的 0.12 公顷。④更多的人、更少的地，以及破败不堪的农业基础设施（由种子、肥料、水利、气象管理与监测、农业技术、小额贷款和农业金融等组成的社会技术复合体），使当地农民在基本生存的压力下，或是大幅压缩原有的农业生产周期和休耕轮作的时间，或是在森林、灌木丛和草原地带开垦新田。以西部的默图区（Metu）为例，1957 年 30% 的适耕地用于耕种，每年耕作后有两年的休耕期以更好地保持土壤的肥力。但到了 1982 年，41% 的适耕地用于农作物生产，休耕期缩减为一年。⑤

最后，不断快速增加的人口挤压在有限的耕地资源上，使土地承载力不堪重负，而农业基础设施和技术依旧停滞不前，当地农民为了生存只能以更具侵略性的方式开荒拓田，自然生态和农业地景也随之发生变化。1955 年埃塞俄比亚的森林覆盖面积高达 1700 万公顷，而仅仅过了 24 年的时间，森林面积就锐减至 340 万公顷。⑥海勒马里阿姆等学者在对奥罗米

① 数据来源：UNDP EMERGENCIES UNIT FOR ETHIOPIA，http：//www. africa. upenn. edu/eue_web/1998mnu. htm，最后访问日期：2020 年 8 月 13 日。

② 数据来源：世界银行数据库，https：//data. worldbank. org/indicator/AG. LND. ARBL. HA. PC? locations = ET，最后访问日期：2020 年 8 月 13 日。

③ Mesele Negash，"Trees Management and Livelihoods in Gedeo's Agroforests，" *Ethiopia：Forests，Trees and Livelihoods*，17（2），2007，pp. 157 – 168.

④ Thomas Tolcha，"Aspects of Soil Degradation and Conservation Measures in Agucho Catchment，West Hararghe，" *Soil Conservation Research Project Report* 19，University of Bern，Switzerland，1991，p. 125.

⑤ Solomon Abate，*Land Use Dynamics Soil Degradation and Potential for Sustainable Use in Metu Area*，Illubabur Region，Ethiopia，Berne：University of Berne，Switzerland，Institute of Geography，1994，pp. 44 – 49.

⑥ FaWCDA（Forestry and Wildlife Conservation Development Authority），*FAO/Ethiopia National Workshop on Fuel Wood*，FaWCDA，Addis Ababa，1982，转引自 Fentahun Tesafa，et al.，"Economics of Renewable Energy Production and Management：Evidences from Bati district in Ethiopia，" *Journal of Dynamics in Agricultural Research*，1（4），2014，pp. 29 – 35。

亚州（Oromia）贝尔地区（Bale）山林的生态变迁研究后发现，从1985年到2015年，这个生态区的耕地面积占比从15.43%增长到23.19%，新开垦了292294公顷的农地。而森林、灌木丛和草地面积分别缩减了123751公顷、93078公顷和83158公顷。①这种“吃山蚀林”式的垦荒模式，不仅使当地的生态平衡和生物多样性岌岌可危，而且引发了水土流失、土壤沙化和病虫害肆虐等环境问题。根据2010年埃塞俄比亚农业与农村发展部（MoARD）的环境评估报告，在被砍伐的森林地带，表层土壤严重退化，土壤深度缩减至10厘米以下，每年因土壤侵蚀而毁坏的土地超过3万公顷，每年给埃塞俄比亚农业部门造成的损失占到了国内生产总值的2.3%。②

这些农民的垦荒行为往往被解释为短视的、非理性的和蒙昧的，那些持欧洲中心主义立场的环保主义者更倾向做如此判断，但是从在地的视角探究农业、农村和农民的结构性贫困才能更深刻理解这个问题的复杂性。首先是食不果腹的基本生存危机，使当地农民以更具侵略性的、耗尽式的方式获得生产和生活资料，农业种植原有的时间秩序因此遭到破坏。正如前文所述，在生存危机下，当地农民不得不舍弃原有的农业时间安排，大幅压缩农业生产的周期和休耕轮作的时间，这加剧了人与地、人与自然之间的对立和冲突。其次，由于在农业科学知识、现代农业技术和基础设施方面的短板，农业增产遭遇“天花板”，农民只能看天吃饭，在病虫害和极端天气等自然灾害面前十分脆弱。以化肥和良种的使用为例，1993年和2013年全国化肥的使用总量分别只有15万吨和62万吨，2014年小麦、大麦和苔麸（teff）的良种率分别只有9.1%、0.6%和9.5%。③而在病虫害治理方面，由于专业病虫害防治技术的不足，农田作物常常遭遇病虫害的侵

---

① Sisay Nune Hailemariam, Teshome Soromessa and Demel Teketay, “Land Use and Land Cover Change in the Bale Mountain Ecoregion of Ethiopia during 1985 to 2015,” *Land*, 2016, p. 41.

② MoARD (Ministry of Agriculture and Rural Development), *Ethiopia's Agricultural Sector Policy and Investment Framework (PIF) 2010 - 2020*, 2010, online available: http://compendium.g-fras.org/national-policies/ras-policies/item/51-ethiopia-s-agricultural-sector--policy-and-investment-framework-2010-2020.html, accessed 2020-08-19.

③ 数据来源：埃塞俄比亚中央统计局的《主要农作物的面积和产量报告》(Report on Area and Production for Major Crops), http://www.csa.gov.et/survey-report/category/131-eth-agss-2015? download=393: eth-agss-2013，最后访问日期：2020年8月20日。

袭。像1973年病虫害的肆虐就重创了埃塞俄比亚的咖啡种植业，全国咖啡的年平均生产量同比锐减47%，年产值缩水24%～30%，在受病虫害严重的地区年产值的损失比重高达52.5%～100%。[①]最后，埃塞俄比亚的咖啡种植业一直处于全球价值链的底端，是初级原材料的提供者，当地农民在全球咖啡市场中获利最少，是市场风险的被转嫁者和兜底者，也是最为脆弱的市场主体。当欧美的中产家庭悠闲地品尝来自东非高原的苦咖啡时，当地农民却正为蝗虫灾害和咖啡豆的价格低迷而心力交瘁。咖啡种植户家庭的现金收入和可支配收入锐减，但与此同时，进口的生活消费品和谷物粮食价格却大幅上涨，温饱成了当地贫苦农民需要面对的首要难题。

三　扎根：庶民作物的在地种植

从地域分布上来看，埃塞俄比亚的东部和中部地区是卡特草种植的中心地带。卡特草之所以能在这些地方扎根下来，有生态适应性、地方性知识积淀和基础设施比较优势三方面的原因。首先，卡特草是具有良好生态适应性的经济作物。它抗旱能力强、存活率高、生长周期相对较短，并能较好地适应当地的土壤和气候条件。其次，卡特草种植的核心地带有着深厚的农业地方性知识（local knowledge）传统。一方面，当地农民将卡特草的种植融入当地间作、轮耕和混作的种植体系之中，这种多样化的生计策略使粮食作物的自给和经济作物的商品化之间能够维持一个动态平衡；另一方面，传统的土壤管理、肥力维持和灌溉保湿的方法对卡特草的生长也有促进作用。最后，这些地方具有基础设施的比较优势，像埃塞俄比亚东部德雷达瓦作为该地区的交通枢纽和物流集散地，埃塞俄比亚—吉布提的铁路网为卡特草跨区域的运输提供了便捷条件。

从生产方式上来看，卡特草种植既不是由跨国公司垄断的经营方式，也不是大农场主主宰的种植园模式，同时也被排除在国营农场和国际农业发展援助项目之外。因为人地矛盾突出，自耕农平均所持有的土地不足1

---

① M. Worede, "Ethiopia: A Gene Bank Working with Farmers," In D. Cooper, R. Vellvé & H. Hobbelink eds., *Growing Diversity: Genetic Resources and Local Food Security*, Intermediate Technology Publications, 1992, pp. 78－94.

公顷，所以卡特草的种植主要采取小农生产体系。小农生产体系一方面适应了农村土地生产资料严重匮乏的现状，另一方面也在一定程度上满足了当地农民对自主性和灵活性的需要。而从农业的市场形态上来看，卡特草种植的中心地带除了满足农民基本生存需要的生计经济之外，还有繁荣的集市经济、跨地方的长途贸易，以及咖啡、鲜花和卡特草等经济作物的跨国流通所催生的全球贸易。像埃塞俄比亚东部的阿翁达（Aweday）集市，就是整个非洲之角最为繁荣的卡特草交易市场之一，是不同市场之间的枢纽和节点，而这些不同层级的市场相互交织，共同构成了一个有机的卡特草的流通网络。

除了上述结构性原因之外，这种作物是如何赢得当地农民的青睐呢？尤其是那些咖啡种植农，为何会纷纷改种卡特草呢？首先，卡特草是具有庶民性的经济作物。在生产资料严重匮乏和自然灾害频繁的农村地区，它抗旱和抗病虫害能力强，生产资料和劳动的投入相对较低，单位土地的收益率较高。在哈勒尔盖西部的哈博若区（Habro），卡特草是庶民家庭收入的主要来源。根据费伊萨和奥妮的调查，2003 年当地家庭种植卡特草的年平均收入为 1209 比尔，占家庭总收入的 70%，78% 的农民将卡特草的高收益作为种植的首选因素。在卡特草大规模种植前，种植粮食作物来实现温饱对于当地农民来说常常是奢望。天旱歉收、苛捐杂税和生产资料稀缺，使得土地的收益相当有限。比如，单一种植玉米的农民，每公顷的平均收益只有 1306 比尔，这点微薄的收入对于养活一大家子可谓捉襟见肘。而种植卡特草却为当地农民带来了相对稳定的收益，卡特草和玉米混种的土地每公顷的平均收益为 3465 比尔（其中种植卡特草的收益占到 80%），是玉米单一种植的 2.7 倍，劳动力的需求量也要低 50%。①

其次，它是家庭生计的安全阀。2004 年塔菲拉等学者在对埃塞俄比亚东部地区高原地带的家庭调查中，用收入、家庭生产资料和粮食安全等指标比较卡特草种植户和非卡特草生产者的经济状况。他们发现，种植卡特草的农户每年的平均收入为 2499.95 比尔，家庭的总支出大约为 2506.95

① Taye Feyisa, Jens Aune, "Khat Expansion in the Ethiopian Highlands," *Mountain Research and Development*, 23 (2), 2003, pp. 185 - 190.

比尔。而没有种植卡特草的农民每年的平均收入只有444.84比尔，家庭支出却需要1226.57比尔，明显入不敷出。与没有种植卡特草的农民相比，种植卡特草的农户家庭不仅在购买力上更胜一筹，而且拥有更多的生产和生活资料［种植卡特草的农民拥有更具价值的农具（914.62比尔）和更多的家畜（2.72头），而种植其他作物的农民只拥有价值223.51比尔的农具和1.7头的家畜］。而在食物自给和生产剩余方面，25.6%的卡特草种植农户可以实现自给自足，15.2%有生产剩余，而非卡特草种植户中只有11.4%能够实现自给自足。①

最后，它还是乡村收入分化和社会分层的催化剂。这个庶民作物不仅满足了当地农民的温饱需求，也帮助无资本的农民积累了小额的剩余资本。他们不再被牢牢地绑在一亩三分地上，而是离土离乡去城镇闯荡。有一部分“先富起来”的卡特草种植户，不仅购买了小汽车、卡车和二手出租车等现代的出行和运输工具，有时还会雇用周边城镇的失业者作为卡特草的搬运工和运输司机。在哈勒尔盖高地，集市和城镇日渐发展起来，加油站、小商铺、砖瓦厂和出租车行如雨后春笋般涌现。而这些小生意的起步资金很多来自卡特草的种植和贸易。在当地的社会生活中，一位适婚的男青年若是拥有几块种植“绿色黄金”的土地，就代表他家底足、地位高，在婚姻市场中也会更受年轻女性的追捧。

四　从田间到舌尖：“绿色黄金”的商品链

卡特草从田间地头到城市，再到异国他乡的消费者手中，经过了一条复杂而精密的商品链。这条商品链是由多重社会行动者所共同搭建而成的，其中包括了卡特草的种植农和佣农、采购商、做初级加工的女工、中介代理商、集镇的贸易商、出口贸易公司、城市的批发代理商、街头小贩和大众消费者。本节将探寻这条商品链条背后的劳动与性别分工、品味分级、价格差序和非正式经济中的经销网络等重要问题。

---

① T. L. Tefera, J. F. Kirsten, S. Perret, “Market Incentives, Farmers’ Response and a Policy Dilemma: A Case Study of Chat Production in the Eastern Ethiopian Highlands,” *Agrekon*, 42 (3) 2003, pp. 213 – 227.

当地种植农在收获后，只存留少量的卡特草用于自己消费，大部分都出售了。一些农民为了卖个好价钱，会在家里进行初级加工。他们按照卡特草的鲜嫩程度、口味和色泽进行分类，从高到低大致可以分为马塔（Matta）、乌拉塔（Uratta）、库达（Quda）、库达－乌拉塔（Quda－Uratta）、哈达尔（Hadar）、哈柯（Harko）、塔格罗（Tachero）和栖巴拉（Chebala）等八大类别。①家庭内部男女搭配，有各自的分工。妻子、女性亲属和儿童主要承担挑选、整理和包装的工作，男性则负责对外运输和售卖。小规模的家庭劳动分工与合作开启了卡特草初级商品化之旅。接下来，中间商开始介入，其中被当地人称为“喀喀弋”（Qabqaii）的中介起到了关键作用。他们是收购市场灵活的“腿”，游走于批发商和种植户之间，既能作为种植户的全权代表，替农户在批发商那里争取一个理想的收购价格，并在事成之后获得成交金额的10%作为佣金；也能帮当地贸易商和批发商跑腿，在收获旺季到各个村落收购农户们的卡特草。②

从田间地头来到地方集市，“绿色黄金”的价值锻造过程正式开启。首先，围绕着卡特草贸易，形成了一个跨地方的、有层级的市场结构。格赛斯·德西埃研究发现，卡特草的市场层级从小到大依次包括乡村公路口、乡村市场、城镇集市和贸易转送运输中心。市场层级越往上，卡特草的市场体量就越大，劳动分工和价格体系也相应地变得更为复杂。不同层级的市场交织成一条网状的商品链，物、人、车、信息和资本在其中密集地流动着，并把种植农、中间商、体力工人、运输司机、税务员、海关官员和出口商等不同的社会主体有机地联结在一起。③在这个跨区域的市场体系中，城镇一级的集市是整个贸易中最有活力和人气的地方。阿翁达市场就是最好的例证，它是非洲之角最为兴旺的卡特草市场之一，早在1994年，这

① East Harerghe Zone Agriculture and Rural Development Office, *Annual Report on Crop Production*, 2006, 转引自 Zenebe Woldu, Derbew Belew, and Taddese Benti, “The Coffee – Khat Interface in Eastern Ethiopia: A Controversial Land Use and Livelihood Change Scenario,” *Journal of Agricultural Science and Technology* (5) 2015, pp. 149 – 169。

② Dechassa Lemessa, *Khat* (*Catha edulis*): *Botany*, *Distribution*, *Cultivation*, *Usage and Economics in Ethiopia*, Addis Ababa: UN – Emergencies Unit for Ethiopia, 2001, pp. 1 – 15.

③ Gessesse Dessie, *Is khat a Social Ill? Ethical Argument about a Stimulant among the Learned Ethiopians*,” African Studies Centre, Leiden, 2013, https: //openaccess. leidenuniv. nl/handle/1887/20402, accessed 2020 – 08 – 20.

里每天的早市就有225位买家、夜市有350位采购商光顾。每位买家收购60～700公斤的卡特草，每天的成交额有218500比尔。到了2002年，每天有超过5000个种植农户、中间商、批发商和出口经销商云集于此，每天的交易量达到了25000公斤，总成交额有375000比尔。①转送运输中心则是卡特草从地方到全国乃至全球的枢纽，在这里通过高效的集装、运送和分配体系，实现了跨区域、跨国境和跨洲的卡特草贸易。卡特草贸易因此成为区域性城市体系的孵化器。以哈勒尔盖东部的卡特草种植带为例，卡特草的生产、交换和运输网络构筑了一个包括盖莱姆索（Gelemso）、阿斯伯特弗里（Asebe Teteri）、阿翁达和哈勒尔（Harar）的区域性城市体系。在这个城市体系中，农业种植带与城镇集市、交通枢纽和转送运输中心之间紧密相连，并通过德雷达瓦和吉吉加这两个重要的出口集散地，开启了卡特草的商品化和全球化之旅。

其次，卡特草贸易是一块利润丰厚的“蛋糕”，围绕它进行着复杂的利益分配。根据世界银行2011年的调查，埃塞俄比亚卡特草出口商协会每千克卡特草的进货价是1.61美元，出口价是2.73美元，包装、运输等人力成本为0.29美元，需要向政府、银行和卫生系统缴纳的税收0.52美元。而个体出口商采购卡特草的价格更高，是出口商协会的两倍，达到了3.3美元。卡特草的出口价格也因此更贵（4.03美元），人力成本则相对较低（0.11美元），但仍需向官方缴税0.36美元。②我们不难发现，卡特草贸易最大的利益份额进了政府的“荷包”，是地方财政的“摇钱树”。种植和运输等相关活动的劳动者在卡特草利益分配中获利最少，这与他们非正式的雇佣劳动关系有关，脆弱的生计境况使他们不得不接受低薪的、长时段的和高风险的苦力工作。

最后，进入城市零售市场的卡特草，为这趟商品化之旅画上句号。在零售端，小贩们根据卡特草的市场价值进行更复杂的品味分类和价格分

---

① Nita Bhalla, “Ethiopia's Khat Dilemma,” *BBC News*, 2002, online available, http://news.bbc.co.uk/2/hi/africa/2203489.stm, accessed 2020-08-11.

② World Bank, *Comprendre la Dynamique du Khat à Djibouti Aspects Sociaux, Économiques et de Santé*, 2011, online available: https://documents.worldbank.org/pt/publication/documents-reports/documentdetail/732701468247481705/comprendre-la-dynamique-du-khat-224-djibouti-aspects-sociaux-233-conomiques-et-de-sant-233, accessed 2020-09-12.

级，比如哈达尔类型的卡特草按照色泽分为达洛塔（Dalota）和迪玛（Dimma）两类，根据叶子鲜嫩和口感好坏再细分为阔特（Qart）、阔德（Quad）和哈珐（Hafa）等类别。①为了卡特草的保鲜和保值，零售商在城市建立了一个快速高效的分销网络，这种非正式经济既充满着活力和机会，又潜藏着日常的压榨和剥削。贩夫走卒多为之前的城市失业者、贫困女性和待业的年轻人。他们是灵活的走货郎，在街头巷尾、人行道和闹市叫卖贩售；他们也是市场口味的晴雨表，对于价格资讯、顾客消费习惯和市场风向都相当敏感；他们更是民间信用之网的编织者，由于被排除在官方金融体系和国际援助之外，这些小贩依靠亲属、地缘和同侪网络进行小额贷款、众筹和金融互助。值得一提的是，卡特草贩售为女性劳动者创造了自我雇佣和非正式就业的机会。以吉布提为例，首都就有近2000名女性从事卡特草的零售生意，每月的营业额为170～226美元，这笔收入对于她们的家庭而言无疑是救命稻草，经常帮助她们渡过失业、辍学、疾痛和亲人亡故的难关。②但是这个日常营生的行当也绝非女性解放的神话，灵活自我雇佣的另一面是作为家庭顶梁柱的脆弱和辛酸——她们每天超过十小时在街头风吹日晒，还常常受到不法警察、街头帮派和流氓的骚扰与盘剥。

五　从非洲之角走向世界：卡特草的全球流动

在古埃及，卡特草是帮助神职人员通灵的神圣之物，同时也是苏非派教徒眼里的“天堂之花”（flower of paradise）。③ 13世纪，它成为埃塞俄比亚帝王权贵的逸乐之物，同时也是道德清教徒眼中政治衰败和道德

---

① East Hareghe Zone Agriculture and Rural Development Office, *Annual Report on Crop Production*, 2006，转引自 Zenebe Woldu, Derbew Belew, and Taddese Benti, “The Coffee－Khat Interface in Eastern Ethiopia: A Controversial Land Use and Livelihood Change Scenario,” *Journal of Agricultural Science and Technology*（5）2015，pp. 149－169。

② World Bank, *Comprendre la Dynamique du Khat à Djibouti Aspects Sociaux, Économiques et de Santé*, 2011, online available: https://documents.worldbank.org/pt/publication/documents－reports/documentdetail/732701468247481705/comprendre－la－dynamique－du－khat－224－djibouti－aspects－sociaux－233－conomiques－et－de－sant－233, accessed 2020－09－12.

③ Christian Rätsch, *The Encyclopedia of Psychoactive Plants: Ethnopharmacology and Its Applications*, Park Street Press, U.S., 2004.

败坏的“社会毒药”。之后它“飞入寻常百姓家”，日渐成为东部地区伊斯兰信徒的提神良药和庶民解乏抗饿的草根食物，甚至作为提升男性气概的“壮阳”之物。慢慢地，这种消费文化像涟漪一样在非洲之角、阿拉伯半岛和热带非洲流散开来。在《牛津英语词典》中，它的同名词包括埃塞俄比亚茶（Ethiopian tea）、索马里茶（Somali tea）、阿拉伯茶（Arabian tea）、也门茶（Yemen tea）等，这些不断衍生的名字正是卡特草跨国流动的佐证。

便捷的基础设施是卡特草大众化和全球化的助推器。1894～1917年法国人兴建的埃塞俄比亚—吉布提铁路，使卡特草贸易不再限于一地一市，而是向外扩散，不仅与亚的斯亚贝巴、德雷达瓦、吉吉加和阿达玛等城市的消费者密切相连，而且开始跨国流动到吉布提和索马里。20世纪50年代随着埃塞俄比亚航空打通洲际航线，一个跨洲的卡特草消费市场日渐成形。非洲之角和阿拉伯世界是卡特草的主要消费地。东部地区卡特草的出口或是经由德雷达瓦站转运至吉布提港，或是经埃塞俄比亚航空运至也门。需要指出的是，也门的卡特草消费热潮与70年代也门人在阿拉伯的石油富国跨国务工、家庭可支配收入日渐增多有密切关联。90年代，埃塞俄比亚航空国际航运线的扩大（如今航线已经覆盖了五大洲的125个目的地，有44个航运站点），成为卡特草全球化之旅的助推器。1984～2004年，埃塞俄比亚出口卡特草的市场价值增长98%，出口总量增加了82%，一举成为世界上最大的卡特草生产地和出口国。① 现在埃塞俄比亚每年向95个国家出口卡特草。身在异国他乡的索马里难民、也门移民和东非离散者们“舌尖上的乡愁”驱动着这种地方作物漂洋过海，来到伦敦、波士顿、多伦多、悉尼和罗马等国际都会的移民社区。一束小小的草撬动起一个网罗密布的全球市场，一种地方性的作物正日益成为一种让人欢喜让人忧的全球商品。

来自非洲之角的吉布提和索马里北部强劲的消费需求，是驱动卡特草跨国贸易的核心动力。以吉布提为例，根据世界银行的调查统计，2002～2007年，卡特草的进口数量占到食物进口总量的1/3以上，平均每年进口

① Ezekiel Gebissa, “Khat in the Horn of Africa: Historical Perspectives and Current Trends,” *Journal of Ethnopharmacology* 132（3）, 2010, pp. 607－614.

价值2000万美元的卡特草，是仅次于进口食物和石油产品的进口商品。卡特草是吉布提民众的刚需，“吃”掉了家庭一大笔收入，是第二大家庭支出。它还是国库的“摇钱树”，2009年与卡特草相关的关税、消费税、直接税和间接税等税收总收入近1700万美元，占该国GDP的4%。[①]

在卡特草的全球流动中，不同的文化相互碰撞。当卡特草与欧美的药物文化、科学体系和政治霸权相互碰撞时，它或是被置于“科学之眼”的显微镜下，被视为精神成瘾的违禁物，或是被假想为索马里青年党等恐怖主义的孵化物，或是被国际发展组织认定为需要干预的社会问题。但是，全球化的浪潮也洄游至卡特草消费文化的初始地，与在地的青年亚文化、街头艺术和流行风尚进行文化的拼凑、挪用和融合。在内罗毕街头的涂鸦中，美式全球化的象征物可口可乐，搭配着从非洲之角走向世界的卡特草，混合出一种奇特的世界风味。摄影师埃里克·拉菲格拍过一张非常生动有趣的照片，一个也门少年在家中悠闲自在地咀嚼着卡特草，右颌隆起，少年家的墙壁犹如一个全球化的压缩饼干和浓缩咖啡：迪士尼的米老鼠、写着“一帆风顺”的中国画、球王梅西的海报、欧式的餐桌和也门的政治领袖像并置在一起，拼贴出一种奇幻的世界主义风格。

结　语

本文自下而上地探物入微，挖掘卡特草在非洲之角的地方社会中的扎根过程，同时也探究其复杂的商品链条和全球化之旅，力图展现一个参差百态的物的世界。跟随着卡特草的在地种植、跨地方流通和弥散的消费文化，我们不难发现这个微小之物与全球化世界之间的联动，构成一个充满世界性的、不断流动着的“全球非洲”（Global Africa）的象征。而“物与全球非洲”，成为我们观察和想象非洲的一种新的棱镜，在物的社会生活中见微知著，理解“全球非洲”历史地层的构造和变迁。织成“全球非

① World Bank, *Comprendre la Dynamique du Khat à Djibouti Aspects Sociaux, Économiques et de Santé*, 2011, online available: https://documents.worldbank.org/pt/publication/documents-reports/documentdetail/732701468247481705/comprendre-la-dynamique-du-khat-224-djibouti-aspects-sociaux-233-conomiques-et-de-sant-233, accessed 2020-09-12.

洲”这张世界之网的，正是像卡特草、甘蔗、象牙、香料、黄金、石油、烟草、驴皮、假发、二手服装、美白产品这样的微小之物（这个物的世界不是静态的，背后蕴藏着动态的历史）——它们所呈现有如万花筒般的物的世界，犹如一架架的望远镜，帮我们仰望星空，去探索历史与现实交错的浩瀚宇宙中“全球非洲”的宏观构造与变迁；又如一台台显微镜，帮我们由表及里、见微知著地探究非洲内部的复杂性和丰富性。

C H I N A

探索创新

中 国 非 洲 研 究 评 论

（2019）

A F R I C A

后殖民主义与亚非拉环境史研究

包茂红*

摘要：后殖民主义是研究混杂的后殖民性的理论和方法。它在学术研究上的影响并不仅仅局限于文学和文化批判领域，甚至对历史学研究产生了根本性冲击，尤其是打开了亚非拉历史研究的新局面。采用文本分析的方法，后殖民史学超越了民族主义史学和新马克思主义史学，解构了作为话语的反殖民抵抗和发展，重构了殖民地底层的历史能动性。在寻找弱势群体的“细小声音”的延长线上，无声的环境成为历史舞台上不可替代的主角之一。受后殖民主义的影响，亚非拉环境史研究发生了“文化转向”。通过解构一些作为“约定俗成的常识”的“退化叙述”，重新发现了“变动的环境基线”，并在重新发明地方性知识的基础上构建多元可持续的未来或复线的历史。

关键词：后殖民主义　底层　抵抗和发展　多元可持续未来

亚非拉环境史是世界环境史的一个重要而又独特的组成部分，对它的研究呈现出与欧美环境史研究不同的取向和特点，其中最重要的内容之一是后殖民主义理论的渗透和应用。后殖民主义是20世纪后期在欧美学术界兴起，对经过民族主义运动而独立的亚非拉国家的“后殖民性”进行解构的文化批判理论。该理论借鉴到历史学特别是环境史研究后，对世界环境史研究的格局和亚非拉环境史研究的主题、方法、未来走向等产生了深远影响。本文将简要分析后殖民主义理论及其对亚非拉近现代史研究和环境史研究的改变。

---

* 包茂红，北京大学历史学系教授。

一　后殖民主义及其理论渊源

后殖民主义理论研究是在20世纪70年代兴起的，主要由在欧美生活、但来自亚非拉国家的学者推动。随着第三世界成为国际政治中的重要一极，第三世界研究逐渐成为欧美学术界的热点之一。来自第三世界、在欧美接受正规学术训练的学者具有得天独厚的条件，恰逢其时可以大显身手。他们与母国文化有着天然联系，但在欧美学术环境中不可避免地对母国文化产生与欧美主流学者不同的反思和感悟。尤其是在美国多元的种族和文化环境中，对亚非拉文化的态度和解释实际上与他们在寄居国的学术、社会和政治地位息息相关。学术创新的冲动和现实需要促使他们探索“与众不同”的问题，提出别开生面的观点。

后殖民主义理论研究的核心问题是后殖民性（postcoloniality）。从字面理解，后殖民性指殖民时代结束后那些新独立国家所处的一种本质状态。但深入分析就会发现，后殖民时期和殖民时期、前殖民地和前宗主国是不能截然分开的。从时间上看，后殖民时期虽然经历了民族主义运动造成的断裂，但殖民主义的政治、经济、文化和心理影响是割不断的，历史的连续性依然运行。从空间上看，前殖民地和前宗主国之间虽然在政治和军事上分道扬镳，但来自前宗主国的语言、文化及在资本主义世界体系中的经济联系仍然在发挥作用。因此，后殖民性实际上就是把殖民时期和殖民后、前殖民地和前宗主国糅合在一起的混杂性（hybridity），是殖民主义与民族主义、传统生计经济与现代市场经济、圣王统治与民主政治、当地文化与外来文化、显性规则与隐性习惯等相互混杂而成的一种本质属性。

后殖民主义的理论基础源自葛兰西的文化霸权理论、福柯的话语理论和德里达的解构主义理论。葛兰西认为，资本主义不但通过政治、经济和军事方式控制其他阶级和民族，而且用思维方式、价值观、意识形态和话语等文化方式形成对人的思想控制，进而形成资产阶级的全方位霸权。这种霸权不仅仅表现为统治权的施行，还是一种控制思想文化的权力关系。因此，要想实现权力转移，除了进行政治和军事斗争之外，更深层的是解决话语或文化上的权力不公正问题，尤其是底层群众的权力问题。[①] 葛兰西的理论为后殖民主义研究提供了直指后殖民性问题本质的取向和思路。福柯认为，现代知识就是在权力这种网络关系中产生的，类型化、同质化等现代知识形成的基本规则的运用实际上就是权力发挥作用、排斥“非我族类”的过程，人们利用知识本质上就是进一步强化这种权力关系。分析知识谱系和话语形成就要关注权力的结构和运作，通过知识考古学把这种权力关系揭示出来，同时展示被权力排除在外的那些话语和知识。[②] 与葛兰西揭示思想和文化钳制背后的权力关系相比，福柯理论还展现了支配知识的具体权力，诸如学科规训等。德里达则更进一步，他认为，以文本形式体现的知识其实并不能表达客观现实，因为语言自身具有不以人的意志为转移的表达功能。另外，文本一旦形成也就成为脱离作者的客观存在。因此，建立在语言表达和理性推理基础上的现代知识变成了一个需要解构的文本，解构这些文本就能形成对时人认识的再认识，进而形成对历史的新认识。[③] 显然，这些思想成果对主流知识范式及其形成机制发起了冲击，在一定程度上会颠覆人们习以为常的思维方式和常识。

后殖民主义研究虽然最先在文学研究和文化批判领域出现，但迅速影响到历史研究，不但让人怀疑历史学家认识历史的过程，而且质疑历史学家对历史的解释，尤其是它提供的有效洞察力或视角为在基于理性基础上的主流历史学之外开拓“替代性历史”提供了可能性和方法论。自启蒙运动以来，历史变成去魅的客观实在，历史学家通过理性可以客观地认识，进而把它解释成线性进化、具有客观发展规律的普遍进程。后殖民主义解构历史的客观性和科学性。在后殖民主义者看来，文字记载的历史其实都是通过语言而形成的一种文本，后人依据文本形成的历史认识不一定能反映历史真实，只是提供了对历史的另一种暂时的解释。历史编纂过程中充满各种权力博弈，历史研究真正应该做的是分析这些文本形成背后的权力

① 〔意〕安东尼奥·葛兰西：《狱中札记》，曹雷雨、姜丽、张跣译，河南大学出版社，2016。

② 〔法〕米歇尔·福柯：《规训与惩罚 监狱的诞生》，刘北成、杨远婴译，生活·读书·新知三联书店，2012；〔法〕米歇尔·福柯：《知识考古学》，谢强、马月译，生活·读书·新知三联书店，1998。

③ 〔法〕雅克·德里达：《解构与思想的未来》，杜小真等译，吉林人民出版社，2011。

斗争及其特殊目的。后殖民主义怀疑历史的统一性和规律性。在后殖民主义者看来，理性地位的确立实际上是压制和排挤非理性的结果，历史的统一性和规律性也是把不符合理性的历史（尤其是前殖民地历史）排除在历史编纂之外的结果。在这个过程中，科学规训与殖民权力相互配合，共同完成了历史的同质化。后殖民主义通过对历史研究方法论的质疑来恢复历史的多样性和复杂性。后殖民主义还质疑以民族国家为基本单位来编纂历史的合理性。因为民族国家并不是一个客观的历史实在，而是一个通过发明传统、运用语言、由各种权力协商出来的结果，以此来建构历史实际上是把复杂的历史简单化和目的化。① 后殖民主义对历史研究的冲击是根本性的，起码使历史研究遵循的一些基本原则的固有缺陷暴露出来，从而为开拓出“另类历史”提供了可能性和可行性。

从已有成果来看，后殖民主义撼动了传统历史研究的根基和规则，对破除附着在历史上的一些迷信起到积极作用，但尚未形成一个从整体上取而代之的理论和范式。权力话语分析的取向在一定程度上揭示了传统历史认识的本质局限，但也导致历史研究有陷入相对主义和不可知论泥坑的危险，或者把历史简化成文本分析的、狭窄单调的知识史或思想史的倾向。因此，后殖民主义研究不是只破不立，而是有破有立，立的一面还在进行中。

二　后殖民主义与亚非拉近现代史研究

后殖民主义无论是作为一种研究理论还是作为一种研究方法都对亚非拉近现代史研究产生了深刻影响。亚非拉近现代史有两个主题，分别是殖民时代的殖民化和非殖民化以及独立后的民族国家建设与发展问题。在这两个过程中，都存在着以精英为主体的传统历史编纂对底层民众历史作用的忽视的问题。无论是殖民时代盛行的帝国史学派还是随着民族主义兴起的民族主义史学派，尽管它们的出发点和着重点相反，但都反映了精英的声音，只不过前者反映的是帝国精英，带有强烈的欧洲中心论色彩，后者

① 王晴佳、古伟瀛：《后现代与历史学——中西比较》，山东大学出版社，2003；〔美〕伊格尔斯：《二十世纪的历史学——从科学的客观性到后现代的挑战》，何兆武译，辽宁教育出版社，2003。

反映的是殖民地精英，虽然声称要发现亚非拉人的历史能动性，但实际上探究的是亚非拉上层的历史能动性。民族主义史学带有强烈的政治色彩，在追求历史学本真的同时为民族国家的建构和巩固服务。先是重新发现亚非拉历史中辉煌的前殖民历史，展现民族自豪感的历史基础，后是歌颂民族精英领导的反殖民主义斗争，为民族国家建设提供合法性。新马克思主义史学（包括依附论和世界体系理论）把第三世界落后的根源归结于殖民侵略和掠夺以及500年不平等的资本主义世界体系，而在这个过程中殖民地精英既是殖民统治的帮凶又是摆脱依附甚至领导脱钩的希望所在。① 现代化史学淡化了阶级斗争式的政治色彩，强调了技术官僚等精英在模仿和领导旨在赶超现代化进程中的作用。另外，这两个流派都重视经济的基础作用，从国际和国内两个层面分析经济、政治和社会等结构性因素的线性变化。② 而作为亚非拉世界底层的广大群众，无论是作为历史的创造者还是作为个体的人都没有进入历史编纂者的视野，也没有发出自己的声音。

在20世纪60～80年代，随着西方社会弱势群体地位的变化和史学多元化对亚非拉历史研究影响的增强，随着亚非拉世界民族解放运动的高涨、对不平等世界体系的反思和对西方描绘的经济成长梦幻的破灭，亚非拉历史研究进入新阶段。标志着这个新阶段形成的是弗朗茨·法农、爱德华·萨义德以及印度的“庶民学派”的研究。与后两者都是理论家不同，法农既是理论家又是亲自参加了阿尔及利亚反法战争的革命家。他认为，处在殖民地境遇中的非洲人需要的不是静止的复古文化，而是在以农民为主体的反抗侵略者的战斗中形成的、有利于恢复民族主权和促使国家振兴的民族文化，缔造这种文化的核心力量是殖民地那些“赤贫如洗，毫无保留”的农民。他们可以彻底消灭殖民主义以及殖民化的人（黑皮肤、白脸

① 〔美〕伊曼纽尔·沃勒斯坦：《现代世界体系》（全4卷），郭方等译，社会科学文献出版社，2013；〔德〕安德烈·冈德·弗兰克：《依附性积累与不发达》，高铦、高戈译，译林出版社，1999；〔阿根廷〕劳尔·普雷维什：《外围资本主义：危机与改造》，苏振兴、袁兴昌译，商务印书馆，2015；〔巴西〕特奥托尼奥·多斯桑托斯：《帝国主义与依附》（修订版），杨衍永等译，社会科学文献出版社，2017；〔埃及〕萨米尔·阿明：《世界规模的积累：欠发达理论批判》，杨明柱、杨光、李宝源译，李宝源、杨光校对，社会科学文献出版社，2017；Walter Rodney，*How Europe Underdeveloped Africa*，Howard University Press，1974。

② 〔美〕格奥尔格·伊格尔斯、〔美〕王晴佳、〔美〕苏普里娅·穆赫吉：《全球史学史》（第二版），杨豫、〔美〕王晴佳译，北京大学出版社，2019，第五、六、七章。

谱），还能进而消灭资本主义制度，从而在发现自己特有的价值观念、方法而不是根据西方的价值观念来确定自己的基础上为民族文化的前进开辟出全新道路。[①] 这种抵抗的文化不仅能改变地方的生活方式，还能被用作“弱者的武器”催生更大范围的社会和政治变革。[②]《全世界受苦的人》出版后，产生了重要影响，不但激励了撒哈拉以南非洲的民族解放运动和西方的民权运动及学生运动，而且已经成为历史学研究的经典著作。[③]

萨义德的《东方学》被誉为后殖民主义研究的里程碑。所谓东方学，就是19世纪以来在欧洲形成的关于东方的知识体系和话语建制以及西方对东方的权力关系，主要表现为自由与奴役、进步与停滞、理性与感性等二元对立的表述，其特点是作为“他者”的东方与作为“自我”的西方之间相互强化。表面上看，它是学术研究或者浪漫想象的结晶，但实际上是在权力作用下形成话语的结果，是帝国主义与殖民主义的文化意识形态的表现，是用本质主义的方法把东方变成殖民话语的对象进而使之成为从属于西方霸权的西方中心主义的基础。[④] 萨义德从知识是权力的工具的观念出发，通过解构权力与话语的关系揭穿了为西方的政治目的服务的、发明出来的东方学的虚假形象，为建构真实的东方形象开辟了通道。另外，《东方学》还揭开了形塑和强化西方主义基础的伪善性，从而使已经“高大上”和具有“普遍性”的西方历史黯然失色。从这个意义上说，《东方学》不但创立了认识知识生产的新观念、新方法，还改变了思考文化与政治关系的思维方式，全方位改变了对思想文化的传统认识。受《东方学》的影响，相继涌现出许多反思既有的有关非洲、印度、中国等形象的著作，如V. Y. 穆迪比的《发明非洲》（1988），凯特·特茨谢尔的《塑造印度：欧洲与英国有关印度的写作》（1995），T. C. 杰斯普森的《美国的中

---

① 〔法〕弗朗兹·法农：《黑皮肤，白面具》，万冰译，译林出版社，2005；〔法〕弗朗兹·法农：《全世界受苦的人》，万冰译，译林出版社，2005。

② Rita Abrahamsen, “African Studies and the Postcolonial Challenge,” *African Affairs* (2003), 102, p. 208.

③ 〔美〕格奥尔格·伊格尔斯、〔美〕王晴佳、〔美〕苏普里娅·穆赫吉：《全球史学史》（第二版），杨豫、〔美〕王晴佳译，北京大学出版社，2019，第416～417页。

④ 〔美〕爱德华·W. 萨义德：《东方学》，王宇根译，生活·读书·新知三联书店，2007；〔美〕爱德华·萨义德、〔美〕戴维·巴萨米安：《文化与抵抗 萨义德访谈录》，梁永安译，上海世纪出版集团，2009。

国形象 1931～1949》（1996）等。可以毫不夸张地说，《东方学》的学术影响已经越出文化批判领域，在解构和重构非西方历史方面发挥了无与伦比的引领和示范作用，标志着后殖民主义史学研究的形成。

“庶民学派”把后殖民主义史学研究推上新台阶。1982 年，拉纳吉特·古哈联合一批志同道合的历史学家、人类学家和文学批评家共同编辑出版《庶民研究》专辑，以集体研究的形式向主流的、精英主义史学发起挑战，逐步形成了享誉国际史学界、深刻影响了拉丁美洲和非洲的历史研究的“庶民学派”。“庶民学派”旨在改变由殖民主义的精英主义和资产阶级民族主义者的精英主义主宰印度史学的模式，发现独立于精英之外的、具有思想和能动性的庶民阶级创造的自己的政治史。“庶民”一词借自葛兰西，指在南亚社会中与精英相对、被宰制的下层。这些人由于没有文化而无法发出自己的声音，也不能进入历史，沦为没有历史的人。① “庶民学派”通过解读关于精英的历史记录中的权力关系来发现庶民的历史印迹。具体而言，就是从官方或法庭的记录中反其道而行之，或逆其纹理，从统治者的反面或造反者的沉默中发现和还原其立场。1988 年，古哈从《庶民研究》编辑团队退休，他与加亚特里·斯皮瓦克共同编辑了《庶民研究选集》，萨义德撰写了前言，称庶民研究是一次“知识起义”。② 随后，庶民研究从发现庶民的“细小声音”逐渐演变成以文本分析为主的知识史研究。显然，这样的分析模式与西方新社会史和年鉴学派都有所不同。新社会史研究重视人民群众的历史作用，呼唤自下而上的历史研究路径，但强调经济基础的决定性作用和组织的领导作用。年鉴学派重视长时段结构性因素的历史作用。“庶民学派”在很大程度上是历史学家和底层的一种对话，在对话中发现底层的细小声音及其背后的权力结构和运作机制。更为重要的是，“庶民学派”对历史学研究的影响并不仅仅局限于南亚，它对非洲史和拉丁美洲史研究也产生了深刻影响，在一定程度上促进了对下层民众的历史能动性的探索。③

深受以布罗代尔为代表的年鉴学派影响的拉丁美洲史学在 20 世纪 90

---

① 刘健芝、许兆麟选编《庶民研究：印度另类历史术学》，中央编译出版社，2005。

② Gayatri Chakravorty Spivak and Ranajit Guha, eds., *Selected Subaltern Studies*, Oxford University Press, 1988.

③ 对拉丁美洲史研究的影响，可参看 Florencia E. Mallon, “The Promise and Dile-（转下页注）

年代接受了后殖民主义的影响，进而开辟出新的研究领域。第一个把庶民学派研究方法引入拉美历史研究的是吉尔伯特·约瑟夫。① 1990 年，他在《拉美研究评论》上发表论文，主张采用古哈的逆其纹理的方法分析政府当局文件中有关土匪的历史信息，进而重新认识历史上的农民起义和抵抗运动。其实，庶民研究早就是拉美研究中的一个重要领域，尤其是在研究社会运动中的国家、民族和人民的关系时，但在拉美并未形成一个像印度那样的既有理论探讨又有史学实践的庶民学派。拉美 20 世纪 80 年代发生的剧烈社会经济变化要求改变社会科学和人文科学研究中的功能性认识方法，印度的庶民学派契合了这一时代要求，尽管它在印度已呈现衰落之势。② 1993 年，拉美学者组成了“拉美庶民研究小组”，宣告拉美庶民研究正式兴起，其宗旨是揭示拉美历史上不同时间和空间的庶民性，从而重新认识国家、民族等概念以及建立在此基础上的传统历史认识。③ 来自不同学科和国家的学者秉持同样的理念，采用交叉学科的研究方法，分析了现代性与强者主导历史和社会的局限性，发现庶民的历史能动性，重新界定作为客体的庶民和作为主体的学者之间的关系。④ 尽管拉美庶民研究小组在 2001 年解散了，但它留下了一系列重要研究成果，其中 20 篇重要论文收录在《拉美庶民研究读本》中。⑤ 虽然这个主要以在美国大学工作的拉美学者组成的研究小组不存在了，虽然海外的拉美学者和域内的拉美学

(接上页注③) mma of Subaltern Studies: Perspectives from Latin American History," *The American Historical Review*, Vol. 99, No. 5 (Dec. 1994), pp. 1491 – 1515; "Latin Amercian Subaltern Studies Revisited," *Disposition: American Journal of Cultural Histories and Theories*, Vol. XXV, No. 52 (2005)。对非洲史研究的影响，可参看 Frederick Cooper, "Conflict and Connection: Rethinking Colonial African History," *The American Historical Review*, Vol. 99, No. 5 (Dec. 1994), pp. 1516 – 1545; Christopher J. Lee, "Subaltern Studies and African Studies," *History Compass*, 3 (2005), AF162, pp. 1 – 13。

① Florencia E. Mallon, "The Promise and Dilemma of Subaltern Studies: Perspectives from Latin American History," *The American Historical Review*, Vol. 99, No. 5 (Dec. 1994), p. 1499.

② José Rabasa and Javier Sanjinés C., "Introduction: The Politics of Subaltern Studies," *Disposition*, Vol. 19, No. 46 (1994), Subaltern Studies in the Americas, pp. v – xi.

③ Latin American Subaltern Studies Group, "Founding Statement," *Boundary* 2, Vol. 20, No. 3 (Autumn 1993), pp. 110 – 121.

④ Steven Noel Latzo, *The Emergence of Latin American Subaltern Studies and Gramscian Dismay*, Dissertation submitted to Binghamton University in 2011.

⑤ Ileana Rodriguez, ed., *The Latin American Subaltern Studies Reader*, Duke University Press, 2001.

者在拉美历史研究上存在尖锐分歧，但后殖民主义和庶民学派的研究思路和方法却在拉美历史研究中扎下了根，寻求穷人和被压迫者的解放的批判性思维已经并将继续改变着拉美历史研究的面貌。①

在非洲史研究中虽然没有建立像“拉美庶民研究小组”那样的组织，但非洲史研究中的社会史流派与庶民学派的理念和追求接近，后来它又受到葛兰西理论的深刻影响，走出了一条与印度庶民学派志趣相投的平行并进之路。② 非洲民族主义史学中的自由派注重对农民反抗运动的研究，从中发现殖民国家的权力并不仅仅是政治经济的统治权，还有文化霸权，对非洲农民的反抗思维、语言和策略的认识需要走出殖民者所规定的模式。换句话说，就是要解构从欧洲中心论出发来认识非洲底层历史的传统方法和思路。于是，非洲社会史学家和印度庶民学派的历史学家逐渐走到一起，相互促进。在查特吉和潘迪合编的《庶民研究》（第七辑）中，特伦斯·兰杰贡献了一篇关于津巴布韦宗教的政治史的论文，在一定程度上起到了把庶民学派的方法应用和推广到非洲历史研究中的客观作用。③ 在舒拉·马克斯和达格玛·恩格斯编辑的《竞夺殖民霸权》论文集中，收入了庶民学派三位主将的 13 篇论文。这些论文分别从殖民教育、公共卫生、警察执法三个方面检视了葛兰西霸权概念在非洲和印度殖民史研究中的适用性，揭示出殖民帝国的强迫政策和被殖民者的被迫同意这两种表现的复杂含义。④ 这一合作研究在一定程度上起到了把非洲反殖史和印度反殖史进行比较的作用，从而深化了对殖民国家与地方社会相互关系的探讨。

---

① Gustavo Verdesio, “Introduction. Latin American Subaltern Studies Revisited: Is there Life after the Demise of the Group?” *Disposition: American Journal of Cultural Histories and Theories*, Vol. XXV, No. 52 (2005), pp. 5 – 42.

② Christopher J. Lee, “Subaltern Studies and African Studies,” *History Compass* 3 (2005), AF162, pp. 4 – 9.

③ Terence Ranger, “Power, Religion and Community: The Matobo Case,” in P. Chatterjee and G. Pandey, eds., *Subaltern Studies VII: Writings on South Asian History and Society*, Oxford University Press, 1992, pp. 221 – 246.

④ Dagmar Engels and Shula Marks, eds., *Contesting Colonial Hegemony: State and Society in Africa and India*, British Academic Press, 1994; Godfrey Muriuki, “Bookreview on Contesting Colonial Hegemony,” *The International Journal of African Historical Studies*, Vol. 28, No. 3 (1995), pp. 597 – 599.

从以上分析可以看出，后殖民主义已经影响到整个亚非拉历史研究，这种学术上的“南南合作”在探寻非西方历史的庶民性中或者更新了研究领域，或者产生了新研究范式。就发现殖民地底层的历史能动性而言，第一，需要突破殖民者灌输的二元论模式（文明的殖民者和野蛮的被殖民者，现代和传统，破坏性的帝国主义者和静止的土著社会，统治与抵抗等），摆脱进行简单的非此即彼式的反驳性研究但思维方式仍然停留在二元论框架内的研究模式。① 第二，通过破解知识形成背后的权力结构来找出被压迫者的自主能动性，从而把对底层的研究变成一个具有自主性但又与外部世界具有广泛而非二元结构联系的领域。第三，在寻找殖民时代底层的历史能动性时，抵抗并不是唯一的载体和内容，地方社会固有的、连续的、变化的运行机制也不应该被忽略。在这一视野中，连续性需要得到重新发现，或者需要在殖民时代历史的连续性和断裂性之间取得平衡。第四，作为约定俗成的知识的部落、民族等概念都需要重新界定和理解，尤其是在殖民时代，它们都不过是想象的共同体而已。于是，殖民主义既不是亚非拉历史上的一个临时性插曲，也不是导致亚非拉历史断裂的事件，而是内化于亚非拉历史的有机组成部分；抵抗不再是仅仅对外来殖民者说不的运动，也不是以暴力程度来判断其彻底性和革命性的政治行为，而是牵动着殖民地社会各方面的枢纽节点。

经过民族解放运动或非殖民化运动，亚非拉世界建立了一系列民族国家。在民族主义史学中，民族主义本身就是从欧洲历史中生发出来的思想，在欧洲历史上它一方面催生了欧洲民族国家的建立，另一方面奠基了欧洲殖民扩张事业。殖民侵略和统治的一个出乎意料的后果是在殖民地为自己培养了掘墓人，殖民地精英借用欧洲的民族主义思想要求民族平等和独立。亚非拉民族国家的兴起是实践来自欧洲的民族主义的成果。在现代化史学中，民族国家的兴起是现代性向非西方世界扩散的结果，为第三世界实现现代化提供了基础和推进器。这两个流派对民族国家建设的认识意味着以下三个方面。第一，民族国家的建立标志着亚非拉历史与传统发生断裂，标志着历史翻开了新的一页。亚非拉国家告别了与欧洲不同的部

① Frederick Cooper, “Conflict and Connection: Rethinking Colonial African History,” *The American Historical Review*, Vol. 99, No. 5 (Dec. 1994), pp. 1516 – 1519.

落、王国和帝国状况，融入世界现代化大潮。但是，即使是早在19世纪20年代就已经获得独立的拉美国家也经历了持续动荡，民族国家的建设和巩固异常艰难。第二，这种同质性、统治性的政治体制（国家代表民族）和意识形态无视多民族的历史传统和文化差异，导致国内小民族主义泛滥，形成难以解决的民族分裂主义或分离主义以及跨界民族问题。这种情况在那些由宗主国在地图上随意划分出来的非洲国家中表现最为突出。第三，以这种民族主义思想为指导，代表资本和理性的亚非拉民族国家对待本民族文化的态度比较复杂。在争取民族独立时代，本民族文化是激发民族斗志的源泉和武器。在建设时代，本民族文化成为工业化的障碍，需要改造甚至摒弃。在后殖民主义者看来，这种对待民族文化的态度实际上是用欧美文化观照亚非拉文化的结果，是在殖民主义和帝国主义时代殖民者为了凸显“自我”而人为把亚非拉文化建构成“他者”的结果，是作为“欧美中心主义”的同谋共犯之“东方主义”的产物，是亚非拉精英阶层自我东方化的产物。这种文化建构借助不平等的国际秩序和科学的权威变成了亚非拉国家的意识形态。① 亚非拉历史研究需要发掘被欧洲民族主义排斥和创建民族国家过程中被压制的民众力量及其反抗，进而形成对以代表民族、资本和科学的民族国家为主线的线性历史的新认识，塑造出融合了国家与社会、精英与底层、传统与现代的具有混杂型的复线历史。②

亚非拉民族国家虽然获得了主权独立，但仍然奉行从前宗主国就已经开始施行的发展意识形态，或者为了获得援助不得不接受来自两个超级大国的现代化理论或激进意识形态。第一次世界大战之前，德国、日本、美国等新兴殖民国家在其殖民地进行建设性开发，以便更高效地进行剥削，其模式可以称为“为了剥削的开发”。③ 一战之后，老牌殖民国家如英国和法国为了解决国内就业不足和经济疲软的问题，以国家干预的方式制定殖

---

① 许宝强、罗永生编选《解殖与民族主义》，中央编译出版社，2004。

② 〔印度〕帕尔塔·查特吉：《民族主义思想与殖民地世界：一种衍生的话语?》，范慕尤、杨曦译，译林出版社，2007，第236~239页；〔美〕杜赞奇：《从民族国家拯救历史：民族主义话语与中国现代史研究》，王宪明译，社会科学文献出版社，2003。

③ Johani Koponen, *Development for Exploitation: German Colonial Policies in Mainland Tanzania, 1884 - 1914*, Lit Verlag, 1995.

民地发展计划，企图通过殖民地的发展来帮助他们走出困境。这是作为意识形态的发展的滥觞。1929 年，英国通过了“殖民地发展法”，成立了“殖民地发展建议委员会”，负责审批项目和资金分配。1940 年，英国通过了“殖民地发展与福利法”，此后还为非洲制定了“十年发展计划”。亚非国家获得独立后，英国对前殖民地展开发展援助，其目标是通过促进经济社会发展，使之从传统社会迈向现代社会。① 法国在 1961 年成立合作部，1963 年推出“与发展中国家合作政策”，改变了先前把从“马歇尔计划”中获得的援助分配给自己殖民地的做法，转而从自己的国民生产总值中拿出一部分援助发展中国家。在战后的发展援助中，无论就其规模还是影响而言，美苏两个超级大国都是主角。在冷战的国际环境中，美苏两大集团在第三世界展开争夺，通过结盟和提供援助等方式向第三世界输出自己的价值观、意识形态和制度模式。就政治发展而言，形成了社会主义、资本主义和第三条道路等模式；就经济发展而言，形成了开放的市场经济和自力更生的计划经济等模式。不管意识形态上有多大差异，其核心都是通过援助来促进发展中国家的现代化或发展。然而，除了亚洲新兴工业化经济体之外，亚非拉其他地区都在不同时期陷入了发展危机，现在最引人注目的是经历了各种调整计划、试验了多种发展模式仍然没有达到预期目标甚至有些令国际社会绝望的“非洲发展问题”。②

走出发展困境的第一步是对作为意识形态的现代化或作为话语的发展进行解构。现代化理论是美国社会科学家在总结美欧历史经验基础上提出来的，其中最为著名的是罗斯托的经济成长阶段论。③ 从他给自己著作选用的副标题就可以看出，该理论是与苏联所奉行的马克思主义完全相对的，因此被用于塑造美国对第三世界的政策就顺理成章了。在美国学者和政策制定者看来，民族解放运动带来了不稳定和贫穷，而贫穷是共产主义得以存在和壮大的土壤，因此，为了与苏联阵营争夺欠发达地区，美国就

① Michael Havinden and David Meredith, *Colonialism and Development: Britain and Its Tropical Colonies, 1850 - 1960*, Routledge, 1996.

② ［日］平野克己：《非洲问题——开发与援助的世界史》，徐微洁译，浙江工商大学出版社，2018，第 1 ~ 73 页。

③ ［美］W. W. 罗斯托：《经济增长的阶段：非共产党宣言》，郭熙保、王松茂译，中国社会科学出版社，2001。

要在这一地区推进现代化进程，进而使之进入以美国为代表和终点的人类共同发展道路。[①] 显然，现代化理论在第三世界的推广是美国争霸和进行冷战的工具。就发展本身而言，这种建立在进步和线性历史观基础上的概念经过强势文化的包装和渲染逐渐变成了一种普世的价值和追求，甚至成为一种类似宗教的信仰。像各种宗教一样，发展带给发展中国家的是一个又一个破灭的幻象，于是，就产生了丢弃幻想、超越发展或后发展的各种探索。[②] 对发展中国家来说，作为话语的发展不但把第三世界表征为需要救赎的贫困和欠发展，而且以援助为诱饵迫使发展中国家以发展经济学为指南设计发展项目和规划，从而把这种外来的话语内化成本国的主导性意识形态。换句话说，发展中国家为了获得发展援助促进发展，不得不按发达国家规定的思路形成本国发展的制度和权力体系，其结果是发达国家以理性技术、专业知识和制度实践维持和固化了其在发展中国家的霸权支配地位。因此，发展是一项历史和文化建构，是发达国家为了自己的霸权创造出来的，并不是解决全球问题的常识性手段。发展项目实施的结果不但没能解决发展中国家欠发展的问题，反而加大了国家间和社会各阶层之间的不平等，最终导致失败。[③]

走出发展困境的第二步是工业化国家和国际援助机构开始探讨能够发挥当地人积极性的新发展模式，逐渐形成了采用快速农村评估法（Rapid Rural Appraisal）和参与式农村评估法（Participatory Rural Appraisal）来设计和检验的参与式发展模式。参与式发展就是通过给目标群众赋权的方式使之参与到发展干预过程中来，由发展的局外人变成发展的参与者和实践者。赋权是由原来的干预者通过认可被干预者和转移部分权力给被干预者来实现的，其结果是形成各利益主体共同参与的制度安排。[④] 具体表现是

① 〔美〕雷迅马：《作为意识形态的现代化：社会科学与美国对第三世界政策》，牛可译，中央编译出版社，2003。

② 〔瑞士〕吉尔贝·李斯特：《发展的迷思：一个西方信仰的历史》，陆象淦译，社会科学文献出版社，2011。

③ 〔美〕阿图罗·埃斯科瓦尔：《遭遇发展——第三世界的形成与瓦解》，汪淳玉、吴惠芳、潘璐译，叶敬忠译校，社会科学文献出版社，2011。

④ 在现实中，穷人或底层的生产和生活状况并未因此而改变，更不可能要求他们在朝不保夕的情况下去为未来“贴现”，这在道义上是行不通的。参见〔英〕范达娜·德赛、罗伯特·B. 波特主编《发展研究指南》（下），杨先明等译，商务印书馆，2014，第515页。

在发展中国家先后形成了社会林业、农林业等新型发展项目。[①] 这是在注重混杂文化基础上的多元共存和替代发展。

总之，后殖民主义对亚非拉近现代史研究产生了深刻影响。一方面，它帮助解构了亚非拉史研究中的一些定论或常识，颠覆了作为意识形态的民族国家和发展话语，为重新发现亚非拉人尤其是底层的历史能动性及其文化活力开辟了道路。另一方面，它帮助树立了复线历史观和多元发展的新观念，亚非拉历史中特有的混杂性和多元民族文化的历史作用得以体现，从而呈现出一种超越发展的后发展形态。

三　后殖民主义与亚非拉环境史研究

环境史是20世纪70年代兴起研究领域或史学分支学科。与欧美环境史研究的兴起主要是由环境主义运动推动不同，亚非拉环境史研究更多的是历史学自身发展需要、国际学术交流和现实需要相结合的产物，而且大多是由外国学者首先实践的。[②] 例如，非洲是全世界最大的发展中大陆，在发达工业化国家环境主义运动风起云涌的时候，非洲政治家和普通民众关注的重点是如何能尽快摆脱贫困走向富裕，环境的价值在于能否成为可以利用的资源。因此，在联合国召开的人类环境会议以及其他国际机构组织的论坛上，非洲政治家曾经理直气壮地对他们的欧美同行说，你们要求我们保护濒危野生动物，可我们本身就处于朝不保夕的危险境地，是需要保护的物种，我们和野生动物一样，都需要得到保护。在这样的氛围中，环境主义运动当时在非洲并不发达，但是，随着民族主义觉醒而来的民族主义史学在进一步去殖民化的进程中，需要找到非洲人不同于前殖民者的历史首创精神或能动性。经过艰苦探索和比对，历史学家发现非洲人的独特历史能动性在于他们能够很好地处理与地球上最严酷环境的关系。[③] 这

① 包茂红：《森林与发展：菲律宾森林滥伐研究（1946－1995）》，中国环境科学出版社，2008，第126～134页。

② 关于亚非拉环境史研究的兴起，可参见包茂红《环境史学的起源和发展》，北京大学出版社，2012；Bao Maohong，"Environmental History and World History，" *Historia Provinciae：The Journal of Regional History*，Vol. 2，No. 1（2018），pp. 8－10。

③ J. Iliffe，*Africans：The History of a Continent*，Cambridge University Press，1995，p. 1.

正是非洲环境史研究兴起的学理性的内在动力。

在一定程度上，后殖民主义与亚非拉环境史研究具有天然的内在联系。就像美国的非主流文化运动重在重新发现弱势群体的社会地位一样，后殖民主义旨在找寻先前没有声音的底层的“细小声音”。底层或弱势群体不但包括少数族裔、工人、农民、女性等边缘人群，还包括自然和环境等不能自己发声的客观存在。由于弱势群体往往都生活在生态脆弱地区，受环境影响较大，发掘其声音自然会涉及环境的历史作用。进而言之，环境史研究环境与人相互作用创造的历史，环境被视为演出历史这幕大戏的主角之一。这不同于传统历史学对环境的历史作用的认识。在传统史学中，环境要么被视为历史发生的舞台，要么被视为历史发生的背景，都是没有历史创造性的被动之物。从这个意义上看，重视环境的历史作用就是在后殖民主义研究重视弱势群体这一思路的延长线上更进一步，也是合乎逻辑的一步。

如何让环境在历史上发出声音呢？后殖民主义提供了行之有效的方法论启示。一是解构殖民主义关于亚非拉底层民众和环境关系的不实判断，这些判断在殖民权力作用下已经变成“约定俗成或不言而喻的知识”（received wisdom，accepted knowledge，conventional knowledge）。后殖民主义习惯从既有主导性文献形成背后的权力结构进行分析，进而发现或推断出作为专政或统治对象的弱势群体在历史上留下的蛛丝马迹。通过解构形成话语的殖民主义与科学的复合权力结构，逐步破解主导性叙述的合法性，进而从主导群体的话语和行为中折射出弱势群体的声音。亚非拉环境史研究采用这种方法就能从殖民者留下的档案和游记等资料中发现处于无声地位的亚非拉底层民众和环境的历史。二是通过文本分析和解构一系列“退化叙述”（degradation narrative）来重建亚非拉变动的环境基线（shifting environmental baseline）。解构主导性叙述可以帮助确定原来非主导性叙述的合法性。时人留下的文本既是不同因素作用下的产物，也是一个语义学支配下的、可以解读的客体。对不同时代、不同作者留下的文本的分析大体上能够形成一个关于底层民众和当地环境相互作用的谱系，过滤出不同节点的环境以及人与环境关系的状况，形成制定环境保护计划的基点和理据。三是解构宏大叙事和强调本土性、地方性的方法契合了环境史强调“一方水土养一方人”的特点。在解构作为意识形态的现代化和发展表征（representation of development）的同时，通过赋权本土知识（empowering indigenous knowledge）和强调生物文化多样性（biocultural diversity），揭示出替代发展的复线历史或多元可持续未来的合理性。

在后殖民主义理论指导下，亚非拉环境史研究呈现出新面貌，或许可以称之为亚非拉环境史研究的“文化转向”。在环境史学界流行着一些似乎不证自明的结论，例如，人口增加导致森林面积减少，游耕导致森林滥伐，游牧导致沙漠扩张，种植集约化导致土壤侵蚀等。在几内亚的吉西杜古，坐落在萨凡纳景观上的村庄周围生长着茂密的森林，形成稀树草原上罕见的“森林岛”。对这种现象，当地最为流行的认识是：这是当地人扩大土地利用面积造成森林退化留下的残迹，是人为破坏森林的结果。因此，为了保护生存环境，就要限制当地人的生产规模和人口增长率，禁止利用森林。英国人类学家莉祺和费海德（Melissa Leach & James Fairhead）经过认真研究发现，这些森林是当地人有意种植的产物，因为这些森林大多不是原始林而是次生林，显然不是滥伐之后的残留物。通过多次参与式田野考察和文献分析，他们发现流行的说法最早出自殖民者和殖民政府之口。殖民者并未进行科学研究，只是从现状反推得出这个符合殖民扩张和统治需要的结论。这既不科学也是非历史的，是为了满足殖民者侵占非洲人土地而人为建构的结论。在这个过程中，殖民者还从科学的角度把当地人的农耕实践定义为落后的、不利于环境保护的生产方式。由于给这种认识披上了科学的外衣，它就能够流传下来，成为常识，成为殖民政府和后来的民族国家制定相关政策的出发点。[①] 莉祺和费海德的研究揭示出殖民知识生产背后的权力结构，不仅具有方法论的意义，而且还原了历史真相。此后，他们还把这种方法应用到对西非其他国家和加勒比海地区的环境史研究中，发现了同样的、对地方性知识排挤和选择性忽视进而生成对当地农民森林实践污名化的殖民知识生产的机制。[②] 他们的研究揭开了知

① Melissa Leach, James Fairhead, *Misreading the Africa Landscape: Society and Ecology in a Forest - Savanna Mosaic*, Cambridge University Press, 1996.

② James Fairhead, Melissa Leach, *Reframing Deforestation: Global Analyses and Local Realities: Studies in West Africa*, Routledge, 1998; James Fairhead, Melissa Leach, *Science, Society and Power: Environmental Knowledge and Policy in West Africa and the Caribbean*, Cambridge University Press, 2003.

识生产背后殖民霸权与“理性”霸权相互强化的本质，揭开了建立在此知识基础上的发展和保护政策的不合理性及其本质。但是，这并不是要引导人们不相信亚非拉存在严重的环境破坏，而是提醒人们不要想当然地“因错就错”，要把自己的认识和对策建立在扎实可信的科学叙述基础上。

无论是在殖民地时代还是独立后，制定发展计划都需要建立在环境基线的基础上，但这个基线会根据制定者身份和追求目标的变化而变动。法国殖民者占领北非后，为了建立稳固的殖民统治，为了把北非景观改造成与法国南部相似的景观，进而把地中海变成法兰西帝国的内湖，提出了重新安置当地游牧民族、推行植树造林的计划。其依据是北非曾经是罗马帝国的粮仓，阿拉伯人到来后过度放牧导致环境衰败和沙漠化。民族国家建立后，阿尔及利亚、摩洛哥和突尼斯为了获得发展援助，在一定程度上沿用了法国殖民者的发展思路和政策，把殖民主义的文明化野蛮人的做法变成了民族主义的发展话语。戴维斯（Diana K. Davis）采用萨义德的话语权力分析理论，仔细检索了文献资料和考古资料，甚至运用古生态学和旱地生态学的最新研究成果解构了这种衰败论叙述。她发现，罗马作家确实曾把北非描述成土壤肥沃的地区，但也有关于罗马人推行自己的生产技术导致土壤侵蚀和退化的记载。阿拉伯历史学家伊本·卡尔敦确实曾在《历史学导论》中把牧民描述成像“蝗虫”一样，但也有流动放牧有利于恢复植被的记录。法国殖民者对古代的记载采用了为我所用的态度，把罗马作家的描述简化成“北非是罗马的粮仓”，把阿拉伯作家的描述简化成“游牧民像蝗虫”。殖民者之所以要制造这种衰败论，根源在于通过把阿拉伯人的生产技术定性为环境破坏型、把罗马人的生产技术定性为环境友好型来为殖民阿拉伯人提供合理性和合法性，达到夺占当地人的土地和资源、把满足当地人需要的生计农业转化成满足法国和世界市场需要的商品农业、对当地人进行社会控制的目的。换句话说，法国殖民者通过裁剪史料为自己在北非殖民建立了环境基线。[①] 戴维斯通过解构殖民者的衰败论重新发现了阿拉伯人在历史上利用和改善环境的能动性，为北非国家制定自己的

① Diana K. Davis, *Resurrecting the Granary of Rome*: *Environmental History and French Colonial Expansion in North Africa*, Ohio University Press, 2007; Diana K. Davis and Edmund Burke III, eds., *Environmental Imaginaries of the Middle East and North Africa*, Ohio University Press, 2011.

发展规划提供了一个不同于殖民者的、立足于本土知识的环境基线。从某种意义上说，这样的解构和重构有助于非殖民化的深化，有助于让亚非拉群众成为亚非拉历史的主人，有助于亚非拉国家的自主发展。

在世界发展进程中，发达国家相继发生了严重的环境污染，发展中国家出现了生态危机。前者与奢侈性过度消费相关，后者与满足基本生存需求的生产相关。这些问题叠加促成发展研究与生态学、环境科学等结合，形成风靡全球的可持续发展概念和政策。1987 年，世界环境与发展委员会在《我们共同的未来》报告中给出了经典定义，即可持续发展是既能满足当代人的需求也不损害后代人满足其需求的能力的发展。1992 年的联合国环发大会后，可持续发展成为国际社会和各国政府共同追求的目标和主流意识。进入 21 世纪后，可持续发展项目的关注重点转向农业领域，尤其是关于生物多样性与现代基因技术的关系、全球性疾病和气候变化的影响等领域。[①] 但不可否认的是，可持续发展也是一个由发达国家和发展中国家上层主导的话语，发展中国家的底层及其环境没有得到应有的重视。因而，可持续发展及其政策实践是一个需要解构的话语体系。杜赞奇从分析全球现代性的危机出发，正视当下遭遇的可持续发展危机，利用其把线性历史转化成流转的历史（circulatory history）以及思想超越性的分析范式，颠覆了西方主导的一元可持续发展概念，主张通过重新考虑中国和印度的替代性传统为可持续发展提供新的、可行的宇宙论基础，从而形成多元可持续的未来（sustainable futures）。[②] 为了走出榨取主义和资源诅咒的泥潭，拉美提出了超越发展或替代可持续发展的、基于本土生态和知识的“好生活”蓝图。他们认为，可持续发展本身就是一个基于错误共识的矛盾性词语，其中存在着诸如不承认经济增长的生物物理限制、视现代科技为灵丹妙药、未能正视无节制的消费、忽视文化伦理和精神的价值、不重视直接民主治理等 9 个方面的缺陷，是一个需要解构的对象。替代可持续发展的是来自原住民知识但吸收了可持续发展概念中有用成分的、开放的、复数的“好生活”。具体而言，“好生活”是在尊重人与自然和谐以

① Andrea Cornwall and Deborah Eade, eds., *Deconstructing Development Discourse: Buzzwords and Fuzzwords*, Practical Action/ Oxfam, 2010, p. 158.

② 〔美〕杜赞奇：《全球现代性的危机——亚洲传统和可持续的未来》，黄彦杰译，商务印书馆，2017。

及生物和文化多样性基础上的，追求去增长和生态民主的整体主义人类福祉观和实践。①

其实，地方性知识也不是一成不变的。在非洲，主导的发展意识形态把不利于统治阶级及其资本的刺梨视为需要清除的外来杂草，把不符合西医的当地兽医知识视为需要淘汰的落后迷信。受后殖民主义影响的环境史学家发现，杂草是南非地产开发商为了获得刺梨生长的溪水边上的土地而人为认定的，这种命名的方式被用作剥夺当地非洲穷人的生存之地的武器。其实，对当地非洲人尤其是女性来说，虽然刺梨是在17世纪从美洲传入南非的，但经过长时期的非洲化，在很大程度上它已经变成了适应南非环境的品种，其茎叶、枝干、果实等都或被直接利用或经过加工变成商品，成为非洲人维持生计不可或缺的物品。进而言之，建立在刺梨养殖和利用基础上的文化也是非洲人文化的有机组成部分，清除刺梨意味着把非洲人文化的根基拔除。② 因此，南非和平过渡之后，非洲人政府改变了前白人政府的政策，转而尊重生物文化多样性，并在此基础上形成多元可持续的未来。在南非农村，地方性的兽医知识是带有神秘性的非洲医学知识的一部分，保持着把牲畜生病和治疗与牧场和超自然力量联系起来的基本思维，并在此基础上发展出防止疾病发生的季节性流动放牧制度。西医把这种与神秘力量相连的地方性兽医知识诟病为迷信。其实，地方性兽医知识经过400多年的殖民统治之后已经变成了一个开放的综合体，既接受了生物医学的有用成分，同时又保持了自己的特色，成为一种新的非洲人的地方性知识。③ 新南非政府尊重非洲人用地方性兽医知识应对地方性牲畜疾病的实践，使其在与西医并行不悖的自由环境中完善自己。显然，这是在解构“理性霸权”和“进步霸权”之后对先前被摒弃的地方性知识的再发现和对当地底层的赋权。

如果说在发展话语中地方性知识是被连根拔起、底层成为无根的漂泊

---

① 〔德〕米里亚姆·兰、〔玻〕杜尼娅·莫克拉尼主编《超越发展：拉丁美洲的替代性视角》，郇庆治、孙巍等编译，中国环境科学出版社，2018，第184～196页。

② William Beinart & Luvuyo Wotshela, *Prickly Pear: The Social History of a Plant in the Eastern Cape*, Wits University Press, 2011.

③ William Beinart and Karen Brown, *African Local Knowledge and Livestock Health: Disease and Treatment in South Africa*, Wits University Press, 2013, pp. 12 - 17.

者的话，那么赋权地方性知识就是一种“寻根”行为，赋权底层就是使其立足脚下的大地成为自己的主人。但是，赋权不是复古，而是地方性知识在适应不断变化的环境基础上的再发明（reinvention）。以包括掌握这种地方性知识的底层的人类为主体的发展替代（alternatives to development）而非替代性发展（development alternatives）注定是多元的、自主的、可持续的。

总之，后殖民主义为亚非拉环境史研究打开了一扇大门，通过这扇门看到的是另一番天地和景象。原来以为是常识和制定政策出发点的一些“退化叙述”都隐含着殖民政治经济权力和科学权力的作用，原来认为天经地义的“发展或可持续发展话语”也不可避免带有霸权色彩，建立在此基础上的发展规划自然也难以达到预定目标，甚至进一步恶化了人与环境的关系。解构不仅具有颠覆性，更具有建设性。从这个意义上看，解构是为了重构，在解构中明确了重构的环境基线，明确了地方性知识和底层是一个变化的、开放的综合体。这就预示着建立在此基础上的未来是多元的。换句话说，人类的未来不是单数的、线性的，而是复数的、复杂的。

四　简短的结论

亚非拉地区是世界的一个有机组成部分，是一个具有独特性的部分。长期的殖民统治把它纳入了宗主国的发展轨道，战后的发展援助也试图赋予它一个与发达国家一样的前景，但亚非拉并没有走上与前宗主国相同的道路，即使获得了独立也没有获得发达国家那样的发展水平。亚非拉“失去了一个旧世界但没有获得一个新世界”，沉淀下来的是不东不西、亦东亦西的混杂后殖民性。对这种后殖民性，仅仅从发展中国家出发进行反思（rethinking）是不够的，还需要从形成它的历史经验、思维模式等方面进行否思（unthinking），从相互联系和一体化角度对世界史的这种本质进行批判性思考。

后殖民主义史学研究借鉴哲学和文化研究的思路和方法，对18世纪以来西方建构的东方形象进行了解构，开辟了历史研究的新领域和新境界。它在发掘社会弱势群体的“细小声音”的思路延长线上，自然会遇到不曾在历史上发声的环境，从而带动亚非拉环境史研究发生“文化转向”，解构由殖民者建构的“退化叙述”和被迫接受的“发展或可持续发展话语”。

解构和文本分析帮助打碎了一个按照殖民主义和霸权主义逻辑建立起来的知识旧世界，试图建立一个尊重环境和地方性知识、以底层为主体的多元的发展替代新路径。在解构各种“退化叙述”和“发展话语”中找到新的环境基线，在依靠生物文化多样性基础上再发明地方性知识，最终形成以包括底层人类为主体的多元可持续未来。但是，这种发展替代能否尽快变成现实在很大程度上取决于政府、社会、市场和文化四维在国际与国内两个空间的互动和博弈。

如何学习非洲：基于哈佛燕京非洲研究访学项目的思考

罗　楠*

摘要：随着近年亚洲国家积极参与非洲事务以及亚非关系日益密切，亚洲学术界掀起了非洲研究热潮，向年轻亚洲学者传授更广泛的非洲知识成为必要且紧迫的任务。2019～2020年，哈佛燕京学社与哈佛大学非洲研究中心首次面向亚洲学者开设访学项目，从非洲历史、社会文化和语言等方面为亚洲学者提供更基础的培训。本文基于笔者为期一年的项目体验，从智识理解、田野观察和知识生产三个方面探析哈佛非洲历史文化培训项目对如何学习非洲的启示。本文认为，从认识论和方法论上对研究区域追根溯源有助于认识和理解当代国际关系问题。

关键词：哈佛燕京学社　非洲研究　非洲历史　非洲文化　田野调查

引　言

近年来，越来越多的亚洲行为体①积极与非洲国家接触，以援助、国

---

* 罗楠，北京大学国际关系学院2017级博士研究生，哈佛燕京学社－哈佛大学非洲研究中心访问学者（2019～2020年）。

① 在传统国际关系研究中，行为体主要指主权国家。随着全球化发展，参与世界事务的行为体突破国家界限，呈现多元化的态势。对多元行为体的把握，奥兰·扬等主要研究者做了三种分类，即第一部门（国家与政府），第二部门（私有部门）和第三部门（非政府组织），而这三类行为体分别有国内和国际两个维度上的样态（参见 M. A. Delmas and O. R. Young, eds, *Governance for the Environment: New Perspectives*, New York: Cambridge University Press, 2009）。在当代对非关系中，一般认为政府行为体是主要推动（转下页注）

际合作、投资贸易等形式参与非洲事务。其中，中非关系尤其受到关注，除此之外，印度、日本、马来西亚都在非洲有较高存在度。与之相应的是在亚洲学术界掀起的非洲研究热潮，有更多的亚洲年轻学者投身于非洲研究中。哈佛大学燕京学社作为全球亚洲研究的重镇，把握到这一重大趋势，适时地与哈佛大学非洲研究中心合作，面向亚洲学者开设为期一年的访学培训项目。值得注意的是，这个项目的培训内容并不直接针对当前热点问题，而是从非洲历史、社会文化和语言等方面为亚洲学者提供更基础的培训。这不仅让研究当代亚非关系的学者接触到更丰富的非洲知识，而且有助于我们更深入地思考和理解各自关注的当代问题研究。在不断体验和探索历史文化知识与当代非洲议题之间的关系过程中，我逐渐对如何学习非洲形成了一定认识。本文从智识理解、田野观察和知识生产三个方面探析哈佛非洲历史文化培训项目对学习非洲的启示。

一　理解非洲：当代问题研究的历史文化视角

为什么要学习非洲历史文化？或者说，对于研究当代非洲问题，历史文化视角是否是必需的？如果是，又当如何把握呢？在初入非洲研究领域之时，我曾在这个问题上采取比较二元割裂的态度，把非洲历史文化置于学习的边缘。这种想法随着我发现许多当代非洲问题无法在当下的现实中寻求出路而逐渐改变。以当代中非关系为例，中资企业在非洲开展业务遭遇阻力、中国对非高等教育援助收效未如预期、非洲人对华态度复杂多元而不再是简单的“兄弟情谊”……这些问题都无法在短期现实中获得解释，更无从讨论其有效的解决办法，而有关讨论都绕不开非洲的历史与文化。由于教育界尚且缺少历史视角对现实的观照，年轻学者往往在这方面不够重视。历史文化在当代非洲问题中成了“房间里的大象”，显而易见

(接上页注①)力。但是有越来越多的研究关注到对非关系行为体的复杂性。例如，私营企业在非洲的参与度比国企更为活跃，而且市场化的行为逻辑也与国企不同（麦肯锡：《龙狮共舞：中非经济合作现状如何，未来又将如何发展?》，https：//www. mckinsey. com. cn/wp－content/uploads/2017/06/ChinaAfrica_Cover－VF－highrez_CN－1. pdf，最后访问日期：2018 年 12 月 31 日；C. K. Lee，*The Spector of Global China*：*Politics*，*Labor*，*and Foreign Investment in China*，Chicago：University of Chicago Press，2017)。本文所说的行为体，泛指这三个部门中参与非洲事务的域外主体。

却无人问津。

哈佛的非洲研究有着悠久的历史文化研究传统，多以历史学、社会学和人类学的研究路径见长。在哈佛访学期间，这些方向的知识填补了我个人之前对非洲研究从历史文化视角和相关方法上的空白，让我对当代非洲问题研究有了许多新的思考参照。国内目前的非洲研究教学体系将区域研究置于国际关系研究的框架下，而当前的国际关系理论和研究范式在认识论上主要生发于西欧的历史经验，在方法论上受到科学行为主义的强烈影响。在这种安排下，区域研究成为验证普适的科学范式的工具。[①]然而，这种高度概括化的认知和方法容易对非洲等区域产生无知或误解，过分强调宏观结构层面的科学范式可能会忽略结构之下那些人、事、物微妙的动态关系。例如，在解释古代西非社会的中央集权政治制度与东非海岸城邦国家制度差异时，当地的自然环境、贸易方式和对外交往历史都是重要因素，难以一言以蔽之得出一个优劣判断。又如，在面对外来者的到来，非洲不同行为体的态度在不同阶段皆不相同——当葡萄牙人到达斯瓦希里海岸时，蒙巴萨的策略是抵抗，而马林迪则迎合；北非穆斯林与法国人的关系充满冲突暴力，而西非穆斯林对法国人却温和得多。[②] 这些差异皆与非洲社会内部政治生态和复杂性有关，我们很难从表象上立刻做价值判断。虽然这些都是有关非洲历史的知识，却对当代非洲的研究有重要启示：第一，需要打破原子式的观察视角，认识非洲内部的多样性；第二，追溯非洲内部差异性的形成原因有助于我们理解当下状态的来龙去脉，换言之，对非洲的认识要以超越结构性的动态视角来“知其然”，还要“知其所以然”。

在智识层面强调历史对现实的观照，对于非洲区域来说尤为重要。比如，如果从黑格尔的“真正历史”概念意义来考虑，[③] 非洲就是一个没有

① 任晓、孙志强：《区域国别研究的发展历程、趋势和方向——任晓教授访谈》，《国际政治研究》2020 年第 1 期，第 134 ~ 160 页。

② 举例的知识点均来自哈佛大学非洲历史课程“History 1700: The History of Sub - Saharan Africa to 1860”“History 1701: West Africa from 1800 to the Present”，主要参考材料包括：E. Akyeampong, *Themes in West Africa's History*, Athens: Ohio University, 2006; K. Shillington, *History of Africa* (3rd ed.), New York: Palgrave Macmillan, 2012.

③ 参见〔德〕黑格尔《历史哲学》，王造时译，上海世纪出版集团，2006，绪论和第一部第三篇“波斯”。

“历史”的地区。但从更通俗的意义上来讲，非洲没有“历史”这一状况是与这一地区缺乏自觉的、持续的和系统的历史书写实践和传统有关。当我们在现代条件下重新审视非洲历史，我们可以发现非洲的历史和文明无论从深度还是广度都是大有可观的。[①] 基于当今非洲的现实实践，非洲历史的价值不仅在于非洲历史文明悠久，宗教、文化、社会制度等各方面都有高度的历史延续性，还因为非洲的现代化呈现时间和空间的发展不均，即时间上非洲在几十年间经历西方国家百年的现代化过程，空间上非洲城市化迅猛但农村总体落后。这意味着历史传统与现代生活被压缩融合，历史和文化成为现当代问题必须要考量的维度。例如，曾被外界视为传统迷信的巫术，实际上仍然存在于非洲人的生活哲学和社会秩序当中，从而被引入埃博拉病毒传播等人类发展问题的研究中。[②] 再如，女性自古在非洲社会的独特位置，使得几乎所有非洲相关讨论都无法绕开性别议题。[③] 很长时间以来，非洲被置于世界的另一端，被描述为不可理解的、异样的他者。[④] 但如果我们能用历史文化的视角解读非洲，挖掘非洲内部复杂性的成因，许多问题将不会止步于简单的文明冲突论，非洲也不再继续被神秘化和异化。

二　田野观察：　体认非洲的国际性与非正式性

智识层面对非洲的认知改变，让我再次走进非洲并用不同方式近距离观察当地，收获倍增。哈佛访学项目中的一个重要组成内容，是前往肯尼亚和坦桑尼亚进行短期实地考察，其目的是让我们的学习从课堂和书本中走向田野，真正做到在区域中研究区域。此行我们造访了内罗毕和达累斯萨拉姆等多个东非城市。哈佛主办方在安排行程时充分考虑到几位访学学生不同的研究方向，在征求各自意向后定制了包括拜访当地学术机构、走

① 〔奥〕沃尔夫：《欧洲与没有历史的人民》，赵丙祥 等译，上海人民出版社，2006，第 36 页。

② Lys Alcayna-Stevens, “‘Ebola Business’: Surfeit and Suffering in the Democratic Republic of the Congo,” Harvard University African Studies Workshop, February 24, 2020.

③ 在加纳的大学本科课程设置中，性别研究（Gender Studies）被作为必修课成为每个大学生都要求修习的课程。

④ 例如英国约瑟夫·康拉德的《黑暗之心》。

访在非开展的国际合作项目、参观斯瓦希里文化历史景点的考查内容。考察行程有意识地结合了当代发展项目与历史传统景点，旨在通过现实项目的表象，探讨历史塑造的社会文化形式和区域政治经济的变迁。更重要的是，通过在地观察和感知非洲社会与自身生活世界的异同，我得以思考和欣赏非洲社会变动不居的复杂性。

在整个考察行程中，到处都可以观察到非洲作为国际发展的重要区域，日益成为国际组织和域外大国活动和竞争的痕迹——机场高速两旁林立的外企标志，日本国际协力机构（JICA）在肯尼亚乔莫·肯雅塔农业技术大学几乎无处不在，达累斯萨拉姆大学校园内醒目的中国援助建筑，中国承建的蒙内铁路和日本开发的蒙巴萨港口并立……在域外行为体如火如荼开展项目的同时，非洲绝非一个静止的舞台或是被动的成果接受者。实际上，非洲积极地参与到发展项目的设计规划和建设过程。国际发展项目的制定与执行，原则上都需要符合非洲国家自身的发展战略框架，更有很多国家自己提供项目建议邀约援助者来协助——在“超越援助”话语之外，非洲人越来越强调自我调配援助资源，并积极探索让援助资源为我所用。“授人以渔”不仅只是提供方的“善意”（Good Will），更是接收方通过发展项目得到技术转移的诉求和行动。

除了非洲行为体有意识的积极行为，非洲作为域外发展行为体活动的场域，其内部的政治社会复杂性也时刻影响着发展项目的设计与执行。根据我的街头观察，腐败、失业和基础设施薄弱问题无处不在，而它们正是非洲国家发展进程中面临的最大挑战之一。要应对这些挑战，就不得不系统性地研究如何认识非洲传统文化、后殖民历史和全球化浪潮等话题。此外，对于各类问题的看法以及优先排序，也因利益攸关方不同而变化。一个典型例子是面对坦桑尼亚总统马古富力的反腐与改革政策，大型跨国公司多持不满（也导致许多外界媒体常有负面报道），但却颇受坦桑国内中小型企业和创业者的支持与欢迎。在切身感受了非洲社会的纷繁后，我深刻意识到任何国际发展项目的设计者都无法抛开非洲国家内部的复杂性，以“救世主”的身份一厢情愿地进行经验移植。

非洲国家内部的复杂性特点可以归纳为“非正式性”（Informality），

即缺少现代国家构建的制度要素，以亲缘、族群、宗教等非制度要素作为行为选择的标准。正如海登指出的，在正式制度薄弱的非洲国家，正是基于社会网络和社群关系的庇护主义（Clientalism）弥合了国家与个人之间的鸿沟。[①] 大量不纳入税收范围的街头经济、国家推行“一致性规则”的有限能力[②]、社会和国家分野模糊等都是非正式性的表现。[③] 制度色彩浓厚的东亚文化背景，使我一度对非洲政治、经济、社会的非正式性感到陌生和不解。当然，我愈发能够认识到，这种不符合现代国家构建标准的特性，却有着自己生长的逻辑。此次田野观察让我对非洲的这个特点有了具象的感受。以铺天盖地的移动银行服务 M－PESA 为代表的手机革命、青年人强烈的企业家精神、穿梭于街头和车流之间的杂货小贩、马塔图（Matatu）和“摩的”（Boda boda）司机，无不展现着惊人的生意头脑和非正式经济的旺盛活力。这番看似混乱的景象，并非真的无序——实际上，这些未被纳入制度轨道的经济活动基于社会长期互动形成自己一套默认的、无形的规范和秩序，串联起普通百姓的社会生活。反之，平凡的非洲人在广阔的非正式活动中不仅获取了支撑生活的收入，也从中获得了个人尊严与社会认同。

程莹曾经在《如何“进入非洲”——我的尼日利亚田野体验》一文中分享了两点在非洲开展田野调研的关键经验：摒弃对西方学术权威的“迷信”和充分尊重研究对象。[④] 此次哈佛项目的考察之旅也对我产生了类似的启示。走进非洲，不仅需要把双脚踏入非洲，更需要以谦逊的姿态拥抱非洲的流动性和复杂性。只有如此，对非研究和发展政策才不会沦为一纸

① G. Hyden, “Culture, Administration, and Reform in Africa,” *International Journal of Public Administration*, Vol. 36, No. 13, 2013, pp. 922－931.

② 闫健：《本土社会与外来国家：非洲国家构建的社会逻辑》，《马克思主义与现实》2017年第4期，第158～167页。

③ 学界已有不少文献从经济、政治、社会等角度专门对非洲的“非正式性”展开讨论。如：E. Preston－Whyte & C. Rogerson, *South Africa's Informal Economy*, Contemporary South African Debates, Cape Town: Oxford University Press, 1991; K. Meagher, *Identity Economics: Social Networks and the Informal Economy in Nigeria*, London: Boydell & Brewer, 2010; Daniel E. Agbiboa, *Transport, Transgression and Politics in African Cities: The Rhythm of Chaos*, Cities and Society, London: Taylor and Francis, 2018。

④ 程莹：《如何“进入非洲”——我的尼日利亚田野体验》，《中国非洲研究评论（2015）》，社会科学文献出版社，2017，第255～262页。

空谈，非洲也不再是国际行为体“暂时来去”的“飞地”。①

三　全球化与实践性：非洲今日的知识生产

与其他大部分社会科学研究不同，非洲研究不仅限于理论学习和田野观察等输入性知识，输出经验和反思知识生产在该研究领域有同等重要位置。非洲研究的发展历程有着比其他社科研究更强烈的社会关怀和实践热情。在哈佛访学期间，有许多与非洲研究相关的学术会议可供参加，这为我了解前沿的全球非洲知识生产提供了机会和丰富的资源。加之我在田野考察期间拜访了不少非洲本土研究机构，有机会接触到非洲学术界人士，聆听他们关于非洲本土知识生产和非洲研究的信息。从这些丰富的经历中，我尝试总结对非洲自身的知识生产的三点印象。

第一，明显的本土知识与传统实践取向。我们在走访肯尼亚和坦桑尼亚的研究机构时发现，无论像历史、宗教和文学这类经典非洲研究领域，还是法律、科学这种具有强烈西方中心主义色彩的学科，学者们都认为需要开拓以非洲为中心的研究路径。非洲研究的发展趋势不是追随西方理论动向，而是探索非洲本土知识与传统实践对现有理论知识库的贡献。卢旺达盖卡卡（Gacaca）传统法庭的实践就是从西方司法追求正义的法律体系回归非洲传统追求和解共生的一种尝试。在这个尝试的过程中，大家的一个共识是非洲语言之于知识生产的重要性。任何脱离非洲语言的非洲研究都是不健全的，因为语言不仅是交流的工具，而且是融合了各类本土智慧的载体。哈佛大学的非洲语言项目下设的“学科与专业中的非洲语言系列会议”（African Languages in the Discipline and Professions Conferences）正提供了这样一个讨论非洲本土语言在多种学科中贡献的平台，帮助人们了解非洲人如何通过口头、书写和美学方式来理解、组织并且传承知识。非洲语言对本土知识与传统实践的重要性，在于它部分承载了非洲社会、政治和经济制度不断变迁的过程。

① 人类学家弗格森（Ferguson）以“资本跳跃”（capital hopping）来描述全球资本在非洲暂时来去而不扎根的状态，非洲成为遥远的发达国家行为体经济活动的一块“飞地”。J. Ferguson, *Global Shadows: Africa in the Neoliberal World Order*, Durham: Duke University Press, 2006.

第二，非洲本土强调专业性知识和技术型教育。与中国几十年前面临的挑战一样，非洲国家需要解决如何从人口大国向人力资本强国转变的问题。培养专业技术型人才，不仅为国家发展建设输送人力资源，也是解决就业问题的关键，因此，近年来在非洲出现大量职业技术培训计划。2014年，非盟颁布了《促进青年就业的职业技术教育大陆战略》，体现了非盟和各成员国对职业教育的支持力度大大增强。田野考察期间，乔莫·肯雅塔农业技术大学的农产品加工线、机械设备工作坊和阿迦汗大学的医务护理教学培训资源都让我们印象深刻。前者是近年肯尼亚国内学生的首选高校，而后者虽是规模不大的私立高校却为坦桑尼亚医护行业提供最优秀的人才。这些高校机构的脱颖而出，正说明了工业化和公共卫生是非洲国家最为重要且紧迫的议题，也体现了非洲国家实现这些目标所做出的努力。

第三，教育国际化和研究全球化的倾向。教育国际化是指非洲高等教育体系和资源与国际紧密接轨。研究全球化是指非洲研究既逐渐形成了日趋广阔的全球视野，又越来越明确以全球为导向的问题意识。例如，达累斯萨拉姆大学斯瓦希里研究中心不仅为国内的斯瓦希里语言教育提供智力支持，更成为全球斯瓦希里研究重镇，其合作机构遍布非洲、美洲、欧洲和亚洲，真正展现了本土研究的全球化。这两个特性都可归结为非洲教育的能动性。这固然与非洲国家发展的外倾性（Extraversion）历史有关，甚至被批判为殖民主义的遗产。① 但与其说它仅仅是非洲对于西方支持的教育体系的路径依赖，毋宁说它体现了非洲学者有意识地在国际学术界获取资源、积极发出声音的策略和努力。“从非洲研究出发，反思全球区域研究”是近年来的学术趋势，这正是非洲学者利用殖民历史遗留的对外关系结构，向国际学界传达非洲思想的能动性表现，这呼应了阿贾伊（Ajayi）认为殖民主义只是非洲历史一个插曲（episode）的观点。②

① J. Bayart, “Africa in the World: A History of Extraversion,” *African Affairs*, Vol. 99, Issue 395, April 2000, pp. 217 – 267.

② J. F. A. Ajayi, “Colonialism: An Episode in African History,” in L. Gann and P. Duignan (eds), *Colonialism in Africa* Vol. 1, Cambridge: Cambridge University Press, 1969. 然而阿贾伊的这种“插曲论”并不被后殖民主义研究者认同，后殖民理论认为现代非洲是在传统和殖民遗产的纠缠影响和相互形塑下曲折发展的。

以上三点体会，呼应着近年来非洲研究界“去殖民化”的思潮，即不仅要把非洲学者的声音纳入研究讨论的范畴，还要在认识论和方法论上提供非洲本土知识和本土实践。这要求非洲研究的学者应该在学术基础上具备强烈的社会关怀和责任感：在日常生活中感知和传达非洲和非裔群体的活动脉络；在政策制定中纳入非洲复杂的政治社会生态；在知识生产中打破非洲边缘化的偏见。对于域外非洲研究学者来说，也许这种责任感更为重要，一如许亮所提醒，“如果说中国的非洲研究界还没有受到这种（去殖民化）思潮的冲击的话，一方面是因为中国学者在研究非洲的过程中没有殖民历史遗产的包袱，同时也可能说明我们非洲研究的国际化和开放程度还处于比较低的水平，暗示我们与国际非洲知识生产的主流和中心还有很大距离”。①

结　语

哈佛燕京非洲研究访学项目的难得之处在于，它不仅为亚洲学者提供了丰富的非洲历史文化和语言知识，还让我有机会接触到美国的非洲研究模式，比照中国的非洲研究学习体验，进一步深化了有关“如何学习非洲”的认识。本文从智识理解、田野观察和知识生产三个方面进行了探析，而这三方面都围绕着历史文化这一哈佛非洲研究基点展开。智识上要破除对非洲进行原子式解读（即“非洲人就是如此”的偏见），而引入历史文化视角有助于我们打开非洲问题的黑盒子。田野中要对非洲社会复杂性抱有谦逊的包容心，深入非洲日常生活肌理，多维度反思在地经验。知识生产上要有社会关怀和学术责任感，把学术研究和社会体验紧密结合并不断反思知识生产的范式变革。

许多年轻学者因为近年来日益密切的亚非关系而进入非洲研究领域，因此，关注当前亚非热点问题也成为这些学者研究的题中之义。而当代与非洲关系的问题研究往往受到主流国际关系研究的影响，是以热点素材或前沿方法推导出普适的理论。这种研究进路偏理论建构性，但同时面临着

① 许亮：《北大非洲电讯》第430期，2019年11月29日，https://mp.weixin.qq.com/s/iL-OzaTNnFaJ6_-9aAZ4cuw。

更为具体和复杂的区域本土性的挑战。历史文化视角有助于补充和拓展议题式和学科式的研究（Disciplinary Studies）。时间和空间维度上对区域知识的拓宽既能对当代问题有更加深厚的背景把握，也能增加更多解释问题的变量因素。哈佛非洲研究所强调的这种方法，往前看可以推动理解当代国际关系研究的认识论和方法论，往后看则是要重新定位非洲，打破一般对非洲“无源之水”“无本之木”的认识，对一切正在发生的人、物、事追根溯源。

发展研究中的参与式评估：基于中国和非洲的实践项目*

裘丽　唐·迪茨　尼基·波**

摘要：文章介绍了一种新的参与式发展评估（Participatory Assessment of Development，PADev）方法，该方法是在偏远地区的发展情境中，在多年实践研究发现的基础上总结所得。PADev 方法以整体性和地方性知识的原则为出发点展开阐述而区别于其他的方法，它通过主体间性来评估不同社区中的次群体在发展干预中所接受的不同影响。PADev 方法因涉及众多利益相关者，包括发展干预预期的受益者和发展主导者，它将有助于地方发展史的写作、本地知识在多主体间的共享、社区发展的能力建设，有利于相关的社区组织优化行动计划或策略。

关键词：参与式发展评估　弱势群体　发展性评估　主体间性

自 20 世纪 80 年代起，参与式发展评估异军突起，它们因融入了利益相关者的学科知识、文化价值和经验而获得认可。发展组织以扩大项目影响力为目标，通常更倾向于强调利益相关者参与的参与式评估设计，而不仅止于单纯的非参与式的定性或者定量的评估。然而，参与式研究的实证成果却少见公开发表，因此造成参与式发展相关文献中欠缺关于研究成果内涵解析和更广泛的发展问题的研究。

* 感谢本文其他的贡献者 Adame Belemvire、Dieneke de Groot、David Millar、Francis Obeng、Wouter Rijneveld、Kees Van der Geest、Zjos Vlaminck 和 Fred Zaal，以及合作发展教会组织、Woord en Daad、PRISMA、中国国家社科基金重大项目（18ZDA111）的研究资助。

** 裘丽，浙江财经大学中国政府管制研究院副教授，浙江省新型重点专业智库“中国政府监管与公共政策研究院”研究员；唐·迪茨（Ton Dietz），莱顿大学非洲研究中心前主任，非洲发展学教授，邮箱为：a. j. dietz@ asc. leidenuniv. nl；尼基·波（Nicky Pouw），阿姆斯特丹大学教授。

通常的评估也往往只关注发展项目或政策干预，尤其是应某一干预实施机构或赞助机构的要求，利用预先设定的方法来研究发展和选定外部评估标准。这些方法各不相同，或偏向定量研究（通常是计量经济学方向），或偏向定性研究（通常是人类学方向）。本文的 PADev 依据了方法学原理，经过非洲加纳北部、布基纳法索南部以及中国内蒙古草原牧区发展干预（PADev）行为的获利者作为利益相关者的测试研究，是一种严谨、全面、自下而上的方法，不同于目前常见的发展研究影响评估方法。它的首轮实证研究成果被许多利益相关者，包括政府官员、赞助机构、以及荷兰发展组织的评估者分享时，[①] 三个荷兰发展机构（Interchurch Organization for Development Cooperation，Prisma，和 Woord en Daad）前来与项目发起者唐·迪茨教授（Ton Dietz）接洽，打算联合当地的利益相关者包括发展实践者、预期的受益者和研究机构，共同推进这个方法，受益者们作为利益相关者参与相关评估，实现了理论概念和实践意义上的评估过程，[②] 被确定为一整套评估工具可推广使用。后来该工具方法对三个荷兰发展机构的工作在加纳北部和布基纳法索南部的活跃区和内蒙古草原一个“草畜平衡”管制区进行了实地测试，都取得了良好的效果。[③] PADev 方法的实证研究成果有助于填补参与式发展评估相关文献中实证研究的知识缺口。[④]

一 参与式发展评估（PADev）

（一）PADev 方法释义

布兰登和福永将“利益相关者的参与”定义为：“……参与项目的利

① T. Dietz, "Participatory Evaluation of Development Interventions in a Vulnerable African Environment," In R. E. Kasperson & M. Berberian (eds.), *Integrating Science and Policy: Vulnerability and Resilience in Global Environmental Change*, Washington DC: Earthscan Press, 2011, pp. 269 – 290.

② P. R. Brandon & L. L. Fukunaya, "The State of the Empirical Research Literature on Stakeholder Involvement in Program Evaluation," *American Journal of Evaluation*, 2014, Vol. 35, pp. 26 – 44.

③ T. Dietz & PADev Team, *The PADev Story: PADev 2007 – 2013 End – of – Project Report*, Leiden: African Studies Centre, Leiden University, 2013; 裘丽、唐吉斯：《基于“管制平衡”的草原生态补偿政策参与式干预发展评价研究》，《生态学报》2019 年 第 39 卷第 1 期，第 77 ~ 88 页。

④ A. E. Cullen, C. L. S. Coryn & J. Rugh, "The Politics of Including Stakeholders in International Development Evaluation," *American Journal of Evaluation*, 2011, Vol. 32, pp. 345 – 361.

益相关者，即与评估或其结果有利害关系的人，通常包括任一评估阶段中项目服务的受益人或服务对象，以及管理人员和资助机构。”① 发展影响评估的参与式方法认为，穷人本身即变化的主体，应当听取他们的意见并将之纳入当地的转型经济、社会文化和政治发展中。② 然而，目前理论上倡导③及盛行于撒哈拉以南非洲地区的国际和国家层面④的包容性发展战略，并没有落地实施。将原先不予考虑的因素纳入考虑是实地发展和扶贫的主要挑战之一。⑤ PADev 方法旨在回答关于发展影响的两个基本问题：①穷人如何看待发展和生活的变化？②从长远角度（至少一代人），在更广泛社会变革和干预的背景下，他们如何评估发展举措对自身和他人生活的影响？基于这两个问题的探究，可以体现 PADev 是一种参与式、自下而上、全面的发展影响评估方法，可以为当地人的知识、经验、文化伦理价值赋予关键价值。PADev 方法主张通过与预期受益者及更广泛的利益相关群体（项目官员、资助机构、地方领导、部委领导）就制定的发展干预目标、过程本身和实现的结果进行反复讨论，可以提高地方发展干预思想和实践的质量。⑥ 与其他发展影响评估方法不同，该方法没有预先设定的方案或项目来进行参与式发展评估，而是将评估焦点放在“利益相关者”身上，而最大的利益相关者群体主要是特定社区中发展干预措施的潜在受益者。因此，PADev 方法评估范围更加广泛，包括了现在和过去社区发展干预的

① P. R. Brandon & L. L. Fukunaya, “The State of the Empirical Research Literature on Stakeholder Involvement in Program Evaluation,” *American Journal of Evaluation*, 2014, Vol. 35, pp. 26 – 44.

② R. Chambers, *Whose Reality Counts? Putting the First Last*, London: Intermediary Technology Publications, 1997.

③ J. Gupta, N. R. Pouw & M. A. Ros – Tonen, “Towards an Elaborated Theory of Inclusive Development,” *European Journal of Development Research*, 2015, Vol. 27, pp. 541 – 559.

④ P. Clements, T. Chianca & R. Sasaki, “Reducing World Poverty by Improving Evaluation of Development Aid,” *American Journal of Evaluation*, 2008, Vol. 29, pp. 195 – 214.

⑤ F. Champagne & P. Smits, “An Assessment of The Theoretical Underpinnings of Practical Participatory Evaluation,” *American Journal of Evaluation*, 2008, Vol. 29, pp. 427 – 442; J. Chouinard, “The Case for Participatory Evaluation in an Era of Accountability,” *American Journal of Evaluation*, 2013, Vol. 34, pp. 237 – 253; P. Daigneault & S. Jacob, “Toward Accurate Measurement of Participation: Rethinking the Conceptualization and Operationalization of Participatory Evaluation,” *American Journal of Evaluation*, 2009, Vol. 30, pp. 330 – 348.

⑥ T. Dietz & S. Zanen, “Assessing Interventions and Change among Presumed Beneficiaries of ‘Development’: A Toppled Perspective on Impact Evaluation,” in P. Hoebink (ed.), *The Netherlands Yearbook on International Cooperation*, Assen: Van Gorcum Press, 2008, pp. 146 – 163.

直接和间接受益者。

PADev 方法的核心是连续数日的参与式社区研讨会。每次研讨会有五到六十名参与者，代表该地理区域（主要是地区或街区）的不同年龄和性别群体以及社区官员（村领导和宗教领袖、行政人员、教师），评估该地区的发展历史、该区域每个发展举措的影响，并追溯到与会者能记起的时间（通常是一代人）为止。研讨会中利益相关者（以下简称“参与者”）的参与方法如下：①提前沟通并选择社区参与者目标样本（地点、性别、年龄）；②研讨会实施协作；③研讨会期间密集的互动；④事后分析演示，以及和社区、街道级成果反馈，包括更广泛的利益相关者（发展组织主管、部委领导、地区政府官员和社区领导）的反馈。在加纳、布基纳法索、内蒙古锡林郭勒草原组织的社区研讨会中，实施了以下九个参与式发展评估方法模块（见表 1）并与参与者密切合作进行了现场测试。

表 1　PADev 方法评估的九大模块

模块序号	模块名称	主要内容
模块一	历史事件	整理重大事件时间线
模块二	历史性改变	描述六个领域的历史性改变
模块三	财富分层	描述各财富阶级特点
模块四	项目清单	列出所有经历过的干预活动
模块五	项目评估	评估每项干预行为的影响
模块六	改变和干预项目的关系	分析哪些项目所引起哪些改变
模块七	最优和最差的项目	选出受益最大和最小的五个项目
模块八	财富群体利益	描述干预项目中获益的财富群体特征
模块九	机构评估	评估当地主要机构的价值

资料来源：T. Dietz & PADev Team, *The PADev Story*: *PADev 2007 - 2013 End - of - Project Report*, Leiden: African Studies Centre, Leiden University, 2013。

在模块 1 中，参与者从他们所在地的历史事件中回忆发生过的五项重大事件，要求回溯时间为一代人，约 30 年。在模块 2 中，参与者使用一个框架来回顾在自然、物质、人力资本、经济、社会政治和文化环境六个生计领域引起贫富差别的重大变化。[①] 在模块 3 中，参与者将当地人分为五

① A. Bebbington, “Capitals and Capabilities: A Framework for Analyzing Peasant Viability, Rural Livelihoods and Poverty,” *World Development*, 1999, Vol. 27, pp. 2021 - 2044.

大财富级别，从极富到极贫，并给出针对本地的标准和概念以便区分不同类别。

在模块4中，不同的小组尽可能地回忆本地区的项目（政策干预、私人举措、非政府组织或社区组织计划等），这些项目可以是外来的，也可以是在当地采取的举措和创新行为。在加纳和布基纳法索，小组通常提出50至150个项目，而在内蒙古锡林郭勒草原，小组只提出了20至40个项目。每个项目，参与者都要提供细节，例如谁发起？谁赞助？何时何地何种领域或哪个部门发生？在该模块结束时，评估团队整理出不同项目列表清单。实际操作中，项目会涉及许多中央或地方政府机构，有时还有外国赞助者（双边或多边），或其他类型的机构，如基于信仰或非信仰的非政府机构，私人或公司部门，宗教团体，以及私人当地发起人或社区项目，也有项目以合作的混合形式发起。在模块5中，参与者对列出的项目逐一进行初步评估。他们以有用性来衡量项目在现在（当下）和当时（项目开始时）的影响。衡量范围从非常积极（许多人受益）、积极（一些受益）、不可持续（最初有一些影响，但现在已没有任何痕迹）、没有实施（人们有所耳闻，但事实上项目没有发生）、到最终造成负面影响（本项目不该启动；人们厌恶此项目）。集体讨论中提出的意见和理由与评分同等重要。

在模块6中，人们将研讨会分享的重大变化与有贡献的因素和项目联系起来，以便初步了解并阐释影响机制、项目的相对贡献和其他因素。在模块7中，小组选择他们所在地区的五个“最优”和五个“最差”的项目。在模块8中，小组继续评估五个最优和最差项目对不同财富阶层的影响，参与者是从历史层面给出的评估：项目启动时每个财富群体所获得的利益有哪些？现在的相对获益是多少？他们用十个石子来标注每一个最优和最差项目的不同影响程度。从方法论角度看，这是评估过程中最复杂的，需要时间和精力来探究人们的判断及其背后的故事。这项工作之后，每个小组从项目清单中整理得出一个主要机构（政府、非政府组织等）的清单。然后在模块9中，依据参与者自身理解，对每一个机构进行评估。

（二）PADev 方法特征

整体性是 PADev 方法的特征，并且自始至终贯穿其方法论、概念和评估标准。[①] 大多数评估都是从干预机构、捐赠者或回馈者的角度出发，根据因果关系链自上而下分析对受益人产生的影响。在采用实验和类似实验技术分析发展特定项目预期影响的成本效益时，参与式发展评估方法是非常有用的。[②] PADev 方法明确采用自下而上的方法分析因果关系链。不过，这一方法是让利益相关者基于自己的经历或者见闻来确定项目或干预措施，而不是预先选定特定的项目或者干预措施。这样的话，项目或干预措施之间总会保持关联，这使得 PADev 方法更具有整体性。这种自下而上的方法为社会文化价值观、标准和评估规范提供了更多的空间，即当地人自己看到的"发展"，从而促成了共同归属感和责任感。[③] 一些文献指出，无论发展领域内或领域外，都应该从整体性视角关注不同利益相关者的声音，而 PADev 方法因涉及不同的利益相关者群体而具有多个数据来源，这非常符合相关文献的建议。[④]

PADev 方法具有鲜明的"参与式"特点。"参与式"贯穿整个评估过程，特别在模块 4 ~8 中，其是否有效取决于研讨会的参与者、他们对评估项目或者干预措施是否产生影响以及如何对自己和他人行为或体验效应产生影响。斯特恩等研究者将影响评估方法的特征做了六个设计维度比较，它们分别基于实验、统计、理论、案例、参与式和综合研究，对照这六个维度的设计、方法、项目及程序目标（例如赋权）或过程导向等方面，[⑤]

① T. Dietz, "Participatory Assessment of Development in Africa," in N. R. M. Pouw & I. S. A. Baud (eds.), *Local Government and Poverty in Developing Nations*, New York: Routledge Press, 2012, pp. 215 -239.

② E. Duflo & A. Banerjee, *Poor Economics: A Radical Rethinking of the Way to Fight Global Poverty*, New York: Public Affairs, 2011.

③ P. B. Easton, "Identifying the Evaluative Impulse in Local Culture: Insights from West African Proverbs," *American Journal of Evaluation*, 2012, Vol. 33, pp. 515 -531.

④ C. C. Rebien, "Participatory Evaluation of Development Assistance: Dealing with Power and Facilitative Learning," *Evaluation*, 1996, Vol. 2, pp. 151 -171; P. R. Brandon& L. L. Fukunaya, "The State of the Empirical Research Literature on Stakeholder Involvement in Program Evaluation," *American Journal of Evaluation*, 2014, Vol. 35, pp. 26 -44; M. Jacobson, T. Azeam & J. G. Baez, "The Nature and Frequency of Inclusion of People with Disabilities in Program Evaluation," *American Journal of Evaluation*, 2013, Vol. 34, pp. 23 -44.

⑤ E. Stern et al, "Broadening the Range of Designs and Methods for Impact Evaluation," *Report of a Study Commissioned by the Department for International Development* (DfID Working Paper 38), London: DfID, 2012.

PADev 方法至少属于“参与式”类型。但因其具有整体性（考虑多种干预措施）和历史性（至少回溯到一代人），同时融入了受项目影响的参与者的行为和经验，因此，PADev 方法至少也包含了一个综合设计研究的要素，“参与性”特点和上述整体性的特点一起，能避免对发展干预措施的短浅认识，并能更实事求是地评估不同干预措施的相对重要性，这些干预措施促进了社区层面的发展和变革成果。

PADev 方法具有确认主体间性的特点。PADev 方法中关于因果关联的基础是通过社区内不同观点的积累和交汇实现的，这将它与其他大多数参与式方法区分开来。PADev 方法立足于利益相关者的生活记忆，建构了一个集体历史，这一系统研究方法将发展的历史信息和事情产生的原委相结合，分析现状如何产生，以及发展干预措施起了什么作用，从而得出全面的集体共识（主体间的）。主体间发展评估能够回应“是什么、应该如何、为谁服务”等关切问题，可以重申人类是一种社会存在，并和环境相联。PADev 方法之所以不是根据个人主观性验证，而是主体间性的确认，是因为评估过程是由不同的参与者群体各自报告讨论分析的结果和对因果事件与干预措施关系的重构，以此来确定其因果评估对象的。因此，纯粹的主体性被主体间互动性取代，也就是说，因果关系由参与者互动情况而不是个人观点来决定，对“发展”的评估及其内涵的解释需建立在人们共同协商的关于发展的概念之上。

PADev 方法具有开放的因果逻辑性。收集不同群体的重要生活的变化报告，当然不是一件容易的事情，当不同的参与者表述了干预措施和效应之间存在着相似的因果关系，并对其背后的机制给出相似的解释时，这种因果关系实际存在的可能性也随之增加了。当这样因果关系的重新建构指向社会领域，这种重建也是强有力的对于现实的自信预见：人们如果按照干预措施与结果之间的因果逻辑行事，实际上也将有助这种关系成真；也就是说，“如果人们假定某些情境为真实的，那么它们的结果就更容易是真实的”。[①] PADev 方法的评估者能和不止一个干预措施相关，在某种程

---

① W. I. Thomas & D. S. Thomas, *The Child in America: Behavior Problems and Programs*, New York: Knopf, 1928, pp. 571 -572.

度上这种开放性有助于克服评估者对社会期望的偏差；因为，只从众多干预措施中挑选出一个特定的干预措施进行发展过程各个层面（执行者、干预措施、生活领域、人类和时间的社会经济类别）之间复杂的互动和多种因果关系的探究，这样的评估方法或许更具有局限性。PADev方法表明，复杂的、多方面的现实生活中很难做到“其他因素不变”的状态，研究者需要深入理解而不是控制的变量，与尽可能多的干预措施建立关联。①

二 PADev 方法实践的一些发现

（一）被“隐身”的穷人群体

在布基纳法索和加纳农村的实地研究发现，该地区的发展项目主要改善了当地人认定的（相对）富人和中产阶级的生活质量，而非贫穷或极度贫穷人民的生活水平，因为发展机构目前重视的是看得见的成果（有效且有影响力），这就导致他们只注重当地富人、成功人士，“创业”中或“积极”的穷人，而忽视了真正的穷人。此外，一些国际发展援助重视的是“贸易第一，发展次之”，尽管商业私营部门在某些领域表现仍然很弱。②近年来，加纳和布基纳法索经济快速增长，但除了影响很少的一部分小农及贸易商，这些增长并没有转化为当地经济的发展。贫穷（和极贫）人群很少被视为改变和发展的对象，但他们却在当地变革中发挥着决定性的作用。诸如一些报告里宣称的“改善”是指增加农村地区教育与健身设备、增加贸易与市场、改善基础设施（用水及道路）、吸引新的（国外或地区的）投资人在该地区成立公司并为女性提供更多就业机会。但是，这些“改善”并没有改变贫穷或极贫人民的生活。这不仅是发展机构故意排斥（或默认排斥）这些人导致的，还因为穷人在社会上本就被社区成员排挤，而穷人自身出于羞耻和不被信任也

---

① J. Copestake, “Credible Impact Evaluation in Complex Contexts: Confirmatory and Exploratory Approaches,” *Evaluation*, 2014, Vol. 20, No. 4, pp. 412 – 427.

② L. Ploumen, *A World to Gain: A New Agenda for Aid, Trade and Investment*, The Hague: Ministry of Foreign Affairs of the Netherlands, 2013, April 5.

自我排除。[1] 因此，贫穷或极穷人民常在发展报告和数据内被“隐身”，在社区决策和发展干预中被忽视。民主的运行方式复杂，一方面地方参与者多，另一方面又容易出现不稳定和内斗。当地腐败现象越来越明显，有时还伴有暴力族群压迫和宗教分歧。许多地区集会并没有实效，这种无实效的集会反而激发了当地的行动。几乎所有地方的治理活动都多少伴随一些让人不安的混乱现象。地方上的传统领导人非常重要，但现在正式的政府领导者都受过良好教育，有时反而滋生了一种家长式作风和以上压下的心态，以及“正式”身份的傲慢感。在这些复杂情景中，穷人和边缘化的人都容易被忽视，身体或心理残障人士（或有社交和情感障碍的人）以及少数民族人员更是被边缘化，而且这些人在贫困人口中占有相当比例。极穷的人群很难被吸引到参与式发展评估研讨会中，需要使用特定的方法才能将这些人囊括在评估中，因为战乱冲突的原因而引发的流离失所的往往是贫穷（极穷）人群，最难参与到评估中；同样地，极富人群（多数是常年在外从商）也是如此。总体来说，改革推动者基本由政府机构和大量非政府组织构成，受访地区的贫穷（极穷）人群还不足以成为变化的主体者，尽管已经有通信公司通过新的通信技术手段开始涉足这个人群，但总体而言企业的参与依然不明显。

（二）“受欢迎”和“不良”的援助机构

过去几年里，各类发展项目迅速融合，政府机构、外国的捐助机构、国内外非政府组织、教堂和清真机构、私人商业部门、各类本地社群或部分犹太移民支持的组织开始形成流动网络开展合作，共同参与发展。在某些地区（加纳上西部的 Nandom 地区就是最好的例子），对外部发展的依赖被创业精神所取代，尤其是受过教育的男性与女性。在社区参与者的眼中，援助（外援创新）成为重要的变革推动力。尤其当援助与当地机构和实践相结合时，援助通常是受欢迎的。人们衡量项目时，在关注其实际成功结果的同时，还关注干预措施质量及其

---

① A. Kazimierczuk, *Gbangbu Follow－up Workshop Report: Inclusion of the Poor* (PADev Working Paper W. 2010. 2), Amsterdam: Amsterdam Institute of Social Science Research (AISSR), University of Amsterdam, 2010.

与社会价值观的一致性（尊重、体面的关系，信任和可靠性）。人们对“优质”援助机构的认知是包括有长期承诺、从容、勇于尝试、直面失败、诚实可靠等。这些机构扮演着中间人的角色（建立人际网并交流知识），承诺解决冲突，遇到个人问题时能够提供帮助。这些机构同时很灵活，必要时能够从结构性方式转变为以灾难应急响应的方式，这常出现在旱涝和地震多发区。“恶劣”的援助组织，通常被认为是那些不懂尊重、本末倒置、不加以协商、不仅不能解决冲突反而制造麻烦等。这类组织的援助项目往往持续时间很短（一开始就结束了），寻求快速可见的成果，通常这种成果无法持续，属于不遵守承诺、无法实现人们期望的不良援助机构。

（三）“实在的”贡献

如果发展机构想知道其对社会变革和预期目标做出的真正贡献，例如扶贫、生活可持续性、粮食安全和改善卫生健康，想知道如何提升援助的绩效，PADev 方法是一个开启持续讨论、反思其“变革理论”的合适工具。在过去几年的实践中，发展机构从 PADev 方法中所获得的效益已经得到认可，因为它提供的信息能够使得发展机构：①通过对比其他援助者，意识到其自身的影响；②识别发展干预在特定部门或领域的差距或饱和点；③正确认识在特定地点和文化环境中最恰当的干预措施；④评估哪些群体从哪些干预措施获益，及其原因（例如性别、年龄或财富群体）。[①]另外，相比之下，PADev 方法可帮助机构通过对比其他机构，找到自身优劣所在，从而进行融合安排，找到定位和需求。有趣的是，在使用 PADev 方法对相关案例进行研究时，在收集援助机构的反馈中，会形成一种竞争氛围，在这种氛围之下，援助机构会比较它们在受益者们眼中的成功程度。现在，以“实在”为导向的自上而下的问责制已成为各机构焦虑、成就感和自豪感的源头，这是朝“以客户为中心”的发展进程迈进的一大步。

---

① Z. Vlaminck, *The Impact of Participatory Assessment of Development（PADev）on Local Change Processes in East Mamprusi District Northern Ghana*, ASC Infosheet. 21, African Studies Centre, Leiden, 2012.

（四）受益者发生的“改变”

在受益者来看，最重要的问题是受益人本身加入参与式评估活动学到了什么，通过这一活动他们能做什么。PADev 方法的实地研究在加纳北部曼普鲁西区的四个社区进行了平行研究调查，发现 PADev 方法通过改变社区成员的认知技能或行为，促进了当地包括个人、人际间、集体、基于结果变化的四个层面的变革过程。[①]因此，PADev 方法作为一个实用工具，为发展过程提供了急需改变的逆转的推动力量。PADev 方法也有助于地方和区域在组织和行政政策方面的变革与包容性发展。例如，加纳的地区集会是一个不错的制度，可以将某地区发展执行者的成果作为设计和实施部分投入当地社区行动计划中，进行集体分享；在布基纳法索，PADev 方法已成为社区发展计划的基础。[②]在内蒙古的草原地区，PADev 方法研究发现“草原生态补偿制”虽然有利于“定牧制”生产方式的转变，但需要包容性地为个体间的联合放牧提供支持，以发展更适合生态健康的放牧方式。[③]

三　PADev 方法的挑战

PADev 方法并不适用于所有发展项目或干预措施。此方法最适合中长期干预措施，且需发展机构在实施区域担任相对重要的角色。评估短期、小规模的干预措施，如捐赠医疗设备到某地区的一个诊所，则采用实验和统计方法可能更为合适。当对象是某个特定干预措施的特定工作机制时，则以理论为基础的方法更合适。

PADev 方法也有需要注意的实际问题。第一个问题是人力资本。要成功开展 PADev 方法的研讨会并获得高质量成果，要求协助者具备以下三个

① Z. Vlaminck, *The Impact of Participatory Assessment of Development (PADev) on Local Change Processes in East Mamprusi District Northern Ghana*, ASC Infosheet. 21, African Studies Centre, Leiden, 2012.

② J. Gupta, N. R. Pouw & M. A. Ros – Tonen, “Towards an Elaborated Theory of Inclusive Development,” *European Journal of Development Research*, 2015, Vol. 27, 541 – 559.

③ 裘丽、唐吉斯：《基于“管制平衡”的草原生态补偿政策参与式干预发展评价研究》，《生态学报》2019 年第 1 期，第 77 ~ 88 页。

要素：能良好地理解当地语言和文化，熟悉参与式研究方法，且与政府机构或当地非政府组织无直接关系。与区域研究机构合作可能是解决第一个问题的最佳途径。第二个问题是研讨会参与者对发展项目实际的了解程度。例如，在地方、国家和国际发展机构进行合作干预的情况下，参与者们通常知晓与其直接合作的机构，但却不知道机构背后的捐赠者。同样，参与者往往也难以确定项目开始实施或结束的确切年份。联系当地发展专家或查阅文件来源来核实调查结果，不失为解决这一问题的有效方法。第三个问题是选择研讨会参与者。有目的地选择与会者，例如，锁定当地发展专家或社会中的特定群体，抑或是随机寻找。这两种情况都要求留有足够的选择时间。此外，建议为参与者设计一份简短的调查问卷，内容为基本人口和社会经济特征。问卷信息可对比本地人口普查数据或其他来源，测定参与者是否有偏差，同时确保样本在适当水平上的异质性。第四个问题是研讨会的适用地域尺度。PADev 方法主要在一些传统的乡村社区或小城镇（包括城乡接合部）或小城市周边地区进行。如果 PADev 方法在扩大的研究区域进行，参与的讨论组在地域、社会经济、民族或文化构成上的差异也随之扩大，情况就会有所不同。同样地，当 PADev 应用于大型城市区域，人们的社会纽带不那么紧密，也会遇到这样的情况。在这些情况下，需要灵活得当，不局限于固定方式，PADev 方法九大模块也可选择性的应用。

四　结语

PADev 方法的实践结果既具有启发性，也有一些缺憾：对于“最优”和“最差”干预措施的认知和标准大相径庭；生活上的重要改变不可能归因于某一单一的发展干预措施，预期的受益者（穷人中的极贫者）却往往难以触及。然而，我们发现穷人能够很好地设定他们自己的标准，通过考量干预成果和过程变量，来评判发展干预措施的质量和有效性，并为失败和成功的原因提供深入和情景化的见解。采用新的多个利益相关者（组织机构和受益人）的评估办法，可以加强各方的归属感，也有利于受益者产生积极的变化。PADev 方法使得当地人以主体间的共识来评估自身的发展历史，尽管这种评估是集体行为，它也为某些特定类型的重构留有余地，这种方法被视为参与性的、全局性的、自下而上的书写地区历史，同时也适用于事后影响评估，以及为社区行动计划中引入新的（捐赠）项目和政策做准备①——以此来看，PADev 方法对于“共同富裕”大发展背景下的中国而言，具有更普遍的适用性。该办法将当地人纳入其中，并鼓励他们学习，不同于常见的发展评估中那些短期的、缺乏语境的、非参与性的、以捐赠者为中心的评估形式，而是以受益人为中心，目的在于使受益人成为一场更具包容性发展变化中的主体。虽然该方法的应用结果取决于评估的目的，但对其中要素的应用能够帮助我们深化通过其他评估方法很难发现的见解。②

① N. R. M. Pouw & A. de Bruijne, “Strategic Governance for Inclusive Development,” *European Journal of Development Research*, 2015, Vol. 27, 481 – 487; S. Ayeb – Karlsson, K. van der Geest, I. Ahmed, S. Huq & K. Warner, “A People – centred Perspective on Climate Change, Environmental Stress, and Livelihood Resilience in Bangladesh,” *Sustainability Science*, 2016, Vol. 11, No. 4, pp. 679 – 694.

② N. Pouw, T. Dietz et al., “Participatory Assessment of Development Interventions: Lessons Learned From a New Evaluation Methodology in Ghana and Burkina Faso,” *American Journal of E-valuation*, 2017, Vol. 38, No. 1, pp. 47 – 59.

北京大学非洲研究中心 2019 年度大事记

在过去的 2019 年，中心除了协调和组织全校的非洲研究和教学、组织和举办常规的学术讲座和学术交流外，主要是成功参与举办了三次重量级的学术活动，分别是 8 月的中南人文交流智库论坛、10 月的尼雷尔日纪念活动和 11 月的北京论坛的非洲分论坛。此外，作为中心正常教学工作和学术活动，我们还实施了 2018 ~ 2019 年北京大学非洲研究课程证书项目和举办了年末的博雅非洲新年论坛。

中南人文交流智库论坛

中南人文交流智库论坛是 2019 年广东 21 世纪海上丝绸之路国际博览会主题论坛中的平行分论坛之一，于 8 月 24 日在广州举行。本次论坛由教育部中外人文交流中心和广东 21 世纪海上丝绸之路国际博览会主办，北京大学承办。论坛共约 150 人参加，包括近 50 位来自中国、非洲及其他国家的发言嘉宾，近百位来自国内外政府和国际组织、大学和高职院校、社会智库、相关媒体和企业界代表等。

本次会议聚焦非洲青年和人力资源。来自国内外的国际组织专家、高校领导、学者教授、企业界代表以及参会嘉宾在下午进行的四场平行圆桌论坛上，围绕中非“青年、人力资源现状与可持续发展”“领导力、大学、科学和技术创新与青年成长”“企业、职业培训和青年发展”“中非人力资源合作的现状与完善”四个主题进行了广泛而深入的对话。演讲与座谈嘉宾既有来自长期作为外交官耕耘并热爱非洲的舒展大使，也有来自北京大学长期从事相关问题研究的各学科的学者如师曾志教授、王进杰博士、林丰民教授，中国其他院校代表有在中国一流的职业教育岗位上长期以援外项目的方式贡献于非洲人力资源发展的岑咏副校长、胡卫东副校长等；也有联合国教科文组织高等教育创新中心的赵建华博士，唯一总部设在中国的国际组织“国际竹藤组织”驻非洲代表处傅金和博士和国际非政府组织乐施会（香港）北京总代表廖洪涛博士；更有作为企业的老总开创了在南非投资多年、为几千名非洲人提供工作机会并长期秉持与当地社区共生理念的中钢公司的南风志总经理，建设了非洲第一条电气化铁路、并且为了实现运营管理本土化而用“鲁班工坊”形式大力培养当地人的中土公司总经理袁立先生，在安哥拉建立“百年职校”帮助安哥拉贫困青年人获取适合多种职业方向所需要技能的中信建设王冠雄校长，用“非洲进口网”帮助非洲产品利用数字经济进入中国、并且用公司的创业孵化项目为在中国学习的非洲青年提供大量实习机会的廖旭辉先生，南非华人企业家姒海会长等优秀的杰出实践者。论坛邀请到的一组非洲青年人更是可圈可点，例如从囚犯转变为杰出南非青年培训组织创始人的斯哈乐（Sihle Tshabalala），他的故事为无数失意沮丧的非洲青年人提供了人生的启发和自我发展的样板。青年人是中非合作的未来，人力资源合作是中非合作的重点。相信在社会各界人士的经验分享、共同探讨和相互启发下，此次会议能够为中非青年发展与人力资源合作问题提供更多的经验和智慧，贡献当下，启发来者。

尼雷尔日纪念活动

每年的10月14日是非洲民族主义伟大领袖朱利叶斯·尼雷尔的忌日。为了更好地追思和继承尼雷尔的思想遗产，今年的10月14日坦桑尼亚大使馆与北京大学携手在北京大学英杰交流中心举办了“尼雷尔日在中国”的大型纪念活动。北京大学非洲研究中心在刘海方老师的带领下全程参与了纪念活动的策划、组织和研讨。坦桑尼亚前总理平达（Mizengo Pinda）率领的政府代表团专程参加纪念活动。来自非盟16个非洲国家和巴勒斯坦驻华使馆的17位外交官、中国人民对外友好协会副会长林怡、外交部中非合作论坛事务大使周欲晓、中联部四局副局长陈怀凡应邀与会。北京大学校长郝平出席了纪念活动，并接受北京大学非洲学生会赠送的尼雷尔画像，取意“望向未来”。开幕式上，尼雷尔基金会的卡玛塔博士

（Mwanza Kamata）和北京大学赵白生教授分别向大会做了题为《朱利叶斯·尼雷尔——政治家，人文主义者，思想家》和《尼雷尔与全球南方》的主题发言。

众所周知，尼雷尔既是非洲民族解放运动的伟大领袖，也是中国人民耳熟能详的好朋友，曾先后13次不远万里访问中国，与毛泽东、周恩来等新中国第一代领导人结下深厚情谊。同时，尼雷尔毕生致力于促进南南合作和南北对话，为第三世界国际地位的提升做出了卓越的贡献，在非洲大陆乃至世界上都具有重要影响，被尊称为“导师”（Mwalimu）。为了深入探讨尼雷尔的精神遗产，纪念活动还设置了专门的研讨环节。来自北京大学、华东师范大学、安徽师范大学、中国传媒大学、北京外国语大学、中国农业大学、湖南大学岳麓书院、中国社科院西亚非洲研究所、天津外国语大学、北京物资学院的20多位学者，与平达、达累斯萨拉姆大学和尼雷尔基金会的学者共聚一堂，对“尼雷尔与南南合作”“尼雷尔与泛非主义”两个专题进行了深入热烈的研讨。

北京论坛的新书发布和非洲分论坛

今年的北京论坛设有两个非洲主题专场，并在专场研讨前隆重举行了联合国教科文组织《非洲通史》第九、十和十一卷的新书发布仪式。非洲研究中心的李安山教授和多位老师参与筹办了新书发布和“非洲通史与非洲研究新视角”的专场研讨。

11月2日上午，联合国教科文组织《非洲通史》新卷发布仪式在北京大学举行。北京大学副校长王博教授主持发布仪式，北京大学校长、联合国教科文组织第37届大会主席郝平教授出席并发表讲话。联合国教科文组织《非洲通史》是由联合国教科文组织牵头设立国际科学委员会，邀请全球历史学界的顶级学者参与撰写，准确、全面、客观、公正地描述了非洲地区的文明史和发展史。北京大学国际关系学院的李安山教授是国内德高望重的非洲研究专家，也是联合国教科文组织《非洲通史》国际科学委员会副主席，并且是委员会中唯一 一位代表亚洲的学者，是中国乃至亚洲非洲历史研究的骄傲。

新书发布会之后，学者们就“非洲通史与非洲研究新视角”展开学术研讨。研讨环节由 Ali Moussa Iye 博士和李安山教授主持，出席的嘉宾包括 Augustin Holl 教授、中国社会科学院西亚非洲所李新烽所长、北京外国语大学亚非学院前院长孙晓萌教授、北京大学历史系潘华琼副教授、中国社会科学院世界史所汪朝光所长、《非洲通史》独立研究员 Belinga Martial Ze 教授、华东师范大学非洲研究所所长和大夏书院院长沐涛教授、北京外国语大学非洲学院院长李洪峰教授和北京大学国际关系学院许亮博士。发言主题涉及非洲考古的新发现、中国非洲研究智库发展、中国非洲语言研究现状、非洲国家世界文化遗产保护、20 世纪中非关系史纲、非洲史研究中的去殖民化、中非关系史研究中的档案利用、中国法语非洲研究现状和改革开放以来中国非洲研究的总结和思考。专家学者们从各自的研究专长出发，介绍分析各自领域的研究成果和新动向，为非洲研究在中国的未来发展提供了有益的参考和建议。

博雅非洲新年论坛

除了上述三项重量级的活动以外，中心还于 12 月 23 日在北京大学举办了博雅非洲新年论坛。博雅非洲论坛是北京大学非洲研究中心于 2014 年创立的年度开放论坛，在岁末年初邀请中非各界人士相聚博雅塔下，共同讨论非洲和中非关系的重大议题。今年的论坛以“非洲研究在北大：现状与前沿”为主题，聚集了北京大学国际关系学院、外国语学院、历史系、新闻与传播学院、国发院、新结构经济学研究院等院系从事非洲研究的专家学者。与会嘉宾通过介绍各自学科涉非研究的现状、师资队伍和课程体系，全面评估了北大非洲研究的成就和挑战，为推动北大非洲研究的进步建言献策。与会者一致认为，北大的非洲研究的未来发展一方面需要进一步推动对非洲留学生的博士学位教育，另一方面需要凝聚多学科和跨学科发展共识。

非洲研究课程证书

在教学方面，北京大学非洲研究中心在 2019 年继续推进北京大学非洲研究课程证书项目。自 2017 年以来，北大非洲研究中心与研究生院和国际关系学院合作，启动实施了《北京大学非洲研究课程证书》项目，旨在向对非洲研究感兴趣的本科生和研究生提供优质的师资和课程，帮助学生系统地学习非洲和中非关系。在过去的两年里，参与证书项目的学生们对该项目表达了高度的评价。他们不仅通过证书项目系统学习了非洲和中非关系，证书本身也成为他们在求职和继续深造道路上的一大亮点。

经过中心今年的协调整合，北大开设的非洲相关课程至少有16门。它们包括：《亚非研究中的若干理论问题》《中国与中东非洲国家关系研究》《非洲史》《从跨文化视角研究非洲－阿拉伯－欧洲关系的历史变迁》《中国与非洲：外交、发展与移民》《非洲民族主义》《非洲文化研究》《非洲导论》《非洲政治、经济与外交》《非洲文化与社会》《非洲文学与文化：前沿问题研究》《中国与非洲：全球性的相遇》，以及斯瓦希里语、伊博语、约鲁巴语等非洲本土语言课程。开课老师既有经验丰富的资深教授，也有学成归国的年轻学子，他们外语水平高，研究领域广，涉及非洲政治、经济、语言、文化等多方面，发表了大量有影响的作品。

除了系统整合非洲课程外，今年非洲中心的老师们还带领学生分别在暑期和11月份去吉布提和广州进行了实地考察，研究非洲的工业化及港口建设和在广州的非洲人现象。特别是暑期的吉布提之行，中心通过与研究生院和招商局的合作，探索了新的教学研究模式，参与考察的师生们普遍反映收获很大。

北京大学非洲研究中心讲座系列

2019年度，非洲中心组织举办的专题讲座有以下方面内容。

3月19日，日本专修大学工作的傅凯仪博士（中国香港）做客北大非洲研究中心系列讲座，为北大师生带来自己长达十年的研究报告《尼日利亚农民与牧民的内生性发展（Fieldwork in Africa：recording the endogenous development efforts of Nigerian farmers and herders）》。

4月10日中午，密歇根州立大学非洲史博士、北京师范大学历史学院讲师刘少楠博士做客中心，并做题为《侨民、工厂与“中国制造”：尼日利亚华人华侨史》的讲座。

4月15日，非洲中心与北大生命传播研究中心共同邀请坦桑尼亚教授

Professor Ladislaus Semali 做客北大，主讲《互联网时代跨文化传播和交流：中国和非洲在地知识的重要性》。

5 月 9 日，拥有多年拍摄经验的非洲人文主题摄影师李东先生，北京物资学院教师、非洲自由骑行者杜风彦老师受邀来到程莹博士开设的北大“非洲文化与社会”课堂，与本科生同学分享了他们过去几年来在中国与非洲的拍摄经历，以及在中非语境下如何呈现他者与理解自我的思考。

2019 年 6 月 20 日，北大非洲研究中心邀请连云港非洲艺博馆王少波馆长做题为《世界艺术史视野下的非洲艺术史》讲座。

7 月 15 日，《凤凰周刊》记者关珺冉女士做客北京大学非洲研究中心，为北大的师生们提供了一个内容非常丰富的吉布提调研报告。

9 月 18 日，招商局蛇口工业区控股股份有限公司海外发展事业部投资经理王建竹博士做客北大非洲研究中心，主讲《“一带一路”上的蛇口模式：以吉布提为例》。

10 月 7 日，中国驻埃塞俄比亚使馆严向东参赞做客北大公共传播和社会发展研究中心与非洲研究中心联合举办的讲座，为北京大学 100 多位师生提供了题为《中埃合作发展战略与文化交流》的精彩讲座。

10 月 28 日，来北京参加民族志电影节活动的宁波大学教师周游老师（人类学导演专业毕业），带着自己的作品《中国在埃塞》做客非洲研究中心，与老师同学们一起观影并展开了热烈的研讨。

10 月 31 日，来参加一年一度的北京论坛的联合国前秘书长安南的非洲问题高级顾问、原北欧非洲研究所学术所长 Fantu Cheru 教授（埃塞俄比亚人）为北京大学师生做了题为《2015 年以来的埃塞俄比亚》的学术报告。

11 月 22 日，北大非洲研究中心举办《科乔的葬礼》观影活动，该片是加纳导演塞缪尔·巴扎武勒（Samuel “Blitz” Bazawule）作品，斩获 2018 年美国城市世界电影节国际最佳剧情片、2019 年卢克索非洲电影节最佳剧情片奖。塞内加尔达喀尔大学梁汉礼博士、北外非洲研究院李洪峰院长、程莹博士分别分享了观影感受，来自北大校内外 40 多位各国同学共同展开热烈研讨，刘海方主持活动。

11 月 27 日，澳大利亚维多利亚大学经济战略研究中心程恩江教授和南非金山大学 Dr Malte Brosig 做客非洲研究中心，为中心师生举办《多边视角看中国对非合作：安全与金融》专题讲座。

北京大学非洲研究中心 2020 年度大事记

北京大学非洲研究中心是国内最早成立的高校非洲研究中心。自 1998 年成立以来，中心一直致力于非洲研究的教学与科研，促进国内外非洲研究的学术交流与互鉴，并承担了重要的智库功能，及时给国家相关部门提供涉非问题的政策咨询。2020 年，北京大学非洲研究中心在刘海方主任的带领下在促进北京大学非洲研究学科发展、打造具有影响力的研究成果和学术平台、深化国内国际学术交流等三方面做了大量的工作，也取得了不错的成绩。

促进北京大学非洲研究学科发展

在教学方面，北京大学非洲研究中心在 2020 年继续推进《北京大学非洲研究证书》项目，优化非洲研究课程体系，帮助北大学生们系统地学习非洲和中非关系。参与证书项目的学生们对该项目表达了高度的评价。他们不仅通过证书项目系统学习了非洲和中非关系，证书本身也成为他们在求职和继续深造道路上的一大亮点。经过中心今年的协调整合，北大开设的非洲相关课程至少有 15 门。它们包括：《亚非研究中的若干理论问题》《中国与中东非洲国家关系研究》《非洲史》《从跨文化视角研究非洲－阿拉伯－欧洲关系的历史变迁》《非洲民族主义》《非洲文化研究》《非洲导论》《非洲政治、经济与外交》《非洲文化与社会》《非洲文学与文化：前沿问题研究》《中国与非洲：全球性的相遇》，以及斯瓦希里语和约鲁巴语等非洲本土语言课程。

与此同时，北京大学非洲研究中心于 2018 年设立了“李安山非洲研究奖学金”，以奖励在非洲研究领域取得突出成绩的同学。在过去的两年中，共有10位来自北京大学国际关系学院、历史学系、外国语学院、医学部等中国和非洲留学生获得此项殊荣。他们当中既包括在学术研究上表现优异的未来之星，也有对北大与非洲的交流和北大非洲留学生群体做出突出贡献的学生。今年，中心还会向5名来自不同学院的学生颁发该奖学金，以资鼓励。

随着中非关系的快速发展和非洲在国际舞台上的重要性不断提升，重新评估和思考中国的非洲研究学科的未来发展愈发重要。在去年中心举办的新年论坛上，来自北京大学国际关系学院、外国语学院、历史系、新闻与传播学院、国发院、新结构经济学研究院等院系从事非洲研究的专家学者通过介绍各自学科涉非研究的现状、师资队伍和课程体系，全面评估了北大非洲研究的成就和挑战，为推动北大非洲研究的进步建言献策。与会者一致认为，北大的非洲研究的未来发展一方面需要进一步推动对非洲留学生的博士学位教育，另一方面需要凝聚多学科和跨学科发展共识。今年12月，中心还将策划和举办一次有关非洲研究学科发展的年会，汇聚北大跨学科的智慧，借鉴国际上非洲研究学科的最新动态，对北大非洲研究和中国非洲研究学科的发展做出更系统的评估和规划。

打造具有影响力的研究成果和学术平台

北京大学非洲研究中心一直致力于从事扎实的学术研究，发表高水平的学术作品。去年，北大非洲研究中心的李安山教授出版（含再版）了包括《非洲华人社会经济史》（三卷本）在内的9本著作，产生了广泛的学术影响。2020年，由中心组稿、编辑的《中国非洲研究评论2018》和《中国非洲研究评论2019》由社会科学文献出版社出版，分别涉及非洲历史研究和中非教育与技术培训合作。中心副主任林丰民教授的新著《日谈天方夜谭》一书于2020年6月由作家出版社出版。此外，李安山教授、刘海方副教授、许亮博士、程莹博士、刘少楠博士等多位老师近10篇中英文学术论文在国内外知名学术期刊发表。

除了学术发表以外，北京大学非洲研究中心也致力于传递积极的非洲资讯，及时分享专家观点和发表评论文章。中心的《北大非洲电讯》以每月3至4次发布的频率通过微信公众号和邮件订阅的方式与读者见面，传递非洲和中非关系发展的重要资讯，对涉及非洲的时事进行评论和分享最前沿的非洲研究的成果和动态。此外，中心的多位老师也积极应邀接受媒体采访，对中非关系的热点问题发表评论。例如，中心主任刘海方多次就疫情中和疫情后中非经贸合作的走向接受国内外媒体的采访。

受新冠肺炎疫情的影响，北京大学非洲研究中心讲座系列今年没有能够按期线下举办，但是中心老师积极利用在线的平台和线上课堂邀请国内外非洲研究专家云端做客北大非洲研究中心，与北大师生开展学术对话和交流。例如，11 月 3 日，德国马普学会教授项飚应邀做客刘海方老师的《全球移民》课程，就中国的社会竞争与跨国流动、中国和非洲的留学生等专题与 20 多位北大学子展开热烈交流讨论；11 月下旬，美国 Wake Forest 大学的 Lina Benabdallah 和佐治亚州立大学的 Maria Repnikova 两位教授先后做客许亮老师的《中国与非洲》课堂，与北大师生们就中国与非洲安全和中国在非洲的孔子学院等专题进行热烈交流。中心老师组织举办的类似的云端讲座有 10 多次。

深化国内国际学术交流

与往年类似，今年中心的多位老师积极参与国内外的学术交流，通过线下线上结合的方式共计参与了数十次国内外的学术会议，并做专题学术报告发言（详情请见中心重要活动统计）。更值得强调的是，北大非洲研究中心今年克服了新冠肺炎疫情带来的困难和阻碍，主办和协办了三场重量级的学术活动，既带动了北大与国内外非洲研究界的学术交流，也在发挥智库功能和引导公众认识非洲方面做出了努力。

首先，今年疫情期间，生活和居住在广州的非洲人受到了一些不公正的对待，也引起了公众的讨论。为此，中心于 2020 年 4 月 17 日下午召集了长达 3 个多小时的线上专题研讨会，通过复盘事件过程，老师们从不同学科和视角对广州事件的性质及其对中非关系的影响进行了深入的研讨。会议上，18 位与会者包括中心不同学科方向研究非洲的老师们和北大负责国际合作亚非事务的 2 位主管老师。此外，在北京大学正在学习的 100 多位非洲留学生通过学生代表也非常具体地表达了大家集体讨论之后形成的共识和改进建议；在此基础上老师们也对于学者、研究中心和大学在长远中非合作中能够发挥的作用给出了很多创见。这些建议也得到北京大学校领导和国家相关部委的高度赞赏和重视。

其次，今年正值中国和加纳建交60周年。2020年9月16日，中国人民对外友好协会和加纳驻华大使馆联合举行“中加建交60年——一段值得庆祝与思考的旅程”纪念活动。北京大学非洲研究中心在纪念活动的发起、筹备环节做了力所能及的贡献，并有多名中心老师和学生参会。加纳驻华大使博阿滕、中国人民对外友好协会会长林松添和加纳外交部部长博奇韦女士分别致辞，加纳副总统巴武米亚先生做纪念会主旨发言。李安山教授和刘海方副教授在会议上作了学术报告。北京大学的十位非洲留学生也参加了活动。加纳驻华大使馆博阿滕大使和中国人民对外友好协会在活动结束后立即发来专函表达对于北京大学非洲研究中心从发起到筹备阶段做出的奠基工作表示感激。

再次，北京时间2020年11月5日至6日，中非智库论坛第九届会议以线上线下相结合的方式成功举办。论坛由中非合作中方后续委员会秘书处主办。北京大学非洲研究中心作为会议的协办单位之一，于北京时间11月6日下午成功举办了“中非团结抗疫与公共卫生安全”分论坛。来自中国、加纳、南非、摩洛哥、莫桑比克和瑞士等国共15位专家学者线上参与了研讨，与会人员既包括政府官员和学者，也有全球公共卫生行业资深的专家和实践者，如加纳驻华大使博阿滕阁下、中国前卫生部国际司司长、现中国常驻日内瓦参赞冯勇先生，北京大学全球卫生中心副主任鲁新教授和北京大学非洲研究中心主任刘海方副教授等。与会嘉宾围绕中非团结抗疫和卫生合作的主题发表了富有建设性、前瞻性的观点。与会嘉宾高度认可迄今为止非洲在抗击新冠肺炎疫情，遏制和防止病毒传播方面做出的努力和取得的成果。研讨嘉宾积极评价了中国在疫情中向非洲国家提供的快速、及时和全面的支持，包括物资捐赠、派遣医疗队、医疗技术信息共享、债务减免以及中国倡导和参与的国际抗疫合作等。展望未来，专家们对于中非合作论坛和加强中非卫生合作也提出了政策建议。此次会议被国内多家主流媒体报道，具有积极广泛的影响力。

附： 2019年度、2020年度李安山非洲研究奖学金获得者名单

2019年度、2020年度非洲研究证书

2019年度李安山非洲研究奖学金发放名单（5人）

宋　毅、陈　健、邹雨君、Mngereza Mzee Miraji、Bandile Myeni

2020年度李安山非洲研究奖学金发放名单（5人）

张　琎、张一帆、孙　威、Jimmy Billy Mkandawire、Thabiso Donald Mphelane

2018～2019学年《北京大学非洲研究证书》获得者名单

白晨雨、罗楠

2019～2020学年《北京大学非洲研究证书》获得者名单

董尤勤、廖伊凡、JOSEPH OLIVIER MENDO'O

供稿　姚翠萍

图书在版编目（CIP）数据

中国非洲研究评论．总第九辑，“一带一路与一洲：中国与非洲新合作”调研专辑 / 刘海方，何峰，王进杰主编．-- 北京：社会科学文献出版社，2021.12
ISBN 978-7-5201-9521-8

Ⅰ．①中… Ⅱ．①刘… ②何… ③王… Ⅲ．①非洲-研究-文集 Ⅳ．①D74-53

中国版本图书馆 CIP 数据核字（2021）第 263668 号

中国非洲研究评论（总第九辑）
——“一带一路与一洲：中国与非洲新合作”调研专辑

主　　编 / 刘海方　何　峰　王进杰

出 版 人 / 王利民
责任编辑 / 崔　鹏　高明秀
责任印制 / 王京美

出　　版 / 社会科学文献出版社·国别区域分社（010）59367078
地址：北京市北三环中路甲 29 号院华龙大厦　邮编：100029
网址：www.ssap.com.cn
发　　行 / 市场营销中心（010）59367081　59367083
印　　装 / 三河市龙林印务有限公司

规　　格 / 开　本：787mm × 1092mm　1/16
印　张：23.25　字　数：375 千字
版　　次 / 2021 年 12 月第 1 版　2021 年 12 月第 1 次印刷
书　　号 / ISBN 978-7-5201-9521-8
定　　价 / 128.00 元

本书如有印装质量问题，请与读者服务中心（010-59367028）联系